财政部规划教材
"十四五"普通高等教育规划教材

成本会计

CHENGBEN KUAIJI

主　编　耿慧敏　徐　哲　杜　丹
副主编　毕克如　张　煦　贺　琼　孙　颖
参　编　董文杰　姚美祺　纪海荣　鲍文玉

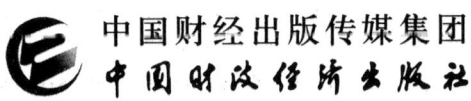

中国财经出版传媒集团
中国财政经济出版社

图书在版编目（CIP）数据

成本会计 / 耿慧敏，徐哲，杜丹主编． －－北京：北京：中国财政经济出版社，2021.2（2021.12重印）
"十四五"普通高等教育规划教材
ISBN 978－7－5223－0301－7

Ⅰ．①成… Ⅱ．①耿… ②徐… ③杜… Ⅲ．①成本会计－高等学校－教材 Ⅳ．①F234.2

中国版本图书馆 CIP 数据核字（2021）第 013626 号

责任编辑：田明晖　　　　　责任校对：胡永立
封面设计：陈宇琰　　　　　责任印制：史大鹏

中国财政经济出版社 出版

URL：http：//www.cfeph.cn
E－mail：cfeph@cfeph.cn
（版权所有　翻印必究）

社址：北京市海淀区阜成路甲28号　邮政编码：100142
营销中心电话：010－88191522　编辑部门电话：010－88190670
天猫网店：中国财政经济出版社旗舰店
网址：https：//zgczjjcbs.tmall.com
北京中兴印刷有限公司印刷　各地新华书店经销
成品尺寸：185mm×260mm　16 开　21.25 印张　502 000 字
2021 年 3 月第 1 版　2021 年 12 月北京第 2 次印刷
定价：49.00 元
ISBN 978－7－5223－0301－7
（图书出现印装问题，本社负责调换，电话：010－88190548）
本社质量投诉电话：010－88190744
打击盗版举报热线：010－88191661　　QQ：2242791300

前　言

"成本会计"是一门理论性和实务性都很强的课程，且随着社会经济和管理等学科的发展，成本会计的理论和实务都在不断更新，出现了许多新的研究领域。新会计准则体系进一步完善了成本补偿制度，而成本是产品定价的依据，是利润分配的基础。尤其是在社会主义市场经济不断发展和市场竞争日益加剧的今天，成本信息不仅影响着生产、流通、消费等众多环节，而且在我国企业应对疫情等新的经济形势下开拓业务发挥着越来越重要的作用。在会计理论不断创新，社会环境不断变化的情况下，本书以新会计准则体系为指导，以"成本会计基础理论"为主线，在"夯实基础、培养技能、拓展知识"的指导方针下，强化成本会计学科的技术性应用及拓展，尤其关注企业创业和日常经营中遇到的成本核算和成本控制问题，从成本管理的角度分析企业在发展中可以改进的措施。

在内容设置上，保持成本核算和成本管理的理论结构总体框架，专注于理论知识教学和学生实践能力、分析解决问题的能力培养。全书共分为17章，比较系统地阐述了成本会计的基本理论知识、基本核算方法和成本管理的基本内容。每章开篇设案例导引，引导学生进入本章学习的实务环境中，引起学习的兴趣，明确要解决的实务问题。在每章的知识点阐述中，有例题和知识拓展，贴近大学生就业创业实践，浅显易懂，给予启发。课后还设有练习题和案例分析题，实现教学与实践相结合，便于启发式、讨论式教学。

与同类教材比较，本教材在理论知识和教学方法上，强调成本会计方法应用的环境和手段，力求反映会计专业教学的新成果和新要求。

作为一本财经类专业基础课程的教材，本书可以作为高等院校会计学、财务管理及相关专业学生学习成本会计学的教材，还可以作为广大实务工作者自学或进修成本会计学的参考用书。

本教材由耿慧敏、徐哲、杜丹担任主编，具体分工如下：耿慧敏、徐哲、杜丹对全书进行统筹，确定全书的体例和编写特色，最后对全书进行审阅和修改完善；张煦编写第一章和第二章；毕克如编写第三章、第四章和第九章；孙颖编写第五章和第六章；姚美祺编写第七章和第十章；董文杰编写第八章和第十三章；纪海荣编写第十一章；贺琼编写第十二章和第十四章；徐哲编写第十五章；耿慧敏编写第十六章；杜丹编写第十七章；鲍文玉对全书的资料进行整理。

在编写本书的过程中我们参考和借鉴了国内外大量的文献和资料，在此谨向作者表示最诚挚的谢意。

由于作者水平有限，书中不足之处在所难免，敬请读者批评指正。

编者
2021年1月

目 录

第一章	**总论** ········· 1
	第一节 成本 ········· 1
	第二节 成本会计 ········· 5
	第三节 成本会计的工作组织 ········· 10

第二章	**产品成本核算的基本原理** ········· 16
	第一节 成本核算的意义和原则 ········· 17
	第二节 成本核算的基本要求 ········· 20
	第三节 成本核算的一般程序 ········· 24
	第四节 成本核算的工作组织 ········· 27

第三章	**生产费用要素的归集与分配** ········· 33
	第一节 生产费用要素概述 ········· 33
	第二节 材料费用的归集与分配 ········· 36
	第三节 外购动力费用的归集与分配 ········· 44
	第四节 固定资产折旧费用的归集与分配 ········· 46
	第五节 职工薪酬的归集与分配 ········· 48

第四章	**辅助生产成本和制造费用的归集与分配** ········· 61
	第一节 辅助生产成本的归集与分配 ········· 62
	第二节 制造费用的归集与分配 ········· 73

第五章	**期间费用的核算** ········· 83
	第一节 期间费用的含义 ········· 84
	第二节 销售费用 ········· 86
	第三节 管理费用 ········· 88
	第四节 财务费用 ········· 90

第六章	生产损失的核算	94
第一节	生产损失核算的任务	94
第二节	生产中废品损失的核算	95
第三节	停工损失的核算	100

第七章	在产品与完工产品成本核算	105
第一节	在产品与完工产品成本核算概述	106
第二节	生产费用在在产品和完工产品之间的分配	108
第三节	完工产品成本的核算	114

第八章	产品成本核算方法概述	120
第一节	生产的分类	120
第二节	生产经营特点和管理要求对成本核算方法的影响	122
第三节	产品成本核算的主要方法	123
第四节	产品成本核算方法的运用	125

第九章	品种法	131
第一节	品种法的基本内容	131
第二节	品种法的核算程序	133
第三节	品种法的应用举例	137

第十章	分批法	151
第一节	分批法的基本内容	151
第二节	分批法的计算程序	153
第三节	分批法的应用举例	155
第四节	分批零件法	160

第十一章	分步法	167
第一节	分步法的意义和特点	167
第二节	逐步结转分步法	169
第三节	平行结转分步法	179
第四节	逐步结转与平行结转相结合的分步法	189

第十二章	分类法	199
第一节	分类法概述	199
第二节	分类法成本计算举例	202
第三节	分类法的应用	208

第十三章	定额法	216
第一节	定额法的基本内容	217
第二节	产品定额成本的核算	218

	第三节 定额差异的核算	221
	第四节 定额变动差异的核算	225
	第五节 产品实际成本的核算	226

第十四章 标准成本制度 ... 234
第一节 标准成本制度概述 ... 235
第二节 标准成本的制定 ... 237
第三节 标准成本差异的计算及账务处理 ... 240
第四节 变动标准成本制度 ... 247

第十五章 成本报表 ... 253
第一节 成本报表的作用和种类 ... 253
第二节 商品产品成本表 ... 255
第三节 主要产品单位成本表 ... 258
第四节 制造费用明细表 ... 260
第五节 期间费用报表 ... 261
第六节 其他成本报表 ... 266

第十六章 成本分析 ... 272
第一节 成本分析概述 ... 272
第二节 成本分析的程序与方法 ... 275
第三节 全部商品产品成本分析 ... 278
第四节 可比产品成本分析 ... 280
第五节 产品单位成本分析 ... 284

第十七章 其他行业成本核算方法 ... 291
第一节 商品流通企业成本核算 ... 291
第二节 施工企业成本核算 ... 296
第三节 房地产开发企业成本核算 ... 305
第四节 交通运输企业成本核算 ... 310
第五节 农业企业生产成本核算 ... 317

第一章 总论

本章简介

本章从成本会计基础知识入手,由浅入深地介绍成本和成本会计的相关知识,通过成本与费用的比较强化对成本的理解,强调成本会计是对成本的核算。成本会计的各职能相互联系、互为条件,贯穿于企业经营活动的全过程并发挥作用。成本会计的职能进一步明确了成本会计的具体任务以及完成成本会计工作需要具备的基本要素,包括原则、机构、人员以及制度等。

案例导引

一技在手 决策无忧

海外学成归国的李博士经过多年研发掌握了"智能测绘"技术,此项技术符合国家创业扶持项目,享受一系列的优惠政策,李博士决定自己创业。对技术在行的李博士在创业过程中遇到了一系列让他头疼的问题:在竞争激烈的市场中,技术产品的定价是多少才具备竞争力且能获利;理念较好的李博士还想在生产管理环节引入绩效考核机制以提高工作效率、激发潜能;产品的销售环节是外包还是组建自己的销售团队……

正当李博士一筹莫展时,李博士的姐姐将难题一一化解。她毕业于某财经大学会计专业,毕业后一直从事会计相关工作,负责本企业的成本核算工作,并进行成本分析和成本考核,为本企业其他管理部门提供决策依据。

第一节 成　　本

一、成本的经济实质

成本作为一个价值范畴,在社会主义市场经济中是客观存在的。加强成本管理,努力降低成本,无论是对提高企业经济效益,还是对提高整个国民经济的宏观经济效益,都是极为重要的。要做好成本管理工作就必须从理论上充分认识成本的经济实质。

马克思指出:"按照资本主义方式生产的每一个商品 W 的价值,用公式来表示是:W = C + V + M。如果从这个产品价值中减去剩余价值 M,那么,在商品中剩下的只是一个在生产要素上耗费的资本价值 C+V 的等价物或补偿价值。""商品价值的这个部分以及补偿所消耗的生产资料价格和所使用的劳动力价格的组成部分，只是补偿商品是资本家自身耗费的东西，所以对资本家来说，这就是商品的成本价格。"这一经典理论指出，成本是由物化劳动和活劳动中必要劳动的价值所组成；同时又从补偿角度指出，成本是补偿商品生产中使资本家自身耗费的东西，从理论上使成本的概念完整起来。

由此可知，成本是商品价值中最重要的组成部分，它既是生产耗费的反映，又是生产补偿的尺度。所以产品成本就其实质来说，是产品价值中的物化劳动的转移价值和劳动者为自己劳动所创造的价值的货币表现，即企业在生产经营中所耗费资金的总和，这就是成本的经济实质，也就是"理论成本"。

二、成本的实际内容

从理论上讲，产品成本应是企业产品价值中的物化劳动的价值和劳动者为自己劳动所创造的价值之和。但是在实际工作中，对于一个实行经济核算制的企业来说，必须以生产经营过程中的收入来弥补支出，补偿生产经营中的资金耗费，从资金的补偿角度，把某些不构成产品的成本的支出，也列入了成本中，这就是产品成本的实际内容，一般将其称为成本开支范围。目前，国家没有统一的成本开支范围具体规定，但是其基本内容在基本会计准则、具体会计准则及相关的会计制度中都有体现。一般情况，成本开支范围包括以下各项：

（1）为制造产品而消耗的原材料、辅助材料、外购半成品和燃料的原价和运输、装卸、整理等费用。

（2）为制造产品而耗用的动力费。

（3）企业生产单位支出的职工薪酬，包括工资、奖金、津贴和补贴、福利费、社会保险费等。

（4）生产用固定资产的折旧费用。

（5）企业生产单位因生产原因发生的废品损失，以及季节性、修理期间的停工损失。

（6）企业生产单位为管理和组织生产而支付的办公费、取暖费、水电费、差旅费，以及运输费、保险费、设计制图费、试验检验费和劳动保护费等。

产品成本开支范围是以产品成本的实质为基础，同时又考虑了加强企业经济核算进行生产耗费的补偿，把一部分与产品价值无关的费用也列入产品成本中。这样有助于充分发挥成本在加强企业生产经营管理和经济核算上的积极作用。

三、成本的作用

（一）成本可以综合地反映企业的工作质量

成本是企业为生产特定产品（或提供劳务）而发生的各种资金耗费的总和。企业资金耗费的发生和成本的形成与企业生产经营各个环节、各个方面的工作质量有紧密联系。企业产品产量的多少，产品质量的好坏，原材料使用的节约与浪费，工人劳动生产率的高低，职工平均工资的增减，机器设备等固定资产的利用程度，废品率的高低，以及企业生产管理水平的高低等，都会或多或少，直接或间接地反映在成本指标上。通过成本指标，可以综合反映企业各个方面的工作质量。

（二）成本是制定商品价格的尺度

成本属于价值范畴，商品（包括销售的产品和提供的劳务）价格是商品价值的货币表现。企业生产经营过程中的各个资金耗费需要通过销售收入来补偿，销售收入的多少取决于商品销售数量和销售价格两个因素。在市场经济条件下，企业必须独立核算、自负盈亏。为了企业的生存和发展，在确定商品销售价格时，必须考虑成本这一重要因素。成本是补偿生产耗费的尺度，如果单位商品的价格低于其应补偿的成本，则商品的生产和销售越多，企业亏损就越多。只有商品价格高于其补偿的费用和成本，才能产销量越大，利润越多。因此，成本是制定商品价格的重要尺度。

（三）成本是企业经营决策的依据

在市场经济条件下，企业只能依靠不断提高经济效益来增加自身的竞争能力。为了提高经济效益，企业必须及时进行正确的生产经营决策，包括筹资决策、投资决策、技术决策、生产决策、经营决策等。在生产经营决策中需要考虑的因素很多，但其中一个重要方面就是有关成本资料。因为在市场经济条件下，企业的竞争主要是产品（劳务）价格与质量的竞争。只有成本低，才能售价低，才有可能市场占有率高、销售量大，企业才能有更好的经济效益，才可能有较强的竞争力。

四、成本与费用

成本与费用既有紧密联系又存在一定的区别，区分成本与费用是非常重要的。成本是指生产某种产品、完成某个项目或者说做成某件事情的代价，即发生的耗费总和，是对象化的费用。费用是企业在获取当期收入的过程中，对企业所拥有或控制的资产的耗费，是会计期间与收入相配比的成本。成本代表经济资源的牺牲，而费用是会计期间为获得收益而发生的成本。在企业会计准则中对费用的描述为："费用是指企业在日常活动中发生的，会导致所有者权益减少的、与向所有者分配利润无关的经济利益的总流出"。

企业的费用包括两类：一类是已销售产品的成本和已提供劳务的成本等确认的费用；另一类是直接计入当期损益的费用。直接计入当期损益的费用，一般称为期间费用，包括销售费用、管理费用和财务费用。

典型的成本是产品成本，其实质就是各项生产耗费的价值凝结，同时它也被用作存货资产价值的计量。在产品没有被售出之前，产品成本始终作为资产的一个组成部分。一旦产品售出，其成本就转化为出售当期的销售成本，并与当期发生的其他费用一起，由当期销售收入予以补偿。

由此可得出以下结论：第一，费用是成本的基础，没有发生费用就不会形成成本；第二，按对象归集的费用构成成本，其发生期与补偿期并非完全一致，不予对象化的费用则可按发生期间归集，由同期收入补偿。

成本会计关注的是成本而不是费用。成本的两种主要类型是支出成本和机会成本。支出成本是过去、现在或未来的现金流出；机会成本是将所放弃的资源用于最佳用途可能实现的收益。当然，在任何时刻都没有人知道可利用的所有可能机会，因此可能会忽略一些机会成本。会计系统的特征是记录支出成本而不记录机会成本。但是，管理者为了保证所作的决策是最优的，在进行决策时应考虑机会成本。

五、成本的分类

成本主要有以下几种不同的分类标准。

（一）按计算产品成本和确定损益为目的分类

1. 按成本的经济用途和职能分类

成本按其经济用途和职能分类可以划分为制造成本和非制造成本。

（1）制造成本。制造成本，又称生产成本或工厂成本，是指产品在制造过程中所发生的各项成本。由于在产品制造过程中发生的费用具体用途不同，为了便于进行成本分析和考核，还应将制造成本按其具体的用途划分为若干不同的项目，即成本项目。一般情况下，将制造成本划分为以下几项：

①直接材料。直接材料是指加工后直接构成产品实体或主要部分的原料、主要材料、外购半成品，以及有助于产品形成的辅助材料等。

②直接人工。直接人工是指在生产中对材料进行直接加工制成产品所耗用的人员的各种薪酬。

③制造费用。制造费用是指在生产过程中所发生的那些除了直接材料和直接工资以外的各种费用。

（2）非制造成本。非制造成本，又称非生产成本，是指与产品制造过程没有直接联系的非生产性成本耗费。它包括销售费用、管理费用和财务费用三类。在制造企业，通常将制造成本作为成本处理，非制造成本则作为期间费用。

成本按经济用途分类是最基本的分类。按照这种分类，可以了解制造成本中各成本项目的金额，分析各成本项目的金额是否合理，寻求降低成本的途径；可以按照不同的成本项目的特点，采用不同的方法将费用在各种产品当中进行分配；确定了非制造成本的类别，由于其直接计入当期损益，所以对于确定损益具有重要的意义。

2. 按成本同特定产品的关系或分配方式分类

按成本同特定产品的关系或分配方式分类划分，可以分为直接成本和间接成本。

（1）直接成本。直接成本是指与某一特定产品之间具有直接联系、能够经济而又方便地直接计入该产品的成本。

（2）间接成本。间接成本是指与某一特定产品之间没有直接联系或虽有联系但不能经济而又方便地计入各种产品的成本。间接成本需要选择适当的标准分配计入各种产品成本。

（二）以规划成本和控制成本为目的分类

成本习性是指成本总额与产品产量变化的依存关系。成本按其习性可以分为变动成本、固定成本和混合成本。

1. 变动成本

变动成本是指总额随着产品产量的变化而成正比例增减变动的成本。例如，生产成品所使用的直接材料。但是，这种变动成本与产品产量的正比例关系是有一定的范围的，超过这个范围，变动成本与产品产量之间的这种正比例关系可能就会发生一定的改变。

2. 固定成本

固定成本是指在一定期间和一定业务量范围内，其总额不随业务量增减变动而变动的成本，即保持相对的固定。

固定成本还可以进一步分为半变动成本和半固定成本两类。

（1）半变动成本。半变动成本是指这种成本通常有一个基数，相当于固定成本，在这个基数之上，业务量增加了，成本也会相应地增加，又类似变动成本。

（2）半固定成本。半固定成本是指当业务量在一定范围内增长时，其发生额固定不变，但在业务量增长超过一定限度时，其成本就会跳跃上升，然后再在新业务量的一定范围内保持不变，直到出现新一次的跳跃。所以，它是逐渐增加的成本，如同阶梯式递增的形态。

3. 混合成本

混合成本是指其总额虽受业务量变动的影响，但是其变动幅度并不同业务量的变动保持严格比例的成本。

知识拓展 1-1

区分成本与费用

华融机械厂 6 月份有关成本费用资料如下：

（1）生产耗用原材料 40 000 元；
（2）生产耗用水电费 1 000 元；
（3）生产耗用燃料 5 000 元；
（4）计算生产工人工资 12 000 元；
（5）计算销售部门人员工资 5 000 元；
（6）计算车间管理人员工资 4 000 元；
（7）计算企业管理人员工资 8 000 元；
（8）支付车间办公费 800 元；
（9）支付厂部办公室电话费 600 元；
（10）支付第三季度报刊费 500 元；
（11）支付购买职工劳保用品费 1 500 元；
（12）支付车间机器修理费 300 元；
（13）支付为购买车间设备借款应由本季度负担的利息 40 000 元；
（14）固定资产报废清理损失 10 000 元。

根据成本与费用的划分，该企业会计人员将上述资料分类列示如下：

成本包括： （1） （2） （3） （4） （6） （8） （12）
费用包括： （5） （7） （9） （10） （11） （13） （14）

第二节　成　本　会　计

一、成本会计的概念及对象

成本会计是现代会计的一个分支，是社会生产力发展到一定阶段的产物，并随着社会生产力的不断发展而逐步完善。成本会计是运用会计的基本原理和一般原则，采用一定的技术方法，对企业生产经营过程中各项资金耗费的发生，以及产品成本和劳务成本的形成进行连续、系统、全面、综合的核算和监督的一种管理活动。

会计的对象是指会计所反映和监督的内容，即资金运动或价值运动，所以成本会计的对象就是成本会计反映和监督的内容，具体地说就是企业生产经营过程中发生的各项资金耗费，生产经营费用、生产费用、产品成本、劳务成本等都是成本会计核算和监督的对象。

二、成本会计的职能

（一）成本预测

成本预测，是指依据成本的有关数据及其与各种技术因素之间的依存关系，结合企业发展前景及应采取的各种措施，通过一定程序、方法和模型，对未来成本水平及其变化趋势做出的科学估计。成本预测是成本决策的前提。企业不仅应该在成本决策前进行成本预测，为成本决策提供依据，而且还应该在成本计划执行过程中进行成本预测，以便及时掌握成本变化趋势，为进行成本事中控制提供帮助，从而保证企业完成成本计划。进行成本预测有助于企业减少生产经营的盲目性，有利于选择最优方案，并可以提高企业降低成本的自觉性。

（二）成本决策

成本决策，是指在成本预测的基础上，按照既定目标要求，运用专门的方法，对有关生产经营的成本方案进行分析计算，从中选择最优方案。企业可以根据市场需求和其他方面的要求，通过成本预测，确定生产经营的几个备选方案。对这些备选方案，必须运用专门方法进行认真的分析论证。通过从技术上、经济上的分析论证，可以确定各备选方案的可行性，从而可以进行成本决策，确定最优方案，制定目标成本。做好成本决策对于企业正确制定成本计划，促进企业提高经济效益，都具有十分重要的意义。

（三）成本计划

成本计划是在成本预测和决策的基础上，具体规定计划期内企业生产费用和期间费用数额、各种产品的成本水平。成本计划通常包括：生产费用计划、期间费用计划、商品产品总成本计划、商品产品单位成本计划、可比产品降低成本计划及完成计划的措施等。通过成本计划管理，可以明确企业在降低产品成本方面的目标，推动企业加强成本管理责任制，增强企业全体职工的成本意识，控制生产费用，挖掘降低成本的潜力，保证企业降低成本任务的完成。

（四）成本控制

成本控制是在生产经营费用的发生和产品成本形成的过程中，依据成本计划所规定的费用预算和成本标准，及时调节影响费用成本的各项因素，使各项生产经营费用的发生和产品成本的形成限制在成本计划和成本标准的范围内。从企业经营进程来看，成本控制包括事前控制、事中控制和事后控制。在进行成本预测、成本决策和成本计划过程中进行的成本控制属于成本的事前控制；在生产经营过程中，将实际发生的费用控制在限额标准之内，为成本的事中控制；成本核算和成本事后分析，属于成本的事后控制。通过成本控制可以防止浪费，及时揭示存在的问题，消除生产损失，实现预期的成本目标和不断降低成本。

（五）成本核算

成本核算是对经营活动过程中实际发生的成本、费用按照一定的对象和标准进行归集和用的基础上进行计算的,即强调"实际费用"作为成本计算的基础。具体成本计算时,在数量方面,要求采用实际消耗量;在价格方面,可以采用实际价格,也可以采用预定价格,但要调整预定价格与实际价格的差异,并进行适当处理,以适应这种成本计算制度在"实际费用"基础上进行成本计算的要求。通过这种方式计算出来的产品实际成本,可为企业编制财务会计报表提供资料数据。而且,通过将本期产品实际成本与前期相同产品实际成本的对比,可以分析企业成本变动的情况。

2. 估计成本制度

估计成本制度,是在产品生产前预先估算单位产品成本,据以确定售价,然后将计算的实际产量估计成本与账面的实际成本进行比较,据以修改估计成本的一种成本会计制度。在估计成本制度下,估计成本与实际成本的差异,可作为当期的损益项目列示,也可以在在产品、产成品之间进行分配。

3. 标准成本制度

标准成本制度,是以预先制定的产品标准成本为基础,用实际产量的标准成本与实际成本相比较,记录并分析成本差异的一种成本会计制度。采用标准成本制度时,应根据产品的标准数量和标准单价制定产品的标准成本。标准成本与实际成本之间的差异,需要分别按产品成本项目进行计量和分析,将成本差异按其产生的原因分别计入特定的成本差异账户中。期末,将成本差异全部计入当期损益或在各种产品的在产品和产成品之间进行分配。

(二) 按成本计算模式分类

1. 全额成本计算模式

全额成本计算模式,也称"吸收成本计算模式",是指在计算产品成本时,将包含变动成本和固定成本在内的所有制造成本都吸收到产品成本中,以此来对存货进行估价和确定已销商品成本的一种成本计算模式。在这种计算模式下,所发生的各项固定成本应由产成品、在产品和销售成本三者分摊,当期收益只负担销售成本中的固定成本。按照完全成本计算模式,产品成本中包括直接材料、直接人工和制造费用,不包括销售费用、管理费用和财务费用等期间成本,因而,这种成本计算方法又称为制造成本法。

2. 变动成本计算模式

变动成本计算模式,是指产品成本中只包括变动制造成本而不包括固定制造成本的一种成本计算模式。具体地讲,按变动成本计算模式计算的产品成本,只包括直接材料、直接人工和变动制造费用,当期发生的固定制造费用作为期间成本在本期收益中冲减。由于变动成本大多数是直接成本,因此,这种成本计算方法又称为直接成本计算法。这种方法主要用于企业内部生产经营管理,为成本预测和决策提供信息。

(三) 按间接费用分配基础分类

1. 产量基础成本计算制度

在传统成本计算制度下,各种间接费用的分配通常以产量为基础,它的特点主要有:①企业一般只有一个或几个成本集合,它们所包括的成本项目具有不同的特性;②间接成本的分配基础是产品产量,或与产量关联密切的直接材料成本或直接人工成本等。主要适用于产量是成本主要驱动因素的传统加工企业。

2. 作业基础成本计算制度

作业基础成本计算制度的主要特点有:①企业可以按照不同成本的性质建立较多的成本

集合，这些成本集合具有相同的特性，即具有相同的成本动因；根据不同的成本动因分别建立不同的成本集合；②以成本动因作为间接成本的分配基础，各成本集合的成本具有不同的成本动因，按不同的成本动因分配各项间接费用。这种成本计算制度主要适用于新兴的高新技术企业，尤其适用于IT行业。

第三节 成本会计的工作组织

一、成本会计工作组织的原则

一般来说，企业应根据本企业生产经营的特点，生产规模的大小和成本管理的要求等具体情况来组织成本会计工作。具体来说，必须遵循以下几项主要的原则：

（一）成本会计工作必须与技术相结合

成本是一项综合性的经济指标，它受到多种因素的影响。其中产品的设计、加工工艺等技术是否先进、经济上是否合理，对产品成本的高低有决定性的影响。在传统的成本会计工作中，会计部门多注重产品加工中的耗费，而对产品的设计、加工工艺、质量、性能等与产品成本之间的联系则考虑较少，甚至有的成本会计人员不懂基本的技术问题；相反，工程技术人员考虑产品的技术方面问题多，而对产品的成本则考虑较少。这种成本会计工作与技术工作的脱节，使得企业在降低产品成本方面受到很大的限制，成本会计工作也往往只起到提供核算成本资料的作用。因此，为了在提高产品质量的同时不断地降低成本，提高企业的经济效益，在成本会计工作的组织上应贯彻与技术相结合的原则。

（二）成本会计工作必须与经济责任制相结合

为了降低成本，实行成本管理上的经济责任制是一条重要的途径。由于成本会计工作是一项综合性的价值管理工作，涉及面广、信息繁杂，因此，企业应摆脱传统上只注重成本会计事后核算作用的片面性，充分发挥成本会计的优势，将其与成本管理上的经济责任制有机地结合起来，这样可以使成本管理工作收到更好的效果。

（三）成本会计工作必须建立在广泛的职工群众基础上

不断挖掘潜力，努力降低成本，是成本会计的根本性目标。但各种耗费是在生产经营的各个环节发生的，成本的高低取决于各部门、车间、班组和职工的工作质量。同时，各级各部门的职工群众最熟悉生产经营情况，最了解哪里有浪费现象，哪里有节约的潜力。因此，要加强成本管理，实现降低成本的目标，不能仅仅依靠几个专业人员，还必须充分调动广大职工在成本管理上的积极性和创造性。为此，成本会计人员还必须做好成本管理方面的宣传工作，经常深入实际了解生产过程中的具体情况，与广大职工群众建立起经常的联系。吸收广大职工群众参加成本管理工作，增强广大职工群众的成本意识和参与意识，以便互通信息，掌握第一手成本资料，从而把成本会计工作建立在广泛的职工群众基础之上。

二、成本会计机构

成本会计机构，是在企业中直接从事成本会计工作的机构。一般而言，大中型企业应在专设的会计部门中,单独设置成本会计机构,专门从事成本会计工作;在规模较小、会计人员不多的企业,可以在会计部门中指定专人负责成本会计工作。另外,企业的有关职能部门和生产车间,也应根据工作需要设置成本会计组织或者配备专职或兼职的成本会计人员。

成本会计机构内部,可以按成本会计所担负的各项任务分工,也可以按成本会计的对象分工,在分工的基础上建立岗位责任制,使每一个成本会计人员都明确自己的职责,每一项成本会计工作都有人负责。企业内部各级成本会计机构之间的组织分工,有集中工作方式和分散工作方式。

(1) 集中工作方式,是指企业的成本会计工作,主要由厂部成本会计机构集中进行,车间等其他单位的成本会计机构或人员只负责原始记录和原始凭证的填制,并对它们进行初步的审核、整理和汇总,为厂部成本会计机构进一步工作提供基础资料。这种工作方式的优点是:便于厂部成本会计机构及时掌握整个企业与成本有关的全面信息;便于集中使用计算机进行成本数据处理;还可以减少成本会计机构的层次和成本会计人员的数量。但是这种工作方式不便于直接从事生产经营活动的各单位和职工及时掌握本单位的成本信息,从而不利于成本的及时控制和责任成本制的推行。

(2) 分散工作方式,是指成本会计工作中的计划、控制、核算和分析由车间等其他单位的成本会计机构或人员分别进行。成本考核工作由上一级成本会计机构对下一级成本会计机构逐级进行。厂部成本会计机构除对全厂成本进行综合的计划、控制、分析和考核以及汇总核算外,还应负责对各下级成本会计机构或人员进行业务上的指导和监督。成本的预测和决策工作一般仍由厂部成本会计机构集中进行。

一般而言,大中型企业由于规模较大,组织机构复杂,会计人员数量较多。为了调动各级部门控制成本费用、提高经济效益的积极性,一般应采用分散工作方式;小型企业为了提高成本会计工作的效率和降低成本管理的费用,一般可采用集中工作方式。

三、成本会计人员

在成本管理机构中,配备数量相当、品德优秀、精通业务的成本会计人员是做好成本会计工作的关键。为了充分调动和保护会计人员的工作积极性,国家在有关的会计法规中对会计人员的职责、权限、任免、奖惩以及会计人员的技术职称等,都作了明确的规定。这些规定对于成本会计人员也是完全适用的。

成本会计机构和成本会计人员应在企业总会计师或会计主管人员的领导下,忠实地履行成本会计人员的职责,认真完成成本会计的各项任务,并从降低成本、提高企业经济效益的角度出发,参与制定企业的生产经营决策。为此,成本会计人员应经常深入生产经营的各个环节,深入了解生产经营的实际情况,注意发现成本管理中存在的问题并提出改进的意见和建议,当好企业负责人的参谋。

根据权利与义务对等的原则,企业应赋予成本会计人员相应的权限。这些权限主要有:成本会计人员有权要求企业有关单位和人员认真执行成本计划,严格遵守国家的有关法规、制度和财经纪律;有权参与制定企业生产经营计划和各项定额,参加与成本管理有关的生产经营管理会议;有权督促检查企业各单位对成本计划和有关法规、制度、财经纪律的执行情况。

成本会计人员必须刻苦钻研业务,认真学习有关的业务知识和业务技术,不断充实和更新专业知识，以适应新形势的要求。

四、成本会计基础工作

成本会计的基础工作是进行成本会计工作的首要条件，不重视各项基础工作，成本会计工作就不能顺利开展，也就无从完成预期的任务。成本会计的基础工作包括以下内容：

(一) 建立和完善原始记录制度

原始记录是企业最初记载各项经济业务实际情况的书面凭证。它是编制成本计划、制定各项定额的主要依据，也是成本管理的基础。企业应健全材料、生产、成品、人事工资、财务会计、设备动力等方面的原始凭证，统一规定各种原始凭证的格式、内容和计算方法，以及填写、签署、报送、传递、存档等制度，训练职工掌握原始记录的填制方法，做到及时准确地反映生产经营活动的情况。原始记录要符合企业管理和成本管理的要求，要有利于开展班组织经济核算，力求简便易行，讲求实效，并根据实际使用情况和提高企业管理要求，随时补充和修改，以充分发挥原始记录的作用。

(二) 建立定额管理制度，制定必要的消耗定额

定额是企业在一定的生产技术和组织条件下，在充分考虑主观能动性的基础上，对生产过程中消耗的人力、物力和财力所作的规定。定额是企业进行成本决策、制定定额成本、编制成本计划的基础，是进行成本控制、分析、考核的依据，也是评价和衡量企业经营活动好坏的尺度。因此，定额工作要求做到全、准、快。"全"就是指定额要全面；"准"就是要正确地确定定额水平，提高定额的准确性；"快"就是要及时地制定定额，适时地修正定额，以保证定额的先进性。

(三) 加强物资的计量、验收、领发和清查制度

做好物资的计量、验收、领发和清查工作，是正确计算成本的必要条件，也是加强企业经营管理的重要前提。

企业一切物资的收发都要经过计量、验收和办理必要的凭证手续。领发材料、半成品、工具等物资，都要有严格的手续和制度。有消耗定额的，按定额发料，没有消耗定额的，按照合理需要量发料，防止乱领乱用，造成积压浪费。库存物资应定期进行清查、盘点，做到账实相符，避免出现差错和霉烂变质，防止积压浪费和贪污盗窃，以保护财产物资的安全。

做好物资的计量、验收、领发和清查工作，既可以保证企业财产物资的安全，也便于准确地计算生产费用和产品成本。

(四) 建立内部结算制度，制定内部结算价格

建立内部结算制度，制定内部结算价格，有利于贯彻执行成本责任制，正确考核企业内部各责任单位的业绩，也有助于简化和减少成本核算工作，并便于成本计划和成本控制工作的开展。

内部结算，是指对企业内部各部门、车间之间的经济事项，运用货币形式进行等价交换结算，以明确经济责任的一种管理形式。搞好内部结算要抓好内部结算价格、内部结算方式和内部结算组织三个方面的工作。

内部结算价格是指企业内部各单位之间计价结算的价格。对于原材料、燃料、动力、在产品、半成品和各种劳务等，都要制定合理的内部结算价格。企业内部各单位之间相互提供产品或劳务，都可以按内部结算价格进行结算。我国目前采用较为广泛的有两种内部结算组

织形式：一种是在企业财会部门设立内部结算中心，另一种是企业内部设立内部银行。内部结算中心职能范围小，主要负责企业内部单位之间的往来结算，一般不具有自己管理的职能，核算工作因而也比较简单。一些规模较小的企业往往采用这种内部结算组织形式。厂内银行的职能范围较广，具有结算、信贷和控制等职能，但它的核算工作也比较复杂。因此，对于一些规模较大、内部单位多、基础工作好、管理要求高的企业，通常采用厂内银行内部结算组织形式。

练 习 题

一、单项选择题

1. 产品成本是产品价值中的（　　）。
   A. C＋M　　　　B. C＋V　　　　C. V＋M　　　　D. C＋V＋M

2. 对生产经营过程中发生的费用进行归集和分配，计算出有关成本计算对象的实际总成本和单位成本，属于（　　）。
   A. 成本会计　　　　　　　　B. 成本核算
   C. 成本预测　　　　　　　　D. 成本分析

3. 一般来说，实际工作中的成本开支范围与理论成本包括的内容（　　）。
   A. 是有一定差别的　　　　　B. 是相互一致的
   C. 是不相关的　　　　　　　D. 是可以相互替代的

4. 应当按照受益原则分配的费用是指（　　）。
   A. 直接计入费用　　　　　　B. 固定费用
   C. 间接计入费用　　　　　　D. 变动费用

5. 将资本性支出计入产品成本和期间费用，（　　）。
   A. 对企业损益没有影响
   B. 只影响产品成本，不影响期间费用
   C. 影响产品成本和期间费用，造成当期营业利润减少
   D. 影响产品成本和期间费用，造成当期营业利润增加

6. 下列各项中属于产品成本项目的是（　　）。
   A. 废品损失　　　　　　　　B. 职工薪酬费用
   C. 管理费用　　　　　　　　D. 销售费用

7. 下列各项中应计入制造费用的是（　　）。
   A. 构成产品实体的原材料费用　　B. 产品生产工人工资
   C. 车间管理人员工资　　　　　　D. 产品广告费用

8. （　　）是成本决策所确定的成本目标的具体化。
   A. 成本预测　　　B. 成本计划　　　C. 成本控制　　　D. 成本考核

二、多项选择题

1. 下列各项支出，明确应计入产品成本的支出有（　　）。
   A. 生产单位消耗的原材料费用　　　　B. 生产单位固定资产的折旧费用
   C. 企业管理人员的职工薪酬　　　　　D. 产品生产工人和生产单位管理人员的薪酬
2. 成本会计的职能包括（　　）。
   A. 成本预测　　B. 成本决策　　C. 成本核算　　D. 成本分析
3. 产品成本是生产过程中（　　）货币表现。
   A. 已消耗的生产资料的价值　　　　　B. 部分已消耗的生产资料的价值
   C. 劳动者为自己劳动所创造的价值　　D. 劳动者为社会劳动所创造的价值
4. 成本会计的任务包括（　　）。
   A. 成本预测和决策　　　　　　　　　B. 成本计划和控制
   C. 成本核算　　　　　　　　　　　　D. 成本考核和分析
5. 一般来说，企业应根据（　　）来组织成本会计工作。
   A. 本单位生产经营的特点　　　　　　B. 对外报告的需要
   C. 本单位生产规模的大小　　　　　　D. 本单位成本管理的要求
6. 成本的主要作用在于（　　）。
   A. 是补偿生产耗费的尺度
   B. 是综合反映企业工作质量的重要指标
   C. 是企业对外报告的主要内容
   D. 是制定产品价格的重要因素和进行生产经营决策的重要依据
7. 成本会计机构内部的组织分工有（　　）。
   A. 按成本会计的职能分工　　　　　　B. 按成本会计的对象分工
   C. 集中工作方式　　　　　　　　　　D. 分散工作方式
   E. 统一工作方式
8. 为了正确计算产品成本，必须做好的各项基础工作有（　　）。
   A. 定额的制定和修订　　　　　　　　B. 厂内计划价格的制定和修订
   C. 各项原始记录　　　　　　　　　　D. 材料物资的计量、收发、领退和盘点

三、判断题

1. 成本属于费用，因而费用就是成本。　　　　　　　　　　　　　　　　　　（　　）
2. 成本实质上是生产经营进程中所耗费的生产资料转移价值的货币表现。　　（　　）
3. 分散工作方式有利于进行责任成本核算。　　　　　　　　　　　　　　　（　　）
4. 成本预测和成本计划是成本会计的最基本的内容。　　　　　　　　　　　（　　）
5. 成本分析是成本考核的基础。　　　　　　　　　　　　　　　　　　　　（　　）
6. 企业应根据外部有关方面的需要来组织成本会计工作。　　　　　　　　　（　　）
7. 企业的原始记录制度应当符合成本管理的要求。　　　　　　　　　　　　（　　）
8. 有几种产品共同负担的费用，应当按照受益原则，采用合理的分配标准，在各种产品之间进行分配以后，再计入各种产品的成本。　　　　　　　　　　　　　　　（　　）

四、简答题

1. 简述成本的经济实质。
2. 简述理论成本与实际工作中成本开支范围的区别。
3. 简述成本的作用。
4. 简述成本会计的对象。
5. 简述成本会计的任务。
6. 简述成本会计工作组织应遵循的原则。
7. 简述成本会计的基础工作。

五、案例分析题

汪某在大学里面学习的是会计专业，以优异的成绩毕业后被推荐到当地的一家大型工业企业的会计岗位工作。刚入公司，财务领导简单地对其进行了"考核"，以下为对其考核的内容：公司本月生产 150 件产品，全部完工。生产产品过程中发生了以下支出：生产产品消耗了 6 000 元的原材料，500 元的燃料及动力费用，生产人员的薪酬为 1 000 元，车间的经费为 900 元，管理费用为 700 元，财务费用为 500 元，产品对外销售时发生销售费用 1 500 元。请分别用全部成本法和制造成本法来计算产品成本，并确定制定产品销售价格所依据的产品单位成本。请你代汪某做出相应的回答。

第二章 产品成本核算的基本原理

本章简介

本章详细介绍了成本核算的原则、要求与一般程序。企业由于生产类型的特点和管理要求等方面的不同,其成本核算也具有不同的特点。但对所有企业来说,成本核算提供的信息应具备相关、及时、准确的特征,符合成本核算的原则,这样才能充分的发挥其应有的作用。在完成成本核算的各项任务中应符合成本核算的基本要求:严格执行成本、费用开支标准;划分各种产品成本的界线;完善成本责任制;做好成本核算的基础工作;选择适当的成本计算方法。在成本核算的具体工作中应设立产品成本总分类核算与产品成本明细分类核算,并可根据成本核算的体制不同,选择一级成本核算体制和两级成本核算体制。

案例导引

春秋航空的成本控制战略

春秋航空之所以被广泛熟知,源于大众都认为他是"廉价航空",春秋航空的发展模式是:"两高两低两单两减",即高客座率,高飞机利用率;低营销费用,低管理费用;单一机型,单一舱位;减少非必要成本,减少日常费用。

春秋航空董事长透露,他们飞机上每个与众不同的细节都瞄准了同一个目标,能省则省;航班为旅客免费提供的仅仅是一瓶矿泉水,没有一般航空公司的餐食;空乘人员自己打扫机舱;航班上是清一色的经济座位,并没有头等舱(这使同样一架飞机能够多载10%的乘客);减少机场设备的使用(每年节约5 000万元),缩短机场停靠时间……低成本、低价格使这个民营的航空公司达到国内单机盈利的最高水平。尽管春秋航空想尽各种办法节省成本,但在保证安全上的成本却不"吝啬"。

仔细的分析上述材料,发现春秋航空的成本控制非常成功,将成本费用划分为不可控成本和可控成本,通过控制可控成本(与航空公司的经营管理相关的成本费用,如工资、国内国际航线餐饮供应品费、客舱服务费等)来达到降低成本的目的。

以上分析的只是其中的一个方面,春秋航空在成本控制的措施上做的到位,正确的把握住各项成本费用的界线,把成本核算的作用发挥到极致。

【资料来源:上海证券报,2007年11月14日,作者:黄建东】

第二章 产品成本核算的基本原理

第一节 成本核算的意义和原则

一、成本核算的意义

产品成本是企业在生产某种产品过程中发生的各种费用的总和。成本核算是成本管理工作的重要组成部分，成本核算的准确与否，将直接影响企业的成本预测、计划、分析、考核、控制等工作，同时也对企业的成本决策和经营决策产生重大影响。具体来说，成本核算的意义表现为以下几方面：

（1）通过成本核算，可以计算出产品实际成本，可以作为生产耗费的补偿尺度，可以作为确定企业盈利的依据，便于有关部门制定产品价格和企业编制财务成本报表。

（2）通过产品成本核算，反映和监督各项消耗定额及成本计划的执行情况，可以控制生产过程中人力、物力和财力的耗费，从而做到增产节约、增收节支。同时，利用成本核算资料开展对比分析，还可以查明企业生产经营的成绩和缺点，从而采取措施，改善经营管理，促使企业进一步降低产品成本。

（3）通过在产品成本的核算，还可以反映和监督在产品占用资金的增减变动和结存情况，为加强在产品资金的管理、提高资金周转速度和有效地使用资金提供资料。

（4）通过产品成本的核算计算出的产品实际成本资料，可与产品的计划成本、定额成本或标准成本等指标进行对比，除可对产品成本升降的原因进行分析外，还可据此对产品的计划成本、定额成本或标准成本进行适当的修改，使其更加接近实际。

二、成本核算的原则

成本核算原则，是指进行成本核算应当遵循的规范，是人们在成本核算实践中总结出来的经验，是在感性认识上升到理性认识的过程中逐渐形成的。成本核算原则指导会计人员合理、恰当地组织处理成本核算业务，能够保证成本核算的信息具备相关、及时、准确的特征。所谓相关，指成本核算提供的数据必须满足使用者特定的信息需求，这里的使用者既包括企业内部管理部门，又包括外部信息使用者。成本信息是否具有相关性，取决于信息使用者的特定目的。与信息使用者毫不相关的成本信息是毫无用处的，甚至是有害的。所谓及时，指成本信息的反馈能满足成本分析、成本决策、成本考核的需要。这里强调成本信息提供的时效性，不及时的信息会丧失其影响决策的能力而变成非相关信息。所谓准确，是指没有人为地提高成本或降低成本。值得注意的是，这里的"准确"是相对而言的，因为：①成本核算中有些因素是预计的，如固定资产折旧，折旧年限是人为设定的；②成本核算中不同计算方法和分配方法求得的结果是不同的。所以，相对准确主要是指成本信息的质量是可靠的，没有人为地任意提高或降低成本。根据以上分析，成本核算原则包括以下内容：

1. 实际成本计价原则

它包含三方面含义：第一，对生产所耗用的原材料、燃料和动力等费用，都要按实际成本计价；第二，对固定资产折旧必须按其原始价值和规定使用年限计算；第三，对完工产品成本要按实际成本计价,但它并不排斥"产成品"账户及其明细账按计划成本计价,对于实际成本与计划成本的差异,另设"产品成本差异"账户进行核算。

2. 成本分期核算原则

企业生产经营活动是连续不断进行的,为了取得一定期间所生产产品的成本,企业就必须将其生产经营活动划分为若干个相等的成本会计期间,分别计算各期产品的成本。成本核算的分期,必须与会计年度的分月、分季、分年相一致,这样有利于各项工作的开展。但成本核算的分期与产成品(完工产品)成本的计算期不一定一致,不论生产类型如何,成本核算中的费用归集、汇总和分配,都必须按月进行,至于完工产品的成本计算,则与企业生产类型有关,可以是定期的,也可以是不定期的。

3. 合法性原则

它是指计入成本的费用,必须符合国家法律、法令和制度等规定,不符合规定的费用不能计入成本。如,制度规定:凡属于增加固定资产而发生的各项资本性支出,不能直接计入费用;购入无形资产支出、对外投资支出、被没收的财物、各项罚款性质的支出等不能列入成本开支。成本会计同财务会计一样,也要强调划分资本性支出与收益性支出,因此进行成本核算时要严格区分收益性支出和资本性支出的界限,正确计算企业当期损益,实际上也就是符合国家法律法规的规定。所以,划分资本性支出与收益性支出原则可包括在合法性原则中。

4. 重要性原则

在进行成本核算时,采用的成本计算步骤、费用分配方法、成本计算方法等,都可根据每一企业具体情况进行选择。对于一些主要产品、主要费用,应采用比较详细的方法进行分配和计算;而对于一些次要的产品、费用,则可采用简化的方法,进行合并计算和分配,而不能不分主次。效益性原则,是指成本核算本身要讲效益。如果该项核算提供的信息对管理非常有用,对降低产品成本有帮助,多花点劳动把核算工作搞得细一些,工作量大一些也是合算的、有效益的。反之,就是不合算、没效益的。实际上也就是核算工作要分清主次。因此,效益性原则可包括在重要性原则中。

5. 一贯性原则

企业在进行成本计算时,产品成本计算方法一经确定,没有特殊情况,不应经常变动,以使计算出来的成本资料便于前后期进行比较。如果因情况特征确需改变原有的成本核算方法,应在有关的会计报告中加以说明。

6. 权责发生制原则

权责发生制原则是会计核算中确定本期收益和费用的方法,即凡属本期的收入,不论款项是否收到,均作为本期收入处理;不属于本期的收入,即使本期收到的款项也只作为预收款项处理,而不作为本期收入。凡属本期的费用,不论款项是否支出,均作为本期费用处理;不属本期的费用,即使在本期支出,也不能列入本期费用。在成本会计中运用权责发生制原则,主要是指费用的问题,即应正确处理待摊费用、递延资产和预提费用。

知识拓展 2-1

促使格兰仕进一步壮大的成本领先模式

格兰仕可谓家喻户晓,产品人人皆知,但格兰仕是如何从 1992 年进入微波炉行业并持续高速发展的过程,大家并不了解。

专家们对其企业的高速成长轨迹、基于比较优势的低成本竞争战略、严密的现场管理、市场导向的激励机制等方面对格兰仕进行了深入的案例研究。格兰仕获得竞争优势的关键在于实行成本领先战略,而该战略得以在格兰仕成功实施的主要原因是:后发优势与模仿的创新、基于比较优势的低成本——价格——市场——资源整合的一体化策略、管理方式的学习与革新。最终研究的意见是一致的:格兰仕的成功在于专一化经营(专注于微波炉制造)和成本领先的战略。以低价格为表现形式所形成的成本优势是格兰仕成功地参与国内国际市场竞争的公开方式,也是世界上大多数后发企业赶超先发企业、参与国际竞争并取胜的共同手段。

一、问题提出与分析视角

广东格兰仕企业(集团)公司(英文 Galanz,以下简称格兰仕)是世界最大的微波炉制造商。2002 年格兰仕的微波炉产量为 1 400 万台,是松下电器微波炉产量的 7~8 倍。从 1995 年至 2002 年,格兰仕在中国微波炉市场上连续 8 年蝉联第一。2002 年格兰仕市场占有率在中国高达 70%,全球为 30%。

二、格兰仕的高速成长轨迹

1. 创业:生产羽绒、服装(1978~1991 年) 略

2. 转向微波炉产业(1992 至今)

1992 年经过论证分析,正式决定进入微波炉行业。1992 年 6 月将原"桂洲畜产品企业(集团)公司"更名为"广东格兰仕企业(集团)公司",致力于高品位家电的生产和销售。

1993 年,格兰仕批量生产微波炉 1 万台。

1994 年,实现产销量 10 万台的目标,获得销售额、利润"双超历史"的业绩。

1995 年,格兰仕微波炉销售量达 25 万台,居国内市场第一位,销售收入 3.84 亿元,利润 3 100 万元。至此,通过 4 年的努力,格兰仕成功地从羽绒生产厂商转为微波炉制造商。

2000 年 6 月,格兰仕微波炉第四次掀起以"五朵金花"系列等中档机为主,包括高档机在内的全方位、大规模降价,降幅高达 40%,这是格兰仕高中低各档主力机群全方位第一次降价。同年 10 月,格兰仕高档品种的微波炉再次大降价,高档黑金刚系列微波炉降幅接近 40%,微波炉生产能力达每年 1 200 万台。

2001 年 7 月,格兰仕研制并批量生产数码光波微波炉。格兰仕微波炉实现销量约 1 200 万台,销售额达到 68 亿元,国内占比高达 70%。

三、格兰仕经营战略分析

格兰仕发展经历了从羽绒到微波炉的转型,从微波炉的新进入者到全国微波炉冠军,从国内到国外,从单一化到多元化。公司的战略分为三个层次,即总体战略、竞争战略和职能战略。

1. 公司战略

格兰仕的公司战略在其发展的不同的阶段表现出不同的特点。格兰仕的发展经历了创业阶段、成长阶段与成熟阶段。针对不同阶段的特点,格兰仕适时掌握了市场环境并能够充分挖掘自身潜力在战略选择上不断推陈出新。

2. 竞争战略

格兰仕集团的经营战略应是成本领先战略。但格兰仕集团的成本领先战略在转型阶段和新阶段中有所不同。在转型阶段，格兰仕集团的竞争优势主要来源于规模经济基础上的成本领先。具体体现在：在转型阶段格兰仕采取集中一点战略，通过设置进入壁垒来保持市场竞争力，格兰仕推行稳定型战略，立足于国内市场单一生产微波炉；在成熟阶段，格兰仕采用实行规模经营，有效降低了单位产品的直接生产成本、分销成本、技术成本和原材料采购成本。消除竞争对手的优势，实施多元化、国际化经营。格兰仕集团的多元化经济主要表现在：后期格兰仕集团向市场推出电饭煲和电风扇产品。产品的品种更丰富，实现了多元化经营。与此同时格兰仕还引进世界各国的生产设备和技术，聘用外国专家和管理人才实现了市场国际化、研发和人才的国际化，形成了独特的竞争优势。

3. 职能战略

格兰仕集团在微波炉上的营销战略主要包括以下内容：第一，培育市场，通过赠送微波炉食谱等图书、在报刊上开辟专栏等方式，培育中国的微波炉市场。第二，通过建立全国性的营销网络，主要是与各地代理商合作，共同启动微波炉市场。第三，在微波炉市场上主要通过价格战方式，主要通过降价和促销占领市场而在电饭煲市场。通过多年的赠送活动来占领市场。第四，通过不断推出新产品，针对不同的市场区隔推出合适的产品来实现。还有，通过提高产品服务质量和水平来巩固市场。

四、启示

这个案例看似是格兰仕转型成功并占据产品市场的企业经营战略管理案例，但不能忽视的是一直有个"成本领先"模式在支撑企业实现其战略经营目标。为什么能做到成本领先，为什么能把微波炉的价格从1台2 000多元降到几百元的同时，达到世界领先水准的产品质量且能保持盈利？

第二节　成本核算的基本要求

为了完成成本核算的各项任务，充分发挥成本核算的作用，不断改善企业的生产经营管理，在成本核算工作中，应遵循以下基本要求。

一、严格执行国家规定的成本开支范围和费用开支标准

成本开支范围是企业根据在生产过程中发生的生产费用的不同性质、成本的内容以及加强经济核算的要求，由国家综合经济管理部门在有关的财经法规中制定的。企业发生的费用是多种多样的，这些费用有的要计入产品的生产成本，有的则应直接计入当期损益。企业应严格遵守国家规定的成本开支范围和费用开支标准，这样既能保证产品成本的真实性，使同类企业以及企业本身不同时期之间的产品成本内容一致，具有分析对比的可能，又能正确计算企业的利润并进行分配。所以，严格遵守成本开支范围和费用开支标准这一财经纪律，是国家对企业核算产品成本时提出的一项最基本的要求，每个企业都应当遵照执行。

二、正确划分各种费用界限

企业发生的费用，有的可以计入产品成本，有的不能计入产品成本，而应列入期间成本。为了正确计算产品成本，反映企业真实的盈利水平，必须正确划分以下五个方面的界限。

1. 正确划分收益性支出与资本性支出的界限

企业的经济活动是多方面的，企业发生的支出也是多方面的。企业的支出，并不都是费用支出。例如，企业购置和建造固定资产、购买无形资产以及进行对外投资，这些活动都不是企业日常的生产经营活动，其支出都属于资本性支出，不属于费用支出；凡是企业在生产经营过程中发生的各项耗费，都属于费用支出。为此，企业必须根据《企业财务通则》《企业会计准则》和其他有关规定，制定成本开支范围和成本开支标准，并据以正确划清收益性支出与资本性支出。

企业的下列支出，不得列入成本、费用：为购置和建造固定资产、无形资产的支出；对外投资的支出；被没收的财物，支付的滞纳金、罚款、违约金、赔偿金以及企业赞助、捐赠支出；国家法律、法规规定以外的各种付费；国家规定不得列入成本、费用的其他支出。有些费用支出，虽按税法要求不能作为成本、费用税前扣除，但按成本会计要求仍根据其性质计入成本、费用，留待计算确定应纳税所得额时进行调整，如超过规定标准开支的业务招待费、超过规定标准的利息支出等。

划清资本性支出与收益性支出的界限，其目的是为了正确计算资产的价值和正确计算各期的产品成本及损益。如果把资本性支出列为收益性支出，其结果是将会导致少计了资产价值，多计了当期费用，导致当期营业净收益减少；反之，则可能多计了资产价值，少计了当期费用，导致当期营业净收益增加。不论是何种情况，所提供的会计信息都未能反映客观实际，不利于正确进行产品成本计算和成本管理工作的开展。

2. 正确划分产品制造成本和期间成本的界限

企业发生的费用，并不都是成本费用。在产品制造业中，生产一定种类和数量的产品而发生的材料耗费、工资等生产费用应计入产品成本。产品成本要在收入实现以后才转化为费用，计入企业的损益。

为销售产品而发生的产品销售费用、为管理和组织企业生产经营活动而发生的管理费用，以及为筹集资金而发生的财务费用均是在经营过程中发生的，与产品生产无直接关系，因而作为期间成本直接计入当期损益，从当期利润中扣除。为了正确计算产品成本，必须分清哪些支出属于产品的制造成本，哪些应作为期间成本，防止混淆两者的界限，将某些期间费用计入产品成本，或者将产品的制造成本计入期间费用，借以调节各期产品成本和各期损益。

3. 正确划分各个会计期间的产品成本的界限

企业在生产经营过程中发生的费用，有的应计入当期产品成本，有的应计入以后各期产品的成本。为了按月分析和考核产品成本，正确计算各期的损益，必须将已经发生的费用，在各个月份之间进行正确划分。对于所发生的费用，应按时入账，不能延后，也不能未到时间提前入账。同时，还应根据权责发生制原则，正确核算预提费用和待摊费用。对于那些本期尚未支付，而应由本期负担的费用，应预提计入本期产品成本，如预提固定资产的大修理费用；对那些已经在本期支付，应由本期及以后各期负担的费用，应采用分期摊销的方法，分期计入成本费用。企业应严格地制定待摊费用和预提费用的摊提标准，防止任意摊提，人为地调节各个期间的成本、费用和人为地调节各期损益。

4. 正确划分不同产品的费用界限

为了便于分析和考核不同产品的成本计划执行情况，对于计入产品成本的生产费用，必须划清不同产品之间所应负担的费用界限。属于某种产品单独耗用的直接费用，应直接计入该种产品的成本；属于应由几种产品共同负担的间接费用，应选择合理的分配方法分配后，分别计入这几种产品的成本，以正确反映各种产品的成本水平。与此同时，还应特别注意划清盈利产品与亏损产品、可比产品与不可比产品之间的费用界限，防止在盈利产品与亏损产品、可比产品与不可比产品之间任意调节成本费用、虚报产品成本、掩盖利润。

5. 正确划分产成品与在产品的费用界限

通过以上费用界限的划分，确定了各成本对象本期应负担的成本费用。期末，如果某种产品都已完工，其各项成本费用之和，就是该产品的完工成本；如果某种产品都未完工，其各项成本费用之和，就是该产品的期末未完工成本，如果某种产品部分完工，部分未完工，就需要采用适当的分配方法，将该成本对象应负担的成本费用在完工产品与在产品之间进行分配，分别计算出该产品的完工产品成本与未完工产品成本。要正确划分完工产品成本与月末在产品成本，还应根据月末在产品数量、在产品的稳定程度、在产品价值的大小以及企业定额管理基础工作等因素选择合理的分配方法，才能保证完工产品成本的正确计算。

期初在产品成本、本期成本费用、本期完工产品成本和期末在产品成本四者之间的关系，如下式所示：

期初在产品成本 + 本期成本费用 = 完工产品成本 + 期末在产品成本

以上五个方面费用界限的划分过程，也就是产品生产成本的计算和各项期间费用的归集过程。在这一过程中，应贯彻受益原则，即何者受益何者负担费用，何时受益何时负担费用；负担费用的多少应与受益程度的大小呈正向关系。

三、正确确定财产物资的计价和价值结转方法

企业财产物资计价和价值结转方法主要包括：固定资产原值的计算方法、折旧计算方法、固定资产修理费用是否采用待摊或预提方法以及摊提期限的长短；固定资产与周转材料的划分标准；材料成本的组成内容、材料按实际成本进行核算时发出材料单位成本的计算方法、材料按计划成本进行核算时材料成本差异率的种类、采用分类差异时材料类距的大小等；周转材料的摊销方法、摊销率的高低及摊销期限的长短等。为了正确计算成本，对于各种财产物资的计价和价值的结转，应严格执行国家统一的会计制度。各种方法一经确定，应保持相对稳定，不能随意改变，以保证成本信息的可比性。

四、做好各项基础工作

在进行成本核算时，要正确计算成本，各项基础工作是非常重要的。如果基础工作做不好，就会影响成本计算的准确性。要做好成本核算的各项基础工作，需要会计部门和其他各部门的密切配合。成本核算基础工作主要有以下几项。

1. 做好定额的制定和修订工作

定额是指企业在生产经营过程中，对人力、物力、财力的消耗所规定的标准。制定定额，是编制成本预算、成本计划、制定半成品和产成品定额成本的基础。做好定额制定和修订工作，可以使企业成本预算和成本计划编制建立在科学的基础上，使成本核算有了可靠的依据，也为开展成本控制和成本分析提供了客观标准。因此，加强定额管理具有重要意义。

与成本有关的定额按其内容可以分为：①劳动定额，是指单位产品所限定的劳动时间或单位时间所限定的产品数量标准，如工时定额、产量定额、缺勤率等；②材料、动力、工具消耗定额，是指为生产单位产品或完成一定工作量所限定的材料、动力、工具的消耗量标准，如材料消耗定额、材料利用率等；③费用定额，是指为完成一定工作量所限定的费用开支标准，如制造费用定额、管理费用定额、销售费用定额等；④质量定额，是指对所完成工作量规定质量标准，如产品合格率、一级品率、废品率、返修率等；⑤固定资产利用定额，是指使用固定资产应达到的效率标准，如设备利用率、设备产量定额、固定资产修理停运事件定额等。

定额制定的基本要求是既要先进又要切合实际，并应随着企业生产技术条件的变化和管理水平的提高而定期修订，否则定额就失去了应有的作用。制定定额时，可以采用经验统计法，即根据经验和统计资料而制定定额；也可以采用技术分析法，即在研究和分析生产技术条件和生产组织，以及可能采取的技术组织措施基础上，通过技术计算或者测定而制定定额。企业采用何种方法比较合适，这要从实际出发，根据需要与可能的条件来确定。

2. 建立和健全物资的计量、收发、领退和盘点制度

建立和健全材料物资的计量、收发、领退和盘点制度，加强物资的计量、验收、领发和清查工作，是正确计算成本的必要条件，也是加强企业经营管理的重要前提。企业一切物资的收发都要经过计量、验收和办理必要的凭证手续。因此，必须要做好以下各项工作。

（1）提高人们对计量、收发、领退和盘点制度的认识，同时还要根据不同计量对象，配备不同的计量器具，尤其对消耗量大的水、风、电、气的计量器具要配置齐全。

（2）设置专职的质量检验机构，辅之以群众性的质量把关活动形成专职机构和群众检查相结合，以专职机构为主的质量检查制度，做到不符合质量、规格要求的材料物资不入库，不发货。

（3）建立计量仪器和器具的管理与定期检验制度，以保证计量仪器与器具始终处于良好状态；对零部件和产品质量应不定期进行抽查，以检查质量验收制度的执行情况。

做好材料物资的计量、收发、领退和盘点工作，既可以保证企业财产物资的安全，也便于比较准确地计算生产费用和产品成本。

3. 建立和健全原始记录工作

成本会计的一项重要工作，是对各项生产费用进行数据处理，这就需要通过一定方式取得数据。原始记录就是提供成本计算数据的主要方式，它是按照规定的格式，对企业的生产经营活动中具体事实所作的最初记载。与成本有关的原始记录主要包括：财产物资方面的原始记录，如限额领料单、领料单、退库单等；生产方面的原始记录包括生产任务通知单、停工通知单、废品通知单等；产成品方面的原始记录，如产品入库单、报废单及盈亏报告单等；人事工资方面的原始记录，包括现金支付凭证、报销单等。

原始记录往往为几个部门所需要，因此，按要求填写的原始记录，应分别送交有关部门

使用。如果采用一式一份的原始记录形式，则要按需要部门依次传递使用。这种方式的原始记录填写简单，但是不能送交各所需用单位，影响及时使用，发生丢失时不易查对。采用一式多份的原始记录，可以同时送交各需用部门，如有丢失也便于查找。

企业应健全原始记录制度，统一规定各种原始记录的格式、内容、填制方法、存档和销毁等制度；应根据成本计算和内部控制的需要，制定各种原始记录的传递程序，包括凭证传递所流经的部门、各部门对凭证的处理程序等。

4. 做好内部结算价格的制定和修订工作

建立内部结算制度，制定内部结算价格，有利于贯彻执行成本责任制，正确考核企业内部各责任单位的业绩，也有助于简化和减少成本核算工作，并便于成本计划和成本控制工作的开展。

内部结算是企业内部各单位之间计价结算的价格。企业内部各单位之间相互提供产品或劳务，都可以按内部结算价格进行结算。企业通常是以计划单位成本作为内部结算价格，也有一些单位以产品计划单位成本加上一定的利润作为结算价格。内部结算价格应由企业统一制定，各单位要严格执行，不能擅自改变价格标准。

如果采用内部价格结算方式，则企业需要设立内部结算组织或机构。我国目前采用较为广泛的内部结算组织形式，一是在企业财会部门设立内部结算中心，二是在企业内部设立内部银行。内部结算中心职能范围小，主要负责企业内部单位之间的往来结算，一般不具有自己管理的职能，核算工作也较简单，一些规模较小的企业往往采用这种内部结算组织形式。内部银行的职能范围较广，具有结算、信贷、控制等职能，但它的核算工作较复杂，一些规模大、内部单位多、基础工作好、管理要求高的企业，通常采取内部银行的结算组织形式。

内部结算价格确定后，企业内部各单位之间发生经济往来时，就可依据一定的价格和结算方式进行结算。内部结算方式有厂内货币结算方式、厂内支票结算方式、厂内托收承付结算方式、厂内委托收款结算方式和厂内委托付款结算方式等。企业应本着既满足往来结算和管理的要求，又简化结算手续的原则选择使用。

五、适应生产特点和管理要求，采用适当的成本计算方法

企业进行成本核算时，应根据本企业的具体情况，选择适合于本企业特点的成本计算方法进行成本计算。同时，还应考虑企业生产类型的特点和管理的要求。在同一企业里，可以采用一种成本计算方法，也可以采用多种成本计算方法，即多种成本计算方法同时使用或多种成本计算方法结合使用。成本计算方法一经选定，一般就不应经常变动。

第三节 成本核算的一般程序

成本核算的一般程序是指对企业在生产经营过程中发生的各项生产费用和期间费用，按照成本核算的要求，逐步进行归集和分配，最后计算出各种产品的生产成本和各项期间费用的基本过程。为了将生产费用计入各成本计算对象，计算出各成本计算对象的制造成本，还必须建立一个完整的账户体系，建立健全成本会计机构，配备必要的成本会计人员，制定和推行合理的成本会计制度。

一、成本核算的一般程序和主要会计科目

根据前述的成本核算要求和生产费用、期间费用的分类，可将成本核算的一般程序归纳如下：

（1）对企业的各项支出、费用进行严格的审核和控制，并按照国家统一会计制度确定其应否计入生产费用、期间费用，以及应计入生产费用还是期间费用。

（2）编制要素费用分配表。对生产中产品所耗用的材料，可以根据领料凭证编制材料费用分配表；发生的人工费用，可根据产量通知单等产量工时记录凭证编制工资费用分配表。凡是能直接计入成本计算对象的费用，根据各要素费用分配表可直接计入"生产成本——基本生产成本""生产成本——辅助生产成本"账户及有关明细账户。不能直接计入成本核算对象的费用，先进行归集，计入"制造费用"账户及其有关明细账户。

（3）辅助生产费用的归集和分配。辅助生产费用归集在"生产成本——辅助生产成本"账户及其明细账户，除对完工入库的自制工具等产品的成本转为存货成本外，应按受益对象和所耗用的劳务数量，编制辅助生产费用分配表，据以登记"生产成本——基本生产成本""制造费用"等账户及有关明细账户。

（4）制造费用的归集和分配。各基本生产车间的"制造费用"归集后，应分不同车间，于月末编制"制造费用分配表"，分配计入本车间的产品成本中，计入"生产成本——基本生产成本"账户及其明细账户。

（5）完工产品成本的确定和结转。经过以上费用分配，各成本计算对象应负担的生产费用已全部计入有关的产品成本明细账。如果当月产品全部完工，所归集的生产费用即为完工产品成本。如果全部未完工，则为期末在产品成本。如果只有部分完工，则需要采用一定的方法在完工产品与期末在产品之间进行分配，以确定本期完工产品成本，并将完工验收入库的产成品成本从"生产成本——基本生产成本"账户及其明细账户结转至"库存商品"账户及有关明细账户。

（6）已销售产品成本结转。已销售产品的成本要从"库存商品"账户及其明细账户转到"主营业务成本"账户及其明细账户。

二、成本核算的主要会计账户

为了进行成本核算，企业一般应设置"生产成本——基本生产成本""生产成本——辅助生产成本""制造费用""销售费用""管理费用""财务费用"等账户。如果需要单独核算废品损失和停工损失，还应设置"废品损失"和"停工损失"账户。

为了核算产品成本，要设置"生产成本"一级账户。为了分别核算基本生产成本和辅助生产成本，还应在该一级账户下，分别设置"基本生产成本"和"辅助生产成本"两个二级账户。企业根据需要，也可以将"生产成本"账户分设为"基本生产成本"和"辅助生产成本"两个一级账户。本书按设置"生产成本"一级账户进行阐述。

（一）"生产成本"账户

"生产成本"账户下设"基本生产成本"和"辅助生产成本"两个明细账户。

1."基本生产成本"账户

基本生产是指为完成企业主要生产目的而进行的商品产品生产。"基本生产成本"账户核算生产各种产成品、自制半成品、自制材料、自制工具、自制设备等所发生的各项费用。企业生产中发生的直接材料、直接工资等直接费用，直接计入该账户的借方及其有关明细账户。间接费用应先通过"制造费用"账户归集，月末按一定标准分配，计入该账户的借方及其有关明细账户。已完工并验收入库的产成品、自制半成品，应从"生产成本——基本生产成本"账户的贷方转入"库存商品""自制半成品"等账户的借方。"生产成本——基本生产成本"账户的月末余额，就是基本生产车间在产品的成本，即基本生产在产品占用的资金。该账户应按产品品种等成本计算对象分设基本生产成本明细账，也称产品成本计算单或产品成本明细账。

基本生产明细账中应按成本项目分设专栏或专行，登记各产品、各成本项目的月初在产品成本、本月发生的生产费用、本月完工产品成本和月末在产品成本。其一般格式见表2－1。

表 2－1 产品成本计算单

（基本生产明细账）

车间： 产品：

月	日	摘要	产量	成本项目			成本合计
				直接材料	直接人工	制造费用	
		月初在产品成本					
		本月生产费用					
		生产费用合计					
		本月完工产品成本					
		完工产品单位成本					
		月末在产品成本					

2．"辅助生产成本"账户

辅助生产是指为基本生产服务而进行的产品生产和劳务供应。"生产成本——辅助生产成本"账户核算为基本生产车间及其他部门提供产品、劳务所发生的各项费用。属于辅助生产的直接材料、直接工资应直接计入"生产成本——辅助生产成本"账户及其有关明细账户。间接费用可以先通过"制造费用"账户归集，然后再分配转入"生产成本——辅助生产成本"账户的借方，或者直接计入"生产成本——辅助生产成本"账户的借方。月末，完工验收入库产品的成本或分配转出的劳务费用，计入"生产成本——辅助生产成本"账户的贷方，并按各受益部门应负担的费用计入有关账户的借方。该账户月末一般没有余额，如果有余额，就是辅助生产在产品的成本，也就是辅助生产车间在产品占用的资金。该账户应按辅助生产车间和生产的产品、劳务分设辅助生产成本明细账。

（二）"制造费用"账户

"制造费用"账户核算为企业生产产品和提供劳务而发生的各项间接费用。费用发生时，计入"制造费用"账户的借方及其有关明细账。月末根据企业成本核算办法的规定，按一定标准分配计入有关成本计算对象，从"制造费用"账户的贷方转入"生产成本——

基本生产成本"账户的借方及其有关明细账户。"制造费用"账户应按不同车间、部门设置明细账。除采用年度计划分配法和累计分配法分配制造费用外，该账户月末一般无余额。

为了贯彻权责发生制原则，归集和分配待摊费用和预提费用，应该分别设立"待摊费用"和"预提费用"账户。为了核算期间费用，还可分别设立"销售费用""管理费用""财务费用"账户。企业若需单独核算废品损失和停工损失，还可增设"废品损失"和"停工损失"账户。有关这些账户的内容、结构和具体运用，将在以后逐一阐述。

第四节　成本核算的工作组织

为了有效地进行成本会计工作，充分发挥其应有作用，必须加强成本会计工作的组织。成本会计工作的组织主要包括：建立成本会计机构、健全成本归口管理、制定和推行合理的成本会计制度、配备必要的成本会计人员。

一、设立成本会计机构

设立成本会计组织机构，必须要与企业体制、企业组织机构和会计工作组织形式相适应；必须与企业的业务特点和规模相协调；必须体现精简高效的原则；要适应成本会计工作的内容和目的，贯彻落实经济责任制，做到技术与经济责任相结合，有利于群众性成本工作的开展，即设置成本会计机构时要考虑企业规模、业务处理繁简、管理上的要求。

（一）领导机构

一般企业成本工作领导核心应由总经理或厂长、总会计师、总工程师和总经济师组成。企业应在总经理领导下，实施成本管理责任制，总经理对本企业的经济效益负完全责任；总工程师协助总经理在生产技术方面采取有效的措施降低成本，并对其成本效益负责；总经济师协助总经理在经营决策、经营计划方面采取有效的措施降低成本，并对其成本效益负责；总会计师在总经理领导下，组织、指导企业和各部门开展成本工作。

（二）成本会计的职能机构

成本会计的职能机构根据企业规模不同有所区别。

1. 机构设置

大中型企业通常在会计机构中，单独设置成本科、股、组；也可在总会计师领导下，单设成本会计机构或成本会计机构与计划部门合并设置。成本会计机构内部分工可按职能分为预测决策组、计划控制组、核算分析考核组，也可按对象分为产品成本组、经营管理费用组、专项成本组。在规模小、会计人员不多的企业中，通常在会计部门中指定专人负责成本会计工作。

2. 成本会计工作的组织方式

成本会计工作在厂部成本职能部门和企业内部各单位之间，可以采用集中核算和非集中核算两种不同的形式。

在集中核算形式下，厂部成本会计职能部门集中处理全厂的成本会计业务，其他职能部门、车间只负责提供有关的原始资料，只在厂部设账，车间不设账。在非集中核算形式下，企业内部各部门和车间的成本计划、核算、控制和分析工作，一般由这些单位的成本会计人员负责，厂部的成本会计职能部门的主要负责成本数据的汇总，处理不便于分散到各部门去进行的成本会计工作（如成本预测、对各责任单位成本的考核等），以及对各单位成本会计工作进行业务上的监督和指导，在厂部、车间均设账。

两种形式各有优缺点，集中核算形式可适当减少核算层次和成本会计工作人员数量，但不便于企业内部各单位及时掌握和控制其成本。非集中核算形式增加了成本会计工作的层次和人员，但有利于企业内部各单位及时掌握和控制其成本。

二、健全成本归口管理

为了加强成本管理，提高全员的成本意识和素质，企业各部门应共同参与成本管理，负责与其工作相联系的成本管理工作。具体负责分工如下：

（1）生产部门：生产部门负责制定生产定额和控制外部加工费用，编制和落实生产、作业进度计划，组织均衡生产，提高工时利用率，保证完成产量、品种等计划指标，力求缩短生产周期，减少在产品、半成品的资金占用。

（2）技术工艺部门：负责制定物资消耗定额，在产品设计和工艺技术上保证产品质量优、成本低、适销对路，减少原材料等各种物资消耗，节约工时，讲究经济效益。

（3）物资供应、储运部门：负责制定物资储备定额，控制物资的消耗，合理组织物资的采购和保管，减少采购和储存费用。

（4）销售部门：负责编制产成品销售计划，合理组织产成品的销售，编制并控制销售费用预算。

（5）设备部门：负责制定设备利用定额，提高设备完好率和利用率，降低设备修理成本额，减少维护保养费。

（6）动力部门：负责水、电、气消耗定额的制定和管理，在保证生产需要的前提下，努力控制能源消耗。

（7）人力资源部门：负责劳动力的合理组织，制定劳动定额，提高工时利用率和劳动生产率，控制工资、福利费用和奖金的支出，合理节约劳动保护费用开支。

（8）总务行政部门：负责有关管理费用预算编制、日常控制和定期分析工作等。

（9）其他部门：负责与其本身责任有关的成本工作，提高工作效率，减少费用开支。

以上这些职能部门管理和控制的指标中，有的直接和成本相联系，属于成本指标；也有的指标，如产量、品种、废品率、劳动生产率、工时利用率和设备利用率等，其本身不是成本指标，但这些指标完成的好坏，必然引起成本水平的升降。所以，管理和控制成本应不局限于几个成本指标，而必须同技术、创收和节约不同方面着手，去抓好成本工作，才能全面提高经济效益。

必须指出，产品生产过程中的各种消耗，大多数是在班组中发生的。所以，班组对成本控制如何，直接影响成本的高低。我国一些企业根据班组的大小，配备专职或兼职核算员，核算和控制班组及个人的生产消耗情况，保证计划指标的实现，并作为进行考核、确定奖罚的依据。这是有中国特色的一种责任会计形式，推行民主管理，调动职工参与企业管理。

三、配备成本会计人员

成本会计工作要求从事该项业务的人员，应具备一定的职业道德。我国对于会计人员尚未形成独立、完善的会计职业道德准则，除了约束注册会计师的《中国注册会计师职业道德基本准则》外，约束其他会计人员的职业道德规范散见于各种会计法规当中。例如，《会计基础工作规范》对会计人员的职业道德作了如下规定。

（1）会计人员应当热爱本职工作，努力钻研业务，使自己的知识和技能适应所从事工作的要求。

（2）会计人员应当熟悉财经纪律、法规和国家统一会计制度，并结合会计工作进行广泛宣传。

（3）会计人员应当按照会计法律、法规和国家统一会计制度的程序及要求进行会计工作，保证所提供的会计信息合法、真实、准确、及时、完整。

（4）会计人员办理会计事务，应当实事求是、客观公正。

（5）会计人员应当熟悉本单位的商业秘密。除法律规定和单位领导人同意外，不能私自向外界提供或者泄漏本单位会计信息。

以上职业道德也适用于成本会计人员。职业道德第一条指出会计人员应使自己的知识和技能适应所从事的工作的要求。对于一个符合现代成本会计要求的成本会计人员来说，不仅要懂会计和财务管理，还应懂经营管理，特别是要熟悉生产技术。成本会计人员学会运用价值工程、成本最优化理论和方法，才能在经济型成本会计转变为经济与技术结合型成本会计过程中充分发挥作用。

现代成本会计工作不仅仅局限于计划、核算和考核，同时还要进行成本技术经济分析和成本效益分析，尤其是要把预测和决策放在重要地位。所以，成本会计人员要学会分析、预测和决策，使成本会计工作在企业提高经济效益中起参谋作用。

根据成本会计人员职责的要求，目前我国有些企业在成本岗位上配备了成本工程师，所谓成本工程师，"是受过特殊训练的具有工程师和会计师两方面素养的专家，成本工程师的职责是分析各种生产条件，从技术观点和成本观点出发，探索切实可行的、最合理的生产方法。""他们在车间有关人员的协助下，规定各种生产活动的技术标准和成本标准，并以这些标准为测定业绩的尺度来评价生产业绩，寻找更合理的生产方法，制定出创造和改善各种生产条件的方案，提供企业经营者考虑参阅。"可见，配备成本工程师有利于成本工作的技术与经济相结合，可以充分发挥成本会计职能作用，更好地完成成本会计任务。

四、成本会计制度

成本会计制度是组织和从事成本会计工作所必须遵循的规范和具体依据，因此，正确地制定和执行成本会计制度是做好成本会计工作的重要条件。成本会计制度是会计制度的一个组成部分。企业成本会计制度要以会计准则、财务通则和财务会计制度的有关规定为依据。制定和执行成本会计制度，可以使企业的成本会计工作有效地贯彻执行国家有关的方针、政策，保证成本会计资料的真实、规范、及时和有用。与成本会计工作有关的法律和制度，一般包括以下几个层次：

（1）《中华人民共和国会计法》，会计工作的基本法。

（2）全国统一的会计规章制度，如《企业会计准则》《企业财务通则》等。

（3）企业内部会计制度。根据国家有关法规制度，结合企业情况制定。

（4）企业成本会计制度。根据以上会计法规制度，结合企业生产经营特点和管理要求等制定，应包括成本会计职能的各个方面：①关于成本岗位责任制；②关于成本预测和决策的制度；③关于目标成本制定、成本计划编制的制度；④关于成本控制的制度；⑤关于成本核算的制度；⑥关于成本报表的制度；⑦关于成本分析的制度；⑧企业内部价格制定和结算制度；⑨成本岗位考核标准；⑩其他有关成本会计的规定。

需要指出的是，成本会计制度一经确定，就要认真严格执行，保持相对稳定。但是，随着客观形势的发展，以及人们对客观事物认识的深化，成本会计制度也必须适当地修改或作相应的调整。制度的修订是一项严肃的工作，必须既积极又谨慎，不能轻易废弛。在新制度未形成之前，原有制度要继续执行，以便使成本会计工作处于有章可循的正常状态，充分发挥其应有的积极作用。

练 习 题

一、单项选择题

1. 下列各项中不直接在"生产成本——基本生产成本"科目核算的内容是（   ）。
   A. 生产工人的薪酬　　　　　　　　B. 直接用于产品生产的原材料
   C. 车间管理人员的薪酬　　　　　　D. 直接用于产品生产的燃料和动力

2. 下列各项中属于产品成本项目的是（   ）。
   A. 直接人工　　　　　　　　　　　B. 提取的职工薪酬
   C. 利息支出　　　　　　　　　　　D. 外购材料

3. 下列各项中属于费用要素的是（   ）。
   A. 原材料　　　　　　　　　　　　B. 燃料及动力
   C. 职工薪酬　　　　　　　　　　　D. 制造费用

4. "直接人工"成本项目是指（   ）。
   A. 全体职工的工资及福利费
   B. 管理人员工资及福利费
   C. 直接参加产品生产的工人工资及福利费等
   D. 销售机构人员的工资及福利费

5. 下列各项中能直接计入产品成本的费用是（   ）。
   A. 制造费用　　　　　　　　　　　B. 直接人工
   C. 管理费用　　　　　　　　　　　D. 销售费用

6. 下列各项中，不能或不便于直接计入产品成本的费用是（   ）。
   A. 原材料　　　　　　　　　　　　B. 燃料及动力
   C. 生产工人薪酬　　　　　　　　　D. 制造费用

7. 下列各项中应计入产品成本的费用是（   ）。

A. 行政管理人员薪酬　　　　　　B. 职工教育经费
C. 生产工人薪酬　　　　　　　　D. 销售机构人员薪酬

8. 下列各项中不应计入产品成本的费用是（　　）。
A. 车间设备的修理费　　　　　　B. 职工的生活困难补助费
C. 车间管理人员的工资　　　　　D. 车间管理用房的折旧

9. 下列会计科目中，年末余额不转入"本年利润"科目的是（　　）。
A. 销售费用　　　　　　　　　　B. 管理费用
C. 财务费用　　　　　　　　　　D. 制造费用

10. 下列各项中，属于"生产成本——基本生产成本"科目核算的内容是（　　）。
A. 按规定支付的印花税和车船使用税
B. 工业企业为进行基本生产而发生的各项生产费用
C. 行政管理部门发生的各项费用
D. 销售产品发生的费用

二、多项选择题

1. 下列各项中属于费用要素的有（　　）。
A. 外购材料　　　　　　　　　　B. 职工薪酬
C. 生产工人薪酬　　　　　　　　D. 制造费用

2. 下列各项中属于间接生产费用的有（　　）。
A. 分厂、车间管理人员的薪酬　　B. 生产工人薪酬
C. 行政管理人员薪酬　　　　　　D. 修理期间的停工损失
E. 销售机构人员薪酬

3. 下列各项中不能计入产品成本的费用有（　　）。
A. 车间设备的折旧费　　　　　　B. 车间的劳动保护费
C. 已按规定交纳的房产税　　　　D. 按规定支付的金融机构的手续费
E. 燃料及动力费

4. 下列各项中属于期间费用的有（　　）。
A. 销售费用　　　　　　　　　　B. 管理费用
C. 财务费用　　　　　　　　　　D. 制造费用
E. 折旧费用

5. 制造费用包括企业内部生产单位的（　　）。
A. 设计制图费及实验检验费　　　B. 劳动保护费及保险费
C. 季节性或修理期间的停工损失　D. 固定资产折旧费
E. 管理人员工资及福利费

6. 为了加强成本审核、控制，正确、及时地计算成本，企业应做好的基础工作包括（　　）。
A. 贯彻落实定额的制定和修订工作
B. 建立和健全存货的计量、收发、领退和盘点制度
C. 建立和健全原始记录制度

D. 认真执行厂内计划价格的制定和修订工作

E. 正确确定财产物资的计价和价值结转的方法

三、判断题

1. 工业企业的销售费用仅指企业在产品销售过程中发生的各项费用。（   ）
2. 间接计入费用，是指间接用于产品生产的各项费用。（   ）
3. 期间费用按经济用途可分为销售费用、管理费用和财务费用。（   ）
4. 生产工人薪酬是费用要素。（   ）
5. 制造费用和废品损失属于产品成本项目。（   ）
6. 固定资产折旧费全部计入产品的成本。（   ）
7. 企业计入管理费用的税金包括增值税、印花税、房产税和城市维护建设税。（   ）
8. 企业计入期间费用的利息支出（减利息收入后的净额）是费用要素。（   ）

四、案例分析题

[案例1] 某小型生产企业，由于考虑成本效益原则，所以在成本核算工作中存在一些不足，比如材料消耗是根据实际领料数量进行核算，没有考核标准，因而各月之间成本波动较大，而且领用材料计量不够准确，对于不能点数的材料采用自测的方法估算。鉴于存在的问题，企业经理决定进行整改。

如果请你为经理出谋划策，请问你有哪些建议？

[案例2] 宋华2020年8月应聘到华融机械厂当成本核算员，财务成本会计科的张科长向宋华介绍该厂的基本情况：

该厂主要生产开采用大型重型机械，全场设有6个基本生产车间，分别生产开采机械的各种零件和零部件的组装；还有3个辅助生产车间，为基本生产车间和其他部门提供劳务。现在厂里有会计人员32名，其中成本会计6人（不含各车间的成本核算人员）。从当前看属于规模较大的，为了实现集中控制成本和进行成本分析，现在实行厂部一级成本核算体制，但同类其他企业实行车间和厂部两级成本核算，也有人提过这个建议。张科长让宋华根据当前的实际情况以及经营特点考虑几个问题：

（1）根据本厂的具体情况应采用什么核算体制（一级还是两级）？

（2）车间和厂部应设置哪些成本会计核算的岗位？

（3）车间和厂部应设置哪些成本总账和明细账？

（4）成本费用应按什么程序进行归集和分配？

（5）对企业现在成本核算模式提出进一步改进的意见。

第三章　生产费用要素的归集与分配

本章简介

本章介绍了构成产品成本的生产费用要素的内容，按照其经济用途的不同可分为直接材料、直接人工、制造费用、燃料和动力、废品损失，这些也是生产成本明细账的成本项目。当企业用一种或几种原材料生产几种产品时，需要将原材料费用在几种产品中采用一定的方法进行分配。正确核算产品的人工成本，它不但包括企业支付给工人的工资，还有企业为生产工人负担的社会保险、公积金、职工福利、教育经费等。对于产品生产发生的一些间接费用一般计入制造费用，包括生产管理的费用，生产用固定资产的折旧费，生产部门一般消耗的机物料等。对于制造费用月末要按照一定的方法分配给不同的产品成本中。

糕点店产品成本的划分

刚大学毕业的赵一鸣响应国家的号召决定自主创业，因为自己喜欢吃各种糕点，尤其是奶油蛋糕，而且对设计各种口味的糕点有一种天生的爱好，放假在家喜欢浏览制作蛋糕面包的网页，不时也亲自试试。她的梦想就是能像好利来一样，将自己的糕点店铺做到全国连锁。在学校创业老师的指导下，她为自己的面包店作了规划，也筹集到了启动的资金。面包店开张了，店里的产品有30多种，为了突出自己的特色，有的面包和蛋糕都是自己的独创。应该如何定价呢，这可是一个重要的问题，定价是否合适关系到能否吸引和留住客户，还要让自己有利润。因此定价除了要考虑同行业的情况，更要考虑自己的生产成本。小店的生产经营支出包括：制作面包和蛋糕的原料：面料、鸡蛋、白糖、色拉油、成品奶油、水果；店铺的租金；雇佣店员的工资；烤箱柜台等设备的折旧；电费和消费；物业管理费；传单的制作费；产品的包装材料费；为客户赠送礼物的费用。

请问，这些费用中，哪些构成小店产品的成本？它们都属于哪个成本项目？这也是我们下面要向大家重点阐述的内容。

第一节　生产费用要素概述

费用是指一定时期内企业在生产经营过程中所发生的各种耗费的货币表现。在这一过程中发生于生产中的各种耗费，称为生产费用。生产费用主要是劳动对象、劳动手段、活劳动中必要劳动消耗三方面的费用。企业的成本核算，就是将企业发生的各项生产费用通过分配计入产品成本，从而计算出产品的总成本和单位成本的过程。为了正确进行成本核算，首先需要对生产费用按一定标准进行分类，生产费用按不同的标准有不同的分类方法。

一、生产费用要素的分类

通常，生产费用可以按照经济内容、经济用途、与产品生产的关系和计入产品成本的方法的不同进行分类。

（一）生产费用按经济内容进行分类

生产费用按经济内容进行分类，即要明确在生产过程中消耗了什么，消耗了多少活劳动，消耗了哪些物化劳动。凡为生产产品和提供劳务而开支的货币资金以及消耗的各项实物资产，均称为费用要素。工业加工业的生产费用一般可分为以下六项费用要素：

（1）外购材料：指企业为了生产产品和提供工业性劳务而消耗的由外部购入的原料及主要材料、辅助材料、外购半成品、外购周转材料等。

（2）外购燃料：指企业为生产产品和提供劳务而耗用的一切外购的各种固体、液体、气体燃料。

（3）外购动力：指企业为生产产品和提供劳务而耗用的一切由外部购入的电力、蒸汽等各种动力。

（4）职工薪酬：指企业为生产产品和提供劳务而发生的职工工资、福利费、各项社会保险及住房公积金等。

（5）折旧费：指企业的生产单位（车间、分厂）按规定计提的固定资产折旧费。

（6）其他支出：指企业为生产产品和提供劳务而发生的不属于以上要素费用的费用支出，如车间发生的办公费、差旅费、水电费、保险费等。

上述是对生产费用按经济内容分类，是指对那些计入产品生产成本的费用所进行的分类，没有包括期间费用。生产费用按经济内容分类可以有助于了解生产过程中物化劳动和活劳动的耗费情况。

（二）生产费用按经济用途进行分类

生产费用的经济用途，是指生产费用在生产产品和提供劳务过程中的实际用途。生产费用按经济用途分类，通常称为成本项目，也就是构成产品生产成本的项目。

工业企业产品的生产成本（制造成本），一般可分为以下三个成本项目：

（1）直接材料：包括企业生产过程中实际消耗的原材料、辅助材料、设备配件、外购半成品、燃料、动力、包装物以及其他直接材料。

（2）直接人工：包括企业直接从事产品生产人员的工资薪酬、福利费以及企业为职工计提的各项社会保险和住房公积金等。

（3）制造费用：指生产单位（车间、分厂等）为组织和管理生产发生的间接费用，以及一部分不便于直接计入产品成本，而没有专设成本项目的直接费用（如机器设备的折旧费）。制造费用包括企业生产单位管理人员的工资薪酬、固定资产的折旧费、机物料消耗、低值易耗品摊销、取暖费、办公费、劳保费、运输费、保险费等。

知识拓展 3－1

成本项目

我们在登记生产成本明细账（见表 3－1）时，要将所发生的每笔支出进行分类，这个分类就是成本项目。

表 3－1　　　　　　　　　　　生产成本明细账

产品名称：甲产品　　　　　　　2020 年 5 月　　　　　　　　　　　　　　单位：元

月	日	凭证号	摘要	直接材料	直接人工	制造费用	合计
			月初在产品成本	8 090	5 860	6 810	20 760
			材料费用分配表	10 410			10 410
			工资费用分配表		4 500		4 500
			制造费用分配表			5 400	5 400
			合　计	18 500	10 360	12 210	41 070
			完工产品成本转出	16 250	9 100	10 725	36 075
			月末在产品成本	2 250	1 260	1 485	4 995

成本项目就是生产费用按经济用途的分类，以上是生产成本的三个主要的成本项目。企业可以根据生产特点和企业管理的要求适当增加一些成本项目，如"燃料和动力""废品损失""停工损失"等项目。

（三）生产费用按与产品生产的关系进行分类

生产费用按与产品生产的关系分类，可分为直接费用和间接费用两类。

（1）直接费用：指消耗以后能够形成产品实体或有助于产品形成的费用，如直接材料费、直接人工费、机器设备折旧费等。

（2）间接费用：指消耗后与产品的形成没有直接关系的费用，如车间管理人员的职工薪酬、车间办公费、保险费、取暖费等。

（四）生产费用按计入产品成本的方法进行分类

生产费用按计入产品成本的方法不同，可以分为直接计入费用和间接计入费用两类。

（1）直接计入费用：指发生后能分清是哪种产品耗用的、可以直接计入某种产品成本的生产费用。如 A 产品耗用了甲材料 500 千克，金额 4 000 元。

（2）间接计入费用：指几种产品共同耗用的，而且不能直接分清哪种产品耗用了多少的生产费用。间接计入费用不能直接计入某种产品成本，而必须先按照一定标准进行分配，然后将分配结果分别计入各种产品成本。

二、生产费用要素分配的一般原则

（一）区分计入产品成本的生产费用和不计入产品成本的生产费用

产品生产过程中发生的各项生产费用应采用一定的方法进行归集并分配计入产品成本中。费用要素的归集与分配的原则，应按照费用要素的用途和发生的地点，将各种费用要素区分为应计入产品成本的费用要素和不应计入产品成本的费用要素。对于应计入产品成本的费用要素,还应将其在在产品和完工产品之间进行适当的分配。

(二) 直接生产费用直接计入产品成本,间接生产费用分配计入产品成本

凡是专为某种产品所耗用,并能确认其负担数额的直接费用,应根据原始凭证采取直接计入的方法计入某种产品成本;凡是几种产品共同耗用,不能确认为某种产品所消耗的间接费用,则应先归集,然后再采取适当的方法分配计入产品成本。因此,费用分配的一般原则可以概括为:凡是属于直接费用的应直接计入产品成本,属于间接费用的经归集与分配后计入产品成本。在费用要素的分配中,应特别强调直接费用直接计入的问题。凡是能够确认为某种产品所发生的费用,都应尽量采取直接计入的方法。因为若采用一定的标准进行分配,其结果的准确性要差一些,进而影响产品成本的真实性。

在只生产一种产品的企业,应计入产品成本的全部费用,都是直接费用,应直接计入产品成本。在生产多种产品的企业,应计入产品成本的费用要素,有的是为某种产品所耗用,有的为几种产品共同耗用。这就要根据实际情况,按照上述费用要素分配的一般原则区别对待。对于能确定为某种产品所耗用的直接费用要直接计入;为几种产品共同耗用的间接费用,要采用一定的方法分配计入。

(三) 编制生产费用要素分配表

生产费用要素的归集与分配,是通过编制费用要素分配表来进行的。费用要素分配表的编制,应根据成本核算的体制、凭证的份数及传递程序等具体条件的不同而有所区别。企业实行成本核算体制时,应由财务部门来编制,实行两级成本核算时,则是由各车间成本会计人员来编制。费用要素分配表不论由谁来编制,其编制的要求和基本方法是一致的。财务部门和各车间或部门要合理分工互相配合,认真做好各项费用要素的汇集和分配工作,以便正确计算产品成本。

三、生产费用要素分配的一般程序

生产费用要素分配的一般程序如下:

(1) 根据发生费用的原始凭证或原始凭证汇总表,编制费用分配表或费用汇总分配表,并编制记账凭证;

(2) 根据原始凭证或记账凭证登记各种成本明细账;

(3) 根据记账凭证登记成本类总账。

在以下各节中,将介绍一级成本核算体制下,各项要素费用的汇总和分配程序。

第二节 材料费用的归集与分配

一、材料费用归集和分配概述

(一) 材料费用归集和分配的意义

材料是生产过程中的劳动对象。对于生产过程中发生的材料费用,应首先按其发生的地点和用途进行归集,然后再采用适当的方法进行分配。所以,材料费用的核算,包括材料费

用归集和分配两个方面。外购材料与企业自制或委托加工等方式取得的材料的分配方法是一样的。

材料在生产过程中所起的作用各不相同，有的材料经过加工后构成产品的主要实体，有的材料虽不构成产品的主要实体，但却有助于产品的形成。虽然材料在生产过程中作用不同，但其价值转移方式却是相同的，即材料在生产过程中全部消耗或改变其原有的实物形态，变成新产品的组成部分。这时，材料的价值也就一次、全部转移到新生产的产品中去，构成了产品成本的重要组成部分。材料是产品成本的重要组成部分，加强对材料费用的核算，对于降低产品成本、节约使用资金、加速资金周转等方面，都有着十分重要的作用。

首先，工业企业的重要任务是生产产品。在产品成本中，材料费用占有最大的比重，若要不断地降低产品成本，主要应从降低材料消耗上入手。通过建立健全材料保管、领发、核算、分配等一系列的方法和制度，控制材料费用，促使其不断降低，进而降低产品成本，从而使企业的经济效益不断提高。

其次，材料是企业流动资产的一部分，流动资产占有资金的多少对企业的财务状况影响很大。如果材料占用的资金过多，会影响资金的周转，进而影响生产的正常运转和材料储存成本增加。这样，就应使材料储备保持在一个合理的水平上，既要防止超储积压，又要防止储备不足。

最后，企业在生产中使用的材料是多种多样的，有的直接为生产某种产品所耗用，有的为生产几种产品而耗用，有的则属车间、部门的一般耗用。对于不同用途的材料，其费用的分配方法也不一样。因此，应采用适当的方法进行材料费用的分配，以保证材料费用分配的准确性。

工业企业的材料，品种、规格繁多，各种材料在生产中的作用也不一样。为了加强对材料的核算和管理，有必要对材料进行合理的分类。材料一般是按其在生产中的作用不同，分为原料及主要材料、辅助材料、外购半成品、修理备用件、包装材料、燃料等。

在实际工作中，对于材料的日常核算，可以采用实际成本计价方法，也可以采用按计划成本计价的方法。究竟采用什么方法，应根据企业的具体情况加以确定。在一般情况下，应采用计划成本计价的方法，因为它可以加速材料凭证的计价和简化材料的日常工作，也可以分析价格变动的影响，考核车间、班组材料的消耗情况，还可以用采购材料实际成本与计划成本相比较的差异，反映材料供应部门的工作业绩，降低材料的采购成本。在材料按计划成本计价的情况下，对于发出的材料，应计算发出材料应负担的材料成本差异，把发出材料的计划成本调整为实际成本。对于期末库存材料，应以实际成本体现在资产负债表上。采用实际成本进行材料日常核算的企业，发出材料的实际成本，可以采用先进先出法、月末一次加权平均法、移动加权平均法、个别计价法计算确定。对于不同的原材料，可以采用不同的计价方法。材料的计价方法一经确定，不应经常变动。

（二）材料费用归集和分配的任务

材料费用是指企业在生产过程中使用材料所发生的费用。企业在生产过程中使用的材料，大多是外购的，材料采购费用的高低，直接关系到材料成本的高低。因此，应根据企业生产经营的需要，制定材料采购计划，促使企业按计划进行采购，以降低材料采购成本，并借以考核采购部门的工作业绩。

企业产品的生产过程，也是各种材料的消费过程。企业要不断地生产，就应不断地补充生产中消耗掉的材料。这样，要保证企业生产的正常进行，就应储备一定数量的材料。储备材料所占用的资金在流动资金中占有较大的比例。因此，做好材料的储备管理工作，可以节约资金，降低材料的储存成本。

企业的材料大部分为生产产品所耗用。在材料的使用过程中，既要制定材料的消耗定额，同时，还应采用适当的方法，将其在各种产品当中进行分配，计算出产品耗用的材料费用，以便确定计算产品成本。

综上所述，在成本会计中，材料费用归集和分配的主要任务如下。

（1）反映和监督材料采购计划的执行情况，控制材料采购支出，降低材料采购成本。

（2）反映和监督材料的收入、发出及结存情况，降低材料储备所占用的资金和储存成本，做到既要满足生产需要，又要防止储备不足。

（3）反映和监督材料费用的归集情况，应按材料发生的地点和用途进行材料费用归集。

（4）反映和监督材料费用的分配情况。材料费用的分配方法一经确定，没有特殊情况，不得经常变动，以使各期的成本资料便于比较。

二、材料费用的归集

材料费用的归集是进行材料分配的基础和前提。材料费用的归集主要包括以下几个方面：

1. 材料费用归集的基础性工作

（1）购入材料成本的确定。确定购入材料的成本，是正确计算产品成本中材料成本的前提。材料费用的计算，因企业对材料日常采用的计价方法的不同而有差别。在一般情况下，如果企业规模较小，材料的品种规格不多且收发不太频繁，材料可按实际成本计价；若企业规模较大，材料品种规格繁多且收发频繁，则材料应按计划成本计价。

（2）领用材料的原始凭证和材料费用的归集。企业生产过程中领用的材料品种、数量很多，为明确各单位的经济责任，便于分配材料费用，以及不断降低材料的消耗，在领用材料时，应办理必要的手续。在领料时，应由专人负责，并经有关人员签字审核后，才能办理领料手续。月末，将各种领料凭证按车间、部门进行汇总，就能计算出各车间、部门消耗材料的数量和金额，通过编制"材料费用分配表"即可进行材料费用分配的核算。

2. 消耗材料的计量

根据发出材料的有关凭证，可将材料费用列入有关的成本计算对象中。但对于库存材料的计量，则可采用永续盘存制和实地盘存制两种方法进行核算。

（1）永续盘存制也称账面盘存制。采用这种方法，必须按材料的具体品种设置材料明细账，逐笔或逐日登记收入和发出的数量，因而随时可以从账上结算出每种材料的收、发、存数量。材料的收入、发出、结存均逐笔登记入账。其计算公式如下：

期末结存数量 = 期初结存数量 + 本期收入数量 − 本期发出数量

（2）实地盘存制也称实地盘点制。采用这种方法，是在期末通过实地盘点实物来确定材料发出的数量。材料出库不入账，当期材料消耗量通过期末盘点后倒挤算出。其计算公式如下：

材料发出数量 = 期初结存数量 + 本期收入数量 − 期末结存数量

3. 发出材料成本的确定

(1) 材料按计划成本计价。在材料按计划成本计价的情况下，对于发出的材料，应计算发出材料应负担的材料成本差异，把发出材料的计划成本调整为实际成本。对于期末库存材料，应以实际成本反映在资产负债表中，需要用到的账户有"原材料""材料采购""材料成本差异"。

消耗材料的实际成本 = 消耗材料的计划成本 + 消耗材料应分摊的成本差异

消耗材料的计划成本 = 材料实际消耗量 × 计划单价

消耗材料应分摊的成本差异 = 消耗材料的计划成本 × 材料成本差异率

材料成本差异率 = (月初结存材料的成本差异 + 本月收入材料的成本差异) / (月初结存材料的计划成本 + 本月收入材料的计划成本)

(2) 材料按实际成本计价。材料一般分批分次购入，其单价并不一致，采用实际成本进行材料日常核算的企业，发出材料的成本，可以采用先进先出法、全月一次加权平均法、移动加权平均法、个别认定法。材料计价方法一经确定，一般不经常变动。

三、材料费用的分配

(一) 材料费用分配的原则

材料费用分配，是通过编制"材料费用分配表"的方式进行的。因此，各生产车间和部门的"材料费用分配表"应根据各种领料凭证中的记录编制。在按实际成本核算时，根据各种领料凭证中所登记的实际成本汇总编制"材料费用分配表"；在按计划成本核算时，除根据各种领料凭证登记的计划成本汇总外，还应根据材料成本差异率计算领用材料负担的材料成本差异，计算发出材料的实际成本。在"材料费用分配表"中，应同时登记材料的计划成本和材料成本差异额，如果多种产品共同耗用某种材料，还应采用适当的方法在各种产品中进行分配，然后登记"材料费用分配表"，在各车间、部门"材料费用分配表"的基础上，汇总编制"材料费用汇总分配表"，据此进行材料费用分配的总分类核算。

不管材料是按实际成本核算还是按计划成本核算，对于发出材料的成本，一般是根据各种发料凭证编制"材料费用分配表"，根据"材料费用分配表"进行材料费用的分配。

在进行材料费用分配时，应首先确定材料费用的分配对象。材料费用的分配对象应根据材料的具体用途确定。

1. 生产产品使用材料费用的分配

对于用于产品生产并构成产品主要实体或有助于产品形成的各种材料，其分配原则是直接材料费用直接计入，间接材料费用分配计入各成本计算对象的"直接材料"成本项目中。直接材料费用是指直接为生产某一种产品所耗用的材料，并能直接确定其归属对象，而间接材料费用是指几种产品共同耗用的某种材料，不能直接确定其归属对象，需采用简便合理的方法在几种产品中进行分配。

2. 生产中一般消耗材料费用的分配

对于生产车间和行政管理部门一般耗用的材料，应分别计入"制造费用"和"管理费用"中的相关项目中。在材料费用的分配中，对于直接用于生产各种产品的材料，如果数量较少，金额较小，根据重要性原则，可以采用简化的分配方法，即全部计入"制造费用"中。

3. 其他材料费用的分配

除了生产过程中使用的材料外,对于发出的其他用途的材料,应根据其发生的具体用途,分别计入"在建工程""研发支出"等相关的会计科目。

(二) 材料费用的分配方法

对于领用直接用于生产某一种产品的材料,可采用直接分配法,直接计入该产品"直接材料"成本项目中;对于几种产品共同耗用的某种材料,则应采取分配的方法计入。

具体来说,材料费用分配的方法主要有以下几种。

1. 产品产量比例分配法

产品产量比例分配法是按产品产量比例分配材料费用的一种方法。当产品的产量与其所耗用的材料多少有密切关系的情况下,可采用这种方法分配材料费用,其计算公式如下:

$$材料费用分配率 = \frac{材料实际总耗用量 \times 材料单价}{各种产品实际产量之和}$$

某种产品应分配的材料费用 = 该产品实际产量 × 材料费用分配率

【例3-1】华兴公司生产甲、乙两种木制餐桌,共耗用木材415立方米,木材单价为2 500元/立方米,生产甲种餐桌600件,生产乙种餐桌230件,生产每种餐桌消耗的木材量几乎相同,故采用产品产量比例法分配材料费用。

$$材料费用分配率 = \frac{415 \times 2\ 500}{600 + 230} = 1\ 250\ (元/件)$$

甲种餐桌应分配的材料费用 = 600 × 1 250 = 750 000 (元)

乙种餐桌应分配的材料费用 = 230 × 1 250 = 287 500 (元)

2. 产品重量比例分配法

产品重量比例分配法是按照各种产品重量的比例分配材料费用的一种方法。这种方法一般适用于产品所耗用材料的多少与产品重量有着直接联系的情况,其计算公式如下:

$$材料费用分配率 = \frac{材料实际总耗用量 \times 材料单价}{各种产品重量之和}$$

某种产品应分配的材料费用 = 该产品重量 × 材料费用分配率

【例3-2】华兴公司生产甲、乙两种产品,共同耗用A材料56 000千克,每千克5.5元。甲产品的重量为40 000千克,乙产品的重量为30 000千克,采用产品重量比例法分配材料费用。

$$材料费用分配率 = \frac{56\ 000 \times 5.5}{40\ 000 + 30\ 000} = 4.4\ (元/千克)$$

甲产品应分配的材料费用 = 40 000 × 4.4 = 176 000 (元)

乙产品应分配的材料费用 = 30 000 × 4.4 = 132 000 (元)

3. 定额耗用量比例分配法

定额耗用量比例分配法是按各种产品原材料消耗定额比例分配材料费用的一种方法,它一般在各种材料消耗定额健全且比较准确的情况下采用,其计算公式如下:

某产品材料定额耗用量 = 该产品实际产量 × 该产品单位产品材料定额消耗量

$$材料定额耗用量分配率 = \frac{材料实际总耗用量}{各种产品材料定额耗用量之和}$$

某种产品应分配的实际材料数量 = 该产品材料定额耗用量 × 材料定额耗用量分配率

某种产品应分配的材料费用 = 该产品应分配的实际材料数量 × 材料单价

【例 3-3】 华兴公司 2020 年 10 月生产甲产品 490 件，乙产品 550 件，共耗用 A 材料 4 260 千克，每千克 13 元。每件甲产品材料定额消耗量为 5 千克，每件乙产品材料定额消耗量为 2 千克。要求采用定额耗用量比例分配法分配材料费用。

（1）计算各种产品的定额耗用量。

甲产品的定额耗用量 = 490 × 5 = 2 450（千克）

乙产品的定额耗用量 = 550 × 2 = 1 100（千克）

（2）计算材料定额耗用量分配率。

$$材料定额耗用量分配率 = \frac{4\ 260}{2\ 450 + 1\ 100} = 1.2$$

（3）计算各种产品应分配的实际材料数量。

甲产品应分配的实际材料数量 = 2 450 × 1.2 = 2 940（千克）

乙产品应分配的实际材料数量 = 1 100 × 1.2 = 1 320（千克）

（4）计算各种产品应分配的材料费用。

甲产品应分配的材料费用 = 2 940 × 13 = 38 220（元）

乙产品应分配的材料费用 = 1 320 × 13 = 17 160（元）

采用上述方法计算分配材料费用，不仅能计算出每种产品应分配的材料费用，而且还能计算出每种产品耗用材料的实际数量。这样，为考核材料消耗定额的执行情况提供了资料，有利于加强成本核算和管理，但这样计算比较麻烦。为了简化材料费用的分配工作，对于不需要考核材料实际耗用量的企业，可采用按材料定额耗用量比例直接分配材料费用的方法，其计算公式如下：

$$材料费用分配率 = \frac{材料实际总耗用量 \times 材料单价}{各种产品材料定额耗用量之和}$$

某种产品应分配的材料费用 = 该产品定额耗用量 × 材料费用分配率

仍以上例资料为基础，则计算过程如下：

$$材料费用分配率 = \frac{4\ 260 \times 13}{2\ 450 + 1\ 100} = 15.6（元/千克）$$

甲产品应分配的材料费用 = 2 450 × 15.6 = 38 220（元）

乙产品应分配的材料费用 = 1 320 × 15.6 = 20 592（元）

4. 产品材料定额成本比例分配法

产品材料定额成本比例分配法是按照产品材料定额成本分配材料费用的一种方法。它一般适用于几种产品共同耗用几种材料的情况，其计算公式如下：

某产品材料定额成本 = 该产品实际产量 × 单位产品材料定额

$$材料定额成本分配率 = \frac{\sum（材料实际耗用量 \times 材料单价）}{各种产品材料定额成本之和}$$

某种产品应分配的材料费用 = 该产品定额成本 × 材料定额成本分配率

【例 3-4】 华兴公司生产甲、乙两种产品，耗用 A、B 两种材料。耗用 A 材料 1 950 千克，每千克 10 元；耗用 B 材料 9 000 千克，每千克 4 元。甲产品实际产量 400 件，单位产品材料定额成本为 25 元，乙产品实际产量 900 件，单位产品材料定额成本 30 元，采用按产品材料定额成本比例分配法分配材料费用。

材料定额成本分配率 = $\dfrac{1\,950 \times 10 + 9\,000 \times 4}{400 \times 25 + 900 \times 30} = 1.5$

甲产品应分配的材料费用 = $400 \times 25 \times 1.5 = 15\,000$（元）

乙产品应分配的材料费用 = $900 \times 30 \times 1.5 = 40\,500$（元）

 知识拓展 3-2

材料费分配方法的选择

2020年7月，李明成为一名会计专业大学毕业生，应聘到远大设备制造公司从事会计工作，该公司2011年9月份开始生产甲、乙、丙、三种新产品，耗用A材料，有关资料见表3-2。

表3-2 耗用材料情况表 金额单位：元

产品名称	产量（件）	重量（千克）	材料定额单耗	材料单价	材料单位定额成本
甲产品	100	30000	200	9	1800
乙产品	300	50000	150	9	1350
丙产品	500	190000	370	9	3330
合计	900	270000	—	—	—

本月共使用A材料30 000千克，每千克9元，该公司按产品的产量比例对材料费用进行分配，财务部董经理在向李明介绍了企业生产产品使用的材料以及产品的情况后，提出如下几个问题，请李明在调查后回答。

（1）本企业目前采用的材料费用的分配方法是否合适？
（2）本月开始生产的新产品应采用什么方法分配材料费用？
（3）对本企业材料费用的分配方法提出进一步改进的意见。

李明经过对企业的生产情况进行了几天的调查后，向董经理提出了自己的看法。
李明根据董经理提供的资料，按不同的方法进行了计算，计算结果见表3-3。

表3-3 材料费用分配法比较表 单位：元

产品名称	按产品产量比例计算	按产品重量比例计算	按材料定额消耗量计算
甲产品	30000	30000	21600
乙产品	90000	50000	48600
丙产品	150000	190000	199800
合计	270000	270000	270000

显然，对于同一资料，采用不同的计算方法结果大不一样。经过调查李明发现，产品消耗材料的成本，与产品的重量有很大的关系，产品越重，消耗的材料就越多。因此，目前采用的按产品产量的比例分配材料费用并不合理，应改按产品重量的比例计算分配材料费用比较合适。所以，建议从本月份开始，对新投入的产品所耗用的材料费用，采用按产品的重量比例分配材料费用。

另外,李明还建议,由于企业生产的产品种类较多,所以,并不能将所有产品耗用的材料采用一种方法分配,而应根据其具体情况,选择采用不同的方法,以使计算结果更加准确。

董经理对李明的建议很重视,经过进一步的调查研究后,决定采纳李明的建议,对材料费用的分配方法进行了调整,以使成本计算更加准确。

四、材料费用分配的账务处理

在实际工作中,材料费用的分配是采取编制"材料费用分配表"的方式进行的,根据"材料费用分配表"进行材料费用的分配。"材料费用分配表"可先按各生产车间和部门分别编制,然后,全厂合并编制一张"材料费用汇总分配表"。

现举例说明"材料费用分配表"的编制及材料费用分配的账务处理。

【例 3-5】华兴公司基本生产车间 2020 年 9 月份生产 A、B 两种产品。根据 9 月份领料单汇总表,应列支"制造费用"的原材料 4 000 元;A 产品直接领用甲材料 80 千克,B 产品直接领用丙材料 400 千克,两种产品共同耗用乙材料 160 千克,生产 A 产品 240 件,B 产品 160 件。已知甲材料的单位成本为 214 元/千克,乙材料的单位成本为 412 元/千克,丙材料的单位成本为 41 元/千克。对于共同耗用的材料费用按产品产量比例进行分配。则计算过程如下:

$$乙材料费用分配率 = \frac{160 \times 412}{240 + 160} = 164.8（元/件）$$

A 产品分配的乙材料费用 = 164.8 × 240 = 39 552(元)
B 产品分配的乙材料费用 = 164.8 × 160 = 26 368(元)

假设材料日常核算采用实际成本计价,分配表的格式见表 3-4。

表 3-4 材料费用分配表

2020 年 9 月 单位:元

应借科目		直接计入金额	分配计入金额		材料费用合计
			分配率	分配金额	
生产成本——基本生产成本	A 产品	17 120	164.8	39 552	56 672
	B 产品	16 400		26 368	42 768
小 计		33 520		65 920	99 440
制造费用		4 000			4 000
管理费用		9 520			9 520
合 计		37 520		65 920	112 960

根据材料费用分配表,编制会计分录如下:

借:生产成本——基本生产成本(A 产品)　　　　　56 672
　　生产成本——基本生产成本(B 产品)　　　　　42 768
　　制造费用　　　　　　　　　　　　　　　　　　4 000
　　管理费用　　　　　　　　　　　　　　　　　　9 520
　　贷:原材料　　　　　　　　　　　　　　　　　　　112 960

第三节　外购动力费用的归集与分配

外购动力费用，是指公司为生产经营而耗用的外购电力、蒸汽等动力所支付的费用。外购动力，有的直接用于产品生产，如生产工艺用电等，有的间接用于生产，如生产车间照明用电，有的则用于经营管理，如行政管理部门照明用电。为了加强对能源的核算和控制，直接用于生产的动力费用及燃料合设一个成本项目，即"燃料及动力"成本项目。如果不设置该成本项目，电费为动力费，登记到"制造费用"成本项目下，燃料费登记到"直接材料"成本项目下。

一、外购动力费用的归集

外购动力一般是根据电表等计量仪器所显示的计量数为准，按一定的计价标准计算确定消耗的动力费用。该计算工作是由动力供应单位定期从仪表上抄录用户所耗用的动力数量，计价后，开列账单向耗用企业收取费用。因此，企业是将账单上的数额作为外购动力费用支出。如果动力供应单位开出的账单，其起讫日期与会计计算期不一致时，为了正确计算当月外购费用，也可在月末根据计量器的数据自行计算当月外购动力的实际发生数。但应指出，有些企业使用动力规定有限额，超过限额部分应加价收款或减价收款，因此，供应单位开列的账单里有两种不同价格进行计价。

二、外购动力费用的分配

外购动力费用应按用途和使用部门进行分配，直接用于生产的动力费，列入"燃料和动力"成本项目，计入"生产成本"账户及其所属明细账；属于照明、取暖等用途的动力费，则按使用部门分别计入"制造费用""管理费用"等账户。在实际工作中，动力费用的分配一般是通过编制"动力费用分配表"进行的。

外购动力费用的分配，在有仪表记录的情况下，应根据仪表所示耗用动力的数量以及动力的单价计算；在没有仪表的情况下，可按生产工时比例、机器工时比例、定额耗电量比例分配。

以下通过例题讲解外购动力费用的归集和分配。

【例3-6】华兴公司直接用于甲、乙两种产品生产的外购电力费用共为12 500元，按甲、乙两种产品所耗的生产工时比例分配。其生产工时为：甲产品3 500小时，乙产品1 500小时。

要求：按工时比例分配动力费用。

动力费用分配率 = 12 500 ÷（3 500 + 1 500）= 2.5（元/工时）

甲产品应分配的动力费用 = 3 500 × 2.5 = 8 750（元）

乙产品应分配的动力费用 = 1 500 × 2.5 = 3 750（元）

如果各部门的照明用电，均通过安装的电表计量，则应先按电力费用总额和电力总度数，分配计算，然后再按前列算式分配计算甲、乙两种产品的动力费用。外购动力费用总额应根据有关的转账凭证或付款凭证记入"应付账款"或"银行存款"科目的贷方。

【例3-7】承例3-6,假设生产车间的照明用电、辅助生产修理车间和供水车间、管理部门的照明用电的度数分别已知,单位电价为2元/度,总用电量为11 250度,总电费为22 500元,则编制外购动力费用分配表见表3-5。

表3-5　　　　　　　　　　　　外购动力费用分配表

应借科目		成本项目	动力费用分配		电费分配		合计
			生产工时	分配金额（分配率2.5）	用电度数	分配金额（分配率2）	
生产成本——基本生产成本	甲产品	燃料和动力	3 500	8 750			8 750
	乙产品	燃料和动力	1 500	3 750			3 750
	小计		5 000	12 500	6 250	12 500	12 500
生产成本——辅助生产成本	修理车间	燃料和动力			1 600	3 200	3 200
	供水车间	燃料和动力			2 000	4 000	4 000
	小计				3 600	7 200	7 200
制造费用	基本生产车间	水电费			1 200	2 400	2 400
管理费用		水电费			200	400	400
合　计					11 250	22 500	22 500

根据编制的外购动力费用分配表,应作如下会计分录(该企业外购电费通过"应付账款"科目核算):

借:生产成本——基本生产成本(甲产品)　　　　　　　　　　8 750
　　　　——基本生产成本(乙产品)　　　　　　　　　　　　3 750
　　　　——辅助生产成本(修理车间)　　　　　　　　　　　3 200
　　　　——辅助生产成本(供水车间)　　　　　　　　　　　4 000
　　制造费用——基本生产车间　　　　　　　　　　　　　　2 400
　　管理费用——水电费　　　　　　　　　　　　　　　　　　400
　　贷:应付账款　　　　　　　　　　　　　　　　　　　　22 500

知识拓展3-3

外购动力费用的会计处理

肖萌萌大学毕业后回到自家开设的企业做会计工作,该企业是一家生产电机的小型制造企业,生产A和B两种型号的电机,日常发生的燃料和动力费用很少,肖萌萌想起成本会计老师上课时讲过,如果企业成本核算中,燃料和动力费很少,可以不设"燃料和动力"成本项目。可是某月,该企业购买了8 000度电,每度电0.456元,共3 648元,用于产品生产和照明。肖萌萌一时不知该如何记账,想起权责发生制和受益原则,做了如下会计处理:

借：待摊费用　　　　　　　　　　　　　　　　　　　　　　　　3 648
　　　　贷：银行存款　　　　　　　　　　　　　　　　　　　　　　　　3 648
　　到了月末，根据电表指示的数字，本月生产用电6 000度，根据A和B两种产品本月的生产工时分配，其中A产品为3 000小时，B产品为2 000小时，1 200度主要为照明和管理用电，还余800度没有用完。肖萌萌做了如下会计分录：
　　借：生产成本——A产品（直接材料）　　　　　　　　　　　　1 641.6
　　　　生产成本——B产品（直接材料）　　　　　　　　　　　　1 094.4
　　　　制造费用　　　　　　　　　　　　　　　　　　　　　　　　547.2
　　　　贷：待摊费用　　　　　　　　　　　　　　　　　　　　　　　3 283.2
　　请问，你认为肖萌萌的会计处理是否合理？
　　提示：不设"燃料和动力"成本项目时，以上发生的是动力费，应计入制造费用，燃料费才计入直接材料。另外，应付电费应通过"应付账款"科目核算。所以相关分录为：
　　借：应付账款　　　　　　　　　　　　　　　　　　　　　　　　3 648
　　　　贷：银行存款　　　　　　　　　　　　　　　　　　　　　　　　3 648
　　借：制造费用　　　　　　　　　　　　　　　　　　　　　　　　3 283.2
　　　　贷：应付账款　　　　　　　　　　　　　　　　　　　　　　　3 283.2

第四节　固定资产折旧费用的归集与分配

　　由于固定资产可以在企业生产经营过程中长期使用，并可以在多个会计期内为企业带来经济利益，因而在企业采用权责发生制原则核算的条件下，按照配比原则的要求，需要将固定资产的价值按一定的分配方式在固定资产的折旧年限内进行分配，以正确计算产品成本和当期损益。

　　按照现行会计准则规定，除已经提足折旧仍继续使用的固定资产和按规定单独估价入账的土地不计提折旧外，其余所有的固定资产均需要计提折旧。企业在计提当月折旧时，应以月初应计提折旧的固定资产原值为依据，本月增加的固定资产本月不计提折旧，从下月开始计提折旧；本月减少的固定资产本月照提折旧，从下月停止计提折旧。

一、固定资产折旧费用的归集

　　折旧费用的归集是通过编制各车间、部门"折旧计算明细表"而汇总编制全厂的"折旧计算汇总表"进行的。

　　【例3-8】华兴公司9月份各车间、部门编制"固定资产折旧费用计算明细表"，下面以基本生产车间第一生产车间为例，见表3-6。

　　会计部门将各基本生产车间、各辅助生产车间、管理部门、销售部门等部门编制的"固定资产折旧费用计算明细表"进行汇总，编制下面的"固定资产折旧计算汇总表"，见表3-7。

表 3-6 固定资产折旧费用计算明细表

编制单位：第一车间　　　　　　　　2020 年 9 月　　　　　　　　　　　单位：元

固定资产类别	上月折旧额	上月增加的固定资产折旧额	上月减少的固定资产折旧额	本月折旧额
动力设备	2 970	660	240	3 390
传导设备	1 210	150	80	1 280
运输设备	930	120		1 050
房屋	11 400	2 300	1 100	12 600
合计	16 510	3 230	1 420	18 320

表 3-7 固定资产折旧计算汇总表

编制单位：华兴公司　　　　　　　　2020 年 9 月　　　　　　　　　　　单位：元

受益部门	应借科目	固定资产名称	原值	折旧额	合计
基本生产车间	制造费用——基本生产车间	设备	2 000 000	16 000	79 510
		房屋	3 000 000	63 510	
辅助生产车间	制造费用——辅助生产车间或生产成本——辅助生产成本（××车间）	设备	500 000	4 530	10 320
		房屋	600 000	2 430	
		设备	300 000	2 150	
		房屋	400 000	1 210	
管理部门	管理费用	设备	600 000	3 545	15 555
		房屋	8 000 000	12 010	
销售部门	销售费用	设备	700 000	5 656	5 656
租出设备	其他业务成本	设备	500 000	5 010	5 010
合　计			16 600 000	116 051	116 051

二、固定资产折旧费用的分配

固定资产折旧费，也是产品成本的组成部分，但是，它不单设成本项目，而是按照固定资产的使用部门归集，然后再与车间、部门的其他费用一起分配计入产品成本及期间费用。对于生产车间计提的折旧，应计入"制造费用"，行政管理部门计提的折旧应计入"管理费用"，销售部门计提的折旧应计入"销售费用"，租出固定资产计提的折旧应计入"其他业务成本"。根据上述原则，华兴公司 2020 年 9 月份计提折旧的会计分录为：

　　借：制造费用——基本生产车间　　　　　　　　　　　　79 510
　　　　　　　　——辅助生产车间　　　　　　　　　　　　10 320
　　　　管理费用　　　　　　　　　　　　　　　　　　　　15 555
　　　　销售费用　　　　　　　　　　　　　　　　　　　　 5 656
　　　　其他业务成本　　　　　　　　　　　　　　　　　　 5 010
　　　　贷：累计折旧　　　　　　　　　　　　　　　　　　　　　　116 051

第五节　职工薪酬的归集与分配

职工薪酬，分为职工工资和按照职工工资一定比例提取的其他相关支出两部分。

一、职工薪酬的组成

职工薪酬是指企业为获得职工提供的服务而基于各种形式的报酬以及其他相关支出，其中支付给职工个人的部分构成了工资总额，不直接支付给职工个人的部分，构成了其他相关支出。

（一）工资总额

1. 基本工资

劳动者基本工资是根据劳动合同约定或国家及企业规章制度规定的工资标准计算的工资，也称标准工资。在一般情况下，基本工资是职工劳动报酬的主要部分，主要包括计时工资和计件工资。

计时工资是指按照劳动者的工作时间来计算工资的一种方式。计时工资可分为月工资制、日工资制和小时工资制。

计件工资是按照工人生产的合格品的数量（或作业量）和预先规定的计件单价，来计算报酬的一种工资形式。它不是直接用劳动时间来计量，而是用一定时间内的劳动成果——产品数量或作业量来计算。

2. 奖金

奖金是指支付给职工的超额劳动报酬和增收节支的劳动报酬，主要是为了调动职工生产积极性，奖励在生产、工作中取得优异成绩的职工，包括生产奖、节约奖、劳动竞赛奖、机关、事业单位的奖励工资和其他奖金。

3. 津贴和补贴

津贴和补贴是指为了补偿职工特殊或额外的劳动消耗和因其他特殊原因支付给职工的津贴，以及为了保证职工工资水平不受物价影响支付给职工的物价补贴，如夜班津贴、高空作业津贴、井下作业津贴等。

4. 加班加点工资

加班加点工资是指对法定节假日和休息日工作的职工，以及在标准工作时间以外延长工作时间的职工按规定支付的加班加点工资。

5. 特殊情况下支付的工资

特殊情况下支付的工资是指根据国家规定，支付给职工非工作时间的工资，如病、伤、产假工资、探亲假工资、女工哺乳时间工资。

（二）其他相关支出

其他相关支出是指除了直接支付给职工个人以外、以工资为基础计算的相关支出，包括职工福利费、社会保险、住房公积金、工会经费和职工教育经费、非货币性福利、辞退福利以及其他为职工提供服务的支出。

1. 职工福利费

职工福利费是指企业按工资一定比例提取出来的专门用于职工医疗、补助以及其他福利事业的经费，包括为职工卫生保健、生活等发放或支付的各项现金补贴和非货币性福利；企业尚未分离的内设集体福利部门所发生的设备、设施和人员费用，包括职工食堂、职工浴室、理发室、医务所、托儿所、疗养院、集体宿舍等集体福利部门设备、设施的折旧、维修保养费用以及集体福利部门工作人员的工资薪金、社会保险费、住房公积金、劳务费等人工费用；职工困难补助，或者企业统筹建立和管理的专门用于帮助、救济困难职工的基金支出；离退休人员统筹外费用，包括离休人员的医疗费及离退休人员其他统筹外费用；按规定发生的其他职工福利费，包括丧葬补助费、抚恤费、职工异地安家费、独生子女费、探亲假路费，以及符合企业职工福利费定义的其他支出。

2. 社会保险费

社会保险费是指企业按照国家规定的基准和比例计算，向社会保险经办机构缴纳的养老保险、医疗保险、失业保险、工伤保险和生育保险等。

3. 住房公积金

住房公积金是指按照《住房公积金管理条例》规定的基准和比例计算并向住房公积金管理机构缴存的住房储备金。

4. 工会经费和职工教育经费

工会经费和职工教育经费是指企业为了改善职工文化生活、提高职工业务素质，用于开展工会活动和职工教育以及职业技能培训，根据国家规定的基准和比例，从成本费用中提取的金额。

5. 非货币性福利

非货币性福利是指企业以自产产品或外购商品发放给职工作为福利，将自己拥有的资产无偿提供给职工使用，为职工无偿提供医疗保健服务等。

6. 辞退福利

辞退福利是为保障职工权益，企业与职工提前解除劳动关系时应当给予的经济补偿，属于企业的法定义务。辞退福利通常采取解除劳动关系时一次性支付补偿的方式，也有通过提高退休后养老金或其他离职后福利的标准，或者在职工不再为企业带来经济利益后，将职工工资支付到辞退后未来某一期间的方式。

二、工资费用的原始记录

企业应给每个职工设置"工资卡"，内含职工姓名、职务、工资等级、工资标准等资料。计算职工工资的原始记录，有"考勤记录"和"产量和工时记录"。

1. 考勤记录

考勤记录是反映企业职工出勤和缺勤的记录。它是计算职工工资和分配工资费用的依据。考勤记录的形式有考勤簿和考勤卡两种。考勤簿是按车间、部门设置，根据各单位在册人员的编号、性质逐日登记，月末对该月个人出勤情况进行归类汇总登记，若有人员变更（包括级别职务变更、人员迁入迁出等），应根据人事部门的通知，在考勤簿上作出相应的调整。考勤记录也可以采用考勤卡片的形式，考勤卡片是按人设置，每年一张，在每年年初或职工调入时开设，若有人员变更，应根据人事部门的通知，在考勤卡片上作出相应的调整或注销。采用这种考勤形式时,月终由考勤人员负责汇总统计出每位职工全月的出勤情况。

除上述两种考勤形式外,有些单位根据企业的具体情况,采用打卡机、打卡计时法等。不论采用何种形式进行考勤,其考勤的内容和项目基本相同,见表3-8。车间和部门将考勤登记汇总后,由车间、部门负责人签章后,连同有关证明文件报送车间核算人员和财会部门,据以计算职工应付工资和工资费用的分配。

表3-8　　　　　　　　　　　　员工考勤记录表

项　目			1	2	3	4	…	29	30	31	合计
本日正常工时											
本日加班工时											
本日合计工时											
职称	姓名	工类 时别	1	2	3	4	…	29	30	31	合计
		正常									
		加班									
		正常									
		加班									
		正常									
		加班									
核阅	组长										
	厂长										

注意事项:	缺勤借调代号						
1. 本资料为工资及加班费计算依据,希各单位按时填报。	类别	事假	病假	旷职	离职	公假	迟到	借调
2. 每日正常上班时间以8小时计算。								
3. 各单位向外借调人员的工时,由借调单位填报,原单位不得重复填报。	代号	事	病	旷	离	公	迟	入/出
4. 本资料由各单位组长填报,每日转呈厂长核阅。								

总经理:　　　　　　　　　　经理:　　　　　　　　　主管:

2. 产量和工时记录

产量和工时记录是登记工人或生产小组在出勤时间内完成产品的数量、质量和生产产品所耗工时数量的原始记录,它是统计产量和工时、计算计件工资的依据,也是考核工时定额执行情况和劳动生产率的依据。

由于生产特点和管理要求不同,产量和工时记录在不同的企业和不同的车间、部门,其内容和格式也不尽相同。通常有工作通知单和产量明细表等。

(1) 工作通知单。工作通知单也称派工单、工票,它是对每个工人或生产班组按照每项作业或每道工序签发,并记录其产量和工时的原始记录。

工作通知单适用于单件小批生产的企业或车间，以及个别的、一次性的工作。由于这些工作的个别性和特殊性比较显著，每天每个工人的工作不尽相同，需要每天分派生产任务，工作通知单同时也就起了派工的作用。工人需要按照单内的要求进行工作，工作完成后，将产品连同工作通知单一并交付检验人员验收，签章后可作为计算计件工资的依据。

（2）工序进程单和工作班产量报告。工序进程单，也称多工序工票、加工路线单，它是以加工的产品为对象而开设的产量和工时记录，可用来分派生产任务，记录每道工序的产量、实际工时和完成的定额工时。工序进程单适用于成批生产的企业或车间。在成批生产情况下，加工的产品需依顺序经过一系列加工工序，因此，工序进程单要随着加工物一起移交下一工序，并顺次记录各道工序加工的实际产量和所耗工时，以及加工物在各工序之间移转的数量。

由于一批加工物往往需要经过几个班组，有可能出现一张单内记录几个班组的产量，或者一个班组个人的产量记录在几张单子中。因此，为了集中反映一个班组或个人的全部产量和所耗工时，弥补工序进程单的不足，在采用工序进程单时，还需要设置工作班产量报告。工作班产量报告，也称工作班报告，它是按生产班组开设，反映一个班组的生产数量和所耗工时的原始记录。

3. 产量通知单

产量通知单是登记一个班组每个工人的生产数量和所耗工时的原始记录。产量通知单适用于大量生产的企业或车间。在大量生产情况下，每一班组或工人每日的工作基本相同，在每日工作班结束时，由检验员根据检验结果填制产量通知单，以此作为统计产量、工时和计算工资的依据。

直接人工费用的核算，除了依据上述考勤记录、产量和工时记录以外，还需填制一些其他凭证，如各种奖金、津贴发放的通知单，代扣款项通知单，废品通知单，等等，这些原始记录应在月终结算工资之前送交财会部门，以便在工资结算时一并加以考虑。

上述记录见表3-9、表3-10。

表3-9　　　　　　　　　　　产量记录表

年　月　日

班别	品名	前班结存	前部门移交	本班生产	本班结存	移交人	总收入
早班							
中班							
夜班							

表 3-10　　　　　　　　　　　　　　工时记录表

时期＼工时									合计
合　计									
标　准									
效　率									

三、工资的计算

正确地进行职工薪酬的计算，是直接人工费用归集的基础。制造企业可以根据具体情况采用不同的工资制度，其中最基本的工资制度是计时工资制度和计件工资制度。

1. 计时工资的计算

计时工资是根据考勤记录登记的每一职工的出勤情况和规定的工资标准计算的。工资标准按其计算的时间不同，有按月计算的月薪，按日计算的日薪或按小时计算的小时工资。我国企业一般都采用月薪制，下面着重讲述月薪制下计时工资的计算方法。具体计算方法有以下两种。

（1）按月标准工资扣除缺勤工资方法，其计算公式如下：

某职工本月应得工资＝该职工月标准工资－（事假天数×日标准工资）－（病假天数×日标准工资×病假扣款率）

（2）按出勤日数计算工资方法，其计算公式如下：

某职工本月应得工资＝该职工本月出勤天数×日标准工资＋病假天数×日标准工资×（1－病假扣款率）

其中，日标准工资的计算方法如下：

日标准工资＝月标准工资/平均每月工作日数

上式中平均每月工作日数一般按以下两种方法之一计算：①按全年平均日历日数 30 天（360/12）计算；②按全年法定月工作日数 20.83 天计算，即按年日历天数 30 天减去 104 个星期假日和 11 个法定节假日之差，再除以 12 个月算出的平均工作日数。这两种方法的不同点在于，在按 30 天计算日标准工资的情况下，由于日标准工资的计算没有扣除法定节假日和星期假日（以下统称节假日），所以节假日照付工资，因此缺勤期的节假日也应扣发工资；在按 20.83 天计算日标准工资情况下，由于日标准工资的计算已扣除了节假日，所以节假日本来就不支付工资，因而缺勤期内的节假日也就不存在扣发工资的情况。

综上所述，计算计时工资有两种基本方法，计算日标准工资也有 30 天和 20.83 天之分，因此计算计时工资就有四种不同的方法：一是按 30 天计算日标准工资，按月标准工资扣除缺勤工资的计算方法；二是按 30 天计算日标准工资，按出勤日数计算工资的方法；三是按 20.83 天计算日标准工资，按月标准工资扣除缺勤工资的计算方法；四是按 20.83 天计算日标准工资，按出勤日计算工资的方法。采用哪一种方法，可由企业自行确定，一旦确定以后，不应任意变更。下面举例说明计时工资的计算方法。

【例3-9】华兴公司某生产工人的月标准工资为2 400元，5月份日历天数为31日，其中病假2日，事假1日，法定节假日1日，星期休假8日，出勤19日。根据该生产工人的工龄，其病假工资按标准工资的90%计算。该生产工人的病假和事假期间没有节假日。现按上述四种方法分别计算该生产工人5月份的标准工资。

（1）按30天计算日标准工资，按月标准工资扣除缺勤工资计算方法：
日标准工资 = 2 400 ÷ 30 = 80（元/日）
应付月工资 = 2 400 - 80 × 1 - 80 × 2 × (1 - 90%) = 2 304 元
（2）按30天计算日标准工资，按出勤日计算方法：
应付月工资 = 80 × (19 + 9) + 80 × 2 × 90% = 2 384 元
（3）按20.83天计算日标准工资，按月标准工资扣除缺勤工资计算方法：
日标准工资 = 2 400 ÷ 20.83 = 115.218 4（元/日）
应付月工资 = 2 400 - 115.218 4 × 1 - 115.218 4 × 2 × (1 - 90%) = 2 261.74 元
（4）按20.83天计算日标准工资，按出勤日计算方法：
应付月工资 = 115.218 4 × 19 + 115.218 4 × 2 × 90% = 2 396.54 元

从上述计算结果可以看出，四种方法计算结果都不一样。在按30天计算日标准工资情况下，由于日历天数为31天，比日标准工资计算的天数多一天，因此按出勤日计算方法就会多一天的工资80元（2 384元 - 2 304元）；按20.83天计算日标准工资情况下，由于应出勤天数22天比日标准工资计算天数多1.17天，因此按出勤日方法计算就会少1.17天工资134.80元（2 396.54元 - 2 261.74元）。

计算计时工资的上述四种方法，各有利弊，但按20.83天计算日标准工资，节假日不计算工资，更能体现按劳分配的原则。在一般情况下，企业职工缺勤日数总比出勤日数少，计算缺勤工资就比计算出勤工资简便，因此，按20.83天计算日标准工资、按月标准工资扣除缺勤工资的方法相对来说比较好一些。

2. 计件工资的计算

（1）个人计件工资的计算。个人计件工资，应根据产量和工时记录中登记的每个工人完成的工作量，乘以规定的计件单价计算。计件工资的计算公式如下：

应付计件工资 = ∑（某工人本月生产每种产品产量 × 该种产品计件单价）

或

应付计件工资 = 某工人本月生产各种产品定额工时之和 × 该工人小时工资率

上式中的产量包括合格产品数量和不是由于工人本身过失原因造成的废品数量。例如，因原材料质量不符合要求造成的废品（简称料废）就是非职工过失造成的。如果是由于工人本人过失造成的废品（简称工废），不但不能计算工资，有的还应由工人赔偿损失，即这里的产品产量为：

产品产量 = 合格品数量 + 料废品数量

产品的计件单价是根据加工单位产品所需耗用的工时定额和该级工人每小时的工资率计算求得的，即：

某种产品计件单价 = 单位产品的工时定额 × 该级工人小时工资率

【例3-10】甲、乙两种产品都应由8级工人加工。甲产品单件工时定额为150分钟，乙产品单件工时定额为45分钟。8级工人的小时工资率为6元。某8级工人加工甲产品450件，乙产品400件。试计算其计件工资。

方法一：

应付计件工资 = ∑（某工人本月生产每种产品产量×该种产品计件单价）

甲产品的计件单价 = 单位产品的工时定额×该级工人小时工资率 = 150÷60×6 = 15（元/件）

乙产品的计件单价 = 45÷60×6 = 4.5（元/件）

应付计件工资 = 450×15 + 400×4.5 = 8 550（元）

方法二：

应付计件工资 = 某工人本月生产各种产品定额工时之和×该工人小时工资率

= （450×150÷60 + 400×45÷60）×6 = 8 550（元）

（2）集体计件工资的计算。当工人集体从事某项工作且不易分清每个职工的经济责任时，可采取集体计件工资的方法。集体计件工资是以工作队（组）为计算单位，工资取决于计件单位集体的劳动成果，它是以工作队（组）生产的合格产品的数量乘以计件单价，计算出应得的计件工资总额，然后在班组或工作队内部工人之间根据每个人的技术熟练程度和贡献大小等情况进行合理的分配。分配的方法一般有以下两种。

①按照个人标准工资分配。即将集体所得的计件工资，按照成员个人日工资标准和实际工作天数进行分配。其计算公式：

$$工资分配系数 = \frac{集体实得计件工资总额}{集体应得标准工资总额}$$

其中：

集体应得计件工资总额 = 工作队（组）生产合格产品数量×计件单价

集体应得标准工资总额 = ∑（个人日工资标准×实际工作天数）

则

个人实得计件工资 = 个人日工资标准×实际工作天数×工资分配系数

【例3-11】华兴公司第一生产班组共有四名工人，该月生产某产品150件，每件计件单价为70.99元，班组成员日工资标准和实际工作天数见表3-11。

表3-11　　　　　　　　　　日工资标准和实际工作天数表

工人姓名	月工资标准（元）	日工资标准（元）	工作天数
李明	2 376	108	22
马致远	2 059.2	93.6	22
魏佳	1 512	72	21
陈鑫	1 152	57.6	20
合计	7 099.2		

根据上式，按下列步骤计算：

①求集体计件工资总额和集体标准工资总额。

集体计件工资总额 = 150×70.99 = 10 648.5（元）

集体标准工资总额 = 108×22+93.6×22+72×21+57.6×20 = 7 099.2（元）

②求工资分配系数。

$$工资分配系数 = \frac{10\ 648.5}{7\ 099.2} = 1.5$$

③计算每个人实得计件工资。

李明实得计件工资 = 108×22×1.5 = 3 564（元）

马致远实得计件工资 = 93.6×22×1.5 = 3 088.8（元）

魏佳实得计件工资 = 72×21×1.5 = 2 268（元）

陈鑫实得计件工资 = 57.6×20×1.5 = 1 728（元）

②按照实际工作天数平均分配。按实际工作天数计算分配集体计件工资是指将集体计件工资在集体内部平均分配的一种方法。其计算公式如下：

$$工资分配系数 = \frac{集体实得计件工资总额}{集体职工实际工作天数}$$

其中：

集体职工实际工作天数 = ∑（个人实际工作天数）

个人实得计件工资 = 工资分配系数 × 个人实际工作天数

【例 3-12】 承例 3-11，根据公式按下列步骤计算。

①求集体工作天数。

集体工作天数 = 22+22+21+20 = 85（天）

②求工资分配系数。

$$工资分配系数 = \frac{10\ 648.5}{85} = 125.28（元/天）$$

③计算每人实得计件工资。

李明实得计件工资 = 22×125.28 = 2 756.16（元）

马致远实得计件工资 = 22×125.28 = 2 756.16（元）

魏佳实得计件工资 = 21×125.28 = 2 630.88（元）

陈鑫实得计件工资 = 20×125.28 = 2 505.6（元）

四、职工薪酬的分配

职工薪酬的核算，是通过编制"职工薪酬分配明细表"和"职工薪酬分配汇总表"进行的，使用的会计科目为"应付职工薪酬"科目。该科目属于负债类科目，用来核算企业根据有关规定应付给职工的各种薪酬，本科目可按"工资""福利费""社会保险费""住房公积金""工会经费""职工教育经费""非货币性福利""辞退福利""股利支付"等进行明细核算。"应付职工薪酬"的贷方，登记应付给职工的各种薪酬和因解除与职工的劳动关系给予的补偿、外商投资企业按规定从净利润中提取的职工奖励及福利基金。"应付职工薪酬"的借方登记向职工实际支付的工资、奖金、津贴、福利费，以及从应付职工薪酬中扣还的各种款项。另外，支付工会经费和职工教育经费、按国家有关规定缴纳的社会保险费，因解除与职工劳动关系给予的补偿也计入该科目的借方。本科目期末贷方余额，反映企业应付未付的职工的薪酬。

（一）职工薪酬分配的依据

企业按照规定计算出每一个职工的职工薪酬后，应在规定日期发放给每一职工。为反映企业同职工工资结算情况，财务部门应根据各车间、部门职工工资单，汇总编制"工资结算汇总表"，作为应付职工薪酬的依据。"工资结算汇总表"的格式见表3-12。

表3-12　　　　　　　　　　　　　工资结算汇总表

2020年9月　　　　　　　　　　　　　　　　　　　　　　　　　单位：元

单位人员类别	标准工资	工种补贴	物价补贴	夜班津贴	奖金	缺勤减发工资		应付工资	代扣款项		实发工资
						事假旷工	病假		医疗保险	养老保险	
生产车间											
生产工人	6 620	16 000	25 000	4 000	2 010	1 600	600	51 430	3 800	5 250	42 380
管理人员	1 180	1 600	3 000		280		200	5 860	1 200	595	4 065
小　计	7 800	17 600	28 000	4 000	2 290	1 600	800	57 290	5 000	5 845	46 445
管理部门	6 140		2 500		2 600	360	280	10 600	100	1 126	9 374
销售部门	980		3 100		280		400	3 960		396	3 564
福利部门	1 196	1 200	1 600		160		56	4 110	160	411	3 539
在建工程人员	196		2 200				600	1 796	60	180	1 556
小　计	8 512	1 200	9 400		3 040	360	1 336	20 456	320	2 113	18 033
合　计	16 312	18 800	37 400	4 000	5 330	1 960	2 136	77 746	5 320	7 958	64 478

部门主管签字：　　　　　　　　财务签字：　　　　　　　　总经理签字：

（二）职工薪酬的分配及账务处理

与生产车间直接从事产品生产的生产工人的工资，应计入"生产成本"账户；生产车间管理人员的工资，应计入"制造费用"账户；行政管理人员的工资，应计入"管理费用"账户；固定资产建造工程人员的工资，应计入"在建工程"账户，专设销售机构人员的工资，则应计入"销售费用"账户。根据这一分配原则和"工资结算汇总表"提供的资料，即可编制"职工薪酬费用分配表"，见表3-13。

表3-13　　　　　　　　　　　职工薪酬费用分配表　　　　　　　　　　　单位：元

单位人员类别	工资总额	职工福利(5%)	医疗保险(10%)	养老保险(20%)	失业保险(2%)	住房公积金(10%)	工会经费(2%)	职工教育经费(1.5%)	合计
车间生产工人	51 430	2 571.5	5 143	10 286	1 028.6	5 143	1 028.6	771.45	77 402.15
车间管理人员	5 860	293	586	1 172	117.2	586	117.2	87.9	8 819.30
管理部门	10 600	530	1 060	2 120	212	1 060	212	159	15 953
销售部门	3 960	198	396	792	79.2	396	79.2	59.4	5 959.80
在建工程人员	4 110	205.5	411	822	82.2	411	82.2	61.65	6 185.55
福利部门	1 796	89.8	179.6	359.2	35.92	179.6	35.92	26.94	2 702.98
合　计	77 756	3 887.8	7 775.6	15 551.2	1 555.12	7 775.6	1 555.12	1 166.34	117 022.78

根据上述"职工薪酬费用分配表",可编制如下会计分录:

借:生产成本 77 402.15
　　制造费用 8 819.30
　　管理费用 15 953
　　销售费用 5 959.80
　　应付职工薪酬——职工福利 2 702.98
　　在建工程 6 185.55
　　贷:应付职工薪酬——工资 77 756
　　　　　　　　　　——职工福利 3 887.80
　　　　　　　　　　——社会保险费 7 775.6
　　　　　　　　　　——住房公积金 7 775.6
　　　　　　　　　　——工会经费 1 555.12
　　　　　　　　　　——职工教育经费 1 166.34

在"职工薪酬费用分配表"时,对生产工人薪酬,如果只生产一种产品时,可以根据工资结算凭证,直接计入成本计算单中"直接工资"成本项目;如果生产多种产品时,应采用适当方法分配计入各产品成本计算单的"直接工资"成本项目。实际工作中,常以产品生产耗用的实际工时或定额工时为分配标准。其计算公式如下:

生产工人薪酬费用分配率=生产工人薪酬总额÷各产品实际(定额)工时之和
各种产品应分配的薪酬费用额=各产品实际(定额)工时×分配率

【例3-13】在"职工薪酬费用分配表"中,车间生产工人的薪酬费用总额为77 402.15元,假设车间生产甲、乙两种产品,本月生产甲产品用2 000小时,生产乙产品用3 000小时。试计算分配甲乙两种产品各自应负担的薪酬费用。

薪酬费用分配率=77 402.15÷(2 000+3 000)=15.480 43(元/小时)
甲产品应分配的薪酬费用额=2 000×15.480 43=30 960.86(元)
乙产品应分配的薪酬费用额=3 000×15.480 43=46 441.29(元)

根据计算可以编制"职工薪酬费用分配明细表",见表3-14。

表3-14　　　　　　　　　　职工薪酬费用分配明细表

2020年9月

分配对象	分配标准(小时)	分配率(元/小时)	分配金额(元)
甲产品	2 000		30 960.86
乙产品	3 000		46 441.29
合计	5 000	15. 48 043	77 402.15

知识拓展3-4

亿唐网创业失败的原因

1999年,第一次互联网泡沫破火的前夕,刚刚获得哈佛商学院MBA的唐海松创建了亿唐公司,其"梦幻团队"由5个哈佛MBA和两个芝加哥大学MBA组成。

凭借诱人的创业方案，亿唐从两家著名的美国风险投资机构DFJ、Sevin Rosen手中拿到两期共5 000万美元左右的融资。亿唐宣称自己不仅仅是互联网公司，也是一个"生活时尚集团"，致力于通过网络、零售和无线服务创造和引进国际先进水平的生活时尚产品，全力服务18~35岁之间、定义中国经济和文化未来的年轻人。

亿唐网一夜之间横空出世、迅速在各大高校攻城略地，在全国范围快速"烧钱"：除了在北京、广州、深圳三地建立分公司外，亿唐还广招人手，并在各地进行规模浩大的宣传造势活动。2000年年底，互联网的寒冬突如其来，亿唐钱烧光了大半，仍然无法盈利。此后的转型也一直没有取得成功，2008年亿唐公司只剩下空壳，昔日的"梦幻团队"在公司烧光钱后也纷纷选择出走。亿唐网的失败，主要归因于其前期投入过快资金规模过大，这其中，人工成本占了很大的比例。应吸取的教训是人工成本的控制一定要与企业的盈利相配比，讲究成本效益原则，要投入能带来更大价值的人力资源，这样对企业才是合理的。

练 习 题

一、单项选择题

1. 在企业设置"燃料及动力"成本项目的情况下，生产车间发生的直接用于产品生产的燃料费用，应借记的科目是（　　）。
   A. 原材料　　　　　　　　　　B. 生产成本
   C. 制造费用　　　　　　　　　D. 燃料

2. 为了既正确又简便地分配外购动力费用，在支付动力费用时，应借记（　　）科目，贷记"银行存款"等科目。
   A. 成本、费用等　　　　　　　B. 应收账款
   C. 应付账款　　　　　　　　　D. 其他应付款

3. 行政管理人员的薪酬应计入（　　）。
   A. 生产成本　　　　　　　　　B. 管理费用
   C. 制造费用　　　　　　　　　D. 销售费用

4. 某职工5月份生产合格品25件，料废品5件，加工失误产生废品2件，计件单价为4元，应付计件工资为（　　）。
   A. 100元　　　B. 120元　　　C. 128元　　　D. 108元

5. 基本生产车间计提的固定资产折旧费，应借记（　　）。
   A. "基本生产成本"科目　　　　B. "管理费用"科目
   C. "制造费用"科目　　　　　　D. "财务费用"科目

6. 不得计入产品生产成本的费用是（　　）。
   A. 车间厂房折旧费　　　　　　B. 车间机物料消耗
   C. 营业税金及附加　　　　　　D. 有助于产品形成的辅助材料

7. 按产品材料定额成本比例分配法分配材料费用时，其适用的条件是（　　）。
   A. 产品的产量与所耗用的材料有密切的联系

B. 产品的重量与所耗用的材料有密切的联系

C. 几种产品共同耗用几种材料

D. 各项材料消耗定额比较准确稳定

8. 企业分配薪酬费用时，基本生产车间管理人员的薪酬，应借记（　　）。

A. 基本生产成本　　B. 制造费用　　C. 辅助生产成本　　D. 管理费用

9. 某企业本月生产甲产品520件，乙产品480件，共领用原材料15 000千克，单价0.8元，合计金额12 000元。本月甲、乙产品定额耗用量分别为19 500千克和10 500千克。则材料定额耗用量分配率为（　　）。

A. 0.50　　　　B. 0.55　　　　C. 0.40　　　　D. 0.60

10. 以下不属于生产费用分配的一般程序的是（　　）。

A. 根据发生费用的原始凭证或原始凭证汇总表，编制费用分配表或给用汇总分配表，并编制记账凭证

B. 根据原始凭证或记账凭证登记各种成本明细账

C. 根据记账凭证登记成本类总账

D. 根据成本类总账编制生产费用分配表

二、多项选择题

1. 计入产品成本的各种材料费用，按其用途分配，应计入（　　）科目的借方。

A. 生产成本　　B. 在建工程　　C. 制造费用　　D. 管理费用

2. 原料及主要材料的费用可以按（　　）比例进行分配。

A. 产品质量比例　　　　　　　B. 产品体积比例

C. 定额耗用量比例　　　　　　D. 定额费用比例

3. 在按20.83天计算日工资率的企业中，节假日工资的计算方法有（　　）。

A. 节假日作为出勤日计发工资　　B. 节假日不计发工资

C. 缺勤期间的节假日不扣发工资　　D. 缺勤期间的节假日扣发工资

4. 发生下列各项费用时，可以直接借记"生产成本"账户的有（　　）。

A. 车间照明用电费　　　　　　B. 构成产品实体的原材料费用

C. 车间管理人员工资　　　　　D. 车间生产工人工资

5. 生产要素按经济内容进行分类，可以分为（　　）。

A. 外购材料　　　　　　　　　B. 外购燃料和动力

C. 职工薪酬　　　　　　　　　D. 折旧费及其他支出

6. 生产费用按经济用途进行分类，可以分为（　　）。

A. 直接材料　　B. 管理费用　　C. 直接人工　　D. 制造费用

7. 生产费用按与产品生产的关系进行分类，可以分为（　　）。

A. 直接费用　　B. 管理费用　　C. 期间费用　　D. 间接费用

三、判断题

1. 职工薪酬费用并不都是计入产品成本或管理费用的。　　　　　　　　（　　）

2. 直接费用是指消耗后能够形成产品实体或有助于产品形成的费用。　　（　　）

3. 企业生产过程中实际耗用的原材料、辅助材料、设备配件、外购半成品、燃料动力、包装物等，属于企业的直接材料。（　　）

4. 生产人员、车间管理人员和技术人员的薪酬，是产品成本的重要组成部分，应该直接计入各种产品成本。（　　）

5. 实行计件工资制的企业，由于材料缺陷产生的废品，不付计件工资。（　　）

6. 每月按30天计算日工资率时缺勤期间的节假日、星期天不算缺勤，不扣工资。（　　）

7. 无论是计时工资形式还是计件工资形式，人工费用的分配相同。（　　）

8. 生产工人的工资都是直接计入费用。（　　）

四、案例分析题

[案例1] 2020年5月，某企业生产A、B两种产品，领用材料4 400千克，单价15元。本月投产的A产品为170件，B产品为210件，单位A产品的重量为20千克，单位B产品的重量为10千克。

要求：如果原材料按产品重量比例分配，分析A、B产品实际耗用的原材料费用。

[案例2] 2020年5月，某企业生产甲、乙两种产品，共耗原材料费用268 800元；单件产品原材料消耗定额：甲产品15千克，乙产品12千克；本月投产甲产品100件，乙产品50件。

要求：按照原材料定额耗用量比例分配，分析甲、乙产品实际耗用的原材料费用。

[案例3] 2020年5月，某公司生产M、N两种产品，耗用A、B两种材料。耗用A材料8 000千克，每千克20元；耗用B材料6 000千克，每千克15元。M产品实际产量500件，单位产品材料定额成本为50元，乙产品实际产量700件，单位产品材料定额成本60元。并作相关会计分录。（结果保留两位小数）

要求：原材料按产品材料定额成本比例分配法分配材料费用。

[案例4] 某工人的月工资标准为1 500元。8月份31天，事假4天，病假2天，星期休假10天，出勤15天。根据该工人的工龄，其病假工资按工资标准的80%计算。该工人病假和事假期间没有节假日。

要求：（1）按30天计算日工资率，按出勤天数计算工资。

（2）按30天计算日工资率，按缺勤天数扣月工资。

（3）按20.83天计算日工资率，按出勤天数计算工资。

（4）按20.83天计算日工资率，按缺勤天数扣工资。

[案例5] 星星工厂生产甲、乙两种产品，根据工资结算汇总表，生产工人的计件工资分别为：甲产品1 600元，乙产品2 200元。生产工人的计时工资总额为10 000元，其中甲产品生产工时为2 000小时，乙产品生产工时为3 000小时。车间管理人员工资为6 580元，行政管理人员工资为4 420元，销售部门人员的工资为1 000元。该企业职工福利各月相差较大，按工资总额的6%估计各部门的福利费。

要求：分析按生产工时比例如何分配甲、乙产品应分配的生产工人计时工资；分析甲、乙产品工资费用合计；分析工资费用分配的会计分录和职工福利费分配的会计分录如何编制。

第四章 辅助生产成本和制造费用的归集与分配

本章简介

本章介绍了生产单位中辅助生产车间的设置，辅助生产车间月末要向基本生产车间和其他受益单位分配辅助生产成本，分配完毕，辅助生产成本月末余额为零。重点介绍了辅助生产成本的分配方法，包括直接分配法、一次交互分配法、计划分配法、代数分配法和顺序分配法，并介绍了分配辅助生产成本的会计处理。月末分配完辅助生产成本后，还要将本月的制造费用向生产成本进行分配。辅助生产车间的制造费用可以单独核算也可以不单独核算，基本生产车间的制造费用需要单独核算。当企业不止生产一种产品时，制造费用月末需要采用一定的方法向不同的成本核算对象进行分配，重点介绍实际分配率法和预算分配率法，并介绍分配的会计处理。

案例导引

辅助生产成本和制造费用分配方法的选择

大学毕业的刘诚应聘到一家刚成立的机床厂担任成本会计工作，该机床厂主要生产车床和铣床两种产品，产品的生产过程经过以下几个阶段：下料铸造阶段，机械初加工和精加工阶段，装配阶段和检验阶段。设有铸造、机械加工、装配三个基本车间；设有机修和配电两个辅助生产车间，负责全厂机器设备的维修及产品生产电力的配送。

在成本核算过程中，如何选择辅助生产成本分配的方法和制造费用分配的方法是考验一个成本会计人员专业素质强弱的重要业务，因为它要根据企业的管理要求和成本核算特点来选择，而且一旦选择是不能随意变动的。刘诚谨慎地进行了调查和分析，发现该厂生产的自动化水平很高，各步骤机器工时均有记录；该厂要求基本生产车间和辅助生产车间经济效益独立考核，必须分清各自生产的成果，根据这些生产特点和管理要求，刘诚做出了正确的选择。你认为该厂的辅助生产成本的分配和制造费用的分配应选择哪种方法呢？学习了以下内容，相信你也会给出正确答案。

企业在生产过程中发生的所有生产费用，可以分为直接费用和间接费用。前者包括直接材料和直接人工，其特点是可以根据材料费用和人工费用发生的原始凭证或原始凭证汇总表直接计入相应的产品成本中。后者是指产品制造成本中除直接材料和直接人工之外的一切生产费用，主要包括辅助生产成本和制造费用。本章主要介绍间接费用的归集和分配。

第一节　辅助生产成本的归集与分配

一、辅助生产部门的特点

辅助生产车间是为企业的基本生产车间、行政管理部门提供产品或劳务的生产车间，一般很少对外服务。因此，辅助生产车间发生的费用应由各受益车间、部门负担。辅助生产车间提供的产品和劳务绝大部分是为基本生产车间生产产品服务的，对外销售的很少。因此，辅助生产成本的高低，对产品成本水平有直接影响。同时，也只有正确、及时地计算并分配应由产品负担的辅助生产费用后才能进行产品成本的计算。这就决定了辅助生产车间所发生的费用，必须单独进行归集与核算，并先将其分配计入各受益对象中。

二、辅助生产成本的归集

辅助生产车间为生产产品或提供劳务而发生的各种费用，构成了这些产品或劳务的成本。为了核算辅助生产车间所发生的费用，计算所产产品或劳务成本，辅助生产车间应设置"生产成本——辅助生产成本"账户，据此进行辅助生产成本的归集和分配。"辅助生产成本明细账"的设置，应根据各个辅助生产车间的具体情况而定。

1. 辅助生产车间只生产一种产品或提供一种劳务

在只生产一种产品或提供一种劳务的辅助生产车间，如供水、供电、供气、运输等车间，应按车间分别设置"辅助生产成本明细账"，在账内按规定的成本项目设置专栏，车间所发生的所有费用都登记在"辅助生产成本明细账"内。

2. 辅助生产车间生产多种产品或提供多种劳务

在生产多种产品或提供多种劳务的辅助生产车间，如工具、模型等车间，除了要按车间分别设置"辅助生产成本明细账"外，还应按所生产的各种产品或劳务，分别开设"产品成本计算单"，登记当月发生的直接材料、直接工资等直接成本项目的费用。其他费用可先在"制造费用——辅助生产车间"明细账中进行核算，月末，再采用适当的分配标准，分配计入各有关产品或劳务的成本计算单中。辅助生产车间也应根据其生产类型的特点和管理要求，采用适当的成本计算方法，计算其产品或劳务成本。

知识拓展 4-1

动力费

生产经营过程中所耗用的动力，按其取得的来源不同分为自制动力和外购动力。自制的动力就是生产企业专设辅助生产车间专门生产动力，如供电车间，向全厂各部门提供动力，它发生的成本要在各受益部门之间分配，这是我们下面要重点讨论的。外购的动力，是指从外单位买入，如从供电局买电，发生时直接计入各成本费用或资产账户，比如基本生产车间用电，记入"生产成本——基本生产成本"中，"燃料及动力"成本项目。

三、辅助生产成本的分配

由于辅助生产车间是为基本生产车间、行政管理等部门提供服务的,所以,辅助生产车间发生的费用,应由企业生产的各种产品或行政管理等部门负担。

辅助生产车间发生的各种费用计入成本费用的方法,是由辅助生产车间提供产品和劳务的性质以及它在生产中的作用决定的。若辅助生产车间是生产产品的,如自制材料、工具等,在这些产品完工后,应将其成本从"生产成本——辅助生产成本"账户转入到"原材料"或"周转材料"等账户中。各车间、部门领用时,在比照财务会计中存货的核算方法,根据具体的用途和数量,一次或分次转入有关成本费用账户。

如果辅助生产车间提供电、水、蒸汽等产品或劳务,辅助生产车间发生的费用在归集后,应根据各受益部门的耗用量,在各受益部门间进行分配。辅助生产车间除主要向基本生产车间和行政管理等部门提供劳务外,辅助生产车间之间也相互提供劳务,在这种情况下,辅助生产费用的分配应采用一些特殊的分配方法进行分配。

四、辅助生产成本的分配方法

辅助生产费用的分配方法主要有直接分配法、一次交互分配法、代数分配法、顺序分配法和计划成本分配法。

(一)直接分配法

直接分配法是不考虑辅助生产车间之间相互提供产品或劳务的情况,而是将各种辅助生产费用直接分配给辅助生产以外的受益单位的一种辅助生产费用分配方法。

费用分配率 = 待分配的辅助生产费用/辅助生产部门以外各受益单位耗用劳务量量之和

某受益单位应分配的辅助生产费用 = 该受益单位耗用劳务数量 × 费用分配率

【例4-1】 某企业设有供电、机修两个辅助生产车间,供电车间本月份直接发生的费用金额为2 400万元,机修车间本月份直接发生的费用金额为1 200万元。各辅助生产车间提供的劳务数量及各受益单位耗用量见表4-1。

表4-1　　　　　　　　　　　辅助生产劳务供应通知单

受益单位	用电度数(万度)	修理工时(万小时)
供电车间		200
机修车间	40	
车间产品耗用	90	3 000
车间一般耗用	40	1 200
管理部门耗用	20	400
销售部门耗用	10	200
合计	200	5 000

要求:根据上述资料,采用直接分配法分配辅助生产费用,辅助生产费用分配表见表4-2。

(1) 供电车间费用的分配。
供电车间分配劳务量：200 - 40 = 160（万度）
供电车间分配率：2 400/160 = 15（元/度）
车间产品应负担的电费 = 90 × 15 = 1 350（万元）
车间一般耗用应负担的电费 = 40 × 15 = 600（万元）
管理部门应负担的电费 = 20 × 15 = 300（万元）
销售部们应负担的电费 = 10 × 15 = 150（万元）
(2) 机修车间费用的分配。
机修车间分配劳务量：5 000 - 200 = 4 800（万小时）
机修车间分配率：1 200/4 800 = 0.25（元/小时）
车间产品应负担的修理费 = 3 000 × 0.25 = 750（万元）
车间一般耗用应负担的修理费 = 1 200 × 0.25 = 300（万元）
管理部门应负担的修理费 = 400 × 0.25 = 100（万元）
销售部们应负担的修理费 = 200 × 0.25 = 50（万元）

表 4 - 2　　　　　　　　辅助生产费用分配表（直接分配法）

项目	供电车间		机修车间		合计
	供电度数	供电费用	修理工时	修理费用	
待分配的辅助生产费用及劳务数量	160	2 400	4 800	1 200	3 600
费用分配率		15		0.25	
车间产品耗用	90	1 350	3 000	750	2 100
车间一般耗用	40	600	1 200	300	900
管理部门耗用	20	300	400	100	400
销售部门耗用	10	150	200	50	200
合计	160	2 400	4 800	1 200	3 600

根据表 4 - 2，编制会计分录如下：
借：生产成本——基本生产成本　　　　　　　　　　　　　　　1 350
　　制造费用　　　　　　　　　　　　　　　　　　　　　　　　600
　　管理费用　　　　　　　　　　　　　　　　　　　　　　　1 450
　　销售费用　　　　　　　　　　　　　　　　　　　　　　　　200
　　贷：生产成本——辅助生产成本（供电车间）　　　　　　　2 400
　　　　　　——辅助生产成本（机修车间）　　　　　　　　　1 200

在上述直接分配法的计算过程中可以看出，供电车间不分配机修费，机修车间不分配电费，两车间的费用是在没有进行交互分配的情况下，按照对外（指辅助生产车间、部门以外）提供的劳务数量计算费用分配率，直接进行对外分配的。采用直接分配法分配辅助生产成本，辅助生产车间发生的费用仅对外分配一次。直接分配法计算手续较为简单，但当各辅助生产车间相互提供产品或劳务的数量较多或当辅助生产车间相互提供产品或劳务数量差异较大时,分配结果存在较大的误差,会影响到辅助生产费用分配的准确性,进而影响到产品成本计算的准确性。因此,直接分配法一般适用于辅助生产车间不相互提供产品和劳务,或者提供产品和劳务较少的情况。

(二)一次交互分配法

一次交互分配法是指会计期间将发生的辅助生产费用进行归集,期末将这些费用在各辅助生产车间或部门之间,按照它们内部相互提供产品或劳务的数量进行一次交互分配,然后再将各辅助生产车间交互分配后的实际费用,在辅助生产车间以外的各受益单位之间进行第二次分配。这种分配法的特点是:各辅助生产车间之间相互提供产品或劳务时也要负担相应的费用,每个辅助生产车间对其他辅助生产车间负担的费用要计算准确并入账。

一次交互分配法核算过程可分两步:第一步,根据辅助生产车间之间相互提供产品或劳务的数量作一次交互分配;第二步,将各辅助生产车间交互分配后的实际费用,再在辅助生产车间以外的各受益单位之间采用直接分配法进行分配。具体操作如下:

第一步,将已归集的辅助生产费用在辅助生产车间内部进行交互分配。

(1) 计算分配前的费用分配率,计算公式如下:

$$交互分配前费用分配率 = \frac{该辅助生产车间的生产费用}{该辅助生产车间提供劳务的总数量}$$

(2) 进行交互分配,计算公式如下:

交互分配转出费用 = 该辅助生产车间交互分配前费用分配率 × 该辅助生产车间为其他辅助生产车间提供劳务的总数量

交互分配转入费用 = 其他辅助生产车间交互分配前费用分配率 × 其他辅助生产车间供应本车间劳务的总数量

第二步,直接对外分配费用。

(1) 计算交互分配后的实际费用,计算公式如下:

交互分配后的实际费用 = 交互分配前的费用 + 交互分配转入费用 - 交互分配转出费用

(2) 计算交互分配费用分配率,计算公式如下:

$$交互分配后费用分配率 = \frac{交互分配后的实际费用}{为辅助生产车间以外的受益单位提供劳务总数量}$$

(3) 将交互分配后的实际费用分配给其他各受益单位,计算公式如下:

某受益单位应负担的辅助费用 = 交互分配后的费用分配率 × 该受益单位受益劳务的总数量

【例 4-2】以例 4-1 的资料为基础,采用一次交互分配法分配辅助生产车间的费用。

第一步,将辅助生产费用在辅助生产车间内部交互分配。辅助生产费用分配表见表 4-3。

(1) 计算分配前的费用分配率。

$$供电车间交互分配前费用分配率 = \frac{2\,400}{200} = 12\,(元/度)$$

$$机修车间交互分配前费用分配率 = \frac{1\,200}{5\,000} = 0.24\,(元/小时)$$

(2) 进行交互分配。

供电车间交互分配转出费用 = 12 × 40 = 480(万元)

供电车间交互分配转入费用 = 0.24 × 200 = 48(万元)

供电车间交互分配转出的费用480元，即为机修车间交互分配转入费用；供电车间交互分配转入费用48元，即为机修车间交互分配转出费用。

第二步，直接对外分配费用。

（1）计算交互分配后的实际费用。

供电车间交互分配后的实际费用 = 2 400 + 48 - 480 = 1 968（万元）

机修车间交互分配后的实际费用 = 1 200 + 480 - 48 = 1 632（万元）

（2）计算交互分配费用分配率。

供电车间交互分配后费用分配率 = $\dfrac{1\,968}{160}$ = 12.3（元/度）

机修车间交互分配后费用分配率 = $\dfrac{1\,632}{4\,800}$ = 0.34（元/小时）

（3）将交互分配后的实际费用分配给其他各受益单位。

供电车间：

车间产品负担的电费 = 90 × 12.3 = 1 107（元）

车间一般耗用负担的电费 = 40 × 12.3 = 492（元）

管理部门负担的电费 = 20 × 12.3 = 246（元）

销售部门负担的电费 = 10 × 12.3 = 123（元）

机修车间：

车间产品负担的机修费 = 3 000 × 0.34 = 1 020（元）

车间一般耗用负担的机修费 = 1 200 × 0.34 = 408（元）

管理部门负担的机修费 = 400 × 0.34 = 136（元）

销售部门负担的机修费 = 200 × 0.34 = 68（元）

表4-3　　　　　　　辅助生产费用分配表（一次交互分配法）

辅助生产车间名称		交互分配			对外分配		
		供电	机修	合计	供电	机修	合计
待分配辅助生产费用		2 400	1 200	3 600	1 968	1 632	3 600
供应劳务数量		200	5 000		160	4 800	
费用分配率		12	0.24		12.3	0.34	
机修车间耗用	耗用量	40					
	分配金额	480		480			
供电车间耗用	耗用量		200				
	分配金额		48	48			
车间产品耗用	耗用量				90	3 000	
	分配金额				1 107	1 020	2 127
车间一般耗用	耗用量				40	1 200	
	分配金额				492	408	900
行政部门耗用	耗用量				20	400	
	分配金额				246	136	382

第四章 辅助生产成本和制造费用的归集与分配

续表

辅助生产车间名称		交互分配			对外分配		
		供电	机修	合计	供电	机修	合计
销售部门耗用	耗用量				10	200	
	分配金额				123	68	191
合计		480	48	528	1 968	1 632	3 600

根据表4-3，编制下列会计分录：

（1）交互分配。

借：生产成本——辅助生产成本（供电车间） 48
　　　　　　——辅助生产成本（机修车间） 480
　　贷：生产成本——辅助生产成本（机修车间） 48
　　　　　　——辅助生产成本（供电车间） 480

（2）对外分配。

借：生产成本——基本生产成本 1 107
　　制造费用 492
　　管理费用 1 810
　　销售费用 191
　　贷：生产成本——辅助生产成本（供电车间） 1 968
　　　　　　——辅助生产成本（机修车间） 1 632

在上述辅助生产费用的分配中，第一阶段的交互分配，所要分配的费用是该辅助生产车间直接发生的费用，不包括耗用其他辅助生产车间的费用，所要分配的劳务数量，是该辅助生产车间提供的劳务总量，包括其他辅助生产车间耗用的数量。第二阶段的对外分配，所要分配的费用是交互分配后的费用，所要分配的劳务数量，不包括辅助生产车间之间相互耗用的数量。

采用一次交互分配法分配辅助生产费用，克服了直接分配法在辅助生产车间之间不分配费用的缺点，使辅助生产车间的成本计算更加准确；同时也能促使各辅助生产车间降低相互之间的消耗，加强经济核算。但采用这种方法分配辅助生产费用，在实行厂部、车间两级成本核算的企业里，各辅助生产车间只能在接到财会部门转来的其他辅助生产车间分入费用后，才能计算出实际费用，进而进行交互分配和对外分配。因此，往往影响了成本计算的及时性。同时，第一阶段的交互分配所要分配的费用，由于不包括耗用其他辅助生产车间劳务的费用，所以计算出来的费用分配率不是实际的分配率，准确性要差一些。为了弥补这一缺点，有些企业按辅助生产车间提供劳务的计划单位成本或上期实际单位成本进行交互分配。各辅助生产车间可根据消耗其他辅助生产车间的劳务数量和该项劳务的计划单位成本或上期的实际单位成本，计算出分配转入的费用，以确定本辅助生产车间发生的实际费用额。

（三）计划成本分配法

计划成本分配法是指按照计划成本将费用在各辅助生产车间进行分配和调整的一种方法，又称"内部结算价格分配法"。具体来说，就是根据各辅助生产车间为各受益车间和部门提供服务的数量，按照计划单位成本分配给各受益车间和部门（包括受益的其他辅助生产车间），然后将各辅助生产车间发生的实际费用，加上其他辅助生产车间分配来的费用同按计划单位成本计算的分配数之间的差额，对辅助生产车间以外的受益单位进行追加分配，或将其差额全部计入企业管理费。由此可见，计划成本分配法，其内容也是进行两次分配。

第一步是按计划成本分配各受益车间、部门应承担的辅助生产成本，计算公式如下：

各受益车间、部门应分配的辅助生产费用＝该受益部门、车间实际耗用的辅助产品或劳务量×辅助生产车间提供产品或劳务的计划单位成本

第二步是调整分配成本差异，即分配调整按计划成本计算的分配总额与各辅助生产车间实际发生的费用之间的差额，其中各辅助生产车间实际发生的费用是指按计划成本分配前已经归集的费用和按计划成本分配后从其他辅助生产车间转入的费用。计算公式如下：

某辅助生产费用分配的成本差异＝该辅助生产车间实际发生的辅助生产费用－该辅助生产车间按计划成本分配转出的辅助成本费用

该辅助生产车间实际发生的辅助生产费用＝按计划成本分配前已经归集的辅助生产费用＋按计划成本分配后从其他辅助生产转入的费用

调整分配一般有两种方法：一是把成本差异在各个受益车间、部门之间按实际耗用比例进行分配，计算公式如下：

某受益车间、部门应承担的成本差异＝该受益车间、部门实际耗用辅助产品或劳务的数量×（辅助生产车间的成本差异/其提供的辅助产品或劳务总数量）

二是简化处理，将全部成本差异分配给行政管理部门，计入发生当期的"管理费用"科目，这有助于对基本生产车间的评价和考核。本书采用简化处理方式。

在采用计划成本分配法时，各辅助生产车间产品或劳务的计划成本确定的科学、合理与否对成本计算、业绩考核有直接影响。因此，企业应充分考查历史资料、成本变动以及其他一些因素合理地制定计划成本，并及时根据实际情况加以调整。

【例4-3】以例4-1的资料为基础，假定每度电的计划成本为11.8元，每工时的机修劳务的计划成本为0.25元。采用计划成本分配法分配辅助生产车间的费用。辅助生产费用分配表见表4-4。

表4-4　　　　　　　辅助生产费用分配表（计划成本分配法）

辅助生产车间名称		供电车间	机修车间	合计
待分配辅助生产费用		2 400	1 200	3 600
供应劳务数量		200	5 000	
计划单位成本		11.8	0.25	
机修车间耗用	耗用量	40		
	分配金额	472		472
供电车间耗用	耗用量		200	
	分配金额		50	50
车间产品耗用	耗用量	90	3 000	
	分配金额	1 062	750	1 812
车间一般耗用	耗用量	40	1 200	
	分配金额	472	300	772

续表

辅助生产车间名称		供电车间	机修车间	合计
行政部门耗用	耗用量	20	400	
	分配金额	236	100	336
销售部门耗用	耗用量	10	200	
	分配金额	118	50	168
按计划成本分配金额合计		2 360	1 250	3 610
辅助生产实际成本		2 450	1 672	4 122
辅助生产成本差异		+90	+422	+512

根据表 4-4，编制下列会计分录：

(1) 按计划成本分配。

借：生产成本——辅助生产成本（供电车间）　　　　50
　　　　　　——辅助生产成本（机修车间）　　　　472
　　生产成本——基本生产成本　　　　　　　　　1 812
　　制造费用　　　　　　　　　　　　　　　　　772
　　管理费用　　　　　　　　　　　　　　　　　336
　　销售费用　　　　　　　　　　　　　　　　　168
　　贷：生产成本——辅助生产成本（供电车间）　2 360
　　　　　　　——辅助生产成本（机修车间）　　1 250

(2) 将辅助生产成本差异计入"管理费用"。

借：管理费用　　　　　　　　　　　　　　　　　512
　　贷：生产成本——辅助生产成本（供电车间）　　90
　　　　　　　——辅助生产成本（机修车间）　　　422

从上述举例中可以看出，采用计划成本分配法分配辅助生产费用，计算手续简单，各种辅助生产费用只计算分配一次，而且不是在辅助生产和实际费用计算后再分配，加快了会计核算的速度，并且能考核各辅助生产车间成本计划的执行情况，有利于厂内经济核算。但假若辅助生产车间生产的产品或劳务的计划单位成本制定得不准确，会影响辅助生产费用分配的准确性。将较大的差异额列入"管理费用"科目中，则对当期损益有较大的影响。因此，计划成本分配法一般适用于辅助生产成本计划单位成本制定得比较准确的情况。

（四）代数分配法

代数分配法是运用代数中的多元联立方程式计算辅助生产劳务的单位成本，然后再根据受益单位耗用劳务的数量分配辅助生产费用的方法。

代数分配法的步骤如下：首先，将辅助生产车间产品或劳务的单位成本设为未知数，并根据各辅助生产车间相互提供的劳务数量，求解联立方程，计算出辅助生产车间产品或劳务的单位成本；然后，再根据各受益单位（包括辅助生产车间）耗用的数量和单位成本计算分配辅助生产费用。

代数分配法下建立联立方程组时，应依据辅助生产车间之间相互提供服务的关系，以及各辅助生产车间归集的生产费用总额和提供的辅助产品或劳务总量，使其中每一个方程应满足下列关系：

发生的费用总额＝对外分配的费用总额

具体：某辅助生产车间提供的产品或劳务数量×该种产品或劳务的单位成本＝该辅助生产车间发生的一切生产费用＋该辅助生产车间耗费的其他辅助生产车间生产的产品或劳务数量×其他辅助生产车间产品或劳务的单位成本

只要将上式中的辅助生产车间提供的产品或劳务的单位成本用未知数来表示，即可建立方程。将每种辅助产品和劳务建立的方程联立成一个方程组，解出其中的未知数，即得到每种辅助产品和劳务的单位成本，然后按下式进行分配：

某受益车间、部门应承担的辅助生产费用＝该受益车间、部门耗用辅助产品或劳务的数量×该辅助产品或劳务的单位成本

可见，"代数分配法"实质上反映了服务部门之间连续多次进行交互分配的情况。

【例4-4】以例4-1的资料为基础，用代数分配法分配辅助生产车间的费用，辅助生产费用分配表见表4-5。

假设 x 为每小时修理成本，y 为每度电耗用成本，则可建立联立方程如下：

$$\begin{cases} 1\,200 + 40y = 5\,000x \\ 2\,400 + 200x = 200y \end{cases}$$

解得：$x = 0.338\,7$，$y = 12.337\,5$

表4-5　　　　辅助生产费用分配表（代数分配法）（结果保留2位小数）

辅助生产车间名称		供电车间	机修车间	合计
待分配辅助生产费用		2 400	1 200	3 600
供应劳务数量		200	5 000	
用代数法计算的实际单位成本		12.3375	0.3387	
机修车间耗用	耗用量	40		
	分配金额	493.5		493.5
供电车间耗用	耗用量		200	
	分配金额		67.74	67.74
车间产品耗用	耗用量	90	3 000	
	分配金额	1 110.38	1 016.10	2 126.48
车间一般耗用	耗用量	40	1 200	
	分配金额	493.5	406.44	899.94
行政部门耗用	耗用量	20	400	
	分配金额	246.75	135.48	382.23
销售部门耗用	耗用量	10	200	
	分配金额	123.38	67.74	191.12
合　　计		2 467.51	1 693.5	4 161.01

根据表4-5，编制下列会计分录：

借：生产成本——辅助生产成本（供电车间）　　　　　　　　　　67.74

	——辅助生产成本（机修车间）	493.5
	生产成本——基本生产成本	2 126.48
	制造费用	899.94
	管理费用	382.23
	销售费用	191.12
	贷：生产成本——辅助生产成本（供电车间）	2 467.51
	——辅助生产成本（机修车间）	1 693.50

采用代数分配法分配辅助生产费用，其最大的优点是分配结果准确，这是其他分配方法不能达到的。但是当企业的辅助生产车间较多时，需要设立的未知数就多，建立的方程组中的方程就多，计算起来比较麻烦。所以，代数分配法一般适用于辅助生产车间较少或会计工作采用计算机系统处理的企业。

（五）顺序分配法

所谓顺序分配法又称梯形分配法，是在各辅助生产车间分配费用时，按照各辅助生产车间受益多少的顺序排列，并逐一将其费用分配给其他车间（包括排在后面的辅助生产车间）、部门。受益少的辅助生产车间排在前面，受益多的辅助生产车间排在后面，并依次向后面各车间、部门分配，后面的辅助生产车间费用不再对前面的辅助生产车间进行分配。例如，在运输、供水、修理三个辅助生产车间中，如果耗用其他两个车间的服务以供水车间为最少，修理车间为最多，则排列的顺序为供水车间、运输车间、修理车间。各辅助生产车间对排列在本车间之前的车间，虽提供服务，但不对其费用进行分配。阶梯式分配法手续简单，但必须规定合理的分配顺序，否则，就会影响费用分配的准确性。

【例4－5】以例4－1的资料为基础，采用顺序分配法分配辅助生产车间的费用。辅助生产费用分配表见表4－6。由于供电车间耗用的修理费48元少于机修车间耗用的电费480元，因此，供电车间应先分配费用。

表4－6　　　　　　　　辅助生产费用分配表（顺序分配法）

车间部门	供电车间			机修车间			车间产品耗用		车间一般耗用		管理部门耗用		销售部门耗用		分配金额合计
	劳务数量	待分配费用	分配率	劳务数量	待分配费用	分配率	耗用数量	分配金额	耗用数量	分配金额	耗用数量	分配金额	耗用数量	分配金额	
	200	2 400		5 000	1 200										
分配供电费用	－200	－2 400	12	40	480		90	1 080	40	480	20	240	10	120	2 400
修理费用合计					1 680										
分配修理费用				4 800	—	0.35	3 000	1 050	1 200	420	400	140	200	70	1 680
				分配金额合计				2 130		900		380		190	3 600

根据表4－6，编制下列会计分录：

（1）分配供电费用

　　借：生产成本——辅助生产成本（机修车间）　　　　　　　　480

生产成本——基本生产成本　　　　　　　　　　　　　　　1 080
　　　制造费用　　　　　　　　　　　　　　　　　　　　　　480
　　　管理费用　　　　　　　　　　　　　　　　　　　　　　240
　　　销售费用　　　　　　　　　　　　　　　　　　　　　　120
　　　　贷：生产成本——辅助生产成本（供电车间）　　　　　　　　2 400
　（2）分配修理费用
　　借：管理费用　　　　　　　　　　　　　　　　　　　　　1 610
　　　销售费用　　　　　　　　　　　　　　　　　　　　　　 70
　　　　贷：生产成本——辅助生产成本（机修车间）　　　　　　　　1 680
　或两个分录合写为：
　　借：生产成本——辅助生产成本（机修车间）　　　　　　　　 480
　　　生产成本——基本生产成本　　　　　　　　　　　　　　1 080
　　　管理费用　　　　　　　　　　　　　　　　　　　　　 1 850
　　　制造费用　　　　　　　　　　　　　　　　　　　　　　480
　　　销售费用　　　　　　　　　　　　　　　　　　　　　　190
　　　　贷：生产成本——辅助生产成本（供电车间）　　　　　　　　2 400
　　　　　　生产成本——辅助生产成本（机修车间）　　　　　　　　1 680

　　采用顺序分配法分配辅助生产费用，在一定程度上考虑了辅助生产车间互相提供劳务因素，能有重点地反映辅助生产车间之间相互提供产品和劳务的关系，且分配计算简单。但由于排列在前的辅助生产车间不负担排列在后的辅助生产车间的费用，因而分配结果的正确性会受一定的影响。同时，也不利于促进排列在前的辅助生产车间降低对排列在后的辅助生产车间的产品或劳务耗费。所以，这种方法仅适用于各辅助生产车间之间相互受益程序有明显顺序，并且排列在前的辅助生产车间耗费排列在后辅助生产车间产品和劳务较少的情况。

　　综上所述，企业应根据其基本生产和辅助生产的特点，以及其他方面的具体情况，选择科学、合理的辅助生产费用分配方法。

　　以上几种方法可列表4-7中加以区分。

表4-7　　　　　　　　　　　辅助生产成本分配方法对比表

项目	适用的范围	优点	缺点	说明
直接分配法	辅助生产车间相互不提供劳务，或提供劳务较少	计算工作简单，简便易行计算的结果不准确	分配结果准确度不高	省略辅助生产车间之间分配工作
一次交互分配法	辅助生产车间相互提供劳务较多	计算结果较为准确	计算分配的手续较为复杂	先在辅助生产车间之间分配，然后再对外分配
计划成本分配法	有计划单价且比较符合实际	利于考核辅助生产车间经济利益	分配结果受计划单价影响较大	为简化核算也可将差异直接转入"管理费用"
代数分配法	实行电算化的企业	分配结果最准确	计算手续较复杂	联立多元一次方程
顺序分配法	相互提供劳务差别较大，且相互耗用有明显顺序	计算分配工作较简单	计算结果不够准确	收益少的排列在先，收益多的排列在后

第二节 制造费用的归集与分配

制造费用是指制造企业的各个生产单位（分厂、车间）为生产产品或提供劳务而发生的，应计入产品成本但没有专设成本项目的各项生产费用。制造费用大部分是间接用于产品生产的费用，如机物料消耗、辅助生产工人工资、车间厂房的折旧费等。制造费用还包括直接用于产品生产，而管理上不要求或者核算上不便于单独核算，因而没有专设成本项目的费用，如机器设备的折旧费、修理费，生产工具的摊销等。此外，制造费用还包括车间用于组织和管理生产的费用，如果企业的组织机构分为车间、分厂和总厂等若干层次，则分厂与车间相似，也是企业的生产单位，因而分厂用于组织和管理生产的费用，也作为制造费用核算。

一、制造费用的归集

制造费用是通过设立费用项目进行归集的。制造费用的明细项目，可按费用的经济性质分类，也可按费用的经济用途设置，但为了便于各企业之间，以及企业不同时期之间进行制造费用的分析和考核，应根据制造费用发生的内容，规定统一的明细项目。制造费用的明细项目主要包括工资及福利费、机物料消耗、折旧费、修理费、经常性租赁费、保险费、照明费、取暖费、水电费、办公费、劳动保护费、差旅费、设计制图费、试验检验费、在产品盘亏、毁损和报废（减盘盈）以及季节性和修理期间的停工损失，等等。

为了总括地反映企业在一定时期内发生的制造费用及其分配情况，应设置"制造费用"总分类账户，其借方归集企业在一定时期内发生的全部制造费用，贷方反映制造费用的分配，月末一般无余额。制造费用还应按不同的车间、部门设立明细账，账内按照费用的明细项目设立专栏或专户，分别反映各车间、部门各项制造费用的支出情况。

在生产经营活动过程中发生的有关上述费用，根据付款凭证、转账凭证和各种费用分配表，应借记"制造费用"账户，贷记"原材料""应付职工薪酬""累计折旧""应付账款""银行存款"等账户。对于辅助生产车间发生的费用，如果辅助生产的制造费用是通过"制造费用"账户核算的，应按照基本生产车间发生的费用核算；如果辅助生产的制造费用不通过"制造费用"账户核算，则应全部借记"辅助生产成本"账户。

月末，应将"制造费用"账户借方所归集的制造费用，分车间进行分配，计入有关的成本计算对象中。

二、制造费用的分配方法

无论是基本生产车间还是辅助生产车间所承担的制造费用，在月末最终都必须分配计入产品制造成本中。

在生产单一产品的生产单位中，所归集的制造费用全部由该种产品负担直接计入该种产品的成本。在生产多种产品的生产单位中，因制造费用有多个受益对象，所发生的共同制造费用经归集后，应采用适当的方法进行分配，分别计入各种受益产品的制造成本中。

合理分配制造费用的关键在于正确选择分配标准。在选择分配标准时，应遵循的原则是：分配标准的资料必须比较容易取得，并且与制造费用之间存在客观的因果比例关系等。常用的分配标准有生产工人工时、生产工人工资、机器工时和标准产量等。

制造费用的分配方法可分为实际分配率法、预算分配率法和累计分配率法三种。

（一）实际分配率法

采用实际分配率法，应根据各车间和分厂归集的制造费用和耗用分配标准总量，分别计算出各车间和分厂的制造费用分配率，然后根据制造费用分配率和各产品耗用的分配标准量计算出各产品应负担的制造费用。其分配的计算公式如下：

$$制造费用分配率 = \frac{制造费用总额}{分配标准总量}$$

分配标准包括生产工人工时、工资、机器工时等。

某种产品应分配的制造费用 = 该产品分配标准量（实际工时、工资等）× 制造费用分配率

按实际分配率法分配制造费用，通常以生产工人工时、生产工人工资和机器工时为分配标准。

1. 生产工人工时比例法

生产工人工时比例法，简称生产工时比例法，这是按照各种产品耗用生产工人实际工时的比例分配费用的方法。

【例4-6】某企业2020年3月第一车间发生的制造费用为39 000元，该车间本月生产甲、乙两种产品，甲产品的生产工时为8 000小时，乙产品的生产工时为5 000小时，以生产工人工时为标准分配制造费用。第一车间的制造费用分配详见表4-8。

表4-8　　　　　　　　　　制造费用分配表

生产车间：第一车间　　　　　2020年3月　　　　　　　　单位：元

对方账户	生产工人工时	分配率	分配金额
基本生产成本			
甲产品	8 000		24 000
乙产品	5 000		15 000
合计	13 000	3	39 000

根据表4-8，编制下列会计分录：

借：生产成本——基本生产成本（甲产品）　　24 000
　　　　　　——基本生产成本（乙产品）　　15 000
　　贷：制造费用　　　　　　　　　　　　　　　　39 000

按照生产工人工时比例分配制造费用，能将劳动生产率与产品负担的费用水平联系起来，使分配的结果比较合理，同时，该分配标准的资料容易取得，从而使分配计算的工作较为简便。但是，如果固定资产折旧费、修理费在制造费用中占的比重较大，且各种产品的机械化程度不同，按此标准分配制造费用，就会使机械化程度较高的产品少负担固定资产折旧费、修理费等，以致使分配结果与制造费用的实际情况不相符合。因此，生产工人工时比例法适合于各产品生产的机械化程度大致相同的情况下采用。

如果产品的工时定额比较准确，制造费用也可以按生产工人定额工时的比例分配。

2. 直接工资比例法

直接工资比例法，是按照直接计入各种产品成本的生产工人实际工资的比例分配制造费用的方法。

由于产品成本计算单中有现成的生产工人工资的资料，分配标准容易取得，分配计算工作比较简便。采用这种方法时，各种产品生产的机械化程度或者产品加工的技术等级也不能相差悬殊，否则机械化程度高、产品加工技术等级低的产品，由于工资费用少，分配负担的制造费用也少，影响费用分配的合理性，从而影响产品成本计算的正确性。因此，这种方法适用于各产品机械化程度和产品加工技术等级大致相同的情况。

3. 机器工时比例法

机器工时比例法，是按照各种产品生产所耗用机器设备运转时间的比例分配制造费用的方法。采用这种方法时，如果生产车间中机器设备的类型大小不一，应将机器设备划分为若干类别，按照不同类归集和分配制造费用，也可以对不同机器设备按系数折成标准工时进行分配，以提高分配结果的合理性。这种方法适用于机械化、自动化程度较高的生产车间，因为这种车间所发生的制造费用中，折旧费、修理费、动力费等费用所占比重较大，而且这些费用的发生又与机器设备的使用密切相关，因此按机器工时分配制造费用是较为合理的。但应予以指出的是，分厂制造费用与车间的机器工时没有直接关系，因此分厂制造费用分配不应采用此种方法。

（二）预算分配率法

预算分配率法，也称计划分配法，这是按照各生产单位年度的制造费用预算和计划产量的定额工时，以及事先确定的预算分配率分配制造费用的方法。其计算公式如下：

$$制造费用预算分配率 = \frac{全年制造费用预算总额}{全年各种产品计划产量的定额工时之和}$$

某产品应分配的制造费用 = 该产品实际产量的定额工时 × 制造费用预算分配率

采用预算分配率法，不管各月实际发生的制造费用多少，每月计入各产品制造成本的制造费用，都是按预算分配率分配。对各月按预算分配率分配的制造费用与实际发生的制造费用之间的差额，月末不进行调整分配。这样，年内各月末"制造费用"账户就会有余额，余额可能在借方，也可能在贷方，借方余额表示超过计划的预付费用，贷方余额表示按照计划应付而未付的费用，到年终时，必须将逐月累计的制造费用余额，按各种产品已分配数的比例进行调整，调增或调减当年产品的成本，其计算公式如下：

$$差异额分配率 = \frac{全年实际制造费用 - 全年按计划分配率分配的制造费用}{全年按计划分配率分配的制造费用}$$

某产品应分配的差异额 = 该产品按计划分配率分配的制造费用 × 差异额分配率

如果制造费用的实际数大于计划分配数，借记"生产成本——基本生产成本"科目，贷记"制造费用"科目；若制造费用实际数小于计划分配数，则用红字冲减分配数。年末差额调整后，"制造费用"科目无余额。

这种分配方法不必每月计算分配率，简化和加速了制造费用的分配工作，并能及时反映各月制造费用的差异，有利于成本分析。它特别适用于季节性生产或季节性费用比重较大的企业或车间，因为在这种制造企业中，生产旺季和淡季的产量悬殊，而各月制造费用却相差不多，如果按实际费用分配，会导致各月产品制造成本水平波动太大，使淡季成本水平偏高,而旺季则偏低,从而不利于成本分析工作的进行。

【例 4-7】某制造企业的第一基本生产车间全年制造费用预算额为 115 460 元,全年各种产品的计划产量为:甲产品 2 200 件,乙产品 1 500 件;单件产品的工时定额为:甲产品 8 小时,乙产品 5 小时。假定车间 3 月份的实际产量为:甲产品 180 件,乙产品 120 件。则 3 月份制造费用分配计算如下:

预算分配率 = 115 460 ÷ (2 200×8 + 1 500×5) = 4.6

3 月份甲产品应负担制造费用 = 4.6×(180×8) = 6 624(元)

3 月份乙产品应负担制造费用 = 4.6×(120×5) = 2 760(元)

该车间 3 月份应分配转出的制造费用 = 6 624 + 2 760 = 9 384(元)

3 月份"制造费用"账户借方实际发生额为 9 200 元,贷方根据预算分配率转出制造费用 9 384 元,贷方余额 184 元,即多分配数,平时不予调整。

续例 4-7,假定到本年末,采用预算分配率法已分配制造费用 116 000 元,其中甲产品已分配 76 000 元,乙产品已分配 40 000 元。全年实际发生制造费用 114 608 元,则多分配 1 392 元,应进行调整冲回。具体计算如下:

调整分配率 = -1 392 ÷ 116 000 = -0.012

甲产品多分配的制造费用 = (-0.012)×76 000 = -912(元)

乙产品多分配的制造费用 = (-0.012)×40 000 = -480(元)

调整分配会计分录如下。

借:生产成本——基本生产成本(甲产品) 912

　　生产成本——基本生产成本(乙产品) 480

　　贷:制造费用——第一基本生产车间 1 392

采用预算分配率法要求企业必须有较高的计划工作和定额管理的水平,否则年度制造费用的计划数脱离实际太远,就会影响成本计算的正确性。

(三)累计分配率法

累计分配率法,是指将当月完工批次的产品应负担的全部制造费用,在其完工时一次进行分配,而对当月未完工批次的在产品应负担的制造费用保留在"制造费用"账户中,暂不分配,待其完工后,连同继续发生的制造费用一起分配的一种方法。其计算公式如下:

$$制造费用累计分配率 = \frac{制造费用期初余额 + 本期发生的制造费用}{期初分配标准累计数 + 本期发生分配标准数}$$

完工产品应负担的制造费用 = 完工产品累计分配标准 × 制造费用累计分配率

【例 4-8】华兴公司生产甲、乙、丙、丁四批产品,甲批产品上月投产,生产工时为 4 000 小时,本月发生工时 15 000 小时。另外三批产品均为本月投产,工时分别为 24 000 小时、18 000 小时和 32 500 小时。月初制造费用余额为 13 600 元,本月发生 56 525 元。甲批产品本月完工,其余三批产品均未完工。采用累计分配率法计算分配制造费用时,其计算结果如下:

$$制造费用累计分配率 = \frac{13\ 600 + 56\ 525}{4\ 000 + 15\ 000 + 24\ 000 + 18\ 000 + 32\ 500} = 0.75(元/小时)$$

甲批产品应分配额制造费用 = (4 000 + 15 000) × 0.75 = 14 250(元)

乙、丙、丁三批产品由于未完工，所以暂不分配，可将这三批产品应负担的费用 55 875 元（13 600 + 56 525 - 14 250）保留在"制造费用分配明细账"中。而这三批产品的分配标准即工时资料，则保留在各自的"产品成本计算单"中。待该批产品完工时，再根据其累计工时和完工月份的制造费用累计分配率，分配应负担的制造费用。

如果企业生产周期较长（1 个月以上），产品生产批次较多，每月完工产品批次只占全部产品批次的一部分，那么，为了简化制造费用的分配计算和登账工作，可采用制造费用累计分配率法分配制造费用。采用累计分配率方式分配制造费用，其优点是在生产周期较长的企业，假若完工产品批次较少，未完工产品批次较多，则可简化会计核算的工作量。若完工批次多，而未完工的批次少，由于简化的工作量较少，所以，可不采用这种方法进行分配。同时，采用这种方式分配制造费用时，各月份制造费用水平相差不大，否则，会影响计算结果的准确性。因此，这种方法一般是在每月完工产品的批次少，未完工产品的批次多，各月费用水平相差不多的情况下采用。累计分配率法的具体方法将在第十章产品成本计算的分批法中进一步阐述。

对于制造费用的分配计算，应按照生产单位分别编制"制造费用分配明细表"，根据该表的分配结果，登记各产品成本计算单，以反映各产品成本应承担的制造费用，同时还应根据"制造费用分配明细表"，汇总编制企业"制造费用分配汇总表"，据此进行制造费用分配的总分类核算。

知识拓展 4 - 2

大学生创业——过高的间接费用

在北京，由 5 名大学生创办的"小超之家"水果购物网站宣布倒闭，距离网站创办仅 9 个月时间。

创办者之一小朱介绍：创办之初是在中科院周围，6 月搬到了北大南门，主要针对北大在校学生和周边人群。他们在附近租了房，用于货物中转和储存。从四道口的农贸市场批发水果，按照网上的订单骑自行车送货。后来订单逐渐增多，每天的营业额达到 2 000 多元，几个人忙不过来了，雇了 4 名员工送货。尽管如此，刨去员工工资、房租等费用，每个月仍然是亏损的。

对于网站的亏损，小朱把主要原因归为经营模式没有选择好。他总结，这种区域性的购物网站，根本算不上"供应商直接对客户"的模式，只能说还是一个实体的连锁超市，采取这种上门送货的模式，反而使间接费用增加了，管理成本又高。另外，客户基本都是在校的大学生，他们对水果过于讲究包装和形象，一次送出去两个苹果，可能因为路上颠簸了一下，导致上面稍微有两个碰痕，客户就会要求退换货，这些费用也导致了管理成本的增加。

练 习 题

一、单项选择题

1. 采用预算分配率法分配制造费用,"制造费用"科目如果期末有余额（　　）。
   A. 一定在借方　　　　　　　　　　　B. 可能在借方
   C. 可能在贷方　　　　　　　　　　　D. 可能在借方,也可能在贷方

2. 直接分配法是将辅助生产费用（　　）的方法。
   A. 直接分配给各受益单位　　　　　　B. 直接计入产品生产成本
   C. 直接分配给辅助生产以外的各受益单位　D. 直接计入"辅助生产成本"科目

3. 代数分配法是将辅助生产费用根据联立方程的原理,（　　）进行分配的方法。
   A. 在各受益单位之间直接
   B. 先在辅助生产内部进行分配,然后对外
   C. 计算辅助生产产品或劳务的单位成本,然后根据各受益单位耗用的数量和单位成本
   D. 在辅助生产内部

4. 制造费用（　　）。
   A. 是直接生产费用
   B. 是间接生产费用
   C. 既包括间接生产费用,又包括直接生产费用
   D. 是间接计入费用

5. 交互分配法是将辅助生产费用先在（　　）之间进行交互分配,然后进行对外分配的方法。
   A. 企业各车间、部门　　　　　　　　B. 各辅助生产车间
   C. 企业各车间　　　　　　　　　　　D. 辅助生产车间与基本生产车间

6. 辅助生产车间相互提供产品或劳务很少时适用的辅助生产费用分配方法是（　　）。
   A. 代数分配法　　　　　　　　　　　B. 交互分配法
   C. 直接分配法　　　　　　　　　　　D. 按计划成本分配法

7. 辅助生产费用的各种分配方法中,分配结果最正确的方法是（　　）。
   A. 代数分配法　　　　　　　　　　　B. 交互分配法
   C. 按计划成本分配法　　　　　　　　D. 直接分配法

8. 适用于季节性生产企业分配制造费用的方法是（　　）。
   A. 生产工人工时比例分配法　　　　　B. 生产工人工资比例分配法
   C. 预算分配率法　　　　　　　　　　D. 机器工时比例法

9. 下列方法中,属于辅助生产费用的分配方法是（　　）。
   A. 按计划成本分配法　　　　　　　　B. 按年度计划分配率分配法
   C. 约当产量比例法　　　　　　　　　D. 定额比例法

10. 制造费用采用按预算分配率分配法,年末,必须将逐月累计的制造费用余额,按各

种产品已分配数的比例进行分配，分配之后，"制造费用"科目年末（   ）。
A. 无余额
B. 可能有借方余额或贷方余额
C. 只有借方余额
D. 只有贷方余额

二、多项选择题

1. 辅助生产费用分配转出时，可以（   ）。
A. 贷记"辅助生产成本"科目
B. 借记"制造费用"科目
C. 借记"在建工程"科目
D. 借记"管理费用"科目

2. 制造费用包括（   ）。
A. 直接用于产品生产，但没有专设成本项目的费用
B. 间接用于产品生产的费用
C. 车间用于组织和管理生产的费用
D. 生产工人的工资

3. 采用交互分配法分配生产费用，应先根据各辅助生产车间、部门（   ）进行一次交互分配。
A. 相互提供劳务的数量
B. 待分配费用
C. 交互分配前的费用分配率
D. 提供劳务的数量

4. 在诸多的辅助生产费用分配方法中，按计划成本分配法的优点有（   ）。
A. 计算工作简化
B. 计算结果准确
C. 有利于分清企业内部各单位的经济责任
D. 能反映辅助生产成本计划的执行情况

5. 制造费用中包括的直接生产费用有（   ）。
A. 辅助工人工资及福利费
B. 机器设备的折旧费
C. 生产工具的摊销
D. 机器设备的修理费

6. 以下内容可以通过"制造费用"科目核算的有（   ）。
A. 车间的机物料消耗
B. 劳动保护费
C. 车间主任的差旅费
D. 季节性停工损失

7. "制造费用"科目月末（   ）。
A. 可能没有余额
B. 可能有余额
C. 余额可能在借方
D. 余额可能在贷方

8. 辅助生产费用的分配方法有（   ）。
A. 直接分配法
B. 年度计划分配率分配法
C. 交互分配法
D. 代数分配法

9. 直接分配法适用于以下（   ）情况。
A. 辅助生产车间之间不相互提供产品或劳务
B. 辅助生产车间之间相互提供产品或劳务
C. 辅助生产车间之间相互提供产品或劳务较少
D. 辅助生产车间之间相互提供产品或劳务较多

10. 一次交互分配法的优点有（   ）。
A. 克服了直接分配法的缺点，使辅助生产车间的成本计算更加准确

B. 促使各辅助生产车间降低相互之间的消耗，加强经济核算

C. 成本计算更及时

D. 第一阶段计算出来的费用分配率很准确

11. 制造费用的分配方法有（　　）。

　　A. 实际分配率法　　　　　　　　B. 预算分配率法

　　C. 累计分配率法　　　　　　　　D. 代数分配法

12. 按实际分配率法分配制造费用，通常以（　　）为分配标准。

　　A. 产品质量　　　　　　　　　　B. 生产工人工时

　　C. 生产工人工资　　　　　　　　D. 机器工时

三、判断题

1. 制造费用中也包括直接用于产品生产的费用。　　　　　　　　　　　（　　）

2. 采用直接分配法分配辅助生产费用，手续较为简单，当各辅助生产车间相互提供产品或劳务数量较多时，分配结果可以很精确。　　　　　　　　　　　　　　（　　）

3. 按计划成本分配法分配辅助生产成本时，对于按计划成本计算的分配额和各辅助生产车间实际发生费用之间的差额，为了简化核算，可以列入财务费用中。　　（　　）

4. 在辅助生产费用按计划成本分配法下，某辅助生产费用分配的差异额等于该辅助生产车间直接发生的实际费用加上分配转入的计划成本额减去按计划成本分配转出的数额。

（　　）

5. 制造费用既有间接生产费用，也有直接生产费用。　　　　　　　　　（　　）

6. 采用交互分配法分配辅助生产费用时，对外分配的辅助生产费用，应为交互分配前的费用加上交互分配时分配转入的费用。　　　　　　　　　　　　　　（　　）

7. 制造费用所采用的所有分配方法，分配结果都是"制造费用"科目期末都没有余额。

（　　）

8. 辅助生产费用最后要全部分配转入基本生产的产品成本。　　　　　　（　　）

9. 顺序分配法分配辅助生产成本时，收益少的辅助生产部门排在先，收益多的排在后。

（　　）

10. 采用交互分配法分配辅助生产费用时，只进行辅助生产车间之间交互分配，不必对外分配。　　　　　　　　　　　　　　　　　　　　　　　　　　　　　（　　）

11. 制造费用累计分配法适用于每月完工产品的批次少，未完工产品的批次多，各月费用水平相差较大的情况下采用。　　　　　　　　　　　　　　　　　　　（　　）

12. 预算分配率法分配制造费用适用于季节性生产或季节性费用比重较大的企业。

（　　）

四、案例分析题

[案例1] 旺达公司有机修和供电两个辅助生产车间，主要为本企业基本生产车间和行政管理部门等部门服务，机修车间本月发生费用为4 085元，供电车间本月发生费用为9 020元。各辅助生产车间供应劳务数量见表4-9。

表 4-9 各辅助生产车间供应劳务数量

受益单位	修理劳务量（工时）	供电劳务量（度）
基本生产——甲产品		20 600
基本生产车间一般耗用	410	16 000
辅助生产车间——供电	200	
辅助生产车间——修理		6 000
行政管理部门	160	2 400
专设销售机构	56	1 000
合计	826	46 000

要求：请用直接分配法、一次交互分配法、代数分配法分配辅助生产成本。如果每度电的计划成本为 0.25 元，每工时的机修劳务计划成本为 6.5 元，采用计划成本分配法分配辅助生产成本，将辅助生产成本差异计入管理费用。同时做出相关的会计分录。

[案例 2] 某企业 2020 年 5 月基本生产车间发生的制造费用为 54 000 元，该车间本月生产甲、乙两种产品，甲产品的生产工时为 400 小时，乙产品的生产工时为 160 小时。

要求：分析如果以生产工人工时为标准分配制造费用应如何分配，并作相关会计分录。

[案例 3] 联华公司基本生产车间全年制造费用计划发生额为 400 000 元；全年各种产品的计划产量为：甲产品 250 件，乙产品 100 件。单件产品工时定额为：甲产品 60 小时，乙产品 50 小时。12 月份实际产量为：甲产品 20 件，乙产品 8 件；12 月份实际发生制造费用为 33 000 元，"制造费用"账户本月期初余额为借方 1 000 元。假定全年采用预算分配率法已分配制造费用 416 000 元，其中甲产品已分配 312 000 元，乙产品已分配 104 000 元。全年实际发生制造费用 418 000 元。

要求：分析如果采用预算分配率法如何分配制造费用。年末分配制造费用实际数与计划数的差额是多少。并作相关分录。

[案例 4] 华维公司生产甲、乙、丙、丁四批产品，甲批产品上月投产，生产工时为 500 小时，本月发生工时 600 小时。乙批产品上月投产，生产工时为 400 小时，本月发生工时 520 小时。另外两批产品均为本月投产，工时分别为 330 小时和 250 小时。月初制造费用余额为 26 800 元，本月发生 64 200 元。甲、乙两批产品本月完工，其余两批产品均未完工。

要求：分析采用累计分配率法如何分配制造费用。

[案例 5] 兴隆公司设有修理、运输两个辅助车间、部门，本月发生辅助生产费用、提供劳务量见表 4-10。

表 4-10 本月发生辅助生产费用、提供劳务量

辅助车间名称		修理车间	运输部门
待分配辅助生产费用		19 000 元	20 000 元
劳务供应数量		20 000 小时	40 000 公里
耗用劳务数量	修理车间		1 500 公里
	运输部门	1 000 小时	
	基本车间	16 000 小时	30 000 公里
	企业管理部门	3 000 小时	8 500 公里

要求：分析如果采用直接分配法和顺序分配法，如何分配辅助生产费用，列示计算过程，并编制相关的会计分录。计算时，分配率的小数保留四位。

[案例6] 华夏公司有机修和运输两个辅助生产车间，有关资料见表4-11。

表4-11 辅助生产费用分配表

分配方向			交互分配			对外分配		
辅助生产车间名称			运输车间	机修车间	合计	运输车间	机修车间	合计
待分配费用（元）			2 400	4 700	7 100			
供应劳务数量			8 000	9 400		7 500	9 000	
单位成本（分配率）								
辅助车间	运输	耗用数量		400				
		分配金额						
	机修	耗用数量	500					
		分配金额						
	金额小计							
基本车间	第一车间	耗用数量				3 000	4 600	
		分配金额						
	第二车间	耗用数量				2 500	3 400	
		分配金额						
	金额小计							
企管部门		耗用数量				2 000	1 000	
		分配金额						
分配金额合计								

要求：根据以上资料，采用交互分配法填列辅助生产费用分配表，写出必要的计算过程，并编制相应的会计分录。计算时，分配率的小数保留四位，尾数差计入管理费用。

第五章 期间费用的核算

本章简介

期间费用是每月不分配到产品成本中，而是直接记入当月损益中的费用，所以对于企业来说如何降低期间费用十分重要。本章重点阐述各个期间费用所包括的具体内容，以及销售费用、财务费用、管理费用的核算方法。

案例导引

宏伟LED厂期间费用的会计处理

宏伟LED厂有两个基本生产车间，分别为生产单晶LED和双晶LED两种产品。为简化核算，在进行产品成本核算过程中，只将为生产产品发生的直接材料费用、直接工资费用，按其发生地点和用途分别列入各相关产品生产成本中，其余发生的其他各项生产费用和经营管理费用全部列入"管理费用"账户中。假定，在当前会计期间列入管理费用账户的各有关项目包括：

①各生产车间机器设备折旧费用45 000元，其中单晶车间20 000元，双晶车间25 000元；办公设备折旧5 000元。

②单晶车间经营性租入固定资产发生修理费用3 000元。

③支付各生产车间管理人员工资6 000元，其中单晶车间和双晶车间分别为2 000元和4 000元；厂部管理人员工资5 000元。

④本期为推销产品支付广告费用34 000元。

⑤本期支付水电费8 000元，其中单晶车间和双晶车间分别为3 500元和2 500元，其余2 000元为厂部耗用。

⑥办公用品费用消耗1 200元。

⑦专设销售机构发生经费支出10 000元。

⑧本期印花税1 200元。

⑨本期生产车间日常修理维护费用支出3 000元。

根据上述材料，你觉得该企业的会计处理是否正确呢？成本会计专业的同学们展开了讨论，最后大家得出一致的结论：

首先，产品生产成本是由直接材料、直接工资和制造费用等成本项目组成的，应采用直接费用直接计入各种产品成本中、间接费用分配计入各种产品成本的方法，将企业为生产产品发生的各项材料消耗、人工消耗计入产品成本中。而对于各项间接费用，应先通过制造费用账户归集后,再选择适当的方法分配计入各种产品成本。这家公司在其成本核算过程中,未将制造费用计入产品生产成本中,这是不妥当的。

该企业应通过制造费用账户归集的各项费用是:①各生产车间机器设备折旧费用45 000元,包括单晶车间20 000元,双晶车间25 000元;②单晶车间经营性租入固定资产发生修理费用3 000元;④支付各生产车间管理人员工资6 000元,其中单晶车间和双晶车间分别为2 000元和4 000元;⑤本期支付水电费8 000元,其中单晶车间和双晶车间分别为3 500元和2 500元;⑨本期生产车间日常修理维护费用支出3 000元。如果将这几项应计入制造费用的支出全部计入管理费用中,则要从当期利润中扣减;而如果记入制造费用科目,再分配到各种产品成本中,那么只有当本期生产的产品全部完工并全部销售时,才能将其从当期利润中全部扣除。因此,该企业的处理会影响当期利润的正确计算。

其次,对于期间费用一般包括三项,即销售费用、管理费用和财务费用。其中,销售费用是企业在销售产品、自制半成品和提供劳务等过程中发生的各种费用以及为销售本企业商品而专设的销售机构的职工工资等各项经费,包括运杂费、包装费、保险费、委托代销手续费、广告费、展览费、租赁费、销售服务费、专设销售机构经费和其他费用;管理费用是企业行政管理部门为管理和组织生产经营活动而发生的各项费用,管理费用包括的具体项目有:公司经费,行政管理人员的劳动保险费和待业保险费,董事会费,咨询费,审计费,诉讼费,排污费,绿化费,税金,土地使用费(海域使用费),土地使用补偿费,转让费,技术开发费,无形资产摊销,开办费摊销,业务招待费,存货盘亏、毁损和报废(减盘盈)以及其他管理费用;财务费用是企业为筹集生产经营所需资金而发生的各项费用,财务费用包括企业在经营期间发生的利息支出(减利息收入)、汇兑损失(减汇兑收益)、银行及其他金融机构手续费以及因筹集资金而发生的其他财务费用。这家公司对上述各项费用没有加以区分,而是全部计入管理费用中,这样处理虽然对企业的经营成果不产生影响,但是在核算中看不到各类费用的支出情况,对于进行成本费用分析是有影响的。

根据上述说明,正确的处理应是:①办公设备折旧5 000元;③厂部管理人员工资5 000元应计入管理费用;④本期为推销产品支付广告费用34 000元应计入销售费用;⑤厂部耗用的水电费2 000元应计入管理费用;⑥办公用品费用消耗1 200元应计入管理费用;⑦专设销售机构发生经费支出10 000元应计入销售费用;⑧本期印花税1 200元应计入管理费用。

同学们,通过下面内容的学习,你也能提出自己的正确意见。

第一节 期间费用的含义

一、期间费用的概念

期间费用也称为期间成本,它是与产品成本相对而言的、与产品的生产活动没有直接关系、在发生时计入当期损益的费用。这些费用包括：①与制造产品无关的费用化成本的期间耗费，如企业行政管理部门和专设销售机构的固定资产的折旧费；②在发生时即记为费用的项目，如行政管理部门发生的办公费、差旅费和职工薪酬等。

总的来说，企业在生产经营过程中发生的费用，按其用途可以分为应计入产品成本的生产费用和应计入当期损益的期间费用。前者是用于产品生产活动的资产耗费，并且构成了产品的生产成本；后者则没有与产品生产活动直接相关，而是属于某一时期耗用的费用。

工业企业的期间费用一般包括销售费用、管理费用和财务费用三个方面。销售费用是企业为了销售本企业产品而发生的各种耗费；管理费用是企业行政管理部门为组织和管理生产经营活动而发生的各项管理支出；财务费用是企业在筹集生产经营所需资金而发生的费用。

二、期间费用的特点

与计入产品成本的费用相比，期间费用通常具有下列特点：

（1）期间费用与产品生产活动没有直接联系，可以确定其发生的期间，而难以确定其应归属的成本计算对象，因此不计入产品成本，而是在每月进行汇总，直接计入当期损益。

（2）期间费用在一定范围内与产品产量的增减无关，而与期间长短有关。

（3）期间费用在发生当期即确认为费用，与当期的营业收入相配比，全额列入利润表，不需要分摊到其他期间。而计入产品成本的费用，最终由完工的产成品负担形成存货，只有在产品销售出去后，才能以"主营业务成本"的形式转为费用从当期销售收入中抵减。如果本期没有销售产品，则计入产品成本的费用将会递延到下期。

由此可见，期间费用在发生当期予以确认，与本期营业收入相配比，以便确认和计量各期营业利润。从这个意义上讲，期间费用也称为"期间成本"。

三、期间费用核算的任务

企业为了加强经济管理、提高盈利水平，需要重视并正确组织期间费用的核算。期间费用核算的准确性直接影响着企业营业利润的准确性。因此，根据期间费用的特点，期间费用的核算主要需要完成以下三项任务：

（1）严格审核各项期间费用开支。期间费用是确定企业盈亏的重要因素，在企业其他因素保持不变的前提下，降低期间费用就意味着企业利润的增加。因此，为了准确地反映企业的盈利水平，有效地控制期间费用，企业应该按照国家和企业制定的有关费用开支范围和标准，严格审核各项期间费用，确保其开支的合理性。

（2）准确核算期间费用，为企业准确计算营业利润提供依据。企业营业利润是在营业收入的基础上，扣减营业成本、营业税金及附加、期间费用等项目后计算出来的，因此企业必须根据成本核算的原则，正确确定本期发生的期间费用，为营业利润的计算提供依据。

（3）与预算数进行比较，考核期间费用预算执行情况，明确并且落实经济责任制。在准确核算各项实际期间费用的基础上，将其同期间费用预算数进行比较，通过分析其差额，查找原因，考核各项期间费用的预算执行情况。同时，由于期间费用又是分别由不同部门管理的，将各部门的期间费用实际数与预算数进行比较，可以考核各部门期间费用预算的执行情况，反映各责任单位的费用水平和管理责任，强化各部门的节约意识，及时发现和解决问题，提高工作效率，以节约期间费用的开支。

第二节 销售费用

一、销售费用的内容

销售费用是指企业在销售商品和提供劳务过程中发生的各种费用，以及为销售本企业商品而专设销售机构（含销售网点、售后服务网点等）的经营费用，是发生在流通领域为实现产品价值而发生的各项费用。

销售费用包括的内容较多，具体包括销售过程中发生的运杂费、包装费、保险费、委托代销手续费、广告费、展览费、租赁费（不含融资租赁费）和专设销售机构的职工薪酬、业务费、折旧费等经营费用。其具体项目包括：

（1）产品自销费用，包括应由本企业负担的包装费、装卸费、运输费、保险费等。

（2）产品促销费用，包括展览费、广告费、经营租赁费、销售服务费等。

（3）销售部门的费用，一般指企业设立的专门从事产品销售的网络、门市部等机构所发生的职工薪酬、类似工资性质的费用、折旧费、差旅费、办公费、修理费、物料消耗、低值易耗品摊销和其他费用等。需要注意的是，企业内部销售部门所发生的费用，不包括在销售费用中，而应列入管理费用中。

（4）委托代销费用，主要指企业委托其他单位代销，按代销合同规定支付的委托代销手续费。

（5）商品流通企业的进货费用，主要指商品流通企业在进货过程中发生的运输费、装卸费、保险费、包装费和运输途中的合理损耗，入库前的挑选整理费用金额较小的，也可直接确认为"销售费用"。

二、销售费用的核算

企业发生的销售费用应该在"销售费用"账户中核算，并按照费用项目设置明细账进行明细核算，如"广告费""展览费""运输费""包装费"等，销售费用明细账格式见表5－1。"销售费用"是损益类会计科目，当企业发生各项销售费用借记该账户，贷记"库存现金""银行存款""应付职工薪酬"等科目；月终，将借方归集的销售费用全部由本科目的贷方转入"本年利润"科目的借方，计入当期损益。经结转销售费用后，"销售费用"账户期末无余额。

第五章 期间费用的核算

表 5－1

销售费用明细账

2020 年 9 月　　　　　　　　　　　　　　　单位：元

日期	凭证号数	摘要	借方												贷方	余额
			运输费	包装费	保修费	保险费	手续费	广告费	展览费	租赁费	工资费	折旧费	物料费	办公费	差旅费	其他	小计		
		支付广告费						45 000									45 000		45 000
		支付代销手续费					7 000										7 000		52 000
		支付销货运输费	10 000														10 000		62 000
		计提折旧										20 000					20 000		82 000
略		报销差旅费													2 000		2 000		84 000
		低值易耗品摊销											4 000				4 000		88 000
		支付工资									46 400						46 400		134 400
		支付包装费		23 000													23 000		157 400
		支付办公费等												45 000			45 000		202 400
		预计包修费用			8 600												8 600		211 000
		合计	10 000	23 000	8 600	0	7 000	45 000	0	0	46 400	20 000	4 000	45 000	2 000	0	211 000		211 000
		转出																211 000	

【例 5-1】根据有关原始凭证，甲企业专设销售机构本期发生下列费用：计提折旧 20 000 元、报销差旅费 10 000 元、职工工资费用 40 000 元、计提职工福利费 5 600 元。

借：销售费用——折旧费　　　　　　　　　　　　　　　20 000
　　　　　　——差旅费　　　　　　　　　　　　　　　10 000
　　　　　　——工资及福利费　　　　　　　　　　　　45 600
　　贷：累计折旧　　　　　　　　　　　　　　　　　　20 000
　　　　其他应收款　　　　　　　　　　　　　　　　　10 000
　　　　应付职工薪酬——工资　　　　　　　　　　　　40 000
　　　　　　　　　　——福利费　　　　　　　　　　　 5 600

【例 5-2】承【例 5-1】甲企业用转账支票支付广告费 45 000 元，以现金支付应由公司负担的销售 A 产品的运输费 1000 元。月末，将全部销售费用予以结转。

（1）支付广告费。

借：销售费用——广告费　　　　　　　　　　　　　　　45 000
　　贷：银行存款　　　　　　　　　　　　　　　　　　45 000

（2）支付运输费。

借：销售费用——运输费　　　　　　　　　　　　　　　 1 000
　　贷：库存现金　　　　　　　　　　　　　　　　　　 1 000

（3）月末结转销售费用。

借：本年利润　　　　　　　　　　　　　　　　　　　　121 600
　　贷：销售费用　　　　　　　　　　　　　　　　　　121 600

第三节　管理费用

一、管理费用的内容

管理费用是指企业行政管理部门为组织和管理企业生产经营活动而发生的各项费用，包括企业管理部门发生的直接管理费用，如公司经费等；用于企业直接管理以外的费用，如董事会费、咨询费、聘请中介机构费、相关税费、矿产资源补偿费、诉讼费等；提供生产技术条件费用，如研究费用、无形资产摊销等；业务招待费用等。这些项目具体说明如下：

（1）公司经费：包括行政管理部门职工薪酬、职工福利费、修理费、物料消耗、低值易耗品摊销、办公费、差旅费以及其他公司经费。

（2）董事会费：是指企业最高权力机构（如董事会）及其成员为执行职能而发生的各项费用，包括董事会成员津贴、会议费和差旅费等。

（3）咨询费（含顾问费）：是指企业向有关咨询机构进行科学技术、经营管理咨询所支付的费用，包括聘请经济技术顾问、法律顾问等支付的费用。

（4）聘请中介机构费：是指企业聘请会计师事务所等进行查账、验资以及进行资产评估等发生的各项费用。

（5）诉讼费：是指企业因起诉或应诉而发生的各项费用。

（6）排污费：是指企业按照规定交纳的排污费用。

（7）相关税金：是指企业按照规定支付的房产税、车船税、土地使用税和印花税等。

（8）矿产资源补偿费：是指企业在中华人民共和国领域和其他管辖海域开采矿产资源，按照主营业务收入的一定比例缴纳的矿产资源补偿费。

（9）研究费用：是指企业内部研究开发项目的研究阶段发生的各项支出以及不计入无形资产成本的开发阶段发生的有关费用化支出。

（10）技术转让费：是指企业使用非专利技术而支付的费用，包括以技术转让为前提的技术咨询、技术服务和技术培训过程中发生的有关费用。

（11）无形资产摊销：是指专利权、商标权、著作权、土地使用权、非专利技术等无形资产的摊销，但是不包括出租无形资产的摊销。

（12）辞退福利：是指由于分离办社会职能，实施主辅分离、辅业改制以及重组、改组计划等原因，企业在职工劳动合同尚未到期之前解除与职工的劳动关系，或者为鼓励职工自愿接受裁减而提出补偿建议的计划中给予职工的经济补偿。

（13）其他费用：是指企业发生的上述项目之外的、应列入管理费用的费用。

（14）业务招待费：是指企业为业务经营的合理需要而支付的交际应酬费用。一般情况下企业的业务招待费包括两部分，一是日常性业务招待费支出，如餐饮费、住宿费、交通费等。二是重要客户的业务招待费，即除前述支出外，还有赠送给客户的礼品费、正常的娱乐活动费、安排客户旅游的费用等。

二、管理费用的核算

企业发生的管理费用应该在"管理费用"账户中核算，并按照费用项目设置明细账进行明细核算。管理费用明细账格式类似于销售费用明细账，这里从略。"销售费用"是损益类会计科目，当企业发生各项管理费用时借记该账户，贷记"库存现金""银行存款""应付职工薪酬""原材料""累计折旧""累计摊销""研发支出""应交税费"等科目；期末，将借方归集的管理费用全部由本科目的贷方转入"本年利润"科目的借方，计入当期损益。结转管理费用后，"管理费用"账户期末无余额。

【例5-3】乙企业2020年11月份发生如下经济业务，根据经纪业务的内容进行账务处理。

(1) 用银行存款支付注册会计师审计费1 850元和法律咨询费2 000元。

借：管理费用——审计费　　　　　　　　　　　　　　　1 850
　　　　　　——咨询费　　　　　　　　　　　　　　　2 000
　　贷：银行存款　　　　　　　　　　　　　　　　　　3 850

(2) 厂部购入办公用品一批，用支票支付共计1 200元。

借：管理费用——公司经费　　　　　　　　　　　　　　1 200
　　贷：银行存款　　　　　　　　　　　　　　　　　　1 200

(3) 企业应付土地使用税700元。

借：管理费用——土地使用税　　　　　　　　　　　　　700
　　贷：应交税费——应交土地使用税　　　　　　　　　700

(4) 本月行政管理部门固定资产应计折旧4 000元。

借:管理费用——折旧费 4 000
　　贷:累计折旧 4 000

(5) 按规定企业本月应摊销无形资产 2 500 元。
借:管理费用——无形资产摊销 2 500
　　贷:累计摊销 2 500

(6) 本月应付行政管理人员工资 12 000 元,提取职工福利费 1 680 元。
借:管理费用——工资及福利费 13 680
　　贷:应付职工薪酬——工资 12 000
　　　　　　　　　——福利费 1 680

(7) 月末,结转本月发生的管理费用。
借:本年利润 25 930
　　贷:管理费用 25 930

第四节　财务费用

一、财务费用的内容

财务费用是指企业在筹集生产经营资金等财务活动中发生的各项费用,它包括企业在经营期间发生的利息净支出(利息支出减利息收入后的支出)、汇兑净损失(汇兑损失减汇兑收益后的损失)、银行及其他金融机构手续费、企业发生的现金折扣或收到的现金折扣,以及因筹集资金而发生的其他财务费用。其具体包括的项目有:

(1) 利息净支出:是指利息支出减去银行存款等利息收入后的净额。利息支出包括短期借款利息、应付票据利息、票据贴现利息、长期借款利息和应付债券利息等。

(2) 汇兑净损失:是指企业向银行结售或购入外汇时,因银行买入价或卖出价与记账所采用的汇率不同而产生的汇兑差额,以及月度终了,各种外币账户的外币期末余额,按照期末汇率折合的记账本位币金额与原账面记账本位币金额之间的差额等。

(3) 相关手续费:是指企业发行债券所需支付的手续费(需要资本化的手续费除外)、开出汇票时支付的银行手续费、调剂外汇手续费等。

(4) 企业发生的现金折扣或收到的现金折扣。

(5) 其他财务费用:是指企业因筹集生产经营资金而发生的其他费用,如融资租入固定资产发生的融资租赁费用等。

知识拓展 5-1

大连旗帜乳品销售公司的期间费用

林莉在大连旗帜乳品销售公司做会计。有一天,刚开始学习成本会计的妹妹问她:"财务人员的工资是不是计到管理费用?"她说:"我们没有生产部门,生产鲜奶的企业叫旗帜乳品股份有限公司，生产酸奶的企业叫现代牧业，我们只是销售企业，所以我们的工资都计入销售费用。"

妹妹还有疑问："是不是销售企业大部分的费用都计入销售费用呢？"林莉说："也不是，企业员工的工资计入销售费用，但是福利费却计入管理费用。还有销售过程中，运输发生的油费、为销售发生业务招待费等也是要计入管理费用，所以对于企业来说管理费用的内容才是最多的。

林莉还介绍说因为大连旗帜乳品销售公司是新兴企业，为了周转资金和银行常年有贷款业务往来，每个月利息的支出、销售过程中发生的银行转账业务、现金支票以及企业发生的现金折扣、和银行打交道发生的支出都要计入财务费用。虽然财务费用的支出不是很大，但是核算量还是比较大的。

二、财务费用的核算

企业发生的财务费用应该在"财务费用"账户中核算，并按照费用项目设置明细账进行明细核算。财务费用明细账格式类似于销售费用明细账，这里从略。"销售费用"是损益类会计科目，当企业发生各项管理费用时借记该账户，贷记发生的应冲减财务费用的利息收入、汇兑收益等；期末，将借方归集的财务费用全部由本科目的贷方转入"本年利润"科目的借方，计入当期损益。结转财务费用后，"财务费用"账户期末无余额。

需要注意的是，企业为购建或生产满足资本化条件的资产发生的应予资本化的利息支出、汇兑损失、手续费等借款费用，应在"在建工程""制造费用"等科目中核算，不在"财务费用"中科目核算。

【例5-4】丙企业2020年11月份发生下列业务，按照经济业务的内容作出相应的账务处理。

(1) 将应收票据办理贴现，发生贴现利息7 000元。

借：财务费用——利息支出　　　　　　　　　　　　　　　　7 000
　　贷：应收票据　　　　　　　　　　　　　　　　　　　　　　　7 000

(2) 企业按照销售方规定的现金折扣条件购买存货，应付账款合计58 500元（包括50 000元货款和8 500元增值税款）；因在付款期内提前支付货款，享受2%的现金折扣。支付货款时有关账务处理为：

借：应付账款　　　　　　　　　　　　　　　　　　　　　　58 500
　　贷：银行存款　　　　　　　　　　　　　　　　　　　　　　　57 500
　　　　财务费用——现金折扣　　　　　　　　　　　　　　　　　1 000

(3) 根据短期借款计划，本月应该负担的短期借款利息6 400元。

借：财务费用——利息支出　　　　　　　　　　　　　　　　6 400
　　贷：应付利息　　　　　　　　　　　　　　　　　　　　　　　6 400

(4) 企业收到银行存款利息收入510元。

借：银行存款　　　　　　　　　　　　　　　　　　　　　　　510
　　贷：财务费用——利息支出　　　　　　　　　　　　　　　　　510

(5) 月末，将"财务费用"科目的余额结转到"本年利润"科目。

借：本年利润　　　　　　　　　　　　　　　　　　　　　　11 890
　　贷：财务费用　　　　　　　　　　　　　　　　　　　　　　　11 890

练 习 题

一、单项选择题

1. 下列各项费用中，应计入管理费用的是（   ）。
   A. 技术转让费　　　　　　　　　B. 银行贷款利息
   C. 汇兑损益　　　　　　　　　　D. 发行债券手续费
2. 下列各项费用中，应计入销售费用的项目是（   ）。
   A. 诉讼费　　　　　　　　　　　B. 无形资产摊销
   C. 坏账损失　　　　　　　　　　D. 展览费
3. 下列各项费用中，不应计入财务费用的项目是（   ）。
   A. 业务招待费　　　　　　　　　B. 金融机构手续费
   C. 现金折扣　　　　　　　　　　D. 银行利息
4. 企业在商品销售过程中，实际给予购货方的现金折扣应列入（   ）。
   A. 管理费用　　　　　　　　　　B. 销售费用
   C. 财务费用　　　　　　　　　　D. 生产成本

二、多项选择题

1. 下列各项费用中，应计入管理费用的项目有（   ）。
   A. 技术转让费　　　　　　　　　B. 广告费
   C. 无形资产摊销　　　　　　　　D. 研发支出
   E. 行政管理人员的职工薪酬
2. 下列各项费用中，应计入销售费用的项目有（   ）。
   A. 装卸费　　　　　　　　　　　B. 广告费
   C. 运输费　　　　　　　　　　　D. 公司经费
   E. 专设销售机构办公费
3. 下列各项中，应通过"财务费用"科目核算的有（   ）。
   A. 保险费　　　　　　　　　　　B. 商业折扣
   C. 银行存款利息收入　　　　　　D. 现金折扣
   E. 一般借款发生的汇兑损失
4. 期间费用的特点有（   ）。
   A. 期间费用与生产过程紧密相联
   B. 期间费用与产品生产没有直接联系
   C. 期间费用与时间长短有关，应在发生时确认为当期费用
   D. 期间费用应与生产成本一样反映在资产负债表中
   E. 期间费用期末余额应结转到"本年利润"账户

三、判断题

1. 管理费用与销售费用以及财务费用一样，都属于期间费用，应将其计入当期损益。
（　　）
2. 企业为筹集生产经营资金而发生的各项费用都应计入企业的财务费用中。（　　）
3. 企业专设销售机构发生的经常费用应计入销售费用。（　　）
4. 期间费用与产品生产活动没有直接联系，不能将其计入产品生产成本。（　　）
5. 所有利息支出，都应计入"财务费用"的借方。（　　）
6. 财务费用科目借方登记发生的利息支出，贷方登记利息收入。因此，本科目期末余额可能在借方，也可能在贷方。（　　）
7. 财务费用科目核算企业为筹集资金而发生的各项费用。现金折扣与资金筹集无关，实际发生的现金折扣应该记入管理费用科目。（　　）
8. 从某种程度上说，业务招待费的多少与企业产品市场开发与销售有关。因此，应将企业发生的业务招待费计入销售费用中进行核算。（　　）

四、案例分析题

甲企业本月份发生下列各项经济业务，分别编制有关的会计分录。

（1）以银行存款支付广告费 20 000 元；
（2）以现金支付销售环节中的运输费 400 元；
（3）以银行存款支付专设销售机构经费 6 000 元；
（4）本月对使用寿命有限的无形资产进行摊销，该项无形资产入账价值为 480 000 元，受益期限为 10 年，无净残值；
（5）通过银行转账支付房产税 400 元，支付法律咨询费 1 000 元；
（6）支付一项管理用固定资产的修理费 900 元；
（7）分别计提销售部门和行政管理部门设备折旧费 1 000 元和 1 500 元；
（8）银行存款支付短期借款利息 3 000 元；
（9）通过银行转账收回原登记入账的应收账款 35 100 元，同时按合同规定给予购货方现金折扣 100 元；
（10）月末，结转本期发生的各项期间费用。

第六章 生产损失的核算

本章简介

生产损失是指企业生产过程中发生的各种损失。生产损失一般包括废品损失和停工损失两类。本章重点阐述了"废品损失"会计科目的结构和废品损失核算的具体账务处理、不可修复废品成本的核算及账务处理，以及停工损失的账务处理。

什么是废品损失

小红地板的仓库的保管员李健由于在仓库内吸烟导致一部分地板因着火无法再使用，价值 20 000 元。该厂负责人一方面通知扣罚该仓库保管员 5 000 工资进行惩罚和弥补损失，另一方面通知会计人员将其余的损失作为废品损失。

请问计入"废品损失"正确吗？如果不正确，会计人员对上述事件应该如何做会计处理呢？通过下面的学习，你将得出正确答案。

第一节 生产损失核算的任务

一、生产损失的含义和种类

工业生产企业在其生产经营过程中难免会发生损失，企业发生的各种损失按其是否计入产品制造成本，可分为生产损失和非生产损失两大类。生产损失是指企业在产品生产过程中或由于生产原因而发生的各种损失。例如，由于制造了不合格产品而造成的废品损失、由于机器设备发生故障被迫停工而造成的停工损失等。由此可以看出，生产损失都是与产品生产直接有关的损失，应由产品制造成本承担，是产品制造成本的组成部分。

非生产损失主要是由于企业经营管理或其他原因造成的损失，例如材料和产成品的盘亏、毁损、变质损失、非常损失等等。非生产损失由于与产品生产没有直接关系，因此不能计入产品的制造成本，而应按照损失的性质、原因和现行的规定列入营业外支出等。

严格地讲，如果生产出来的合格产品所消耗的直接材料和工时都大于正常消耗，也是一种生产损失。但实际工作中，一般不计算这部分损失，通常把这种多消耗的金额定义为

"浪费"。但如果成本核算与成本控制相结合,如采用标准成本会计制度(本书后面章节有具体讲述),就有说明和分析用于脱离标准而发生的差异。

此外,在实际的工作中,如果生产损失的数额较小,为了简化成本核算的工作量,可不进行核算;但若生产损失的数额较大,为了控制生产损失发生的数额,使其不断降低,并且明确经济责任,提高企业的管理水平,保证企业生产的正常进行,就有必要进行生产损失的核算。

二、生产损失核算的任务

生产过程中产生的损失,是人力、物力、财力的极大浪费,会使企业的经济效益下降,同时也会使企业正常的生产经营活动受到影响。因此,企业加强生产损失的核算是十分重要和必要的。生产损失核算的任务主要有以下三个方面:

(1) 正确计算和归集生产过程中的损失,明确经济责任,加强企业管理。企业应确定适合于本企业的生产损失计算方法,确定产生生产损失的责任单位、环节和责任人,并查找原因,提出改进的措施和方案,最终降低生产损失的数额,提高企业的经营效率;

(2) 采用合理、适当的方法,将生产损失在正确的会计科目中进行核算。由于生产损失产生的原因不同,其账务处理方法也不一样。有的应计入产品成本,而有的则应列入"营业外支出"等科目。这时,就应根据规定的要求,将生产损失计入不同的账户中;

(3) 正确地考核生产损失计划的执行情况,加强生产损失的控制,及时分析造成生产损失的原因。依据正确的生产损失核算,考核生产损失计划、定额的执行情况,明确经济责任,并根据实际情况对生产损失计划、定额进行修改。

第二节 生产中废品损失的核算

一、废品及废品损失的概念和分类

废品是指经检验在质量上不符合规定的技术标准,不能按原定用途使用,或需在生产中经过重新加工修理后才能使用的产品。为了正确计算产品成本,并使其不断降低,以便进行成本分析和考核,企业应该对废品产生的损失进行核算。要准确地核算废品损失,有必要对废品进行分类。

废品可以按不同的标志进行分类。在实际工作中,一般是按废品的废损程度和在经济上是否具有修复价值,将废品区分为可修复废品和不可修复废品两类。可修复废品是指该废品在技术上是可以修复的,而且在重新修理加工过程中所支付的费用在经济上是合算的。不可修复废品是指该废品在技术上是不可修复的或者虽能修复,但在经济上是不合算的。

废品按产生的原因不同,可分为料废和工废两种。料废是指由于材料质量、规格、性能不符合要求而产生的废品;工废是指在生产过程中由于加工工艺技术、工人操作方法、技术水平等方面的缺陷所产生的废品。分清废品是由于料废还是工废造成的,有利于查明废品产生的责任,贯彻经济责任制的原则。

废品损失是指因产生废品而造成的损失。废品损失主要包括可修复废品在返修过程中所发生的各种修复费用和不可修复废品的实际成本减去废品回收价格的净值。

需要注意的是,以下各项发生的损失不属于废品损失:

(1) 产生废品给企业带来的间接损失,例如延误交货期的违约赔偿款,或因损害企业生产技术水准的社会形象而给企业造成荣誉损失等,一般不计算在废品的损失之内;

(2) 企业生产完工经检验确认为次品,其低价销售给企业带来减少利润的损失,不作为废品损失处;

(3) 如果产品入库时为合格产品,但由于保管不善等原因发生产品破损而报废所发生的各种损失,属于资产毁损,与生产过程无关,应作为管理费用处理,不应纳入废品损失核算范围;

(4) 实行包退、包修、包换(三包)的企业,在产品出售后发现的废品所发生的一些损失,应计入"销售费用",而不作为废品损失。

二、生产过程中废品损失的核算

(一) 废品损失核算的科目设置

在单独核算废品损失的企业里,为了核算生产过程中的废品损失,应设置"废品损失"科目。"废品损失"科目的借方登记发生的可修复废品的修复费用、不可修复废品的成本,贷方登记应由保险公司、责任人赔偿的损失和结转的废品净损失。废品的净损失,应转入当月生产的同种产品成本中,由合格品负担。经过上述结转后,"废品损失"科目应无余额。

"废品损失"科目应按废品的品种或批别分别设置明细账,在账内一般按规定的成本项目设置专栏。"废品损失明细账"的格式见表6-1。在实际的工作中,生产过程产生的废品,应填写"废品通知单"。"废品通知单"是进行废品损失核算的原始凭证,在单内要详细填列废品的名称、产生废品的原因、工序、责任人、处理意见等。

表6-1　　　　　　　　　　废品损失明细账

2020年8月　　　　　　　　　　　　　　　　　　单位:元

日期	摘要	凭证号	直接材料	燃料及动力	直接工资	制造费用	合计
略	分配材料费用		612				612
	分配外购动力费用			562.50			562.50
	分配工资费用				1 650		1 650
	分配辅助生产费用			891			891
	分配制造费用					6 300	6 300
	不可修复废品成本		606	12.60	26.25	162.75	807.60
	结转交库废料价值		-116.50				-116.50
	合计		1 101.5	1 466.10	1 676.25	6 462.75	10 706.60
	转出废品净损失		1 101.5	1 466.10	1 676.25	6 462.75	10 706.60

(二) 可修复废品损失的归集和分配

生产过程中发生的可修复废品的修复费用,应根据各要素分配表,借记"废品损失"

科目,贷记"原材料""应付职工薪酬""制造费用"等科目,并列入所设置的"废品损失明细账"中;如有残值和应收的赔偿,应根据废料交库凭证和有关结算凭证,借记"原材料""其他应收款"科目,贷记"废品损失"科目;月末计算出废品净损失,应借记"生产成本"科目,贷记"废品损失"科目及其有关明细账户。对于可修复废品返修前发生的生产费用,仍然留在"生产成本"科目及其有关的产品成本明细当中,不必转出,因为它不是废品损失。

(三) 不可修复废品损失的归集和分配

为了归集和分配不可修复废品损失,首先要计算废品成本。由于其成本在报废之前是与合格品的成本合在一起的,就须按废品所耗实际费用或定额成本的方法将某种产品各成本项目费用在合格品和废品之间进行分配,计算出不可修复废品的报废损失。不可修复废品损失的计算方法有两种,以下分别阐述:

1. 按废品所耗实际费用计算

按废品所耗实际费用计算废品成本,是指按成本项目将实际发生的生产费用在合格品和废品之间进行分配。当原材料在开始生产就一次投入时,材料费用可按合格品与废品的数量比例分配;如果不是在开始生产时一次投入的,而是随着生产进度陆续投入的,则可采用适当的方法,将废品折合成合格品的数量进行分配。其余各成本项目,可按合格品和废品的工时比例进行分配。若原材料在开始生产时一次投入,不可修复废品成本的计算公式如下:

材料费用分配率 = 材料费用总额/(合格品数量 + 废品数量)

废品的材料成本 = 废品数量 × 材料费用分配率

其他费用分配率 = 某项其他费用数额/(合格品工时 + 废品工时)

废品其他费用 = 废品工时 × 其他费用分配率

知识拓展 6-1

处理不可修复废品

陈清今年 3 月创业,生产老人听歌散步机,由于没有经验,把第一批散步机生产完工才发现音响的音质有问题。经过深思熟虑,陈清决定将这批散步机作为不可修复废品处理掉。

虽然每个音响批发来的价格只有 5 元,但是生产完工的老人听歌散步机成品出厂价格是 20~25 元。如果陈清选择换音响的话,从拆掉音响到换上音响,平均每台散步机的加工费用大约 15 元,加上音响的 5 元,其换音响的费用达到 20 元。而且换过音响的散步机无法作为新品出售,所以陈清决定将这批产品作为不可修复废品处理。

在成本会计里,不可修复废品不光指不能够修理的产品,不值得修理的产品我们也称它为不可修复废品。

【例 6-1】某企业 2020 年 9 月份生产甲产品 400 件,其中不可修复品为 10 件,共发生工时 10 000 工时,其中废品为 150 小时。该产品共发生费用:直接材料为 80 000 元,直接工资为 30 000 元,制造费用为 40 000 元,废品回收残值 400 元,原材料是在生产开始时一次投入。根据上述资料,可编制"不可修复废品成本计算表",见表 6-2:

表 6-2 　　　　　　　　　　　**不可修复废品损失计算表**

产品名称：甲　　　　　　　　　　2020 年 9 月　　　　　　　　　金额单位：元

项目	数量	直接材料	生产工时	直接工资	制造费用	合计
费用总额	400	80 000	10 000	30 000	40 000	150 000
分配率		200		3	4	
废品已耗成本	10	2 000	150	450	600	3 050
减：废品残值		400				
废品净损失		1 600		450	600	2 650

结转废品成本：

　　借：废品损失——甲产品　　　　　　　　　　　　　　3 050

　　　　贷：生产成本——基本生产成本（甲产品）　　　　　　　3 050

回收废品残值：

　　借：原材料　　　　　　　　　　　　　　　　　　　　400

　　　　贷：废品损失——甲产品　　　　　　　　　　　　　　400

结转废品净损失：

　　借：生产成本——基本生产成本（甲产品）　　　　　　　2 650

　　　　贷：废品损失——甲产品　　　　　　　　　　　　　　2 650

2. 按定额成本计算

按定额成本计算废品成本是指根据废品的数量、各项消耗定额及计划单价计算不可修复废品成本的方法。它一般适用于定额资料比较完整、准确的情况，现举例说明按定额成本计算不可修复废品成本的方法。

【例 6-2】华兴公司生产甲产品，2020 年 7 月有关定额及废品的资料如下：

（1）废品资料见表 6-3。

表 6-3 　　　　　　　　　　　　**废品资料**

2020 年 7 月

零件名称	计量单位	料废		工废		致废分析	致废工序
		数量	原因	数量	原因		
A	件	10		5		不可修复	车工
B	件	4				不可修复	钻工
C	件	8				不可修复	磨工

（2）部分零部件消耗定额资料见表 6-4。

表 6-4 　　　　　　　　　　**零部件消耗定额资料**

2020 年 7 月

零件名称	计量单位	原材料消耗定额		工时消耗定额（小时）						
		材料名称	消耗量（千克）	锻	车	铣	钻	磨	插	小计
A	件	乙材料	20	2	1			1		4
B	件	乙材料	10	1	2		2	1	1	7
C	件	丁材料	15	1	1	1		2	1	6

(3) 按上述资料编制"废品定额消耗量计算表"见表6-5。

表6-5　　　　　　　　　　　　废品定额消耗量计算表

2020年7月

零件名称	数量	原材料定额耗用量（千克）		工时定额耗用量（小时）
		乙材料	丁材料	
A	15	300		45
B	4	40		20
C	8		120	40
合计	27	340	120	105

(4) 根据上述资料编制"不可修复废品成本计算表"见表6-6。

表6-6　　　　　　　　　　　　不可修复废品成本计算表

2020年7月　　　　　　　　　　　　　　　　　　　　　　　　金额单位：元

项目	直接材料		燃料及动力	直接工资	制造费用	合计
	乙材料	丁材料				
计划单价	0.90	2.50	0.12	0.25	1.55	
定额耗用量	340	120	105	105	105	
定额成本	306	300	12.60	26.25	162.75	807.60

根据上述计算结果，将不可修复废品的成本转入"废品损失明细账"中，作如下会计分录：

借：废品损失　　　　　　　　　　　　　　　　　　　　　　　807.60
　　贷：生产成本——基本生产成本　　　　　　　　　　　　　807.60

通过上述分析，可将废品应负担的费用，按成本项目从"生产成本——基本生产成本"转出，计入"废品损失明细账"（见表6-1）。

如果不可修复废品报废后有一定残值，在残值入库时，可按计划成本入账。据此编制"不可修复废品残值计算表"见表6-7。

表6-7　　　　　　　　　　　　不可修复废品残值计算表

2020年7月　　　　　　　　　　　　　　　　　　　　　　　　金额单位：元

产品名称	零件名称	交库数量	计划单价	金额
甲产品	A	240	0.25	60.00
甲产品	B	35	0.20	7.00
甲产品	C	90	0.55	49.50
合计				116.50

根据"不可修复废品残值计算表"，应作如下会计分录：

借：原材料　　　　　　　　　　　　　　　　　　　　　　　116.50
　　贷：废品损失　　　　　　　　　　　　　　　　　　　　116.50

月末，在"废品损失明细账"中，归集了可修复废品的修复费用、不可修复废品的成本和扣除的残料价值，即可计算出废品的净损失。废品的净损失，一般都是本期发生的，因此，应由本期完工的同种产品负担，直接从"废品损失明细账"转入到"产品成本计算单"中所设置的"废品损失"成本项目中。如上例中，根据"废品损失明细账"，作会计分录如下：

借：生产成本——基本生产成本（甲产品）　　　　　　　691.1
　　贷：废品损失　　　　　　　　　　　　　　　　　　　691.1

（四）不单独核算废品损失的处理

当生产过程中产生的废品很少，而且管理上也不要求单独核算废品损失时，不需要设置"废品损失"账户，成本计算单中也不需要设置"废品损失"成本项目。发生不可修复废品时，不需要将不可修复废品成本从生产成本中分离出来；发生的可修复废品修复费及不可修废品的生产成本时，根据"材料费用分配汇总表""工资及福利费分配汇总表"和"制造费用分配表"提供的资料计入产品成本，借记"生产成本"科目，贷记有关科目；对于发生的废品残料价值收入和应收赔偿款，借记"原材料""其他应收款"科目，贷记"生产成本"，直接冲减生产成本。

第三节　停工损失的核算

一、停工损失的内容

停工损失是指企业的生产车间在停工期间所发生的各项费用，包括停工期间应支付给职工的工资、计提的应付福利费、应分配的制造费用等。

企业的停工可以分为正常停工和非正常停工。所谓正常停工是指计划规定的停工，例如因季节性生产、固定资产大修理或计划减产而停工。所谓非正常停工是指非预期的停工，其原因可能与企业的生产经营活动有关，也可能无关，前者例如产品滞销、原材料短缺、设备故障等，后者例如自然灾害等。

停工时间有长有短，范围有大有小。停工时间长的可能在1个月以上，短的可能有几天、几小时；停工范围可能仅有某台设备、某个班组、某条生产线，也可能是整个车间或全厂。企业不是所有的停工都要计算停工损失的，在一般情况下，为了简化会计核算手续，停工损失的计算范围和时间，可由企业或企业与其主管部门确定一个界限，超过某一界限，就要计算停工损失了，例如停工不满1个工作日的，一般不计算停工损失。

二、停工损失的核算

单独核算生产中停工损失的企业，应设置"停工损失"科目。该科目的借方登记发生的停工损失，贷方登记予以转销的停工损失。在发生停工损失时，应由停工的车间填制"停工单"，并应在考勤记录中登记。在"停工单"内，应详细列明停工的车间、范围、原因、起止时间、过失人员、停工损失的金额等项内。"停工单"在经有关部门审批后，作为账务处理的依据。"停工损失"科目应按生产车间设置明细账进行明细核算。在"停工损失明细账"中,应区别正常停工和非正常停工,按成本项目归集停工损失,以便明确责任,正确计算产品成本。

根据停工损失的原因不同,其转销的账务处理也不一样。对于季节性、修理期间的停工损失,是生产经营中的正常现象,停工期间发生的各种费用不应作为"停工损失",而应列入"制造费用",与其他制造费用一起分别计入各种产品成本;非季节性和非修理期间的停工损失,应计入"营业外支出";可向责任人或保险公司取得的赔款,应记入"其他应收款"科目。

(一)停工损失的归集

当发生停工损失时,应根据停工单等凭证作如下会计分录:

借:停工损失
　　贷:应付职工薪酬
　　　　制造费用等科目

可以向责任人或保险公司取得的赔款金额,应作如下会计分录:

借:其他应收款
　　贷:停工损失

(二)停工损失的结转

如果是季节性、修理期间的停工损失,应由生产期间的产品负担,在结转季节性、固定资产修理期间的停工损失时,应作如下的会计分录:

借:制造费用
　　贷:停工损失

如果是非季节性、非修理期间发生的停工损失,应列入"营业外支出"科目,作如下会计分录:

借:营业外支出
　　贷:停工损失

经过上述处理后,"停工损失"科目应无余额。

 知识拓展6-2

如何处理停工期间海参养殖塘工人工资

王珊大学毕业后自主创业,承包了大连瓦房店市附近海域的三座海参塘养海参,还注册了自己的海参品牌。一座塘冬天养海参苗,另外两座从每年春天到秋天养殖海参。虽然海参塘一年养半年海参,剩下的时间都停工,但是王珊为了留住有经验的师傅还是雇佣长期的工人,不开工时一个月支付2 000元基本工资,到了忙期一个人每月增加2 000~3 000元的奖金。那么停工期间、海参养殖塘工人工资成本核算时应如何进行账务处理呢?从该企业的生产特点来看,停工时支付的工资是为了进行正常生产经营的必要支出,是常态化可预期的生产费用,因此,应将停工期间的工资也计入海参的生产成本中。

练 习 题

一、单项选择题

1. 下列各项目中不属于"废品损失"科目核算内容的是（   ）。
   A. 修复废品人员工资　　　　　　　　B. 修复废品使用材料
   C. 不可修复废品的报废损失　　　　　D. 产品"三包"损失
2. 下列项目中，应计入产品成本的停工损失的是（   ）。
   A. 由于自然灾害引起的非正常停工损失　　B. 非正常原因发生的停工损失
   C. 固定资产修理期间的停工损失　　　　　D. 非季节性停工损失
3. 下列各项中，不应计入废品损失的是（   ）。
   A. 不可修复废品的生产成本　　　　　B. 可修复废品的生产成本
   C. 用于修复废品的人工费用　　　　　D. 用于修复废品的材料费用
4. 废品残料的回收价值和应收赔偿款，应从"废品损失"科目的（   ）转出。
   A. 借方　　　　　　　　　　　　　　B. 贷方
   C. 借方或贷方　　　　　　　　　　　D. 不结转
5. 生产车间固定资产修理期间发生的停工损失应计入（   ）。
   A. 生产成本　　　　　　　　　　　　B. 营业外支出
   C. 管理费用　　　　　　　　　　　　D. 废品损失
6. 计算出来的废品净损失应（   ）。
   A. 分配列入当月同种合格品的成本中
   B. 分配列入当月各种合格品的成本中
   C. 直接列入当月的"制造费用"科目中
   D. 直接列入当月的"管理费用"科目中
7. 产品的三包损失，应计入（   ）。
   A. 废品损失　　　　　　　　　　　　B. 管理费用
   C. 制造费用　　　　　　　　　　　　D. 销售费用

二、多项选择题

1. 废品损失应包括（   ）。
   A. 不可修复废品的报废损失　　　　　B. 可修复废品的修复费用
   C. 不合格品的降价损失　　　　　　　D. 产品保管不善的损坏变质损失
   E. 产品售出后退货的费用
2. 计算不可修复废品的净损失应包括下列因素（   ）。
   A. 不可修复废品的生产成本　　　　　B. 不可修复废品的残值
   C. 不可修复废品的应收赔款　　　　　D. 可修复废品的修复费用
   E. 合格品的成本

3. "废品损失"科目的借方登记（   ）。
A. 不可修复废品成本　　　　　　　　B. 可修复废品成本
C. 可修复废品的修复费用　　　　　　D. 不可修复废品的应收赔款
E. 不可修复废品的残值

4. 废品按其产生的责任划分，可分为（   ）。
A. 工废　　　　　　　　　　　　　　B. 不可修复废品
C. 可修复废品　　　　　　　　　　　D. 料废
E. 废品损失

5. 在计算废品损失时，一般包括（   ）。
A. 可修复废品的修复费用　　　　　　B. 不可修复废品的修复费用
C. 过失人承担的赔款损失　　　　　　D. 不可修复废品的残值
E. 不可修复废品的成本

三、判断题

1. 可修复废品是指经过修理后可以使用的产品。（   ）
2. 对于产品三包损失，也应作为废品损失处理。（   ）
3. 非季节性的停工损失，应列入"营业外支出"。（   ）
4. 废品损失还包括不需要返修、可以降价出售的不合格品的降价损失。（   ）
5. 废品损失不包括产成品入库后由于保管不当造成的损失。（   ）
6. 废品损失包括实行三包的企业在产品出售后发现废品时所发生的一切损失。（   ）
7. 季节性和固定资产修理期间的停工损失，应计入"管理费用"科目中。（   ）
8. 凡技术上能够修复的废品均为可修复废品。（   ）

四、案例分析题

[案例1] 某五金加工厂4月份投产丁产品180件，生产过程中发现不可修复废品30件；该产品成本明细账所记合格品与废品的全部费用为：直接材料4 500元，直接工资2 220元，制造费用5 580元。废品回收残料160元。直接材料于生产开始时一次投入，因此直接材料费按合格品的数量（150件）、废品数量（30件）的数量比例分配。其他费用按生产工时比例分配，生产工时为：合格品2 360小时，废品420小时。应向过失人索取赔款200元。

要求：根据上述资料，编制不可修复废品损失计算表（见表6-8），并进行相应的账务处理。

表6-8　　　　　　　　　　不可修复废品损失计算表

项目	数量	直接材料	生产工时	直接工资	制造费用	合计
费用总额						
费用分配率						
废品成本						
减：残值						
废品报废损失						

[案例2] 某五金加工厂生产的丙产品生产过程中发现不可修复废品5件,按所耗定额费用计算废品的生产成本。其直接材料费用定额为50元,已完成的定额工时为100小时,每小时的费用定额为:直接工资1.20元,制造费用1.50元。回收残料10元。

要求:根据上述资料,编制如下不可修复废品损失计算表(见表6-9)。

表6-9　　　　　　　　　　　不可修复废品损失计算表

项目	直接材料	定额工时	直接工资	制造费用	合计
单件、小时费用定额					
废品定额成本					
减:残值					
废品净损失					

第七章　在产品与完工产品成本核算

本章简介

企业在产品成本的核算过程中，需要对生产费用要素进行归集并将本月累计发生的生产费用在完工产品和月末在产品之间进行分配，汇总出本月完工产品成本和在产品成本。本章主要阐述生产费用在完工产品和在产品之间分配的核算。首先介绍了在产品和完工产品成本核算的意义和在产品数量的核算；然后重点讲述了生产费用在完工产品和在产品之间的分配方法，主要包括在产品不计价法、在产品按年初固定成本计价法、约当产量法、在产品按完工产品成本计价法、在产品按所耗直接材料费用计价法、按定额成本计价法、定额比例法；最后，介绍了结转完工产品成本的会计资料设置和会计分录。

药膳滋补甜品店的在产品与完工产品

某大学大四学生李小沫响应国家"万众创新，大众创业"的号召决定自主创业，因为喜欢各种甜品，所以想要自己开一家甜品店。虽然糖水、甜食容易令人发胖，但是如果换一个角度，推出有药膳作用的糖水和甜品，相信有客人会主动上门光顾。在学校创业老师的指导下，她为自己的药膳滋补甜品店作了规划，也筹集到了启动的资金。甜品店开张了，为了突出自己的特色，推出了具有健体防病之功效的药膳滋补甜品。品种具备药补的功效，有补脑的黑芝麻核桃糊、润肠养颜的红豆椰汁糕、润肺止咳的杏仁豆腐、治疗因肠胃虚冷而引起腹痛的花生汤圆。另外，为了招揽顾客，春夏秋冬换季时节，还适时推出应季新品种作为吸引顾客的"招牌"，春末夏初时推了银耳水果羹。考虑到这些药膳滋补甜品的制作工艺比较复杂，制作时间相对来说比较长，为了减少顾客的等待时间，李小沫会提前准备很多食材备用。像核桃去皮后用蜂蜜浸泡、红豆煮至松软但表皮不破、银耳保持透明拉丝状态、水果洗净去皮等等。这样事先做足了准备，李小沫就能够又快又好地做出美味的药膳滋补甜品供客人们享用了。

请问，这些提前准备的食材是不是在产品呢？甜品店里有哪些在产品？在产品的数量如何确定？相关费用又如何在完工产品和在产品之间分配？这也是本章要向大家重点阐述的内容。

第一节 在产品与完工产品成本核算概述

一、在产品和完工产品成本核算的意义

由于企业的生产是多环节且连续进行的,因此为了保证生产过程不间断,企业或多或少都会存在在产品,在产品和完工产品之间的成本关系可以用下式表示:

期初在产品成本 + 本期发生的生产成本 = 期末在产品成本 + 本期完工产品成本

期初在产品成本可以在期初会计账簿记录中取得,本期发生的生产成本可以由本期各项会计资料加总得出。等式右边表明的是如何正确核算本期在产品与完工产品成本,它是成本会计的一个重要而又比较复杂的内容。正确核算在产品与完工产品成本具有实际意义:①正确核算在产品与完工产品成本是正确核算存货成本的基础;②正确核算完工产品总成本,进而确定单位完工产品成本,对于企业产品定价决策至关重要;③正确核算在产品与完工产品成本是企业进行成本管理和运用管理会计的手段进行成本——效益分析的前提;④正确核算在产品与完工产品成本也有利于分清生产过程中各车间人员的责任。

二、在产品数量的核算

(一) 在产品广义与狭义的理解

企业在产品有广义在产品和狭义在产品之分。广义在产品是就整个企业而言的,它是指企业已经投入生产,但尚未完成全部生产过程,不能作为商品销售的产品。广义在产品包括正在各个生产步骤加工的在制品和已经完成一个或多个生产步骤,尚未最终完工而需要继续加工的自制半成品。狭义在产品是就企业某一个生产车间(部门)或某一个生产步骤而言的,它只指本生产单位和本生产步骤正在加工的在制品,不包括该生产单位或生产步骤已经完工交付的自制半成品。企业在产品完成全部生产过程,检验合格收入成品仓库以后,就成为完工产品。

知识拓展 7-1

在产品与完工产品的区分

某企业是一家专门生产鞋子的企业,企业内部分工明确,第一生产车间专门负债做鞋底,第二生产车间专门负责做鞋面。鞋底、鞋面在完工后再交组装车间加工成可出售的成品鞋。在这家企业,在产品就是第一车间和第二车间从原材料仓库领来的原料正在生产线上生产的鞋底和鞋面。鞋底、鞋面在完工后需要存放在仓库内,等待组装车间领用继续加工,这时,鞋底、鞋面都是自制半成品。而组装完后可直接出售的成品鞋也需要存放在仓库内,成品鞋就是完工产品。

(二) 在产品数量的确定

在产品数量的核算是进行在产品成本计算的基础。企业计算在产品成本所依据的期末在

产品实际结存数量，原则上应以实地盘点确定其期末实存数。但有些企业，由于在产品品种较多、数量较大，而且每件在产品又要经过许多工序加工，每月月末都要进行一次全面的实地盘点有一定的困难。在这样的企业，可以根据在产品动态核算明细表中月末结存在产品的数量计算在产品成本。为了加强在产品的数量核算，保护在产品的安全完整，企业应定期对在产品进行清查，特别是在年度决算时，必须进行一次全面的清查。在产品动态明细表的格式，见表7-1。

表7-1　　　　　　　　　在产品动态核算明细表（在产品台账）

车间：第三车间　　　　　　　零件编号：6188

产品：甲产品　　　　　　　　生产工序：第三工序　　　　　　　　　　单位：个

年		摘要	收入		转出			结存	
月	日		凭证字号	数量	凭证字号	合格品	废品	已完工	未完工
1	1	上月结转							100
	5	收入	35	200					300
	9	支出			42	150			150
		略							
		合计		3 500		3 000	100		500

在产品的清查应以不影响生产为前提，必须由生产工人和成本会计人员参加。为避免在产品重记或漏记，各有关车间或工序要同时盘点。在产品清查的结果，要编制在产品盘存表，填明在产品的账面数、实存数、盘盈盘亏数以及盘盈、盘亏的原因和处理意见等。财会部门应对盘盈盘亏在产品的数量、原因及处理意见进行审核，并按规定程序报经有关部门批准后进行相应的账务处理。

1. 盘盈在产品的账务处理

（1）发现盘盈的在产品时，应按定额成本入账，作如下会计分录。

借：生产成本——基本生产成本

　　贷：待处理财产损溢——待处理流动资产损溢

（2）经批准后对盘盈的在产品进行处理时，一般是冲减"管理费用"账户，应作如下会计分录。

借：待处理财产损溢——待处理流动资产损溢

　　贷：管理费用

2. 盘亏在产品的账务处理

（1）发现在产品盘亏时，应根据账面的实际成本，作如下会计分录。

借：待处理财产损溢——待处理流动资产损溢

　　贷：生产成本——基本生产成本

（2）在产品毁损时入库的残值，要根据估计的成本入账，冲减在产品的损失，应作如下会计分录。

借：原材料

　　贷：待处理财产损溢——待处理流动资产损溢

（3）在产品盘亏的净损失，应根据不同的情况作不同的账务处理，分别列入不同的会计账户中。对于应计入产成品成本的部分，应借记"管理费用"账户，应由责任人或保险公司赔偿的部分，则应转入"其他应收款"账户的借方，应作如下会计分录。

借：管理费用
　　其他应收款
　贷：待处理财产损溢——待处理流动资产损溢

第二节　生产费用在在产品和完工产品之间的分配

生产费用经过一系列的分配、汇总后，应计入产品成本的各项费用，按成本项目全部归集在"生产成本"账户及其所属明细账中。如果产品全部完工，所归集的生产费用，就是该种完工产品的成本；如果期末既有完工产品，又有在产品，就需将期初在产品费用与本期发生的生产费用之和，在本期完工产品与期末在产品之间进行分配。

一、在产品不计价法

在各月末在产品数量很少的情况下，计算不计算在产品成本对于完工产品成本的影响很小，如采煤生产，为了简化工作，可以采用不计算在产品成本的方法，即产品每月发生的生产费用全部由完工产品负担。

这种方法适用于那些月末在产品数量很小，且各月月末在产品数量变动不大的产品。

二、在产品按年初固定成本计价法

采用这种方法，1~11月各月月末在产品成本按年初在产品成本固定不变计价，某种产品当月发生的生产费用，就是该种产品本月完工产品的总成本。但是在年末，不论年末在产品数量变动与否，都应对年末在产品进行实地盘点，并以实际盘存数量为基础，重新计算确定年末在产品成本和12月的完工产品成本。

这种方法适用于那些月末在产品数量较大，但是各月月末在产品数量比较稳定的产品。如冶炼企业的炉内溶液、化工企业输送带和管道内的在产品等，数量都比较稳定，可以采用这种固定在产品的方法。年度内1~11月的月末在产品成本是固定的，简化了产品成本计算工作，12月的在产品成本是通过实地盘点后重新计算的，从全年来看，完工产品的实际总成本的计算也是准确的。同时，12月计算的月末在产品成本又可以作为下一年度1~11月固定的月末在产品成本。

采用这种方法，1~11月完工产品的成本计算公式和不计算在产品成本法是相同的，即都是"本月完工产品成本＝本月发生的生产费用"。但是，采用此法，产品成本明细账有月末余额，而采用不计算在产品成本法，产品生产成本明细账没有月末余额。

三、约当产量法

约当产量法是指将成本计算单上的生产费用按照完工产品数量与月末在产品约当产量的比例分配，来计算完工产品成本与月末在产品成本的一种方法。所谓约当产量，是指将月末在产品数量按其投料程度和加工程度折算为相当于完工产品的数量。约当产量比例法适用范围较广泛,当月末在产品数量较大,而且变化也大,不宜采用其他分配方法时,采用此种方法尤为合适。

生产费用按照约当产量法在本月完工产品和在产品之间进行分配,一般可以分为以下步骤。

(一) 计算月末在产品约当产量

在产品约当产量是按照月末在产品数量和完工程度(投料程度)折算的,相当于完工产品的数量,用公式表示为:

月末在产品约当产量 = 月末在产品数量 × 在产品完工程度

上述公式中,月末在产品数量,可以根据"在产品台账"并通过实地盘点确定,在产品完工程度则应当根据月末在产品费用的实际发生情况,采用一定方法测定。

在产品生产过程中,在产品的直接材料费用与燃料动力费用、直接人工费用、制造费用的发生情况是不同的。因此,月末在产品完工程度应当分成本项目确定。当原材料是在生产开始时一次性投入时,直接材料成本项目的在产品完工程度(投料率)为100%,即一件在产品应与一件完工产品同等分配原材料费用,月末在产品约当产量等于月末在产品数量;燃料动力费用、直接人工费用和制造费用一般是在生产过程中陆续发生的,当费用发生比较均衡时,燃料动力费用、直接人工费用、制造费用的在产品完工程度(完工率)可以定为50%,即月末在产品约当产量等于在产品数量乘以50%。如果产品生产过程中原材料不是在生产开始时一次投入,燃料动力费用、直接人工费用和制造费用不是比较均衡发生的,则要分别计算在产品的投料率和完工率。下面分成本项目进行详细介绍。

1. 在产品投料率

直接材料的投料方式有三种,第一种情况是原材料在生产一开始就全部投入,这种情况下不论在哪个工序上的在产品,投料率都是100%。

第二种情况是原材料在每个工序上,于生产一开始就全部投入本工序的原材料,这种情况下,每工序上的在产品的投料率可用公式表示如下:

某工序在产品投料率 = 至本工序为止的累计单位材料定额 ÷ 单位完工产品材料定额

第三种情况,原材料在每个工序上都是陆续投入的,则每个工序在产品投料率可以用公式表示如下:

某工序在产品投料率 = (之前工序累计单位材料定额 + 本工序投入材料定额 × 本工序在产品投料率) ÷ 单位完工产品材料定额 × 100%

【例7-1】宏远公司生产的甲产品顺序经过第一、第二、第三道工序加工。单位产品原材料消耗定额为1 000元,其中,第一工序投料定额为500元,第二工序投料定额为400元,第三工序投料定额为100元。原材料分别在各工序生产开始时一次性投入。该公司本月盘点确定的该产品在产品数量为800件,其中第一工序为300件,第二工序为300件,第三工序为200件。根据上述资料,该产品各工序的投料率和月末在产品的约当产量计算如下。

(1) 各工序月末在产品的投料率:

第一工序:500 ÷ 1 000 × 100% = 50%

第二工序:(500 + 400) ÷ 1 000 × 100% = 90%

第三工序:(500 + 370 + 130) ÷ 1 000 × 100% = 100%

(2) 各工序直接材料项目在产品约当产量：

第一工序：300×50%＝150（件）

第二工序：300×90%＝270（件）

第三工序：200×100%＝200（件）

甲产品月末在产品直接材料项目约当产量＝150＋270＋200＝620（件）

如果材料是随着生产的深入均匀且逐渐地投入，投料率的计算和完工率的计算方法一致。

2. 在产品完工率

燃料动力费用、直接人工费用和制造费用项目可以按照同一完工率来计算月末在产品的约当产量。

某工序在产品完工率＝该工序单位在产品累计已完成的定额工时÷单位完工产品的定额工时×100%

【例7－2】假设宏远公司生产的甲产品工序消耗定额为600小时，其中第一工序为240小时，第二工序为180小时，第三工序为180小时；各工序在产品在本工序的完工程度均为50%，该产品各工序的完工率和月末在产品约当产量计算如下。

(1) 各工序月末在产品完工率：

第一工序：240×50%÷600×100%＝20%

第二工序：(240＋180×50%)÷600×100%＝55%

第三工序：(240＋180＋180×50%)÷600×100%＝85%

(2) 各工序月末在产品直接人工和制造费用项目约当产量：

第一工序：300×20%＝60（件）

第二工序：300×55%＝165（件）

第三工序：300×85%＝255（件）

甲产品月末在产品直接人工和制造费用项目约当产量＝60＋165＋255＝480（件）

(二) 计算费用分配率

采用约当产量法，生产费用在本月完工产品和月末在产品之间的分配标准是约当总产量，以及本月完工产品数量和月末在产品约当产量之和。计算公式如下：

某成本项目费用分配率＝该成本项目生产费用合计数÷(本月完工产品数量＋月末在产品约当产量)

采用约当产量法，上述各个成本项目的分配率就是完工产品在该成本项目的单位成本。

【例7－3】宏远公司"产品入库单"的统计表明，本月完工验收入库的甲产品为2 000件，该产品生产成本明细账归集的生产费用表明，月初在产品成本为507 200元，其中直接材料项目209 600元，燃料及动力费用49 600元，直接人工项目148 800元，制造费用项目99 200元；本月发生的生产费用为2 536 000元，其中直接材料项目1 048 000元，燃料及动力费用248 000元，直接人工项目744 000元，制造费用项目496 000元。根据上述资料和例7－1、例7－2提供的月末在产品约当产量的资料，各成本项目的费用分配率计算如下。

直接材料项目：(209 600＋1 048 000)÷(2 000＋620)＝480（元/件）

燃料及动力费用：(49 600＋248 000)÷(2 000＋395)＝124（元/件）

直接人工项目：(148 800＋744 000)÷(2 000＋395)＝373（元/件）

制造费用项目：(99 200 + 496 000) ÷ (2 000 + 395) = 249（元/件）
甲产品完工产品单位成本合计 = 480 + 124 + 373 + 249 = 1 226（元/件）

(三) 计算月末在产品成本和本月完工产品总成本

采用约当产量法，月末在产品成本和本月完工产品成本计算公式分别为：

月末在产品成本 = 月末在产品约当产量 × 费用分配率（完工产品单位成本）

或 = 月初在产品成本 + 本月发生生产费用 - 本月完工产品成本

本月完工产品成本 = 本月完工产品数量 × 费用分配率（完工产品单位成本）

或 = 月初在产品成本 + 本月发生生产费用 - 月末在产品成本

根据例 7-1、例 7-2 和例 7-3 提供的数据资料，宏远公司甲产品月末在产品和完工产品成本计算如下：

(1) 月末在产品成本：
直接材料项目 = 480 × 620 = 297 600（元）
燃料及动力费用 = 124 × 395 = 48 980（元）
直接人工项目 = 373 × 395 = 147 335（元）
制造费用项目 = 249 × 395 = 98 355（元）
月末在产品总成本 = 297 600 + 48 980 + 147 335 + 98 355 = 592 270（元）

(2) 本月完工产品总成本：
直接材料项目 = 480 × 2 000 = 960 000（元）
　　　　或 = 209 600 + 1 048 000 - 297 600 = 960 000（元）
燃料及动力费用 = 49 600 + 248 000 - 48 980 = 248 620（元）
直接人工项目 = 148 800 + 744 000 - 147 335 = 745 465（元）
制造费用项目 = 99 200 + 496 000 - 98 355 = 496 845（元）
本月完工产品总成本 = 960 000 + 248 620 + 745 465 + 496 845 = 2 450 930（元）

采用约当产量法计算在产品成本时，应该特别注意在产品约当产量的计算。这一指标对完工产品和在产品的成本的影响很大。企业在采用约当产量法计算在产品成本时，应同时确定在产品约当产量的计算方法。应考虑的因素主要有材料的投料方式、加工进度等，所以一种方法确定后，在生产工艺等条件没有大的变化的情况下，在产品成本计算方法一般不应该经常改变。

四、在产品按完工产品成本计价法

采用这种方法，是将月末在产品视同完工产品，根据月末在产品数量与本月完工产品产量的比例来分配生产费用，以确定月末在产品成本和本月完工产品成本。这种方法简化了成本计算工作，但是只适用于月末在产品已接近完工，或已经加工完成但尚未包装或尚未验收入库的产品，否则，会影响本月完工产品成本计算的正确性。

五、在产品按所耗直接材料费用计价法

这是一种月末在产品成本只按其所耗原材料计算的方法。如果在产品所耗的原材料费用在全部成本中占有较大比重，为了简化核算工作，在产品成本可以只计算原材料费用。采用这种方法，在产品只计算原材料费用，不计算其他费用，其他费用全部计入完工产品成本。

这样，全部生产费用减去只按原材料费用计算的在产品成本后，余额即为完工产品成本。这种方法适用于在产品数量较大、各月在产品数量变化也较大、原材料费用比重很大的产品。

六、定额成本计价法

在产品按定额成本计价法是一种月末在产品以定额成本计价的方法。采用这种方法时，可根据实际结存的在产品数量、投料和加工程度，以及单位产品定额成本计算出月末在产品的定额成本，将其从月初在产品定额成本与本月生产费用之和中扣除，余额即为本月完工产品成本。就是说，每月生产费用脱离定额的差异，全部计入当月完工产品成本。在产品按定额成本计价法，适用于定额管理工作较好，各项消耗定额比较准确、稳定，而且各月月末在产品结存数量比较稳定的产品。

采用这种方法，月末在产品定额成本应根据月末在产品实际盘存数量和预先制定的费用（成本）定额计算。有关计算公式如下：

月末在产品直接材料成本 = 月末在产品数量 × 单位在产品材料定额成本

月末在产品直接人工成本 = 月末在产品完成定额工时 × 单位工时定额工资

或 = 月末在产品实际数量 × 单位产品定额工资

月末在产品制造费用 = 月末在产品完成定额工时 × 单位工时定额制造费用

或 = 月末在产品实际数量 × 单位在产品定额制造费用

本月完工产品实际总成本 = 月初在产品成本 + 本月发生生产费用 − 月末在产品成本

【例7−4】A企业生产甲产品，月初在产品和本月生产费用合计为654 000元。其中，直接材料成本为480 000元，直接人工成本为54 000元，制造费用为120 000元。该月完工甲产品1 000件，月末在产品盘存200件，甲产品所耗直接材料是在生产开始时一次性投入的，月末在产品完成定额工时500小时。甲产品定额资料：单位产品直接材料费用定额为300元，每小时直接人工定额为20元，每小时制造费用定额为32元。则甲产品本月完工产品与在产品成本分配计算单，见表7−2。

表7−2   产品成本计算单

产品名称：甲产品　　　　　　　　　　2020年7月　　　　　　　　　　　　单位：元

项目	直接材料	直接人工	制造费用	合计
生产费用合计	480 000	54 000	120 000	654 000
月末在产品成本	60 000	10 000	16 000	86 000
定额成本	60 000	10 000	16 000	86 000
完工产品成本	420 000	44 000	104 000	568 000
完工产品单位成本	420	44	104	568

七、定额比例法

定额比例法是指按完工产品与在产品的定额耗用量（或定额成本）的比例分配生产费用的方法。它适用于定额制度管理基础较好，各项消耗定额制度比较健全、稳定，各月月末在产品数量变动较大的产品。在具体按成本项目进行分配时，对于直接材料成本项目，如果

第七章 在产品与完工产品成本核算

产品只耗用一种材料,可按直接材料的定额耗用量或定额成本比例进行分配,但如果产品耗用的直接材料不止一种时,由于各种直接材料的单位成本不可能完全相符,就必须按定额成本的比例进行分配。对于直接人工与制造费用成本项目,按定额耗用量和定额成本比例进行分配的结果是相同的,由于定额耗用量资料容易取得,所以一般均按定额耗用量比例进行分配。各成本项目费用分配率和分配额的计算公式如下:

定额比例(消耗量分配率)=(期初在产品实际消耗量+本月实际消耗量)÷(完工产品定额消耗量+月末在产品定额消耗量)

完工产品实际消耗量=完工产品定额消耗量×定额比例(消耗量分配率)

完工产品实际成本=完工产品实际消耗量×原材料单价(或单位工资、费用)

月末在产品实际消耗量=月末在产品定额消耗量×定额比例(消耗量分配率)

月末在产品实际成本=月末在产品实际消耗量×原材料单价(或单位工资、费用)

【例7-5】B企业生产乙产品,乙产品有关成本资料见表7-3。

表7-3 乙产品成本资料

项目	直接材料			工时		直接人工	制造费用	合计
	定额消耗量(千克)	实际消耗量(千克)	金额	定额消耗量(小时)	实际消耗量(小时)			
月初在产品	2 800	1 600	3 200	7 000	8 000	6 400	4 800	14 400
本月发生	27 200	25 400	50 800	18 000	22 000	17 600	13 200	81 600
合计	30 000	27 000	54 000	25 000	30 000	24 000	18 000	96 000
材料单价、工资、费用率			2元/千克			0.8元/工时	0.6元/工时	
本月完工产品	25 000			20 000				
月末在产品	5 000			5 000				

根据表7-3中的资料计算如下:

直接材料项目定额比例=(1 600+25 400)÷(25 000+5 000)=0.9

其他费用项目定额比例=(8 000+22 000)÷(7 000+18 000)=1.2

直接材料项目完工产品实际耗用量=25 000×0.9=22 500(千克)

完工产品实际耗用量(工时)=20 000×1.2=24 000(小时)

完工产品直接材料项目实际成本=22 500×2=45 000(元)

完工产品直接人工项目实际成本=24 000×0.8=19 200(元)

完工产品制造费用项目实际成本=24 000×0.6=14 400(元)

完工产品实际总成本=40 500+19 200+14 400=74 100(元)

月末在产品直接材料项目实际消耗量=5 000×0.9=4 500(千克)

月末在产品实际耗用量(工时)=5 000×1.2=6 000(小时)

月末在产品直接材料项目实际成本 = 4 500 × 2 = 9 000（元）
月末在产品直接人工项目实际成本 = 6 000 × 0.8 = 4 800（元）
月末在产品制造费用项目实际成本 = 6 000 × 0.6 = 3 600（元）
月末在产品实际总成本 = 8 100 + 4 800 + 3 600 = 16 500（元）
根据上述计算结果，可编制"产品成本计算单"，见表 7 – 4。

表 7 – 4   产品成本计算单
产品名称：乙产品   2020 年 7 月   单位：元

项目	直接材料			工时		直接工资	制造费用	合计
	定额消耗量（千克）	实际消耗量（千克）	金额	定额消耗量（工时）	实际消耗量（工时）			
合计	30 000	27 000	54 000	25 000	30 000	24 000	18 000	96 000
定额比例		0.9			1.2	1.2	1.2	
完工产品	25 000	22 500	45 000	20 000	24 000	19 200	14 400	78 600
月末在产品	5 000	4 500	9 000	5 000	6 000	4 800	3 600	17 400

 知识拓展 7 – 2

定额比例法与定额成本计价法的关系

定额比例法是指企业分别成本项目，按照完工产品与月末在产品定额耗用量或定额费用的比例分配成本费用的一种方法。定额比例法是产品的生产费用按照完工产品和月末在产品的定额消耗量或定额费用的比例，分配计算完工产品成本和月末在产品成本的方法。其中，原材料费用按照原材料定额消耗量或原材料定额费用比例分配；工资和福利费、制造费用等各项加工费，可以按定额工时的比例分配，也可以按定额费用比例分配。这种分配方法适用于定额管理基础较好，各项消耗定额或费用定额比较准确、稳定，各月末在产品数量变动较大的产品。

定额成本计价法是企业为了及时地反映和监督生产费用和产品成本脱离定额的差异，加强定额管理和成本控制而采用的一种成本计算方法。在前面所讲的成本计算方法中，生产费用的日常核算，都是按照生产费用的实际发生额进行的，产品的成本也都是按照实际生产费用计算的实际成本。这样，生产费用和产品成本脱离定额的差异及其发生的原因，只有在月末时通过实际资料与定额资料的对比、分析，才能得到反映，而不能在费用发生的当时反映出来，因而不能很好地加强成本控制。

第三节　完工产品成本的核算

通过上述生产费用在完工产品和在产品之间采用合适的分配方法进行分配后，应将完工产品成本从有关"产品成本计算单"中转出，并根据从"产品成本计算单"中转出的完工产品成本编制"完工产品成本汇总计算表",其格式见表7-5。

表7-5 完工产品成本计算表

2020年7月 单位:元

成本项目	产品名称:甲产品 产量:100件 工时:20 000小时		产品名称:乙产品 产量:200件 工时:30 000小时		合计
	总成本	单位成本	总成本	单位成本	
直接材料	30 000	300	20 000	100	50 000
燃料及动力费用	6 000	60	4 000	20	10 000
直接人工	10 000	100	6 000	30	16 000
制造费用	16 000	160	10 000	50	26 000
废品损失	8 000	80			8 000
合计	70 000	700	40 000	200	110 000

当产成品按实际成本计价时,月末根据"完工产品成本汇总计算表"中完工产品总成本的数据,应编制如下会计分录:

借:库存商品——甲产品　　　　　　　　　　　　　　　70 000
　　　　　　——乙产品　　　　　　　　　　　　　　　40 000
　贷:生产成本——甲产品　　　　　　　　　　　　　　70 000
　　　　　　——乙产品　　　　　　　　　　　　　　　40 000

 知识拓展7-3

鑫海厂完工产品成本的计算

鑫海厂共生产甲、乙两种产品,其中甲产品已经有比较完善的定额管理制度,乙产品每月的在产品数量变化较大,且产品成本构成的各个成本项目金额相差不大。企业今年9月份两种产品的生产经营费用的发生情况如下:

1. 甲产品单位产品的原材料消耗定额为400元,工时消耗定额为45小时。本月完工入库甲产品2 500件,月末在产品1 000件。月末在产品中,第一道工序375件,单位产品原材料消耗定额为300元,工时消耗定额为5小时;第二道工序350件,单位产品原材料消耗定额为350元,工时消耗定额为22.5小时;第三道工序275件,单位在产品原材料消耗定额为400元,工时消耗定额为40小时。甲产品月初在产品成本为180 300元,其中直接材料129 120元,直接人工21 980元,制造费用19 200元;本月发生生产费用1 750 500元,其中,直接材料1 162 080元,直接人工367 770元,制造费用220 650元。

2. 乙产品原材料在生产开始时一次性投入,直接人工和制造费用在整个生产过程中发生的都比较均衡。本月乙产品完工入库400件,月末盘存乙产品在产品为100件。根据产品成本计算单提供的资料,甲产品月初在产品成本为80 000元,其中,直接材料48 000元,直接人工20 000元,制造费用12 000元;本月发生生产费用为400 000元,其中,直接材料210 100元,直接人工121 750元,制造费用68 150元。

如果你是该企业的成本核算人员,请根据上述资料做出甲乙两种产品的"产品成本计算单"。

计算分析过程如下:

(1) 甲产品,由于其定额制度比较完善采用定额比例法分配生产费用比较合适。

(2) 乙产品,由于在产品数量各月变化大,成本项目中各项目的金额相差不是很大,所以采用约当产量法分配生产费用比较合适,且原材料项目由于在生产开始时一次性投入,则其投料率看成是100%,人工和制造费用在整个生产过程中发生的比较均衡,则在这两个成本项目中在产品的完工率可视为50%。

(3) 产品成本计算见表7-6和表7-7。

表7-6 鑫海厂产品成本计算单

产品:甲产品　　　　　　　　　　　　　　　　　　　　　　　　　　　单位:元

摘要	直接材料	直接人工	制造费用	合计
月初在产品成本	129 120	31 980	19 200	180 300
本月发生生产费用	1 162 080	367 770	220 650	1 750 500
生产费用合计	1 291 200	399 750	239 850	1 930 800
本月完工产品总定额	1 000 000	112 500	112 500	
月末在产品总定额	345 000	20 750	20 750	
定额合计	1 345 000	133 250	133 250	
费用分配率	0.96	3	1.80	
本月完工产品总成本	960 000	337 500	202 500	1 500 000
本月完工产品单位成本	384	135	81	600
月末在产品总成本	331 200	62 250	37 350	430 800

表7-7 鑫海厂产品成本计算单

产品:乙产品　　　　　　　　　　　　　　　　　　　　　　　　　　　单位:元

摘要	直接材料	直接人工	制造费用	合计
月初在产品成本	48 000	20 000	12 000	80 000
本月发生生产费用	210 100	121 750	68 150	4 000 000
生产费用合计	258 100	141 750	80 150	480 000
本月完工产品数量	400	400	400	
月末在产品约当产量	100	50	50	
生产量合计	500	450	450	
费用分配率	516.20	315	178.11	1 009.31
本月完工产品总成本	206 480	126 000	71 244	403 724
本月完工产品单位成本	516.20	315	178.11	1 009.31
月末在产品总成本	51 620	15 750	8 906	76 276

第七章 在产品与完工产品成本核算

两种产品生产完工入成品库：

借：库存商品——甲产品　　　　　　　　　1 500 000
　　　　　　——乙产品　　　　　　　　　　 403 724
　　贷：生产成本——甲产品　　　　　　　　1 500 000
　　　　　　　　　——乙产品　　　　　　　　 403 724

练 习 题

一、单项选择题

1. 某种产品在产品数量较小，或者数量虽大但各月之间在产品数量变动不大，月初、月末在产品成本的差额对完工产品成本的影响不大，为了简化核算工作，可以采用（　　）。

　A. 在产品不计算成本法　　　　　　B. 在产品按年初固定成本计价法
　C. 在产品按定额成本计价法　　　　D. 定额比例法

2. 原材料在每道工序开始时一次性投料的情况下，分配直接材料费用的在产品完工率，等于直接材料的（　　）与该产品完工的原材料消耗定额的比率。

　A. 所在工序材料消耗定额　　　　　B. 所在工序累计材料消耗定额
　C. 所在工序累计材料消耗定额之半　D. 所在工序材料消耗定额之半

3. 某企业生产甲产品顺序经过三道工序加工，各工序的工时定额分别为22小时、10小时和18小时，月末各工序在产品在本工序的平均加工程度分别为30%、60%和80%，则第二道工序在产品的完工率为（　　）。

　A. 64%　　　　　　　　　　　　　　B. 60%
　C. 56%　　　　　　　　　　　　　　D. 54%

4. 按完工产品与月末在产品数量比例分配计算完工产品和月末在产品的直接材料费用，必须具备的条件是（　　）。

　A. 产品成本中原材料费用比重比较大　B. 原材料随生产进度陆续投入
　C. 原材料在生产开始时一次性投入　　D. 原材料消耗定额比较准确、稳定

5. 某企业定额管理基础比较好，能够制定比较准确、稳定的消耗定额，各月末在产品数量变化较大的产品，应采用（　　）。

　A. 在产品按定额成本计价法　　　　B. 定额比例法
　C. 在产品按所耗原材料费用计价法　D. 固定成本计价法

6. 在计算完工产品成本时，如果不计算在产品成本，必须具备的条件是（　　）。

　A. 各月末在产品数量比较稳定　　　B. 各月末在产品数量极少
　C. 各月末在产品数量较大　　　　　D. 定额管理基础比较好

二、多项选择题

1. 以下属于广义在产品的有（　　）。

　A. 中间仓库已验收准备继续加工的自制半成品

B. 中间仓库已验收等待对外销售的自制半成品
C. 正在某车间加工中的产品
D. 尚未验收入库的最终产成品

2. 在完工产品和月末在产品之间分配费用的方法有（　　）。
   A. 约当产量法　　　　　　　　　　B. 交互分配法
   C. 定额比例法　　　　　　　　　　D. 定额成本法

3. 计算本月完工产品成本时，要依据的成本资料主要有（　　）。
   A. 月初在产品成本　　　　　　　　B. 本月发生生产费用
   C. 月末在产品成本　　　　　　　　D. 上月完工产品成本

4. 选择完工产品与在产品之间费用分配方法时，应考虑的条件有（　　）。
   A. 在产品数量的多少　　　　　　　B. 各月在产品数量变化的大小
   C. 各项费用比重的大小　　　　　　D. 定额管理基础的好坏

5. 约当产量法适用于（　　）的产品。
   A. 月末在产品接近完工
   B. 月末在产品数量较大
   C. 各月末在产品数量变化较大
   D. 产品成本中直接材料费用和加工费用比重相差不多

三、简答题

1. 完工产品和月末在产品之间分配费用，一般采用哪几种分配方法？确定采用什么分配方法时应考虑哪些具体条件？
2. 试简述约当产量法的特点及其适用范围。
3. 怎样测定在产品的完工程度（完工率）？

四、案例分析题

[案例1] 某厂生产的甲产品顺序经过第一、第二和第三道工序加工，原材料分次在各工序生产开始时一次性投入，各工序原材料消耗定额为第一道工序100 kg，第二道工序60 kg，第三道工序40 kg，共计200 kg。本月完工产品200件，月末在产品数量为第一道工序10件，第二道工序18件，第三道工序6件。试计算各工序在产品投料程度和约当量。

根据上述资料分析以下内容：
(1) 各工序在产品的投料程度（投料率）：
①第一道工序投料程序；
②第二道工序投料程序；
③第三道工序投料程序。
(2) 各工序在产品约当量：
①第一道工序约当产量；
②第二道工序约当产量；
③第三道工序约当产量；
④在产品约当量合计。

[案例2] 产品分两道工序制成，甲产品工时定额为50小时，其中，第一道工序26小时，第二道工序24小时，每道工序按本工序工时定额的50%计算。本月末共有2 700件在产品，其中第一道工序1 200件，第二道工序1 500件。

要求：分工序计算在产品的完工率和约当产量。

[案例3] 某企业A产品每月月末在产品的数量较少，不计算在产品成本。5月份发生生产费用：原材料费用72 000元，燃料动力费用24 000元，生产人员职工薪酬18 000元，制造费用8 000元。本月完工产品2 000件，月末在产品20件。

要求：计算5月份完工产品的总成本与单位成本，并做出完工产品验收入库的账务处理。

[案例4] 工业企业生产甲产品，2020年3月份月初在产品成本及本月发生的费用见表7-8，该产品由三道工序连续加工制成，各工序工时定额见表7-9，该产品本月完工126件，月末在产品盘存件数见表7-9，该产品原材料在投入生产时一次投入，各工序产品加工程度一致，在产品的加工程度按50%计算。

表7-8   单位：元

项目	直接材料	直接人工	燃料和动力	制造费用
月初在产品成本	9 200	3 500	4 800	4 500
本月生产费用	13 120	3 700	6 080	4 620

表7-9

生产工序	工时定额（小时）	月末在产品盘存数量（件）
一	20	20
二	20	20
三	10	20

要求：

（1）分工序计算完工程度；
（2）分工序计算在产品约当产量；
（3）计算分配完工产品费用和月末在产品费用；
（4）计算完工产品成本和月末在产品成本；
（5）编制完工产品入库的会计分录。

[案例5] 公司D产品本月完工产品产量300个，在产品数量40个，单位产品定额消耗为材料400千克/个，100小时/个。单位在产品材料定额400千克/个，工时定额材料50小时/个。有关成本资料见表7-10。

要求：按定额比例法计算在产品成本及完工产品成本。

表7-10   单位：元

项目	直接材料	直接人工	制造费用	合计
期初在产品成本	400 000	40 000	60 000	50 000
本月生产费用	960 000	600 000	900 000	2 460 000

第八章 产品成本核算方法概述

本章简介

不同的企业，其生产过程有不同的特点，其成本管理的要求，对成本计算的具体方法带来了的影响。只有根据企业生产的特点和成本管理的不同要求，选择不同的成本核算方法，才能正确地计算产品成本。本章对成本核算方法的种类，适用范围，不同的成本核算方法在成本核算工作中的地位及相互之间的结合运用加以介绍，为其后各章成本核算具体方法的学习打好理论基础。

药膳滋补甜品店的产品成本计算

某大学生李某的甜品店开张了，为了抢占市场，突出自己的特色，推出了具有健体防病之功效的药膳滋补甜品，品种具备药补的功效。她目前的产品主要有补脑的黑芝麻核桃糊、润肠养颜的红豆椰汁糕、润肺止咳的杏仁豆腐、治疗因肠胃虚冷而引起腹痛的花生汤圆等，甜品数量多达20余种。不同的甜品，各自的制作工艺也各不相同：黑芝麻核桃糊可以用黑芝麻核桃打粉腌制后直接冲泡；红豆椰汁糕需要将煮至软糯的红豆与椰浆马蹄粉混合后蒸制；杏仁豆腐是用甜杏仁磨浆后加水煮沸待冷冻凝结之后切块而成；而花生汤圆则需要先准备秘制花生陷料包成汤圆，煮熟即可。甜品制作工艺不同，消耗的原材料、水、电等相关费用就会有区别，李某投入的时间精力也会不一样。

请问，该如何计算这些甜品的成本呢？是按照品种计算甜品的成本？还是按照批次来计算？或者是按照类别来计算？选择哪种成本计算方法最合适呢？选择的依据又是什么？这也是我们下面要向大家重点阐述的内容。

第一节 生产的分类

产品成本的计算，就是按照一定的方法系统地记录生产过程中所发生的费用，并按照一定的对象和标准进行归集与分配，确定各种产品的总成本和单位成本的过程。不同的企业和车间，特点不同，生产类型和管理要求不同，采用的产品成本计算方法也不同。只有根据不同生产类型的特点和管理要求，选择不同的成本计算方法，才能正确地计算产品成本。生产的分类主要有以下两种。

第八章 产品成本核算方法概述

一、生产按工艺过程的特点分类

生产按工艺过程的特点分类，可以分成简单生产和复杂生产。

简单生产也称为单步骤生产或单阶段生产，是指在工艺过程上不能间断、不能由几个企业协作进行的生产。其特点是：生产周期一般都比较短，产品品种单一，通常没有在产品、半成品或其他中间产品，如发电、供水、采掘生产等。

复杂生产也称为多步骤生产或多阶段生产，是指工艺可以间断，可以由一个企业单独进行，也可以由几个企业协作进行的生产。其特点是：生产周期一般比较长，产品品种也较多，有在产品、半成品或中间产品。

复杂生产按其加工方式不同又可划分为连续加工式生产和装配加工式生产两种类型。连续加工式生产是指原材料投入后，到产品完工，要经过若干步骤的连续加工、顺序转移，直至最后一个步骤制成产品的生产。连续加工式生产除了最后步骤生产出产成品外，其余步骤完工的产品都是自制半成品，它们往往又是后续步骤的加工对象，如纺织、冶金等生产。装配加工式生产（又称平行加工式生产）是指各种原材料投入后分别加工制成各种零部件，再将零部件装配成产品的生产，如机床、电器、仪表等的生产。

二、生产按组织方式分类

生产按组织方式分类，可以分为大量生产、成批生产和单件生产。

大量生产是指不断地重复进行品种相同产品的生产。其主要特点是：企业生产的产品品种较少，每种产品的产量较大，通常采用专业设备重复地进行生产，专业化水平也较高，如纺织、冶金、啤酒生产等。

成批生产是指按预先规定的产品数量和规格，每隔一定时期重复进行某种产品的生产。其主要特点是：企业生产的产品种类较多，各种产品数量多少不等，每隔一定时期重复生产一批，一般是同时采用专业设备和通用设备进行生产，如服装、电梯、印刷等生产。成批生产按照产品批量的大小划分，可以分为大批生产和小批生产两种类型，前者的性质接近大量生产，后者的性质接近单件生产。

单件生产是指根据订货单位的要求，进行某种特定规格产品的生产。其主要特点是：企业生产的产品品种多，每一订单的产品数量很少，每种产品生产后一般都不再重复生产或不定期重复生产，通常是采用通用设备进行加工，如造船、大型组装仪表等。

上述生产的两种分类方法是有着密切联系的，一般而言，简单生产都是大量生产，连续加工式复杂生产可以是大量或大批生产。只有装配加工式复杂生产，可以组织为大量生产、成批生产或单件生产。

生产还可以按其内部职能分为基本生产、辅助生产和副业生产。

应该指出，就一个企业来说，各生产车间的生产并非都是同一种生产类型，可能具有不同工艺过程特点和不同的生产组织方式。例如，汽车制造厂，从整个工厂的产品生产来看，应属于装配式的大量生产，但其内部各车间的产品生产，则可能是连续式的成批生产。另外，车间的组织形式，既可以有按工艺专业化建立的生产车间，也可以有按对象专业化建立的生产车间。在一个车间内部，也可以将两种专业化形式结合运用。所以，在具体划分一个企业的生产类型时，应从企业的整体情况来确定，而且不能排斥其内部的特殊情况。

第二节　生产经营特点和管理要求对成本核算方法的影响

一、生产类型的特点对成本计算方法的影响

生产类型的特点对产品成本计算方法的影响，主要表现在三个方面，即成本计算对象、计算期、生产费用在完工产品和在产品之间的分配问题。这三个方面的有机结合，构成了特定成本计算方法的主要特点。

（一）成本计算对象

成本计算对象是指企业为了计算产品成本而确定的归集和分配生产费用的各个对象，即成本费用的承担者。企业在进行成本计算时，首先应确定成本计算对象，按照确定的成本计算对象设置"基本生产成本明细账"（或"产品成本计算单"），据以归集和分配每一成本计算对象所发生的费用。

成本计算对象应根据生产的特点来确定。如在大量大批简单生产的企业里，一般产量较大，生产过程不能间断，所以它是以产品品种作为成本计算对象的；在大量大批复杂生产的企业里，由于其生产过程是可以间断的，因而，不仅可以计算出每种产品的成本，还可以计算出各个步骤半成品的成本，所以它的成本计算对象就是每种产品和它所经过的生产步骤的成本；在单件小批生产的企业里，它一般是按客户的订单或批别来组织生产的，所以在进行成本计算时，要求计算每一订单产品或每批产品的成本。上面我们所说的按每种产品、产品生产经过的生产步骤、每一订单或每批产品，就是归集生产费用计算产品成本的承担者，也就是成本计算对象。

当然，成本计算对象的确定，除了要考虑企业的生产特点外，还应考虑成本管理的要求。

（二）成本计算期

成本计算期是指每次计算产品成本的期间。计算产品成本的期间并不完全与产品的生产周期或会计结算期一致。产品成本计算期与会计结算期有时相一致，有时并不一致，而与产品的生产周期一致。影响成本计算期的主要因素是生产类型的特点。在大量大批生产的企业里，在月内一般都有大量的完工产品，产品的生产周期较短。由于随时有完工产品，因此不能在产品完工的同时就计算它的成本，而是定期地在月末进行计算。这时，产品的成本计算期与会计结算期一致，而与产品的生产周期不一致。在单件小批生产的企业里，当每一订单产品或每批产品未完工时，全部是在产品的成本。只有产品全部完工时，才能计算完工产品的成本，故其成本计算期是不固定的，与产品的生产周期一致，但与会计计算期不一致。需要指出的是，成本计算期与会计结算期并不能相提并论。尽管在单件小批生产的企业里要在产品完工时才计算完工产品的成本，但企业与成本计算有关的经济业务，如费用的归集与分配都应按月进行并按月结账，据以考核企业内部各单位产品成本的发生情况，同时，也可以积累资料，待产品完工时及时进行成本计算。

(三) 在产品的成本计算

企业生产产品过程中发生的全部生产费用，经过费用要素的归集和分配后，最终都集中在"生产成本——基本生产成本"明细账和各种"产品成本计算单"当中。若该种产品期末在产品数量很少或没有在产品，则归集在"生产成本——基本生产成本"明细账和"产品成本计算单"中所有的生产费用，就是完工产品的总成本。用总成本除以产量，就是单位产品成本。若该种产品期末在产品数量很多，费用额也较大，这时，就应将在"生产成本——基本生产成本"明细账和各种"产品成本计算单"中归集的费用采用一定的方法在完工产品和在产品之间进行分配。在进行分配时，所要分配的费用是月初在产品成本加上本月发生的费用之和，在完工产品和在产品之间进行分配。其计算公式如下：

月初在产品成本 + 本月发生的费用 = 完工产品成本 + 月末在产品成本

二、成本管理的要求对成本计算方法的影响

一个企业究竟采用什么方法计算产品成本，除了受生产类型的特点影响外，还必须根据企业成本管理的要求，来选择适合于企业的成本计算方法。例如，在大量大批复杂生产的企业里，一般以每种产品及其所经过的加工步骤作为成本计算对象，采用分步法来计算产品成本。然而，如果企业规模较小，成本管理上不要求计算产品所经过加工步骤的成本，只要求计算出每种产品的成本，这时，可采用品种法计算产品的成本。因此，企业选择什么成本计算方法，除了要考虑生产类型的特点外，还要考虑成本管理的要求。

第三节 产品成本核算的主要方法

一、产品成本核算的基本方法

根据企业生产经营特点和成本管理的要求，工业企业成本核算工作中有三种不同的产品成本核算对象，以及以产品成本核算对象为标志的三种产品成本核算的基本方法，即品种法、分批法、分步法。

（一）品种法

以产品品种为成本核算对象，按照产品的品种（不分批、不分步）计算产品成本的方法，称为品种法。该方法适用于单步骤生产或管理上不要求分步骤计算成本的多步骤大量大批生产的企业。由于大量大批生产，不可能等全部产品完工以后再计算产品的实际成本，所以需要按月计算产品成本，即成本计算期与会计报告期一致，但与生产周期不一致。在多步骤生产的企业，一般情况下，期末有在产品，因此，需要在本期完工产品和期末在产品之间分配生产费用。

（二）分批法

以产品的批别为成本核算对象，按照产品的批别（分批、不分步）计算产品成本的方法，称为分批法。该方法适用于单步骤生产或管理上不要求分步骤计算成本的多步骤小批单件生产的企业。由于以产品批别为成本核算对象，只有在该批产品全部完工以后，才能准确

计算出该批产品的实际成本。因此，分批法的成本计算期不能确定，即成本计算期与会计报告期不一定一致，与生产周期一致。当该批产品完工后，全部为产成品，明细账中归集的生产费用全部为完工产品成本，所以，在分批法下，不需要在本期完工产品和期末在产品之间分配生产费用。

（三）分步法

以产品品种及其所经过的生产步骤为成本核算对象，按照产品的生产步骤（分步、不分批）计算产品成本的方法，称为分步法。该方法适用于管理上要求分步骤计算成本的多步骤大量大批生产的企业。与品种法相同，由于大量大批生产，不可能等全部产品完工以后再计算产品的实际成本，所以需要按月计算产品成本，即成本计算期与会计报告期一致，但与生产周期不一致。一般情况下，期末有在产品，因此，需要在本期完工产品和期末在产品之间分配生产费用。

二、产品成本核算的辅助方法

在实际工作中，除了上述三种产品成本核算的基本方法外，根据企业的具体情况，还可以采用一些其他的方法。由于从计算产品实际成本的角度来说，这些方法并不是必不可少的，因此称为辅助方法。但是，对于某些企业来说，这些辅助方法也是很重要的。产品成本核算的辅助方法主要有分类法、定额法、标准成本法、变动成本法。

（一）分类法

在产品品种、规格繁多的企业，为了简化成本核算工作，可以采用分类法。分类的成本核算对象是产品的类别，即将产品的某一类别视为某一品种，按照品种法的基本原理计算出各类产品的实际总成本，然后再采用系数法等计算出类内各种产品的实际总成本和单位成本。

（二）定额法

在定额管理基础工作比较好的企业，为了配合和加强生产费用和产品成本的定额管理，将成本核算和成本控制结合起来，可以采用定额法。定额法将符合定额的费用和脱离定额的差异分别核算，以本期完工产品的定额成本为基础，加减脱离定额的差异、材料成本差异和定额变动差异来求得实际成本，解决了成本的日常控制问题。

（三）标准成本法

标准成本法是一种成本控制的方法，也可以认为是一种特殊的成本核算方法。该方法只计算产品的标准成本，不计算产品的实际成本，实际成本脱离标准成本的差异直接计入当期损益。

（四）变动成本法

变动成本法是指将变动成本计入产品成本，固定成本全部作为期间费用直接计入当期损益的一种成本核算方法。

 知识拓展 8-1

成本核算方法的选择

2020 年 7 月份毕业的 4 名同学谈起了各自所在的工作单位及所从事的工作。这 4 名同学的情况分别如下：

王一：毕业后应聘到了"亚峰制药厂"，专门从事成本核算。该制药厂主要生产抗生素药类，每一种抗生素分片剂和胶囊，并且还有不同的剂量。

李梅：毕业后应聘到了一个专门加工名牌服装的企业，该工厂完全遵照品牌商的要求进行生产，纯订单式生产，但是对方对每一种及每一号码的服装都约定了一定的消耗定额。

张勇：毕业后应聘到了"纺织厂"，该厂主要生产布，同时也销售已纺织好的棉纱，由于该纺织厂有着悠久的历史，所以有着较为完善的定额管理制度。

李瑶：毕业后应聘到了一个"电动自行车厂"，该厂生产的电动自行车全部的生产零件都自己完成，质量很受消费者的信赖。

结合上述4名同学的工作环境，你觉得他们在自己的工作岗位上使用哪些或哪种成本核算方法比较适合？

分析过程如下：

（1）制药厂，为典型的大量大批多步骤生产的企业。
（2）服装厂，其生产为典型的订单式生产。
（3）纺织厂，其生产为典型的连续式复杂生产。
（4）电动自行车厂，其生产为典型的装配式复杂生产。

建议：制药厂的王一，在进行成本核算时可以采用品种法、分类法等成本核算方法。

服装厂的李梅，在进行成本核算时可以采用分批法、定额法等成本核算方法。

纺织厂的张勇，在进行成本核算时可以采用品种法、分步法（逐步结转分步法）、定额法等成本核算方法。

电动自行车厂的李瑶，在进行成本核算时可以采用品种法、分步法（平行结转分步法）、分类法等成本核算方法。

第四节 产品成本核算方法的运用

产品成本核算的品种法、分批法、分步法、分类法和定额法等，是比较典型的成本核算方法。在实际工作中，一个企业的各个生产车间、一个生产车间的各种产品，可以根据它们的生产特点和成本管理要求，将几种成本核算方法同时应用或结合应用。

一、几种成本核算方法的同时应用

（一）一个企业的各个车间可能同时采用几种成本核算方法

一个企业往往有若干个基本生产车间和辅助生产车间，各个车间的生产特点和成本管理要求并不一定相同，因此，在一个工业企业中，不同的生产车间同时采用几种成本核算方法的情况很多。例如，纺织厂的基本生产车间，一般都属于多步骤大量生产，一般应采用分步法计算半成品和产成品成本；而厂内供电、供气等辅助生产车间，都属于单步骤大量生产，则应采用品种法计算成本。

（二）一个生产车间的各种产品可能同时采用几种成本核算方法

一个生产车间所生产的各种产品，其生产类型可能不同，成本管理要求也可能不同，因而采用的成本核算方法也会有所不同。例如，机械制造，对于已经定型、已经大量大批生产的产品，可根据其生产的特点，采用品种法或分步法计算产品成本；对于正在试制的不定型的产品只能小批、单件生产的，采用分批法计算成本。

二、几种成本核算方法的结合应用

一个企业的各个生产车间，一个生产车间的各种产品，除了可能同时应用几种成本核算方法外，在计算某种产品成本时，由于生产的特点不同，还可能将几种成本核算方法结合起来应用。例如，在小批单件生产的机械制造企业，铸造车间生产铸件，可以采用品种法计算铸件的成本；加工车间将铸件加工为零部件，交装配车间装配，可以采用分批法计算各批产品的成本；铸造车间和加工车间之间以及加工车间和装配车间之间，可以采用分步法计算成本。这样，产成品成本的计算，结合采用了品种法和分步法。

在计算某种产品时，还可能将基本方法和辅助方法结合应用。例如，制鞋厂所产各类各种鞋的成本，可以采用分步法或品种法和分类法结合的方法计算：先采用分步法或品种法计算出各类鞋的成本，再采用分类法计算每类产品内各种规格鞋的成本。如企业定额管理基础比较好，则可以将定额法和基本方法中的一种方法结合应用，计算产品成本。

综上所述，各企业成本核算的实际情况各不相同，因而所采用的成本核算方法也是多种多样的。在很好地掌握几种典型的成本核算的基本方法和辅助方法的基本原理后，使用时结合企业不同的生产特点和成本管理要求，并考虑企业的规模和成本管理水平等具体情况，采用适合的成本核算方法。

知识拓展 8-2

几种产品成本计算方法的结合应用

在实际工作中，即使是一种产品，它的各个生产步骤、各种半成品和各个成本项目之间，其生产特点和管理要求也不完全相同，因而在一种产品中可能将几种成本计算方法结合起来使用。

一种产品的不同生产步骤，由于生产特点和管理要求不同，可以采用不同的成本计算方法。例如，小批、单件生的大型机械厂，铸造车间可采用品种法计算铸件的成本；加工、装配车间可采用分批法计算各批产品的成本；而在铸造车间和加工、装配车间，则可采用逐步结转分步法结转铸件的成本，若加工车间之间要求分步骤计算成本，但加工车间不要求计算半成品成本，则在加工车间之间可采用平行结转分步法结转成本。这样，该企业就在分批法的基础上，结合采用了品种法和分步法。

一种产品的不同零件、部件之间，由于管理要求不同，也可以采用不同的成本计算方法。例如，某种产品由若干零件、部件组装而成，其中不需对外出售的零件、部件不要求单独计算成本；经常对外销售的零件、部件，管理上要求计算零件、部件成本，采用适当成本计算方法单独计算成本。

另有一种产品的不同成本项目，可以结合采用不同的成本计算方法。例如：大批大量生产的某种产品，原材料费用比重较大，可采用逐步结转分步法，其他比重较小的，则可采用品种法。

总之，企业实际情况复杂，因而所采用的成本计算方法也是多种多样的，在选择确定企业的成本计算方法时，应做仔细的事前调查，充分考虑企业的生产特点和管理要求，从而设计出既适合企业实际情况又省时省力的成本计算方法，企业的成本计算方法一经确定，不应任意变更。

练 习 题

一、单项选择题

1. 管理上要求计算半成品成本时，应当采用（   ）。
   A. 分类法   B. 分批法
   C. 逐步结转法   D. 平行结转分步法
2. 工业企业按照生产工艺过程的特点，可以分为（   ）。
   A. 大量生产、成批生产、单件生产   B. 简单生产和单步骤生产
   C. 单步骤生产和多步骤生产   D. 复杂生产和多步骤生产
3. 不断重复生产品种相同的产品的生产，属于（   ）。
   A. 大量生产   B. 成批生产
   C. 单件生产   D. 简单生产
4. 生产特点和管理要求对产品成本计算的影响，主要表现在（   ）。
   A. 成本计算对象
   B. 成本计算日期
   C. 间接费用的分配方法
   D. 完工产品与在产品之间分配费用的方法
5. 将品种法、分批法和分步法概括为产品成本计算的基本方法，主要是因为它们（   ）。
   A. 应用的最广泛   B. 计算方法最简便
   C. 对成本管理最重要   D. 是计算产品实际成本必不可少的方法
6. 定额法是为了（   ）而采用的。
   A. 加强成本的定额管理   B. 简化成本计算工作
   C. 加强产品的定额成本   D. 提高计算的准确性
7. 划分产品成本计算基本方法和辅助方法的标准是（   ）。
   A. 成本计算工作的繁简   B. 对成本管理作用的大小
   C. 应用是否广泛   D. 对于计算产品实际成本是否必不可少
8. 区分各种成本计算基本方法的主要标志是（   ）。
   A. 成本计算对象
   B. 成本计算日期

C. 间接费用的分配方法
D. 完工产品与在产品之间分配费用的方法

二、多项选择题

1. 产品成本核算的基本方法有（　　）。
   A. 品种法　　　　　　　　　　B. 分类法
   C. 分批法　　　　　　　　　　D. 分步法
2. 企业确定的成本核算对象主要有（　　）。
   A. 产品品种　　　　　　　　　B. 产品批别
   C. 订货单　　　　　　　　　　D. 产品品种及所经生产步骤
3. 不同的成本核算方法，其主要区别表现在（　　）。
   A. 成本核算对象
   B. 成本计算期
   C. 生产费用是否需要在完工产品和期末在产品之间分配
   D. 生产费用在不同的成本核算对象之间的分配
4. 企业在确定产品成本计算方法时，必须从企业的具体情况出发，同时考虑的因素有（　　）。
   A. 企业的生产特点　　　　　　B. 企业生产规模的大小
   C. 进行成本管理的要求　　　　D. 月末有无在产品
5. 工业企业的生产，按其生产组织的特点划分，可分为（　　）。
   A. 大量生产　　　　　　　　　B. 成批生产
   C. 单步骤生产　　　　　　　　D. 单件生产
   E. 多步骤生产
6. 工业企业的生产，按其工艺过程的特点划分，可分为（　　）。
   A. 大量生产　　　　　　　　　B. 成批生产
   C. 单步骤生产　　　　　　　　D. 单件生产
   E. 多步骤生产
7. 在多步骤生产的企业里，为了计算各生产步骤的成本，加强各个生产步骤的生产管理，一般要求按照（　　）计算成本。
   A. 产品的品种　　　　　　　　B. 产品的批别
   C. 产品的类别　　　　　　　　D. 产品的生产步骤
   E. 产品的件别
8. 为了适应各种生产的特点和管理的要求，在成本计算工作中有着以三种不同的产品成本计算对象为标志的三种不同的成本计算方法，即（　　）。
   A. 品种法　　　　　　　　　　B. 分批法
   C. 分类法　　　　　　　　　　D. 分步法
   E. 定额法
9. 品种法的适用范围有（　　）。
   A. 大量大批生产

B. 小批单件生产

C. 单步骤生产或管理上不要求分步骤计算成本的多步骤生产

D. 管理上要求分步骤计算成本的多步骤生产

E. 管理上要求分步骤计算成本的单步骤生产

10. 分步法的适用范围有（　　）。

A. 大量大批生产

B. 小批单件生产

C. 单步骤生产或管理上不要求分步骤计算成本的多步骤生产

D. 管理上要求分步骤计算成本的多步骤生产

E. 管理上要求分步骤计算成本的单步骤生产

11. 在成本计算方法中，属于辅助成本计算方法的有（　　）。

A. 分类法　　　　　　　　　　B. 品种法

C. 分步法　　　　　　　　　　D. 分批法

E. 定额法

12. 生产类型的特点对成本计算方法的影响主要表现在（　　）。

A. 成本计算对象　　　　　　　B. 成本计算期

C. 成本项目　　　　　　　　　D. 成本归集的程序

E. 在产品的计价方法

三、判断题

1. 品种法、分类法和定额法是产品成本计算的三种基本方法。　　　　　　（　　）

2. 由于按照产品品种计算成本是产品成本计算的最一般、最起码的要求，因而只有品种法才是计算产品成本的基本方法。　　　　　　　　　　　　　　　　　　　　（　　）

3. 在不同生产类型中，完工产品成本计算的日期不同，这主要取决于生产组织的特点。
　　　　　　　　　　　　　　　　　　　　　　　　　　　　　　　　　　（　　）

4. 生产特点和管理要求对产品成本计算的影响，主要体现在成本计算对象的确定上。
　　　　　　　　　　　　　　　　　　　　　　　　　　　　　　　　　　（　　）

5. 由于产品成本计算的辅助方法与企业生产类型的特点没有直接联系，不涉及成本计算对象，因而只要具备条件，在哪种生产类型的企业都能用。　　　　　　　　（　　）

6. 由于每个工业企业最终都必须按照产品品种算出产品成本，因此，品种法是成本计算方法中最基本的方法。　　　　　　　　　　　　　　　　　　　　　　　（　　）

7. 产品成本计算方法分为基本方法和辅助方法，是从计算产品实际成本是否必不可少的角度划分的。　　　　　　　　　　　　　　　　　　　　　　　　　　　　（　　）

8. 产品成本计算的辅助方法，由于它们在成本管理方面作用不大，因而从计算产品实际成本的角度来说不是必不可少的。　　　　　　　　　　　　　　　　　　（　　）

9. 在单件和小批生产中，产品成本有可能在某批产品完工后计算，因而成本计算是不定期的，而与生产周期相一致。　　　　　　　　　　　　　　　　　　　　（　　）

10. 受企业生产及类型特点以及相应的管理要求的影响，产品成本计算对象不外乎就是分品种、批别、步骤三种，因而以成本计算对象为主要标志的成本计算方法也只有品种法、

分批法和分步法。 ( )

四、简答题

1. 生产特点和管理要求对成本计算的影响，主要体现在哪些方法？
2. 产品成本计算的基本方法和辅助方法各包括哪些？基本方法和辅助方法的划分标准是什么？
3. 工业企业的生产按其生产工艺过程的特点，可以分为哪几类？
4. 工业企业的生产按其生产组织的特点，可以分为哪几类？
5. 确定产品成本计算方法的原则是什么？

第九章 品种法

本章简介

本章介绍了成本核算的基本方法之一——品种法的具体核算方法。品种法适用于产品品种单一、单步骤、大批量生产的企业,对于多步骤、大批量生产的企业,如果不要求分步骤计算成本的也可以采用品种法。品种法是按照产品品种设置成本核算对象,成本计算期与会计核算期一致,但与产品的生产周期不一致,通常不需要计算在产品成本,但是如果在产品数量较多,则需要选择一定的方法分配完工产品和在产品的成本。品种法分为典型品种法和简单品种法,下面将举例加以介绍。

日盛公司的成本核算方法

日盛公司是一家生产腈纶纤维的生产制造企业,大量大批生产化纤产品。该公司设有一个基本生产车间,主要生产短纤和长纤两种纤维产品,还设有一个辅助生产车间,即运输车间,为基本生产车间和管理部门提供运输服务。从生产工艺过程来看,属于单步骤大量大批生产类型,成本核算和管理要求是能提供最终完工产品成本。该企业以什么为对象来归集成本呢?如何核算该企业生产的短纤和长纤两种产品的成本?成本核算的程序应该是怎样的?成本核算过程中涉及哪些会计处理?学完本章的内容,你就会有完美的答案。

第一节 品种法的基本内容

一、品种法的概念

产品成本计算的品种法是以产品的品种为成本计算对象,归集费用,计算产品成本的一种方法。按照产品品种计算成本,是产品成本计算最基本、最一般的要求,不论什么组织方式的制造企业,不论什么生产类型的产品,也不论成本管理要求如何,最终都必须按照产品品种计算出产品成本。

二、品种法的特点

(一)成本计算对象——产品品种

1. 只生产一种产品

在采用品种法计算产品成本的企业或车间里,成本计算对象就是该种产品;只需为这种产品设置一个基本生产成本明细账,账内按成本项目设立专栏或专行。在这种情况下,所发生的全部生产费用都是直接计入费用,可以直接计入该种产品成本明细账的有关成本项目,不存在各成本计算对象之间分配费用的问题。

2. 同时生产几种产品

在采用品种法计算产品成本的企业或车间里,如果是生产多种产品,则需要以每种产品作为成本计算对象;分别设置基本生产成本明细账;直接费用直接计入各该产品明细账中有关成本项目;间接费用先按发生地点归集,月终再分配计入各产品基本生产成本明细账中的有关成本项目。

(二) 成本计算期

由于大量大批连续生产,产品不断投产,陆续完工,为了考核报告期内产品成本情况,应当按月计算产品成本。产品成本计算期与生产周期不一致,而与会计报告期是一致的。

(三) 费用在完工产品与在产品之间的分配

大量大批简单生产的企业:一般没有在产品或月末在产品很少,因而一般不计算月末在产品成本,各产品基本生产明细账中归集的全部生产费用,就是各该产品的总成本。

大量大批复杂生产的企业:月末一般都有在产品,而且数量较多,还需要将各该产品基本生产明细账中所归集的全部生产费用,采用适当方法在完工产品与在产品之间进行分配。

三、品种法的分类及适用范围

因企业不同,以及成本计算的繁简程度不同,品种法可以分为简单品种法和典型品种法。简单品种法适用于产品品种单一、生产周期较短的大量、大批、单步骤生产的企业及企业的辅助生产车间的成本计算。典型品种法适用于生产多种产品的大量、大批、单步骤生产或管理上不要求分步骤计算成本的大量、大批、多步骤生产的企业。

品种法一般适用于大量、大批、单步骤生产类型的企业,如发电、采掘等生产。在这种类型的生产企业中,由于产品的工艺流程不能间断,那么不可能也不需要划分为几个生产步骤,因而也就不可能也不需要按照生产步骤计算产品成本,只能以产品的品种作为成本核算对象。在大量、大批的多步骤生产中,如果企业或车间的规模比较小,或者车间是封闭式的(从原材料投入到产品产出的全过程都是在一个车间内进行的),或者生产是按流水线组织的,管理上不要求按照生产步骤计算产品成本,也可以采用品种法计算产品成本,如小型的水泥厂、织布厂以及辅助生产的供水、供电、供气车间等。

 知识拓展 9-1

成本计算方法的选择

付杰作为一名会计专业的大四学生,来到一家棉纺织厂观摩实习。该厂主要产品是各种棉布,产品需经过抽条车间、纺纱车间(粗纱、细纱两道工序)、整染车间和织布车间四个步骤完成。付杰经过调查发现,该厂不同产品成本明细账有的按照产品品种设置,有的按照加工工序设置,有一种产品还按订单组织生产进行成本核算,付杰看到这么多成本计算方法交叉使用,感觉有些糊涂。经过与实习指导老师沟通,付杰明白了,原来几种基本成本计算方法,包括品种法、分步法、分批法,在实际运用中都是可以根据企业管理要求和经营特点交叉使用，结合运用；基本成本核算方法和辅助成本核算方法可以在实际工作中共同存在，组合应用的。

第二节　品种法的核算程序

成本核算程序是指对产品生产过程中所发生的各项费用，按照财务会计制度的规定，进行审核、归集和分配，计算完工产品成本和月末在产品成本的过程。

（一）简单品种法的成本核算程序

简单品种法相对于上述典型品种法而言，其成本核算程序比较简单，主要体现在成本计算对象品种单一，费用的发生比较直接，无须分配，只需按费用项目直接归集。由于通常月初、月末没有在产品，所以汇总本月发生的生产费用，即为本月完工产品的总成本。基于上述特点，在简单品种法下，可按照发生的费用设置"生产成本明细账"的专栏。各生产单位发生的全部生产费用都为直接费用。月末汇总"生产成本明细账"，编制"产品成本计算单"，并结转完工产品的成本。

（二）典型品种法成本核算程序

采用典型成本法计算产品成本时，其成本核算的程序通常如下。

1. 开设成本明细账

进行成本核算，首先应按产品品种设置产品成本明细账或成本计算单、辅助生产成本明细账、制造费用明细账，并按成本项目或费用项目设置专栏。

2. 计算并登记要素费用

对生产过程中发生的各项费用进行审核、归集和分配，并编制各种要素费用分配表，据以登记已经设置好的"基本生产成本明细账""辅助生产成本明细账""制造费用明细账"和平行登记"基本生产成本明细账"下设的"产品成本计算单"。

（1）对于生产过程中本期发生的为产品生产直接耗用的直接费用，可以根据原始凭证和各项费用分配表等有关资料直接计入成本计算对象开设的"成本计算单"中的相关成本项目。

（2）对于本期为几种产品共同耗用的主要间接费用，应按一定标准在各种产品之间分配后，分别计入"成本计算单"中的相关成本项目。

（3）本期发生的其他间接费用，应先按其发生地点进行归集。例如，车间一般耗用的间接费用可以计入该车间的"制造费用明细账"。

（4）对于跨期发生的费用，应按照权责发生制原则，编制跨期费用分配表，如"待摊费用分配表"和"预提费用分配表"，并按分配对象登记有关明细账。

3. 分配并结转生产部门费用

（1）汇集"生产成本——辅助生产成本明细账"的全部费用，按照各种产品和各单位受益的辅助生产劳务的数量，编制"辅助生产费用分配表"，分配辅助生产费用，并登记到受益产品的"成本计算单"和受益单位的费用明细账中。

（2）将基本生产车间"制造费用明细账"归集的费用进行汇总，并采用一定的方法，在生产的各种产品之间进行分配，编制"制造费用分配表"，据以登记"基本生产成本明细账"及各种"产品成本计算单"。

4. 计算并结转完工产品成本

经过上述程序，本期生产产品应负担的各项费用都集中登记在"产品成本计算单"中，再采用一定的方法将生产费用合计数在完工产品和月末在产品之间进行分配，计算出完工产品成本和月末在产品成本。

结转各产品成本计算单中的完工产品成本，汇总编制"完工产品成本汇总计算表"，并据以结转"基本生产成本明细账"中的完工产品成本。

具体账务处理如下：

（1）根据货币资金支出业务，按用途分类汇总各种付款凭证，登记各项费用，据以登记有关明细账。

借：生产成本——基本生产成本
　　　　　　——辅助生产成本
　　制造费用
　贷：银行存款

（2）根据领退料凭证及有关分配标准，编制材料费用分配表，分配材料费用，据以登记有关明细账。

借：生产成本——基本生产成本
　　　　　　——辅助生产成本
　　制造费用
　　管理费用
　贷：原材料

材料以计划成本核算的企业，同时还需要结转材料成本差异，如果为超支差，则作如下分录。

借：生产成本——基本生产成本
　　　　　　——辅助成产成本
　　制造费用
　　管理费用
　贷：材料成本差异

如果为节约差，则作相反的会计分录（或作红字分录）。

（3）根据电费付款凭证和实际耗用量等，编制外购动力费用分配表，登记有关明细账。

借：生产成本——基本生产成本
　　　　　　——辅助生产成本
　　制造费用
　　管理费用
　贷：应付账款

（4）根据工资结算凭证和福利费提取标准，编制工资及福利费分配表，分配工资及福利费，据以登记有关明细账。

借：生产成本——基本生产成本
　　　　　　——辅助生产成本

制造费用
管理费用
销售费用
　　贷：应付职工薪酬——工资
　　　　　　　　　　——福利费

（5）根据固定资产使用情况及折旧办法，编制固定资产折旧费用分配表，分配固定资产折旧费，据以登记有关明细账。

　　借：制造费用
　　　　生产成本——辅助生产成本
　　　　贷：累计折旧

（6）根据"待摊费用明细账"记录，编制待摊费用分配表，分配待摊费用，据以登记有关明细账。

　　借：制造费用
　　　　生产成本——辅助生产成本
　　　　贷：待摊费用

（7）分配辅助生产费用。根据"辅助生产成本明细账"上归集的生产费用，编制辅助生产费用分配表，采用适当的分配方法，分配辅助生产费用，据以登记有关明细账。

　　借：生产成本——基本生产成本
　　　　制造费用
　　　　管理费用
　　　　贷：生产成本——辅助生产成本

（8）分配基本生产车间制造费用。根据基本生产车间"制造费用明细账"上归集的生产费用，编制制造费用分配表，采用适当的分配方法，分配制造费用，据以登记"基本生产成本明细账"和"成本计算单"。

　　借：生产成本——基本生产成本
　　　　贷：制造费用

（9）计算各种产品的完工产品成本和在产品成本。根据"基本生产成本明细账"和"成本计算单"上归集的生产费用，月末采用适当的计算方法，计算各种产品的完工产品成本和在产品成本。如果月末没有在产品，则本月生产费用总额就全部是完工产品成本。

（10）结转产成品生产成本。根据"基本生产成本明细账"和"成本计算单"计算的各种产品完工产品成本，编制"完工产品成本汇总表"，计算完工产品和在产品中的成本和单位成本，据以结转产成品生产成本。

　　借：库存商品
　　　　贷：生产成本——基本生产成本

 知识拓展9-2

不能简化的核算程序

某普通发电厂只生产一种产品——电力，采用品种法核算产品成本时，成本核算人员小小李认为：既然为生产产品所耗费的全部生产费用都记入产品成本中，而且记入产品成本的生产费用也是完工产品成本，所以只需将原始凭证归类分别加总后，编制记账凭证，再登记"基本生产成本"总账，没有必要编制各项生产费用分配表，也没有必要按成本项目设置生产成本明细账，下面是当年4月份小李对电力产品成本核算所编制的会计分录：

（1）汇总本月生产电力用燃料共350 200元

  借：基本生产成本   350 200
    贷：燃料   350 200

（2）汇总本月生产电力用材料费用共50 000元。

  借：基本生产成本   50 000
    贷：原材料   50 000

（3）汇总本月工资结算单中生产工人工资共70 000元，按14%计提福利费。

  借：基本生产成本   79 800
    贷：应付职工薪酬——工资   70 000
         ——福利费   9 800

（4）银行通知支付水费28 000元（其中生产用水27 000元，各车间公共用水1 000元）。

  借：基本生产成本   28 000
    贷：应付账款   28 000

（5）本月生产车间计提折旧55 000元。

  借：基本生产成本   55 000
    贷：累计折旧   55 000

（6）应由本月生产车间负担的低值易耗品摊销2 000元。

  借：基本生产成本   2 000
    贷：待摊费用   2 000

（7）月末结转电力产品成本。

  借：主营业务成本   565 000
    贷：基本生产成本   565 000

根据上述记账凭证，小李登记了生产成本总账，认为完成了本月成本核算工作。

财务赵经理看到小李的处理，批评了小李乱简化核算的做法，指出单一产品成本核算简单，但简单的核算也应该满足成本核算的要求，不应人为任意简化。需要改正的地方有：

在设置"生产成本"总账科目的同时，也要以成本项目为专栏设置"生产成本明细账"和"电力产品成本计算单"，因为只生产一种产品，所以可以不设置"制造费用"账户，生产过程中的间接成本，如车间用水、生产车间计提折旧费、生产车间摊销低值易耗品等发生时直接记入生产成本明细账相关成本项目下面。因此成本项目按生产成本的经济用途可设置为"材料费""人工费""燃料动力""折旧费""水费""低值易耗品"，当发生相关成本支出时，记录生产成本明细账时，都要归入对应的成本项目中。另外摊销低值易耗品的分录，贷方应记"低值易耗品"，而不是"待摊费用"。

小李认识到自己的错误，认真进行的改正，请你结合下面所学也重新做一下会计核算吧。

——摘自并改编豆丁网《成本会计》案例，编者葛素云。

第三节 品种法的应用举例

一、简单品种法举例

1. 资料

某发电厂以煤为燃料进行火力发电,只生产电力一种产品。

(1) 生产车间的设置:工厂设有燃料、锅炉、汽机和电机四个基本生产车间,另外还设有一个修理辅助生产车间和若干个管理科室。

(2) 生产工艺过程:该厂以煤为燃料进行火力发电,工艺特点主要表现为通过燃料煤燃烧对锅炉中的水进行加热,形成高温高压的蒸汽,推动汽轮机快速旋转,借以带动发电机转动,从而产生电力。由于整个工艺过程不能间断,又只生产电力一种产品,所以只能选择简单品种法计算电力产品成本,而且生产中发生的一切生产费用都是直接费用,可以直接计入电力产品成本。因此,成本项目可以按照生产费用的经济性质和经济用途结合的原则进行设置。

2. 分析

该厂属于单步骤的大量生产企业,整个工艺过程不能间断,只生产一种产品,因而选择简单品种法计算电力产品成本。由于电力产品不能储存,不存在未完工的在产品,因而无需将生产费用在完工产品和在产品之间进行分配。该厂所产电力,除少量自用外,全部对外供应。因此,当月发生的全部生产费用,即为当月电力产品的总成本,除以对外供应的电力产量,即为电力产品的单位成本。

3. 成本计算程序

(1) 设置成本计算单:设置"生产成本"总账科目,并以成本项目为专栏设置"生产成本明细账"和"电力产品成本计算单",具体成本项目可以结合生产费用的经济性质和经济用途进行设置。

(2) 审核、归集和分配生产过程中发生的各项费用包括"燃料费""生产用水费""材料费""工资及福利费""折旧费""修理费""其他费用"等项目。

4. 成本计算

(1) 该企业2020年10月份发生的成本费用资料如下:

①燃料费用分配表见表9-1。

表9-1　　　　　　　　　　　燃料费用分配表

燃料名称	数量(吨)	单价(元/吨)	金额
阜新原煤	800	300	240 000
大同原煤	500	280	140 000
合计	1 300	—	380 000

根据"燃料费用分配表",编制会计分录如下:

借:生产成本——燃料费　　　　　　　　　　　　　　　380 000
　　贷:原材料——燃料　　　　　　　　　　　　　　　　　　380 000

②材料费用分配表见表9－2。

表9－2　　　　　　　　　　　材料费用分配表

车间	材料名称	数量(千克)	单价(元/千克)	金额
燃料车间	A材料	300	60	18 000
锅炉车间	B材料	100	30	3 000
汽机车间	C材料	220	50	11 000
电机车间	D材料	80	35	2 800
修理车间	E材料	270	20	5 400
合计	—	—	—	40 200

根据"材料费用分配表",编制会计分录如下:

借:生产成本——材料费　　　　　　　　　　　　　　　40 200
　　贷:原材料　　　　　　　　　　　　　　　　　　　　　　40 200

③工资及福利费用分配表见表9－3。

表9－3　　　　　　　　　　工资及福利费用分配表

车间	工资	福利费	合计
燃料车间	20 000	2 800	22 800
锅炉车间	15 000	2 100	17 100
汽机车间	18 000	2 520	20 520
电机车间	10 000	1 400	11 400
修理车间	8 000	1 120	9 120
合计	71 000	9 940	80 940

根据"工资及福利费分配表",编制会计分录如下:

借:生产成本——工资及福利费　　　　　　　　　　　80 940
　　贷:应付职工薪酬　　　　　　　　　　　　　　　　　　80 940

④本月应付水费28 600元,其中生产用水费27 000元,各车间公共用水费1 600元。

借:生产成本——生产用水费　　　　　　　　　　　　27 000
　　　　　　——其他费用(水费)　　　　　　　　　　　1 600
　　贷:应付账款　　　　　　　　　　　　　　　　　　　　28 600

⑤根据"固定资产折旧计算表"(略),各车间本月计提折旧费53 000元。

借:生产成本——折旧费　　　　　　　　　　　　　　53 000
　　贷:累计折旧　　　　　　　　　　　　　　　　　　　　53 000

⑥按规定的提存率提取本月修理费用35 000元。

借:生产成本——修理费　　　　　　　　　　　　　　35 000
　　贷:预提费用　　　　　　　　　　　　　　　　　　　　35 000

⑦结转应由本月生产负担的低值易耗品摊销额 2 200 元（低值易耗品采用分期摊销法）。
借：生产成本——其他费用（低值易耗品摊销）　　　　　　　　2 200
　　贷：待摊费用　　　　　　　　　　　　　　　　　　　　　　　　2 200
⑧结转应由本月生产负担的车间财产保险费用 3 100 元。
借：生产成本——其他费用（保险费）　　　　　　　　　　　　3 100
　　贷：待摊费用　　　　　　　　　　　　　　　　　　　　　　　　3 100

（2）登记生产成本明细账见表 9－4：

表 9－4　　　　　　　　　　　　　　　生产成本明细账
2020 年 10 月　　　　　　　　　　　　　　　　　　　　　　　　　　　单位：元

摘要	燃料费	生产用水费	材料费	工资及福利费	折旧费	修理费	其他费用	合计
分配燃料费	380 000							380 000
分配材料费			40 200					40 200
分配工资及福利费				80 940				80 940
分配水费		27 000					1 600	28 600
分配折旧费					53 000			53 000
分配修理费						35 000		35 000
分配低值易耗品							2 200	2 200
分配保险费							3 100	3 100
本月合计	38 000	27 000	40 200	80 940	53 000	35 000	6 900	623 040
本月转出	38 000	27 000	40 200	80 940	53 000	35 000	6 900	623 040

（3）编制电力产品成本计算单，见表 9－5：

表 9－5　　　　　　　　　　　　　　　电力产品成本计算单

成本项目	生产量（千度）	总成本	单位成本
燃料费		380 000	107.04
生产用水费		27 000	
材料费		40 200	
工资及福利费		80 940	
折旧费		53 000	
修理费		35 000	
其他费用		69 000	
合计		623 040	
生产量	3 900		
其中：厂用电量	350		
厂供电量	3 550		
产品单位成本	—	—	175.50

借：主营业务成本　　　　　　　　　　　　　　　　　　　　623 040
　　贷：生产成本　　　　　　　　　　　　　　　　　　　　　　　623 040

成本计算单中，生产量扣除厂用电量即为厂供电量；电力成本除以厂供电量，即为电力单位成本。由于燃料成本占电力成本的比重较大，从重要性原则考虑还要突出反映电力的燃料单位成本，以便加强对燃料成本的分析和考核。

5. 简单品种法小结

（1）简单品种法适用于大量大批单步骤生产类型的企业；

（2）成本计算对象单一，发生的全部生产费用都是直接费用；

（3）生产成本明细账按照费用的经济性质和经济用途，即按照费用项目详细设置；

（4）根据有关费用分配表和有关记账凭证直接登记生产费用明细账；

（5）生产费用明细账归集的费用就是完工产品总成本；

（6）无需将生产费用在完工产品和在产品之间进行分配。

二、典型品种法举例

企业概况：某厂为大量大批单步骤生产的企业，采用品种法计算产品成本。企业设有一个基本生产车间，生产甲、乙两种产品，还设有一个辅助生产车间——运输车间。该厂2020年5月份有关产品成本核算资料如下：

1. 产量资料（见表9－6）

表9－6　　　　　　　　　　　　　产品产量表　　　　　　　　　　　　　单位：件

产品名称	月初在产品	本月投产	完工产品	月末在产品	完工率
甲产品	800	7 200	6 500	1 500	60%
乙产品	320	3 680	3 200	800	40%

2. 月初在产品成本（见表9－7）

表9－7　　　　　　　　　　　　　月初在产品成本　　　　　　　　　　　　单位：元

产品名称	直接材料	直接人工	制造费用	合计
甲产品	8 090	5 860	6 810	20 760
乙产品	6 176	2 948	2 728	11 852

3. 该月发生生产费用如下

（1）材料费用：生产甲产品耗用材料4 410元，生产乙产品耗用材料3 704元，生产甲乙产品共同耗用材料9 000元（甲产品材料定额耗用量为3 000千克，乙产品材料定额耗用量为1 500千克）。运输车间耗用材料900元，基本生产车间耗用消耗性材料1 938元。

（2）工资费用：生产工人工资10 000元，运输车间人员工资800元，基本生产车间管理人员工资1 600元。

（3）其他费用：运输车间固定资产折旧费为200元，水电费为160元，办公费为40元。基本生产车间厂房、机器设备折旧费为5 800元，水电费为260元，办公费为402元。

4. 工时记录：甲产品耗用实际工时为1 800小时，乙产品耗用实际工时为2 200小时。

5. 本月运输车间共完成 2 100 公里运输工作量，其中：基本生产车间耗用 2 000 公里，企业管理部门耗用 100 公里。

6. 该厂有关费用分配方法

（1）甲乙产品共同耗用材料按定额耗用量比例分配；

（2）生产工人工资按甲乙产品工时比例分配；

（3）辅助生产费用按运输公里比例分配；

（4）制造费用按甲乙产品工时比例分配；

（5）按约当产量法分配计算甲、乙完工产品和月末在产品成本。甲产品耗用的材料随加工程度陆续投入，乙产品耗用的材料于生产开始时一次投入。

要求：

（1）根据上述资料采用品种法计算甲、乙产品成本，并完成表 9-8 至表 9-18。

（2）根据企业资料做如下的费用分配及相应的账务处理。

表 9-8　　　　　　　　　　　　　　材料费用分配表　　　　　　　　　　　　　单位：元

应借账户		成本项目	直接计入金额	分配计入		合计
				分配标准	分配金额	
基本生产成本	甲产品	直接材料	4 410	3 000	6 000	10 410
	乙产品	直接材料	3 704	1 500	3 000	6 704
	小计		8 114	4 500	9 000	17 114
辅助生产成本	运输车间	机物料消耗	900			900
制造费用		机物料消耗	1 938			1 938
合计			10 952			19 952

会计分录如下：

借：生产成本——基本生产成本（甲产品）　　　　10 410
　　　　　　　——基本生产成本（乙产品）　　　　6 704
　　生产成本——辅助生产成本（运输车间）　　　　900
　　制造费用　　　　　　　　　　　　　　　　　1 938
　　贷：原材料　　　　　　　　　　　　　　　　　　19 952

表 9-9　　　　　　　　　　　　　　工资费用分配表　　　　　　　　　　　　　单位：元

应借账户		成本或项目费用	直接计入金额	分配计入		合计
				分配标准	分配金额	
基本生产成本	甲产品	直接人工		1 800	4 500	4 500
	乙产品	直接人工		2 200	5 500	5 500
	小计			4 000	10 000	10 000
辅助生产成本	运输车间	工资	800			800
制造费用		工资	1 600			1 600
合计			2 400			12 400

会计分录如下：

借：生产成本——基本生产成本（甲产品） 4 500
　　　　　　——基本生产成本（乙产品） 5 500
　　　　　　——辅助生产成本——运输车间 800
　　制造费用 1 600
　　贷：应付职工薪酬——工资 12 400

表 9－10　　　　　　　　　　其他费用汇总表　　　　　　　　　　单位：元

应借账户	折旧费	水电费	办公费	合计
辅助生产成本-运输车间	200	160	40	400
制造费用	5 800	260	402	6 462
合计	6 000	420	442	6 862

会计分录如下：

借：生产成本——辅助生产成本（运输车间） 400
　　制造费用 6 462
　　贷：累计折旧 6 000
　　　　银行存款等 862

归集的辅助生产成本，见表 9－11 辅助生产明细账：

表 9－11　　　　　　　　　　辅助生产成本明细账
车间名称：运输车间　　　　　　　　　　　　　　　　　　　　　单位：元

月	日	摘要	机物料消耗	工资	折旧费	水电费	办公费	合计
		材料费用分配表	900					900
		工资费用分配表		800				800
		其他费用汇总表			200	160	40	400
		合计	900	800	200	160	40	2 100
		分配转出	900	800	200	160	40	2100

对运输车间发生的辅助生产费用进行分配见表 9－12：

表 9－12　　　　　　　　　　辅助生产费用分配表　　　　　　　　　单位：元

应借账户	费用项目	耗用劳务数量	分配率	分配额
制造费用	运输费	2 000		2 000
管理费用	运输费	100		100
合计		2 100	1	2 100

会计分录如下：

借：制造费用 2 000
　　管理费用 100
　　贷：生产成本——辅助生产成本（运输车间） 2 100

这样,制造费用的归集见表 9-13 "制造费用"明细账:

表 9-13　　　　　　　　　　　制造费用明细账　　　　　　　　　　单位:元

月	日	摘要	机物料消耗	工资	折旧费	水电费	办公费	运输费	合计
		材料费用分配表	1 938						1 938
		工资费用分配表		1 600					1 600
		其他费用汇总表			5 800	260	402		6 462
		辅助生产费用分配表						2 000	2 000
		合计	1 938	1 600	5 800	260	402	2 000	12 000
		分配转出	1 938	1 600	5 800	260	402	2 000	12 000

对归集来的制造费用采用生产工时比例法进行分配,分配给甲、乙两种产品,见表 9-14:

表 9-14　　　　　　　　　　　制造费用分配表　　　　　　　　　　单位:元

应借账户	成本项目	生产工时	分配率	分配额
基本生产成本-甲产品	制造费用	1 800		5 400
基本生产成本-乙产品	制造费用	2 200		6 600
合计		4 000	3	12 000

会计分录如下:
　借:生产成本——基本生产成本(甲产品)　　　　　　　5 400
　　　　　——基本生产成本(乙产品)　　　　　　　6 600
　　贷:制造费用　　　　　　　　　　　　　　　　　　12 000

通过上述的归集和分配,登记基本生产成本明细账,见表 9-15、表 9-16:

表 9-15　　　　　　　　　　　基本生产成本明细账
产品名称:甲产品　　　　　　　　　2020 年 5 月　　　　　　　　　　单位:元

月	日	凭证号	摘要	直接材料	直接人工	制造费用	合计
			月初在产品成本	8 090	5 860	6 810	20 760
			材料费用分配表	10 410			10 410
			工资费用分配表		4 500		4 500
			制造费用分配表			5 400	5 400
			合计	18 500	10 360	12 210	41 070
			完工产品成本转出	16 250	9 100	10 725	36 075
			月末在产品成本	2 250	1 260	1 485	4 995

表 9-16　　　　　　　　　　　　　基本生产成本明细账
产品名称：乙产品　　　　　　　　　　2020 年 5 月　　　　　　　　　　　　单位：元

月	日	凭证号	摘要	直接材料	直接人工	制造费用	合计
			月初在产品成本	6 176	2 948	2 728	11 852
			材料费用分配表	6 704			6 704
			工资费用分配表		5 500		5 500
			制造费用分配表			6 600	6 600
			合计	12 880	8 448	9 328	30 656
			完工产品成本转出	10 304	7 680	8 480	26 464
			月末在产品成本	2 576	768	848	4 192

根据月初在在产品资料和"基本生产成本明细账"归集的资料登记产品成本计算单，见表 9-17、表 9-18：

表 9-17　　　　　　　　　　　　　产品成本计算单
产品名称：甲产品　　　　　　　　　　2020 年 5 月　　　　　　　　　　　　单位：元

成本项目	直接材料	直接人工	制造费用	合计
月初在产品成本	8 090	5 860	6 810	20 760
本月生产费用	10 410	4 500	5 400	20 310
合计	18 500	10 360	12 210	41 070
完工产品数量	6 500	6 500	6 500	
在产品约当产量	900	900	900	
约当产量合计	7 400	7 400	7 400	
费用分配率	2.5	1.4	1.65	
完工产品成本	16 250	9 100	10 725	16 075
月末在产品成本	2 250	1 260	1 485	4 995

表 9-18　　　　　　　　　　　　　产品成本计算单
产品名称：乙产品　　　　　　　　　　2020 年 5 月　　　　　　　　　　　　单位：元

成本项目	直接材料	直接人工	制造费用	合计
月初在产品成本	6 176	2 948	2 728	11 852
本月生产费用	6 704	5 500	6 600	18 804
合计	12 880	8 448	9 328	30 656
完工产品数量	3 200	3 200	3 200	
在产品约当产量	800	320	320	
约当产量合计	4 000	3 520	3 520	
费用分配率	3.22	2.4	2.65	
完工产品成本	10 304	7 680	8 480	26 464
月末在产品成本	2 576	768	848	4 192

根据"产品成本计算单",产品完工验收入库后作如下的账务处理:

借:库存商品——甲产品　　　　　　　　　　　　　　　36 075
　　　　　　——乙产品　　　　　　　　　　　　　　　26 464
　　贷:生产成本——基本生产成本(甲产品)　　　　　　36 075
　　　　　　　　——基本生产成本(乙产品)　　　　　　26 464

知识拓展 9-3

创业成败的关键——资金链

2009 年夏天,当时美国次贷危机引发的全球金融危机刚刚缓和,许多行业都受到影响,市场不景气。小杨想和朋友创业,大家就在想什么行业是受金融危机影响最小的,想了整整一周,想到了教育培训,大家决定做一家专注于软实力培训的机构。他们咨询老师和同学,大家都认为可行。小杨走访了北京全部的民办学校和一半左右的大学。发现软实力的确是目前学生们最缺少的一项技能。小杨注册了一家公司——"美景教育",还做了详细的项目计划书和投资计划书。小杨的一个朋友参与管理,讲师由他之前的同事和其他互联网公司的朋友以及人大的几位同学来担任。初期小杨联系了 3 家民办学校,在每个周末给学生讲课,用 16 型人格测试考察每一个学生的个人情况,然后按照企业标准筛选出一部分学生进行免费培训。培训内容有面试、职场沟通、office 软件、自我激励等课程,反响很强烈,1 个月左右培训学校吸收了大约 2000 个会员。培训学校还在每一个合作学校开展了很多的拓展活动,把学生会变成了一个类似商业体系的学生机构,学生们也因此赚到了很多钱,学习到了很多商业经验。因为培训公司没有足够的资本来扩大规模和讲师团队,小杨急需一位投资人帮忙,后来小杨找到了一位投资者。年底的时候小杨发现北京已经出现了另外一家同样业务的机构,发展速度非常惊人,要想打败对手,急需资金来扩大规模,小杨将所有希望都寄托于投资人。

但是小杨找错了人,律师连投资协议都已经帮忙拟好了,这时投资人突然告诉小杨他把大部分资金投资到了期货上,理由就是一个朋友推荐他并告诉他稳赚不赔!小杨的项目因此失败了,原因就是:资金链断裂!

这本应是一次成功的创业,但是因为当时个人资本力量不够,遇到的投资人都是非专业人士,小杨的公司因为资金问题,败得很惨!教训是明显的,经验也是刻骨的,你要找到认同你项目的潜力和对你的项目有信心的知音作为投资人,即使目前做得很好,也要时时警惕资金链问题,因为资金链是一个企业的血液。

练 习 题

一、单项选择题

1. 品种法是产品成本计算的(　　)。

A. 主要方法　　　　　　　　　　　　B. 重要方法

C. 最基本方法　　　　　　　　　　　D. 最一般方法

2. 品种法适用的生产组织是（　　）。
A. 大量大批生产　　　　　　　　　B. 大量成批生产
C. 大量小批生产　　　　　　　　　D. 单件小批生产

3. 产品成本计算实际上就是会计核算中成本费用科目的（　　）。
A. 明细核算　　　　　　　　　　　B. 总分类核算
C. 账务处理　　　　　　　　　　　D. 总分类核算和明细核算

4. 在大量、大批、多步骤生产的情况下，如果管理上不要求分步骤计算产品成本，其所采用的成本计算方法应是（　　）。
A. 品种法　　　　　　　　　　　　B. 分批法
C. 分步法　　　　　　　　　　　　D. 分类法

5. 甲、乙两种产品的重量不同，单位产品消耗材料量基本相同，企业没有制定材料单位消耗定额，材料领用时未能区分每种材料的消耗量，则对甲、乙产品共同消耗的材料费用，可以作为分配标准的是（　　）。
A. 完工产品的重量　　　　　　　　B. 完工产品的数量
C. 每种产品的材料消耗定额　　　　D. 每种产品的实际材料消耗量

6. 下列各方法中，不属于计算产品成本方法的是（　　）。
A. 分批法　　　　　　　　　　　　B. 分步法
C. 品种法　　　　　　　　　　　　D. 约当产量法

7. 下列企业中，适合运用品种法计算产品成本的是（　　）。
A. 发电厂　　　　　　　　　　　　B. 纺织厂
C. 拖拉机厂　　　　　　　　　　　D. 造船厂

二、多项选择题

1. 品种法适用于（　　）。
A. 大量、大批的单步骤生产
B. 大量、大批的多步骤生产
C. 管理上不要求分步骤计算成本的多步骤生产
D. 小批、单件，管理上不要求分步骤计算成本的多步骤生产

2. 受生产特点和管理的影响，在产品成本计算中有着下述不同的成本计算对象，即（　　）。
A. 产品品种　　　　　　　　　　　B. 产品类别
C. 产品批别　　　　　　　　　　　D. 产品生产步骤

3. 成本计算方法应根据（　　）来确定。
A. 生产组织的特点　　　　　　　　B. 成本管理要求
C. 生产工艺的特点　　　　　　　　D. 生产规模大小

4. 品种法计算成本的主要特点有（　　）。
A. 如果企业月末有在产品，不需要将生产成本在完工产品和在产品之间进行分配
B. 成本核算对象是产品品种
C. 如果企业月末有在产品，要将生产成本在完工产品和在产品之间进行分配

D. 品种法下一般定期（每月月末）计算产品成本

5. 属于费用要素的有（　　）。

A. 外购燃料费用　　　　　　　　　　B. 外购动力费用

C. 折旧费用　　　　　　　　　　　　D. 制造费用

6. 下面对品种法正确的表述有（　　）。

A. 以产品品种作为成本计算对象　　　B. 成本计算程序较为复杂

C. 成本计算期与会计报告期一致　　　D. 可用于大量单步骤生产产品的企业

三、判断题

1. 企业按照客户订单组织产品生产的情况下，应当采用品种法计算产品成本。（　　）
2. 费用界限的划分过程实际上就是产品成本的计算过程。（　　）
3. 品种法的成本计算期与会计报告期不一致，与生产周期一致。（　　）
4. "直接材料"项目所归集的费用，均属于直接生产费用，"制造费用"项目所归集的费用，均属于间接费用。（　　）
5. 成本计算对象是区别产品成本计算方法的主要标志。（　　）
6. 不论什么制造企业，不论什么生产类型，也不论管理要求如何，最终都必须按照产品品种计算产品成本。（　　）
7. 品种法不需要在各种产品之间分配费用，也不需要在完工产品和月末在产品之间分配费用，所以也称简单法。（　　）
8. 从生产工艺过程看，品种法只适用于简单生产。（　　）
9. 品种法一般适用于计算大量、大批、多步骤生产的产品成本。（　　）
10. 对费用按经济用途分类形成要素费用。（　　）

四、案例分析题

[案例1] 瑞海公司采用品种法计算产品成本。该企业生产 A、B 两种产品，月末在产品成本只包括原材料价值，不分摊工资和其他费用，A、B 两种产品的共同费用按工人工资的比例分配。该企业本月初 A 产品的在产品实际成本为 15 万元。B 产品无月初在产品。本月月末经盘点，A 产品尚有在产品，负担的原材料费用 4 万元，B 产品全部完工。本月发生下列经济业务：

（1）基本生产车间领用原材料，实际成本为 32 万元，其中 A 产品耗用 22 万元，B 产品耗用 10 万元。

（2）基本生产车间领用低值易耗品，实际成本为 0.5 万元，采用一次摊销法。

（3）计提固定资产折旧费 2 万元，其中生产车间折旧费 1.2 万元，厂部管理部门折旧费 0.8 万元。

（4）分配工资 3 万元，其中生产 A 产品的工人工资 1.5 万元，生产 B 产品的工人工资 0.5 万元，车间管理人员工资 0.4 万元，厂部管理人员工资 0.6 万元。

（5）按工资总额的 14% 计提职工福利费。

（6）分配间接费用。

（7）计算 A、B 产品成本。

（8）完工产品入库。

要求：

（1）根据以上经济业务，分析要素费用归集和分配的会计分录；

（2）分析本月末 A、B 两种完工产品的总成本及 A 产品的在产品成本，结转完工产品成本。

［案例 2］沈海公司设一个基本生产车间和一个辅助生产车间（机修车间）。基本生产车间生产甲、乙两种产品，采用品种法计算产品成本。辅助车间的制造费用不通过"制造费用"核算。

2020 年 6 月份生产车间发生的经济业务如下：

（1）生产车间领用材料 40 000 元，其中，直接用于甲产品生产的 A 材料 10 800 元，直接用于乙产品生产的 B 材料 18 000 元，甲、乙产品共同耗用的 C 材料 10 000 元（按甲、乙产品的定额消耗量比例进行分配，甲产品的定额消耗量为 440 千克，乙产品的定额消耗量 560 千克），车间一般消耗 D 材料 1 200 元，辅助生产车间领用 E 材料 2 300 元，共计 42 300 元。

（2）结算本月应付职工工资，其中，基本生产车间的工人工资 16 000 元（按甲、乙产品耗用的生产工时比例分配，甲产品生产工时为 300 小时，乙产品生产工时为 500 小时），车间管理人员工资 2 500 元，辅助车间职工工资 1 500 元，共计 20 000 元。

（3）按照工资额 14% 计提职工福利费。

（4）计提固定资产折旧费。基本生产车间月初在用固定资产原值 100 000 元，辅助生产车间月初在用固定资产原值 40 000 元，月折旧率为 1%。

（5）基本生产车间和辅助生产车间发生的其他支出分别为 1 200 元和 600 元，均通过银行办理转账结算。

（6）辅助生产车间（机修车间）提供劳务 2 515 小时，其中为基本生产车间提供劳务 2 000 小时，为管理部门提供劳务 515 小时。

（7）基本生产车间的制造费用按生产工时比例在甲、乙产品之间进行分配。

（8）甲产品各月在产品数量变化不大，生产费用在完工产品与在产品之间的分配，采用在产品按固定成本计价法。乙产品原材料在生产开始时一次性投入，原材料费用按完工产品数量和月末在产品数量的比例进行分配，工资及福利费和制造费用采用约当产量比例法进行分配。乙产品本月完工产品 100 件，月末在产品 50 件，完工率 50%。甲产品月初在产品成本为 9 500 元，其中原材料费用 4 000 元，工资及福利费 1 200 元，制造费用 4 300 元；乙产品月初在产品成本为 14 500 元，其中，原材料费用 6 000 元，工资及福利费 3 500 元，制造费用 5 000 元。

要求：

（1）分析各项要素费用分配的会计分录。

（2）分析辅助生产费用分配的会计分录。

（3）分析基本生产车间制造费用分配的会计分录。

（4）分析甲、乙产品的完工产品成本及在产品成本。

［案例 3］星光工厂设有一个基本生产车间，生产甲、乙两种产品。另设一个机修车间。该厂 2020 年 7 月有关成本核算资料如下：

1. 产量资料见表 9-19：

第九章 品种法

表 9－19　　　　　　　　2020 年 7 月甲、乙产品产量资料　　　　　　　　单位：台

产品名称	月初在产品	本月投产	本月完工产品	月末在产品
甲产品	160	340	300	200
乙产品	120	220	240	100

甲产品月末在产品的完工程度为 50%，乙产品月末在产品完工程度为 60%。

2. 月初在产品成本资料见表 9－20：

表 9－20　　　　　　　　甲、乙产品月初在产品成本　　　　　　　　单位：元

产品名称	直接材料	直接人工	制造费用	合计
甲产品	16 037.5	2 320	774.08	19 131.58
乙产品	10 862.5	1 380	393.52	12 636.02

3. 该厂 7 月份发生的生产费用资料如下：

（1）材料费用。根据领、退料凭证汇总，本月发出原材料的计划成本为 54 800 元。其中，甲、乙产品分别耗用主要材料为 25 000 元和 15 000 元，甲、乙两种产品共同耗用辅助材料 10 000 元。基本生产车间和机修车间一般耗用辅助材料分别为 3 000 元和 1 000 元；机修车间提供劳务耗用修理用备件计 800 元。甲、乙两种产品共同耗用辅助材料按消耗的主要材料的比例分配。本月份原材料成本差异率为 +1%。原材料系生产一开始就全部投入。

（2）电费。本月末，根据电表度数和单位电价计算，本月应付外购电费计 4 950 元。其中，甲、乙产品动力用电 3 200 元；基本生产车间照明用电 600 元；机修车间修理设备用电 750 元，照明用电 400 元。甲、乙两种产品动力用电按机器工时比例分配。外购电费增值税税率为 13%。

（3）人工费。根据工资结算汇总表，本月应付工资总额为 20 000 元。其中，基本生产车间生产工人的工资为 15 000 元；车间管理人员的工资为 1 000 元；机修车间生产工人的工资为 1 800 元，车间管理人员的工资为 600 元；厂部管理人员的工资为 1 600 元基本生产车间工人的工资按甲、乙产品的生产工时的比例分配。同时按工人工资总数的 14% 计提职工福利费。

（4）根据固定资产折旧计算表，本月应提折旧额生产车间 400 元、机修车间 100 元。

（5）待摊、递延费用。本月基本生产车间摊销长期待摊费用 400 元。

本月摊销待摊费用 800 元。其中，基本生产车间 500 元，机修车间 300 元。

（6）其他费用。本月以现金支付的其他费用见表 9－21。

表 9－21　　　　　　　　费用汇兑表　　　　　　　　单位：元

费用项目	基本生产车间	机修车间
办公费	600	300
劳动保护费	400	100
运输费	500	100
合计	1 300	500

4. 其他有关资料：

（1）本月甲、乙产品的机器工时分别为 3 000 个和 1 000 个，人工生产工时分别为 4 000 个和 1 000 个。

（2）本月机修车间提供修理工时 2 000 个。其中，基本生产车间受益 1 200 个，企业管理部门受益 800 个。

（3）基本上从车间的制造费用按甲、乙产品的生产工时比例分配。

（4）按修理工时的比例分配辅助生产成本。

（5）按约当产量法将生产费用在完工产品和在产品之间进行分配。

要求：采用品种法对该厂产品成本进行计算。

第十章 分批法

> **本章简介**
>
> 分批法是产品成本核算的基本方法之一。分批法也称为订单法,是以产品的批别作为成本核算对象归集生产费用,计算产品成本的方法,主要适用于单件小批生产企业。本章阐述了分批法的特点、适用范围和计算程序,介绍了一般分批法和简化的分批法的应用。在同一月份内投产的产品批数繁多,月末未完工批数也较多,各月间接费用的水平相差不多的单件小批生产企业,采用简化分批法计算产品成本。

案例导引

分批法的应用

某小型机械加工生产企业,主要根据有关企业的需要,为其常年生产一些机器设备的通用零配件,这些零配件都要经过多个生产步骤加工才能完成。另外,该企业在保证完成有关企业生产零配件需要的同时,也生产一些这方面的通用件,通过自设的门市部对外销售,但最后步骤以前的各个步骤的产品不对外出售。某月份,该企业接待一个客户,希望能为其生产一批零部件,该企业觉得由于批量不大,企业在保证正常任务完成情况下有能力生产,加上加工程序和工艺与企业所生产的产品相类似,决定接受这批订货的生产。该企业的成本会计方富在成本核算上,对原来常年生产的产品采用品种法计算其成本,而对这批订货采用分批法计算其成本。而刚分来的大学毕业生杨刚认为,企业对常年生产的、需要经过多个步骤才能完成的零部件采用品种法核算不合适;而对这批订货,企业既然对其他产品一直采用品种法计算成本,那么根据该批订货的特点,也可以采用品种法计算,没有必要采用分批法。

是否应该采用品种法呢?这里面提到的分批法又应该用在什么时候?应该怎么核算成本呢?这就是接下来我们这一章主要讲到的内容。

第一节 分批法的基本内容

一、分批法的概念及适用范围

分批法也称订单法,它是按照产品的批别和订单来归集生产费用,计算产品成本的一种方法。它主要适用于单件、小批生产的企业和车间，如专用设备、重型机械、船舶及精密仪器、服装的制造等。

在单件、小批生产的企业里，生产一般是根据购买单位的订单来组织的。由于各张订单所订购的产品往往种类不同或者规格不一，所用的材料和加工程序也各不相同，因此各张订单的成本必须分别计算。尤其对订货合同价格需根据成本决定，并向订货者报告该批订货的成本时，就更应按订单计算成本。有些小批量生产企业，根据其事先规定的产品组织生产，各批产品种类、规格不同，也必须分批计算成本。

采用分批法的企业，有些是根据购买单位的要求，生产特殊规格、规定数量的产品，它们可能是单件的大型产品，也可能是几件同样规格的产品，如船舶、重型机器设备、特种仪器等；有些是根据市场的需求不断改变产品的种类和数量，不可能大批量生产，只能按产品的批别计算其成本，如门锁、插销、高档时装等；有些是以修理业务为主的生产，由于修理业务多种多样，各种不同的修理业务的成本不尽相同，需要根据承接的各项修理业务分别计算成本。另外，分批法还适用于咨询公司、建筑公司、会计公司以及开发、试制新产品项目的成本计算。如会计公司其审计项目批别的定价，是根据以往可比项目批别的实际成本预先计算出来的。因此，分批成本法可为管理部门提供所需要的信息，以评价项目（批别）的获利能力，并利用其历史成本的数据来确定委托项目的价格。

以上这些企业的共同特点是，一批产品通常不重复生产，即使重复，也是不定期的。企业生产计划的编制和核算工作，都是以订货单位的订单或企业事先规定的批量为依据。

 知识拓展 10 – 1

自主创业——小加工厂的成本核算

张某毕业后与朋友自主创业，成立一家小型布艺礼品制造企业，主要以自己和朋友的手工加工生产为主，规模较小。生产人员分为3个小组，由张某按照接受的订单组织生产。本月5日投产头花A款式20件，月末全部完工；12日投产头花B款式50件，月末完工40件；28日投产头花C款式10件，月末没有完工产品。

张某的朋友认为本月虽然投产了三种款式的头花，但是实际上就是头花一种产品，并且C款式头花月末没有完工，所以不需要计算成本，只需要计算已完工的A款式头花20件和B款式头花40件的完工成本，所以她认为应该采用品种法计算成本。

你认为张某朋友的想法是否正确？那应该采用什么成本计算方法呢？成本又应该在什么时候计算呢？为什么？

从这家企业的生产类型和管理要求来看，这家企业属于订单式生产，虽然只有一种产品，但是分不同订单，因此应该采用分批法核算成本。否则没法计算销售成本。而且对于未完工的订单，虽然不用核算完工产品成本，但是仍然要归集本月的已经发生的生产成本，如果采用简化分批法还要归集发生的生产工时。

二、分批法的特点

分批法的主要特点是所有的生产费用都要按照产品的订单或批别进行归集，成本计算对象是购买者的订单或内部订单或企业事先规定的产品批别，并按每一张订单或每一批产品开

第十章 分批法

设产品成本计算单。对能按订单或批次划分的直接费用，需在费用原始凭证上注明订单号码或产品批次，既可防止串工串料，也便于据此直接计入产品成本计算单的有关成本项目；对于不能明确订单或批次的间接费用，先按发生地点归集，然后按一定的标准在各受益对象之间进行分配。

分批法下，批内产品一般都能同时完工，产品成本要在订单完工后才计算。因此，产品成本计算是不定期的，也就是产品成本负担的起讫日期是从订单开工到订单完工，其成本计算期与生产周期是一致的，而与会计核算的报告期不一致。

在这种方法下，同样要按月归集各订单或各批产品的成本费用，由于成本计算期与产品的生产周期一致，产品完工前，成本计算单上所归集的成本费用，就是在产品成本。产品完工时，成本计算单上所归集的成本费用，就是产成品成本。因而，这种方法从理论上讲，一般不存在成本费用在完工产品与在产品之间的划分问题。但在批内产品有跨月陆续完工分批出货的情况下，月末一部分产品已完工，另一部分尚未完工，这时就需要将成本费用在完工产品与在产品之间进行划分，以便计算完工产品成本与月末在产品成本。

第二节 分批法的计算程序

如前所述，在分批成本法下，由于产品批量较小，批内产品一般都能同时完工，因而月末不存在完工产品在产品之间分配费用的问题，但其成本计算仍需按一定的程序进行。具体来说，分批法的计算程序如下：

第一步，财会部门根据生产计划部门下达的"生产任务通知单"中注明的工作令号，开设备批次或订单的"产品成本计算单"，并根据费用发生的用途确定成本项目，设置成本计算单的专栏。

第二步，根据各项生产费用发生的原始凭证等资料，编制要素费用分配表。对某批别或订单发生的材料费用和工资费用，直接记入"产品成本计算单"的"直接材料"和"直接工资"项目中；对于辅助生产车间发生的直接费用，直接计入"辅助生产成本明细账"；各生产车间发生的间接费用，按照费用的发生地点，先归集在"制造费用明细账中"。

第三步，期末，将辅助生产车间归集的制造费用从"制造费用明细账"分配转入"辅助生产成本明细账"，再汇集辅助生产车间发生的费用，按其提供的劳务数量，在各批别或订单产品、基本生产车间的制造费用以及其他受益对象之间进行分配。对于辅助生产车间生产的产品，应计算其完工产品成本，从"辅助生产成本明细账"中转出。

第四步，将基本生产车间"制造费用明细账"中归集的制造费用进行汇总，根据投产的批别或订单的完成情况，选择采用"当月分配法"或"累计分配法"分配制造费用。对于投产批别多数完工的情况，或各月费用发生不均衡的情况，应采用"当月分配法"。相反，则应选择"累积分配法"。

1. 当月分配法

当月分配法是将企业本月发生的间接计入费用，无论产品是否完工，都全部分配给各订单（批别）产品负担，并计入有关的成本计算单。现以制造费用为例，假定制造费用按工

时进行分配，则可按下列公式进行计算：

制造费用分配率＝本月制造费用发生额/本月发生的工时数

某订单（批别）产品应负担的制造费用＝该订单（批别）产品本月发生的工时数×制造费用分配率

当月分配法一般适用于生产周期比较短的单件、小批生产的企业。

2. 累计分配法

累计分配法是将发生的各项间接计入费用先分别累计起来，到产品完工时，再按累计分配率和完工产品的累计工时数（或其他分配标准）分配给完工订单的一种方法。对尚未完工的各订单应负担的间接计入费用，仍然留在原成本费用账中，待产品完工后，与新发生的费用一起累计后再分配。现以制造费用为例，假定制造费用按工时进行分配，其计算公式如下：

制造费用累计分配率＝各订单累计制造费用总额/各订单累计工时总数

完工订单应负担的制造费用＝该订单的累计工时数×制造费用累计分配率

各项间接计入费用一般按工时比例进行分配。为了按月提供企业或车间全部产品的累计间接计入费用和累计工时资料，必须设立基本生产成本二级账，以登记各批产品的直接计入费用、间接计入费用和累计工时数。

采用这种方法，仍应按照产品批别设立产品成本计算单，在产品未完工前，单内只登记各月发生的直接计入费用和生产工时（或其他分配标准），不用按月登记间接计入费用，只有到该订单产品全部完工时，才按上列公式计算、分配间接计入费用，并登记各批完工产品成本计算单。

间接计入费用采用累计分配法，可以减轻间接计入费用分配和登记的工作量，月末尚未完工产品的订单越多，核算工作就越简化。但由于各批未完工产品成本计算单内不反映间接费用，也就不能完整地反映各订单的在产品成本，同时，由于累计分配率的实质是一种加权平均分配率，如各月间接费用水平相差悬殊，则分配的间接计入费用将与实际情况不符，必然会影响各月产品成本的正确性。这种方法适用于投产订单数繁多、完工订单较少、各月间接计入费用水平及其分配标准大致均衡的企业或车间。

第五步，当某批产品批量较大，又存在跨月陆续完工或分次交货情况时，应在批内计算完工产品成本和月末在产品成本。计算方法一般有两类：

（1）先计算出完工产品成本，将生产费用减去完工产品成本，挤出月末在产品成本的方法。在计划成本或定额成本制定比较准确的企业，可根据计划成本或者定额成本计算完工产品成本；如果没有准确的计划或者定额资料，可根据近期同种产品的实际成本，综合分析各项影响成本的因素后，确定完工产品成本。

（2）采用适当的方法，分配计算出批内完工产品成本和月末在产品成本。一般可选择采用约当产量法和定额比例法等具体方法。

当批内完工数量不多时，可选择前一种方法，否则应考虑采用后一种方法。这两种计算方法，由于都带有一定的假设前提，因此在整批产品全部完工时，需重新计算该批产的总成本和单位成本。

第六步，月末将各批完工产品成本以及批内陆续完工产品的成本加以汇总，编制"完工产品成本汇总表"，结转完工入库产品的成本。

第十章 分批法

知识拓展 10-2

布艺厂的成本核算

从武汉大学会计学院毕业的王欣,在一家新成立的制造企业从事成本会计工作。该厂生产的布艺礼品市场销路很好,需要计算产品成本。王欣在"成本会计"课程中学过:选择成本计算方法,一要考虑生产特点,二要考虑成本管理的要求。于是王欣先了解了布艺礼品的生产情况:有两个基本生产车间,按收到的订单组织批量生产,同时将生产任务通知书交财务部门一份。以手工劳动为主,生工艺比较简单,产品完工后包装好准备交货。

5 月末生产部门提供下列资料:一车间 5 月生产 101 批号甲产品 10 件,月末完工 10 件;15 日投产 102 批号乙产品 60 件,完工 5 件;23 日投产 103 批号甲产品 8 件,月末没有完工产品。二车间 5 月生产 A、B、C、D、E 5 个批次的产品:201 批次 A 产品上月投产,202 批次 B 产品上月投产,203 批次 C 产品、204 批次 D 产品、205 批次 E 产品均为本月投产。202 批次 B 产品本月完工,其余 4 个批次均未完工。生产工时和各项费用有详细资料。每月发生的人工费用和制造费用比较均衡。

收到上述资料,王欣确定一车间采用一般分批法计算产品成本,按 101 批号甲产品、102 批号乙产品和 103 批号甲产品,设置 3 个产品成本明细账,分别归集各批号产品的生产费用,计算完工产品成本。二车间采用简化分批法计算产品成本,设置基本生产成本二级账和 5 个产品成本明细账,5 月发生的直接人工和制造费用记入基本生产成本二级账,5 张产品成本明细账只登记直接材料费用和生产工时。

第三节 分批法的应用举例

一、一般分批法的举例

华兴公司属单件小批多步骤生产企业,按购货单位要求小批生产甲、乙两种产品,产品成本计算采用分批法,该企业 2020 年 9 月份的有关成本计算资料如下:

(一) 各生产批别产量、费用资料

1. 901 号甲产品 50 件,7 月份投产,本月全部完工,7、8 两月累计费用为:直接材料 4 000 元,直接人工 1 000 元,制造费用 1 200 元。本月发生费用:直接人工 400 元,制造费用 500 元。

2. 902 号乙产品 100 件,8 月份投产,本月完工 60 件,未完工 40 件,8 月份发生生产费用为:直接材料 60 000 元,直接人工 15 000 元,制造费用 13 000 元。本月发生费用:直接人工 7 000 元,制造费用 6 000 元。

(二) 其他资料

1. 两种产品的原材料均在生产开始时一次投入。

2. 902 号乙产品本月完工产品数量在批内所占比重较大(60%),根据生产费用发生情况,其原材料费用按照完工产品和在产品的实际数量比例分配外,其他费用采用约当产量比例法在完工产品和月末在产品之间进行分配,在产品完工程度为50%。

要求:采用分批法计算各产品成本。

成本计算过程如下:

(1) 901号产品成本计算。901号甲产品,本月全部完工,7、8、9三个月份累计生产费用全部为完工产品成本,除以完工产品数量,为完工产品单位成本,901号产品成本计算单见表10-1。

表10-1　　　　　　　　　　901号产品成本计算单

批号:901　　　　　　　　　产品名称:甲　　　　　　　　　投产日期:7月份
购货单位:A企业　　　　　　批量:50件　　　　　　　　　　本月完工:全部

月	日	摘要	直接材料	直接人工	制造费用	合计
9	1	月初在产品成本	4 000	1 000	1 200	6 200
9	30	工资福利费用分配表		400		400
9	30	制造费用分配表			500	500
9	30	生产费用合计	4 000	1 400	1 700	7 100
9	30	完工产品成本	4 000	1 400	1 700	7 100
9	30	完工产品单位成本	80	28	34	142

会计分录:

借:库存商品——甲产品　　　　　　　　　　　　　　　　　　　7 100
　　贷:生产成本——基本生产成本(901批次甲产品)　　　　　　　　7 100

(2) 902号产品成本计算。902号乙产品本月完工60件,尚有40件未完工,属于是跨月陆续完工,且完工产品数量在批内所占比重较大,生产费用应在完工产品和月末在产品之间进行分配。因原材料一次投入,完工产品和在产品负担的原材料费用相同,按产品数量分配。其余按约当产量比例分配。

①约当产量 = 完工产品数量 + 在产品约当产量

直接材料项目的约当产量 = 60 + 40 × 100% = 100(件)

直接人工项目约当产量 = 60 + 40 × 50% = 80(件)

制造费用项目约当产量 = 60 + 40 × 50% = 80(件)

②完工产品单位成本 = 生产费用合计 ÷ 约当总产量

直接材料项目单位成本 = 60 000 ÷ 100 = 600(元/件)

直接人工项目单位成本 = 22 000 ÷ 80 = 275(元/件)

制造费用项目单位成本 = 19 000 ÷ 80 = 237.5(元/件)

③完工产品总成本 = 完工产品数量 × 完工产品单位成本

直接材料项目 = 600 × 60 = 36 000(元)

直接人工项目 = 275 × 60 = 16 500(元)

制造费用项目 = 237.5 × 60 = 14 250(元)

④月末在产品成本 = 生产费用合计 - 完工产品总成本

直接材料项目 = 60 000 - 36 000 = 24 000(元)

直接人工项目 = 22 000 - 16 500 = 5 500（元）

制造费用项目 = 19 000 - 14 250 = 4 750（元）

表 10 - 2　　　　　　　　　　　　902 号产品成本计算单

批号：902　　　　　　　　　产品名称：乙　　　　　　　　　投产日期：8 月份

购货单位：××　　　　　　　批量：100 件　　　　　　　　　本月完工：60 件

月	日	摘要	直接材料	直接人工	制造费用	合计
9	1	月初在产品成本	60 000	15 000	13 000	88 000
9	30	工资福利费用分配表		7 000		7 000
9	30	制造费用分配表			6 000	6 000
9	30	生产费用合计	60 000	22 000	19 000	101 000
9	30	约当总产量	100	80	80	
9	30	完工产品单位成本	600	275	237.5	1 112.5
9	30	完工产品成本	36 000	16 500	14 250	66 750
9	30	月末在产品成本	24 000	5 500	4 750	34 250

会计分录：

借：库存商品——乙产品　　　　　　　　　　　　　　　　　　　　66 750

　　贷：生产成本——基本生产成本（902 批次乙产品）　　　　　　66 750

二、简化分批法应用举例

某企业小批生产多种产品，由于生产批数多，为简化成本计算工作，采用分批法计算产品成本。该企业 4 月份的产品批别有：

201 号 A 产品 10 台，2 月投产，本月完工；

302 号 B 产品 15 台，3 月投产，本月完工；

303 号 C 产品 8 台，3 月投产，本月完工 2 台；

401 号 D 产品 12 台，本月投产，尚未完工。

该企业 4 月份上述四种产品的月初在产品成本资料见表 10 - 3：

表 10 - 3　　　　　　　　　　月初在产品成本资料

产品批别	累计工时	直接费用
累计总数	29 000	30 000
其中：201 号 A 产品	11 000	9 500
302 号 B 产品	13 000	12 000
303 号 C 产品	5 000	8 500

本月全部 4 种产品生产工时 17 000 小时。其中 A 产品 9 000 小时，B 产品 6 700 小时，C 产品 1 000 小时，D 产品 300 小时，本月发生的直接人工费用总额为 12 960 元，制造费用总额为 8 920 元；D 产品本月开工，投入原材料费用 24 000 元。

要求：

（1）开设基本生产成本二级账和 A、B、C、D 这 4 种产品成本计算单。

（2）根据要素费用分配表登记基本生产成本二级账，产品成本计算单。平时只登记直接材料费用和生产工时数，只有当产品完工时才能根据基本生产成本二级账计算的间接计入费用分配率和该产品累计工时计算登记完工产品应负担的间接计入费用。

基本生产成本二级账（见表 10 - 4）要按成本项目登记该企业全部产品批别的月初（上月末）费用、本月费用、累计费用；同时还要登记月初在产品的累计工时，本月工时和累计工时；当产品累计加工完成时，期末要将完工产品所负担的直接计入费用、按间接计入费用分配率计算的间接计入费用转出。

直接人工累计分配率 = 直接人工费用累计总额 / 累计工时 = 34 960 ÷ 46 000 = 0.76

制造费用累计分配率 = 制造费用累计总额 / 累计工时 = 23 920 ÷ 46 000 = 0.52

表 10 - 4 　　　　　　　　　基本生产成本二级账（各批产品总成本）

2020 年 4 月　　　　　　　　　　　　　　　　　　　　　　　单位：元

摘要	直接材料	累计工时（小时）	直接人工	制造费用	成本合计
月末在产品成本	30 000	29 000	22 000	15 000	67 000
材料费用分配表	24 000				24 000
工资福利费分配表		17 000	12 960		12 960
转入制造费用				8 920	8 920
本月累计	54 000	46 000	34 960	23 920	112 880
累计间接费用分配率			0.76	0.52	
转出完工产品成本	23 625	41 200	31 312	21 424	76 361
月末在产品成本	30 375	4 800	3 648	2 496	36 519

转出完工产品成本汇总表，见表 10 - 9，完工产品成本汇总表应根据产品成本计算单确定，各种产品成本计算单见表 10 - 5、表 10 - 6、表 10 - 7、表 10 - 8：

表 10 - 5 　　　　　　　　　　　产品成本计算单

产品名称：A 产品　　　　　　　批号：201　　　　　　　　投产日期：2月
计量单位：元　　　　　　　　　批量：10 台　　　　　　　完工日期：4月

2020 年		摘要	直接材料	生产工时（小时）	直接人工	制造费用	成本合计
月	日						
3	31	月末在产品成本	9 500	11 000			9 500
4	30	本月发生费用		9 000			
4	30	本月累计	9 500	20 000			
4	30	累计间接费用分配率			0.76	0.52	
4	30	转出完工产品成本	9 500	2 000	15 200	10 400	35 100
4	30	完工产品单位成本	950		1 520	1 040	3 510

A 完工产品应负担的直接人工费用 = A 产品的生产工时 × 间接费用的累计分配率
$$= 20\ 000 \times 0.76 = 15\ 200（元）$$

A 完工产品应负担的制造费用 = A 产品的生产工时 × 间接费用的累计分配率
$$= 20\ 000 \times 0.52 = 10\ 400（元）$$

A 完工产品的单位成本 = 转出完工产品总成本/完工产品数量
$$=(9\ 500 + 15\ 200 + 10\ 400) \div 10 = 3\ 510（元）$$

表 10-6　　　　　　　　　　　　产品成本计算单

产品名称：B 产品　　　　　　　批号：302　　　　　　　　　投产日期：3 月
计量单位：元　　　　　　　　　批量：15 台　　　　　　　　完工日期：4 月

2020 年		摘要	直接材料	生产工时（小时）	直接人工	制造费用	成本合计
月	日						
3	31	月末在产品成本	12 000	13 000			12 000
4	30	本月发生费用		6 700			
4	30	本月累计	12 000	19 700			
4	30	累计间接费用分配率			0.76	0.52	
4	30	转出完工产品成本	12 000	19 700	14 972	10 244	37 216
4	30	完工产品单位成本	800		998.1	682.9	2 481

B 完工产品应负担的直接人工费用 = B 产品的生产工时 × 间接费用的累计分配率
$$= 19\ 700 \times 0.76 = 14\ 972（元）$$

B 完工产品应负担的制造费用 = B 产品的生产工时 × 间接费用的累计分配率
$$= 19\ 700 \times 0.52 = 10\ 244（元）$$

B 完工产品的单位成本 = 转出完工产品总成本/完工产品数量
$$=(12\ 000 + 14\ 972 + 10\ 244) \div 15 = 2\ 481.07（元）$$

表 10-7　　　　　　　　　　　　产品成本计算单

产品名称：C 产品　　　　　　　批号：303　　　　　　　　　投产日期：3 月
计量单位：元　　　　　　　　　批量：8 台　　　　　　　　　本月完工数量：2 台

2020 年		摘要	直接材料	生产工时（小时）	直接人工	制造费用	成本合计
月	日						
3	31	月末在产品成本	8 500	5 000			8500
4	30	本月发生费用		1 000			
4	30	本月累计	8 500	6 000			
4	30	累计间接费用分配率			0.76	0.52	
4	30	转出完工产品成本	2 125	1 500	1 140	780	4 045
4	30	完工产品单位成本	1 062.5		570	390	2 022.5
4	30	月末在产品成本	6 375	4 500			

表 10-8　　　　　　　　　　　　　产品成本计算单

产品名称：D 产品　　　　　　批号：401　　　　　　　投产日期：4 月
计量单位：元　　　　　　　　批量：12 台　　　　　　　尚未完工

2020 年		摘要	直接材料	生产工时（小时）	直接人工	制造费用	成本合计
月	日						
4	30	本月发生费用	24 000	300			

表 10-9　　　　　　　　　　　　　完工产品汇总表　　　　　　　　　　　　　　　单位：元

成本项目	A 产品成本		B 产品成本		C 产品成本	
	总成本	单位成本	总成本	单位成本	总成本	单位成本
直接材料	9 500	950	12 000	800	2 125	1 062.5
直接人工	15 200	1 520	14 972	998.1	1 140	570
制造费用	10 400	1 040	10 244	682.9	780	390
合计	35 100	3 510	37 216	2 491	4 045	2 022.5

第四节　分批零件法

一、分批零件法概述

随着企业的生产从单件小批逐步向成批、大批生产发展，前述的分批法已不能适用，从而产生了应用于大批量生产的分批零件法。本节主要阐述分批零件法的特点和成本计算程序，通过分批零件法与分批法的比较，有助于读者了解两者的异同。

分批零件法是以零件、部件、产品的批别为成本计算对象，归集生产费用和计算产品成本的一种方法。它是分批法的延伸，属于分批法类型的成本计算方法。

随着企业的生产从单件小批逐步转向成批、大批生产时，企业的生产不再按客户的订单组织，而是按照自己所规定的产品品种、规格、数量分批生产，各种品种、规格的生产成批交叉重复进行，同时，产品中的标准件、通用件越来越多，既可用于各种不同规格、不同批别的产品，还可单独对外出售。在这种情况下，为了确定和计算不同批别产品的成本，需要计算各种零件、部件的制造成本，分批零件法也就应运而生了。

分批零件法适用于零件数量不多的成批、大批生产的装配式复杂生产企业，如仪器、仪表等生产企业。

二、分批零件法与分批法的比较

分批零件法与分批法相比较，有以下的异同点：

（1）分批零件法和分批法都是以批别为成本计算对象，按照批别来计算成本。分批法以零件、部件和产品的批别为成本计算对象，而分批法则以订单的产品批别或内部订单产品的批别为成本计算对象。

（2）分批零件法要分别计算零件、部件的成本和产品的成本，一般先计算完工零件的成本，再算完工部件的成本，最后计算完工产品的成本；而分批法只算整个订单产品的成本，不单独计算零件、部件的成本。

（3）分批零件法与分期法的成本计算期都是非定期的，与生产周期一致。它们都是在一批产品或零件、部件完工后才计算成本。

（4）分批零件法下，在产品是狭义上的，它仅指车间内没有完工的零件、部件，不包括完工交库的零件、部件；而分批法下，在产品是广义上的，它不仅包括正在车间加工的零件、部件，还包括已交自制半成品库，但还未最后完工的那部分在产品。

（5）分批零件法适用于零件、部件数量不多的成批、大批生产企业，如仪器、仪表生产企业等；分批法则适用于单件、小批生产企业，如船舶制造企业等。

三、分批零件法的成本计算程序

（一）成本计算单的设置

在分批零件法下，以零件生产的批别、部件和产成品装配（生产）的批别为成本计算对象，按批设置成本计算单，单内按成本项目设置专栏登记生产费用。

（二）费用的归集和分配

对于在原始凭证上填明批别号的直接费用，先进行汇总，然后编制费用分配表，如材料分配表、工资分配表等，据以计入各成本计算单；间接费用则按发生地点归集，如辅助生产成本明细账、制造费用明细账等，通过编制辅助生产成本、制造费用分配表，将分配后的金额计入成本计算单。

（三）自制半成品明细账的设置和完工产品成本与在产品成本的划分

月终，有完工零件的批别。其产品成本计算单所汇总的生产费用合计，即为该批零件的总成本，除以该批零件的产量，可求得该批零件的实际单位成本。零件随同交库单送交自制半成品仓库，仓库应设置自制半成品明细账，以加强零件（部件）的管理，登记各种零件（部件）的收发、结存的数量和金额。零件（部件）发出的成本，可以和材料一样采用先进先出法、加权平均法、个别计算法、后进先出法等方法确定。有的企业为了简化核算工作，采用计划成本计价的方法，月终计算自制半成品的差异分摊率以及应负担的差异数，转入各批产成品或部件的成本计算单内，也有直接转入制造费用，随同制造费用一起分摊的。

部件装配时，从自制半成品仓库领用零件，并将领用零件的成本计入该部件的成本计算单中的"自制半成品"成本项目内，该批部件装配完上，成本计算单所归集的生产费用总和，就是完工部件的总成本，除以产量，即可求得该批部件的单位成本，完工的部件随同交库单交自制半成品库。当产品装配需从自制半成品库领用零件、部件时，再将其成本转入该批产成品成本计算单的"自制半成品"成本项目内。某批产品完工时，将该批成本计算单上归集的生产费用加总，即为完工产品的总成本，除以产量，就求得该批产品的单位成本。

月终，未完工的各批零件、部件、产品，其成本计算单上所归集的生产费用总额，就是月末在产品成本。

练 习 题

一、单项选择题

1. 简化的分批法是（　　）。
   A. 不计算在产品成本的分批法
   B. 不分批计算在产品成本的分批法
   C. 不分批计算完工产品成本的分批法
   D. 分批计算完工产品成本和在产品成本的分批法
2. 采用简化的分批法在产品完工以前，产品成本明细账（　　）。
   A. 不登记　　　　　　　　　　　　B. 只登记直接计入费用和生产工时
   C. 只登记直接费用　　　　　　　　D. 只登记间接费用
3. 产品成本计算的分批法，适用的生产组织是（　　）。
   A. 大量大批生产　　　　　　　　　B. 大量小批生产
   C. 单件成批生产　　　　　　　　　D. 小批单件生产
4. 某企业采用分批法计算产品成本。6月6日投产甲产品5件，乙产品3件；6月15日投产甲产品4件，乙产品4件，丙产品3件；6月26日投产甲产品6件。该企业6月份应开设产品成本明细账的张数是（　　）。
   A. 3张　　　　　　　　　　　　　　B. 5张
   C. 4张　　　　　　　　　　　　　　D. 6张
5. 下列情况下，不宜采用简化分批法的是（　　）。
   A. 各月间接计入费用水平相差不大
   B. 月末未完工产品批数较多
   C. 同一月份投产的批数很多
   D. 各月间接计入费用水平较多
6. 采用分批法时，作为成本计算对象的某一批别不可以是（　　）。
   A. 不同订单中的同种产品　　　　　B. 同一订单同种产品的组成部分
   C. 同一订单中的不同产品　　　　　D. 同一订单同种产品的部分批量
7. 采用分批法计算产品成本时，如果批内跨月完工产品的数量较大，则完工产品成本可以采用的方法是（　　）。
   A. 按计划单位成本计算　　　　　　B. 按定额单位成本计算
   C. 按约当产量比例法分配计算　　　D. 按最近一期相同产品的实际成本计算

二、多项选择题

1. 产品成本计算的分批法适用于（　　）。
   A. 单件小批类型的生产
   B. 小批单步骤

C. 小批量、管理上不需要分生产步骤计算产品成本的多步骤

D. 大量大批的单步骤

E、大量大批的多步骤

2. 分批法成本计算的特点有（　　）。

A. 以生产批次作为成本计算对象

B. 产品成本计算期不固定

C. 按月计算产品成本

D. 一般不需要进行完工产品和在产品成本分配

E. 以生产批次或订单设置生产成本明细账

3. 在按分批法计算产品成本时，各批生产成本明细账上（　　）。

A. 只反映报告月份以前累计发生的费用

B. 只登记报告月份发生的费用

C. 包括报告月份发生的费用

D. 包括报告月份以前累计发生的费用

E、既反映完工产品成本，又反映在产品成本

4. 采用分批法计算产品成本时，如果批内产品跨月陆续完工，（　　）。

A. 月末需要计算完工产品成本和在产品成本

B. 月末要将生产费用在完工产品和在产品之间进行分配

C. 月末不需要将生产费用在完工产品和在产品之间进行分配

D. 月末不需要计算产品成本，等到全部产品完工时计算

E. 可以计算先完工的产品成本

5. 采用分批法计算产品成本时，如果批内产品跨月陆续完工的情况不多，而且完工产品数量占全部批量的比重很小，先完工的产品成本可以（　　）。

A. 按计划单位成本计算

B. 按定额单位成本计算

C. 按最近一期相同产品的实际单位成本计算

D. 不再计算全批产品的实际成本

E、全批产品完工时，还要计算全批产品实际的总成本和单位成本

6. 采用分批法计算产品成本时，成本计算对象可以按（　　）。

A. 一张订单中的不同品种产品分别确定

B. 一张订单中的同种产品分批确定

C. 一张订单中单件产品的组成部分分别确定

D. 多张订单中的同种产品确定

E. 同一订单中的不同产品确定

三、判断题

1. 分批法适用于成批生产。　　　　　　　　　　　　　　　　　　　　　　（　　）

2. 采用分批法计算成本时，所有产品都需要在完工产品与在产品之间分配费用。

（　　）

3. 采用在全批产品完工并计算出实际总成本和实际单位成本以后，对于以前月份已经按照计划单位成本计算的批内完工产品成本，还应按实际成本进行账面调整。（　　）

4. 如果同一时期内，几张订单规定有相同的产品，还应订单确定批别，分批组织生产，计算成本。（　　）

5. 在分批法下成本计算期与产品生产周期基本一致，也与会计报告期一致。（　　）

6. 在分批法条件下，如果批内产品跨月陆续完工，这时就要在完工产品与在产品之间分配费用，可以采用简化的方法。（　　）

7. 企业按照客户订单组织产品生产的情况下，应当采用品种法计算产品成本。（　　）

8. 采用各种成本计算方法计算产品成本，各月末都要在完工产品与月末在产品之间分配费用。（　　）

四、案例分析题

[案例1] 一般分批法应用

福佳工厂产品成本计算采用的是分批法，其设置的成本项目有三个：直接材料、直接人工和制造费用。该厂2020年7月份各种产品投产、完工情况见表10-10：

表10-10　　　　　　　　　　2020年7月

批号	产品名称	投产情况		本月完工情况
		投产日期	批量（台）	
505	A	6月	20	全部在本月完工
506	B	7月	10	全部未完工
507	C	7月	25	本月完工5台

三批产品月初生产成本资料见表10-11：

表10-11

产品批号	直接材料	直接人工	制造费用	合计
505A产品	40 000	60 000	30 000	130 000
合计	40 000	60 000	30 000	130 000

（1）根据有关凭证编制产品耗用直接材料、直接人工分配汇总表。简化汇总表见表10-12：

表10-12　　　　　　　各项费用分配汇总表
　　　　　　　　　　　　2020年7月　　　　　　　　　　　　单位：元

	产品批号	直接材料	直接人工
基本生产成本	505A产品	50 000	62 500
	506B产品	175 000	52 500
	507C产品	52 500	85 000
辅助生产成本（机修车间）		62 000	12 000
合计		339 500	212 000

(2) 产品生产工时及修理工时见表 10 – 13：

表 10 – 13   2020 年 7 月

产品批号	生产工人工时（小时）	修理工时（小时）
505A 产品	23 000	350
506B 产品	16 000	450
507C 产品	14 000	200
合计	53 000	1 000

(3) 机修车间明细账见表 10 – 14：

表 10 – 14   辅助生产成本明细账

修理车间   2020 年 7 月   单位：元

费用项目	金额
直接材料	62 000
直接人工	12 000
制造费用	15 000
合计	89 000

另：507 批次 C 产品本月完工 5 台，按定额成本法结转完工产品成本，C 产品单位产品定额资料为：单位材料定额 5 000 元，单位人工成本定额 8 600 元，单位制造费用定额 2 720 元。

要求：(1) 辅助生产车间只为基本生产部门提供服务，按修理工时分配辅助生产费用，并编制辅助生产费用分配表。

(2) 本月基本生产车间制造费用为 106 000 元，按生产工人工时编制制造费用分配表。

(3) 采用一般分批法编制产品成本计算单。

(4) 编制相关分录。

[案例 2] 简化分批法应用

假设福佳工厂属于小批生产，产品批别较多，批量小，生产周期较长，采用简化分批法计算成本。2020 年 4 月份有关资料如下：

(1) 月初各批在产品的成本和工时资料见表 10 – 15：

表 10 – 15

批号	产品名称	计量单位	批量	投产日期	累计耗用工时	累计制造费用	累计直接人工	直接材料
718	甲	件	10	1 月	1 800			37 500
719	乙	件	5	2 月	590			22 000
720	丙	件	4	3 月	960			16 000
合计					3 350	23 500	17 250	75 500

(2) 本月各批产品的生产工时和发生的直接费用及完工情况见表 10 – 16：

表 10–16

批号	产品名称	计量单位	批量	投产日期	完工日期	本月发生	
						工时	直接材料
718	甲	件	10	1月	4月	200	2 500
719	乙	件	5	2月	4月	410	3 000
720	丙	件	4	3月	6月	1 040	14 000
合计						1 650	19 500

本月各批产品直接人工、制造费用发生额分别为 2 750 元和 16 500 元。

要求：根据上述资料计算 4 月已完工的甲产品、乙产品成本，未完工的丙产品暂不分配负担间接费用。

第十一章 分步法

> **本章简介**
>
> 分步法是以产品的品种及其所经过的生产步骤作为成本计算对象,归集生产费用,计算各种产品成本及其各步骤成本的一种方法。分步法作为成本计算的基本方法之一,适用于生产组织为大量大批、生产工艺为多步骤生产且管理上要求分步核算的企业。本章重点阐述分步法的核算程序和核算方法,以及应用分步法进行成本计算。

日本车站便当的成本核算

日本的车站便当很有名,每个车站都有自己独具特色的便当。通常情况下,一个便当的售价在 1 000 ~ 1 500 日元(人民币 60 ~ 100 元左右),但是在日光、名古屋等众多富人聚集的地方,便当的价格甚至达到普通价格的 100 倍,比如 1 万、3 万、5 万、10 万、15 万日元(人民币 600 元、1 800 元、3 000 元、6 000 元、10 000 元)不等。这些高价的便当,每天都是限量的,或者是预定的。食材一定都是最高级的且极其的新鲜,甚至是空运过来,做便当的师傅都是顶级的厨师,连装便当的便当盒都可能是传统手工定制、甚至镶有24k金花。

一般便当制作成本核算会采用分批法,但是对于高价便当,在食材的选用上采用分批成本法,加工成本采用分步法,因为极少数的食材是由高级的师傅来做,而炖菜、油炸等基本食材是由普通的师傅来做,其成本和普通便当的成本是相同的。

通过本章的学习,你将会理解什么样的情况下适用分步法核算产品的成本,你会掌握分步法的核算过程和方法。

第一节 分步法的意义和特点

一、分步法的意义

分步法是按照产品的生产步骤归集生产费用,计算产品成本的一种方法。它主要适用于大量大批的多步骤生产,且管理上要求按步骤计算成本的企业或车间,如纺织、冶金、化工制品、肉类加工、造纸等工业企业。在这些企业里,生产的工艺过程是由一系列连续加工步骤所构成，从原材料投入生产，每经过一个加工步骤就产生一种半成品，这些半成品是下一步骤的加工对象，直到最后一步骤生产出完工产成品。例如，棉纺织印染厂除了花布或色布为产成品外，纺纱车间的棉纱、织布车间的坯布等均为半成品。为了加强各生产步骤的成本管理，往往不仅要求按照产品品种计算成本，而且还要求按照生产步骤计算成本，以便为考核和分析各种产品及其各生产步骤的成本计划的执行情况提供资料。

二、分步法的特点

（一）成本计算对象

在分步法下，成本计算对象是各个生产步骤的各种产品，采用分步法计算成本时，成本计算对象是各个加工步骤的各种或各类产品，按每个加工步骤的各种或各类产品设置产品成本明细账。于生产过程中所发生的原材料等直接计入费用，应直接计入各成本计算单；对于间接计入费用，应先按整个步骤归集，然后按一定标准，在该步骤的各种产品之间进行分配。

需要指出的是，产品成本计算的分步与实际的生产步骤不一定完全一致。各企业根据成本管理的需要，如果一个生产步骤就是一个车间，可按车间计算成本；如果一个车间分为若干个生产步骤，则按每个生产步骤分别计算成本；也可以将几个车间合为一个步骤计算成本。因此，分步计算成本不一定就是分车间计算成本。

（二）成本计算期

分步成本计算工作是定期进行的。因为在大量大批生产的企业里，生产活动在连续不断地进行着，总有一部分产品完工，一部分产品未完工。因而，成本计算只能在每月月底进行，即成本计算期是定期的，成本计算期与生产周期不一致，而与会计核算期一致。

（三）费用在完工产品和在产品之间的分配

由于大量大批多步骤生产的产品往往跨月陆续完工，因此，采用分步法计算产品成本时，计入各种产品、各生产步骤成本计算单中的生产费用，月末大多要采用适当的分配方法在完工产品与月末在产品之间进行分配，计算各该产品、各该生产步骤的完工产品成本与月末在产品成本；然后按照产品品种结转各步骤的完工产品成本，计算每种产品的产成品成本。

（四）各步骤之间成本的结转

采用分步法计算产品成本的企业生产的半成品，有的对外出售，有的虽不出售但成本管理需要成本核算提供各个生产步骤的半成品成本资料，所以应采用逐步结转分步法计算各生产步骤半成品或产成品的成本。如果半成品不对外出售或很少出售，则采用平行结转分步法，不计算各步骤半成品成本，只要计算最后完工产品的成本。

三、分步法的种类

在分步法下，由于各企业生产的具体情况和对于步骤成本管理的要求不同，以及处于简化核算工作的考虑，各生产步骤成本的计算和结转，又分为逐步结转和平行结转两种方法。

逐步结转分步法，也成为计算半成品成本的分步法，它是在管理上要求提供半成品成本资料的情况采用的；平行结转分步法，也称为不计算在产品成本的分步法，它是在管理上不要求提供半成品成本资料的情况下采用的。

第十一章 分步法

近十几年来,我国一些企业又创造了一种逐步结转与平行结转相结合的分步法,以简化成本计算,并满足成本管理的需要。这三种方法的特点和具体内容,将在以下各节分别详细叙述。

知识拓展 11 – 1

企业选择逐步结转分步法还是平行结转分步法?

孙老师在给大连财经学院会计学院上"成本会计"课时,大四学生王晗曾提问:"逐步结转分步法称为计算半成品成本的方法、平行结转分步法称为不计算半成品成本的方法,那么企业在进行成本计算时如何来选择应用哪一种方法呢?"孙老师解答:"选择哪一种方法是根据企业各生产步骤成本资料的不同、是否计算各生产步骤的半成品成本和企业的具体生产特点来考虑的。"

逐步结转分步法是需要计算各个生产步骤半成品成本的计算方法。在这种方法下,各步骤所耗用的上一步骤半成品的成本,要随着半成品实物的转移,从上一步骤的产品成本计算单转入下一步骤的产品成本计算单中,因此,按照半成品成本在下一步骤成本计算单中的反映方法,又可分为综合结转和分项结转两种方法。在采用综合结转分步法时,根据企业需求,有可能还需要将产成品所耗用上一步骤半成品的成本进行成本还原。

第二节 逐步结转分步法

一、逐步结转分步法的特点

逐步结转分步法亦称顺序结转分步法,它是按照产品加工顺序,逐步计算并结转各步骤半成品的成本,直至最后生产步骤计算出产成品成本的一种成本计算方法。在这种分步法下,先计算第一生产步骤的半成品成本,随着半成品转移到第二步骤继续加工,其成本也随同转移到第二步骤。下一步骤将上步骤转来的半成品成本,加上本步骤耗用的材料和加工资,计算出本步骤的半成品成本,这样顺序结转,产品成本也随同半成品成本逐步积累,直到最后一个步骤,计算出产成品成本,其成本计算程序可用图 11 – 1 列示。

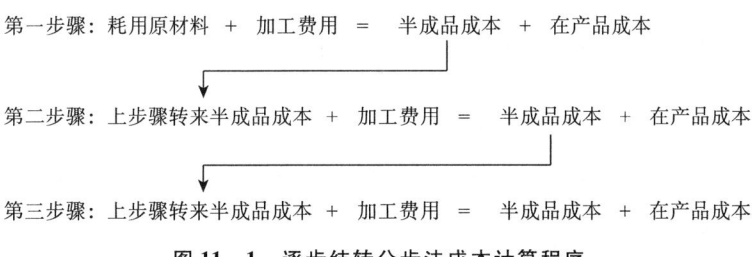

图 11 – 1 逐步结转分步法成本计算程序

具体来说,逐步结转分步法的成本计算程序如下:

(1) 以最终产成品品种及其各步骤半成品成本作为成本计算对象，分别设立产品成本计算单，并按照成本项目登记所发生的生产费用。直接计入费用可根据直接材料和直接人工的发生额直接计入各成本计算单；每步骤发生的间接计入费用应先归集，然后按一定标准分配计入本步骤的产品成本计算单。

(2) 对各步骤转出的半成品成本，应该从各步骤的成本计算单中转出。如果半成品不是通过自制半成品库收发，而为下一步骤直接领用，半成品成本就在各步骤的产品成本计算单之间直接结转，不必编制结转半成品成本的会计分录。如果半成品完工后，先通过半成品库收发，则应编制结转半成品成本的会计分录：在验收入库时，借记"自制半成品"账户，贷记"基本生产成本"账户；在下一步骤领用时再编制相反的会计分录。

(3) 对各步骤生产费用总额需要在本步骤完工的完工产品（前面各步骤为半成品，最后步骤为产成品）和狭义在产品之间进行分配。在大量大批、多步骤生产中，由于生产过程较长而且可以间断，在月末计算产品成本时，各步骤一般都有在产品，因而需要采用适当的分配方法，将生产费用在本步骤的完工产品与在产品之间进行分配。一般可采用在产品按定额成本计价法、定额比例法和约当产量比例法等方法进行分配。除以上述及的方法外，有的企业，由于产品已接近完工，在产品成本就与完工半成品或产成品一样计价。也有的企业，原材料成本在产品成本中所占比重较大，为简化核算，第一步骤在产品可以按原材料成本计价，以后各步骤在产品则按上一步骤的半成品成本计价。

(4) 各步骤完工半成品实物移交下一步骤加工，半成品成本跟着结转到下一步骤产品成本计算单。随着半成品实物的逐步转移加工，半成品成本也逐步结转，逐渐累积到最后一个步骤，在最后步骤的产品成本计算单上所归集的生产费用合计数扣除月末在产品成本，即可计算出产成品成本。

综上所述，逐步结转分步法就是为了计算半成品成本而采用的一种分步法。因此又称计算半成品成本分步法。逐步结转分步法实际上是品种法的多次连接应用。

逐步结转分步法，按照半成品成本在下一步骤成本计算单中反映的方法，又可分为综合结转和分项结转两种方法。

二、综合结转分步法

（一）综合结转分步法的特点

综合结转分步法的特点是将各步骤所耗用的上一步骤半成品成本，综合计入各该步骤产品成本计算单的"直接材料"或专设的"半成品"成本项目的一种方法。半成品成本的综合结转可以按实际成本结转，也可以按计划成本结转。因此，综合结转分步法，又有按实际成本综合结转分步法与按计划成本综合结转分步法两种方法。本书主要阐述按实际成本综合结转分步法。

采用按实际成本综合结转半成品成本时，各步骤所耗上一步骤的半成品成本，应根据所耗半成品的实际数量乘以半成品的实际单位成本计算。由于各月所产半成品的实际单位成本不同，因而所耗半成品的单位成本，可以采用先进先出法、全月一次加权平均法、移动加权平均法和个别计价法等方法计算。

（二）综合结转分步法的成本计算程序

采用综合结转分步法计算产品成本的计算程序如下：

(1) 根据确定的成本计算对象,设置"产品成本计算单";

(2) 根据本步骤发生的各种生产费用,计算该步骤完工半成品成本,直接转入下一步骤或半成品仓库;

(3) 以后的各生产步骤,将从上一步骤或半成品转入的半成品成本,以"半成品"或"直接材料"综合项目计入本步骤成本计算单中,再加上本步骤发生的费用,计算出本步骤完工的半成品成本,再以综合项目转至下一步骤成本计算单中;

(4) 最后步骤计算出完工产品的成本。

【例 11 – 1】华兴公司生产甲产品,经过三个生产步骤,原材料在开始生产时一次投入。月末在产品按约当产量法计算。有关资料见表 11 – 1、表 11 – 2。

要求:采用综合逐步结转分步法计算在产品成本。

表 11 – 1　　　　　　　　　　　　　　产量资料

项目	第一步骤	第二步骤	第三步骤
月初在产品数量	20	10	8
本月投产数量	180	160	140
本月完工数量	160	140	120
月末在产品数量	40	30	28
在产品完工程度	50%	50%	50%

表 11 – 2　　　　　　　　　　　　　　生产费用资料

成本项目	月初在产品成本			本月发生费用		
	第一步骤	第二步骤	第三步骤	第一步骤	第二步骤	第三步骤
直接材料	40 500	13 800	1 400	185 000	—	—
动力费用	3 000	5 300	3 740	150 000	190 000	145 000
直接工资	10 400	21 150	9 840	220 000	650 000	360 000
制造费用	17 600	23 300	18 140	310 000	420 000	680 000
合计	71 500	63 550	33 120	865 000	1 260 000	1 185 000

(1) 第一步骤产品成本的计算:

直接材料费用分配率 $= \dfrac{40\ 500 + 185\ 000}{160 + 40} = 1\ 127.5$(元/件)

完工半成品应分配的直接材料费用 $= 160 \times 1\ 127.5 = 180\ 400$(元)

在产品应分配的直接材料费用 $= 40 \times 1\ 127.5 = 45\ 100$(元)

动力费用的分配率 $= \dfrac{3\ 000 + 150\ 000}{160 + 40 \times 50\%} = 850$(元/件)

完工半成品应分配的动力费用 $= 160 \times 850 = 136\ 000$(元)

在产品应分配的动力费用 $= 40 \times 50\% \times 850 = 17\ 000$(元)

直接工资分配率 $= \dfrac{10\ 400 + 220\ 000}{160 + 20} = 1\ 280$(元/件)

完工半成品应分配的直接工资费用 $= 160 \times 1\ 280 = 204\ 800$(元)

在产品应分配的直接工资费用 = 40 × 50% × 1 280 = 25 600（元）

制造费用的分配率 = $\frac{17\ 600 + 310\ 000}{160 + 20}$ = 1 820（元/件）

完工半成品应分配的制造费用 = 160 × 1 820 = 291 200（元）
在产品应分配的制造费用 = 40 × 50% × 1 820 = 36 400（元）
据此可编制如下"第一步骤产品成本计算单"，见表 11-3：

表 11-3　　　　　　　　　　　第一步骤产品成本计算单　　　　　　　　　　金额单位：元

项目		直接材料	动力费用	直接工资	制造费用	合计
月初在产品成本		40 500	3 000	10 400	17 600	71 500
本月发生费用		185 000	150 000	220 000	310 000	865 000
合计		225 500	153 000	230 400	327 600	936 500
产品产量	完工产品产量	160	160	160	160	
	在产品约当产量	40	20	20	20	
	合计	200	180	180	180	
单位成本		1 127.50	850	1 280	1 820	5 077.50
转出半成品成本		180 400	136 000	204 800	291 200	812 400
在产品成本		45 100	17 000	25 600	36 400	124 100

将第一步骤产品成本计算单中完工的半成品成本 812 400 元，计入"第二步骤产品成本计算单"中的"半成品"成本项目中。

（2）第二步骤产品成本的计算：

第二步骤半成品成本合计 = 13 800 + 812 400（第一步骤转入）= 826 200（元）

半成品成本分配率 = $\frac{13\ 800 + 812\ 400}{140 + 30}$ = 4 860（元/件）

完工产品应分配的半成品成本 = 140 × 4 860 = 680 400（元）
在产品应分配的半成品成本 = 30 × 4 860 = 145 800（元）

动力费用的分配率 = $\frac{5\ 300 + 190\ 000}{140 + 30 × 50\%}$ = 1 260（元/件）

完工半成品应分配的动力费用 = 100 × 1 260 = 176 400（元）
在产品应分配的动力费用 = 30 × 50% × 1 260 = 18 900（元）

直接工资分配率 = $\frac{21\ 150 + 650\ 000}{140 + 15}$ = 4 330（元/件）

完工半成品应分配的直接工资费用 = 140 × 4 330 = 606 200（元）
在产品应分配的直接工资费用 = 30 × 50% × 4 330 = 64 950（元）

制造费用的分配率 = $\frac{23\ 300 + 420\ 000}{140 + 15}$ = 2 860（元/件）

完工半成品应分配的制造费用 = 140 × 2 860 = 400 400（元）
在产品应分配的制造费用 = 30 × 50% × 2 860 = 42 900（元）
据此可编制如下"第二步骤产品成本计算单"，见表 11-4：

第十一章 分步法

表 11-4 第二步骤产品成本计算单   金额单位：元

项目		半成品	动力费用	直接工资	制造费用	合计
月初在产品成本		13 800	5 300	21 150	23 300	63 550
本月发生费用		812 400	190 000	650 000	420 000	2 072 400
合计		826 200	195 300	671 150	443 300	2 135 950
产品产量	完工产品产量	140	140	140	140	
	在产品约当产量	30	15	15	15	
	合计	170	155	155	155	
单位成本		4 860	1 260	4 330	2 860	13 310
转出半成品成本		680 400	176 400	606 200	400 400	1 863 400
在产品成本		145 800	18 900	64 950	42 900	272 550

将第二步骤完工的半成品 1 863 400 元以"半成品"综合成本项目转入第三步骤产品成本计算单中。

（3）第三步骤产品成本的计算：

第三步骤半成品成本合计 = 1 400 + 1 863 400（第二步骤转入）= 1 864 800（元）

半成品成本分配率 = $\dfrac{1\,400 + 1\,863\,400}{120 + 28}$ = 12 600（元/件）

完工产品应分配的半成品成本 = 120 × 12 600 = 1 512 000（元）

在产品应分配的半成品成本 = 28 × 12 600 = 352 800（元）

动力费用的分配率 = $\dfrac{3\,740 + 145\,000}{120 + 28 \times 50\%}$ = 1 110（元/件）

完工半成品应分配的动力费用 = 120 × 1 110 = 133 200（元）

在产品应分配的动力费用 = 28 × 50% × 1 110 = 15 540（元）

直接工资分配率 = $\dfrac{9\,840 + 360\,000}{120 + 14}$ = 2 760（元/件）

完工半成品应分配的直接工资费用 = 120 × 2 760 = 331 200（元）

在产品应分配的直接工资费用 = 28 × 50% × 2 760 = 38 640（元）

制造费用的分配率 = $\dfrac{18\,140 + 680\,000}{120 + 14}$ = 5 210（元/件）

完工半成品应分配的制造费用 = 120 × 5 210 = 625 200（元）

在产品应分配的制造费用 = 28 × 50% × 5 210 = 72 940（元）

据此可编制如下"第三步骤产品成本计算单"，见表 11-5：

表 11-5 第三步骤产品成本计算单   金额单位：元

项目	半成品	动力费用	直接工资	制造费用	合计
月初在产品成本	1 400	3 740	9 840	18 140	33 120
本月发生费用	1 863 400	145 000	360 000	680 000	3 048 400
合计	1 864 800	148 740	369 840	698 140	3 081 520

续表

项目		半成品	动力费用	直接工资	制造费用	合计
产品产量	完工产品产量	120	120	120	120	
	在产品约当产量	28	14	14	14	
	合计	148	134	134	134	
单位成本		12 600	1 110	2 760	5 210	21 680
完工成品成本		1 512 000	133 200	331 200	625 200	2 601 600
在产品成本		352 800	15 540	38 640	72 940	479 920

采用综合结转分步法计算产品成本时，计算方法简单，能提供各步骤对应的半成品成本，是采用综合结转分步法计算出来的产品成本，不能提供按原始成本项目反映产品成本的结构，因为最后步骤计算出来的产品成本中的"直接材料"或"半成品"项目中，包括了前几个步骤转入半成品的加工费、材料费，而最后步骤成本项目中的各加工费项目，只是最后生产步骤的数额。这样，显然不利于成本分析和成本考核。而要提供按原始成本项目反映的产品成本构成，还必须进行成本还原。因此，这种方法一般适用于只要求提供各步骤半成品成本资料，而不要求提供原始成本项目构成情况的企业采用。

(三) 综合结转分步法的成本还原

采用综合结转分步法结转半成品成本，各生产步骤所耗用的上一步骤半成品的成本是以"半成品"或"直接材料"项目综合反映的，因此，表现在产成品成本中半成品"成本项目"的绝大部分费用是最后一个步骤所耗半成品的费用，而其他加工费用仅仅是最后步骤的加工费用，这样计算出来的产成品成本，不能提供按原始成本项目反映的成本资料，不利于成本分析和考核。因此，必须对产成品所耗的半成品成本进行还原。

所谓的成本还原，就是将产品成本中以综合项目反映的自制半成品成本，逐步分解为以原始的成本项目表现的成本。还原的方法是采用倒顺序法，就是从最后一个步骤起，把各步骤所耗上一步骤半成品的综合成本，按本月所产这种半成品的成本结构进行还原，然后将各步骤相同的成本项目数额相加，即可求得按原始成本项目反映的产成品成本，直到还原到第一个步骤。成本还原的方法，通常有以下两种：

1. 按半成品中成本项目占全部成本的比重还原

按半成品中成本项目占全部成本的比重还原是根据本月产成品耗用上步骤半成品的成本乘以还原分配率计算半成品成本还原的方法。采用这种方法，首先要确定各步骤完工产品的成本结构，即各成本项目占全部成本的比重；然后将产品成本的半成品综合成本额乘上迁移步骤该种半成品的各种成本项目的比重，就可以把综合成本进行分解。如果成本计算是两步以上，那么第一次成本还原后，还会有未还原的半成品成本，这时应将未还原的半成品成本再乘上迁移步骤该种半成品的各成本项目比重，以此类推，直到半成品成本还原为原始成本项目为止。具体步骤如下：

(1) 计算成本还原率。这里的成本还原率是指各步骤完工产品成本构成，即各成本项目占全部成本的比重，其计算公式如下：

$$还原分配率 = \frac{上步骤完工半成品各成本项目的金额}{上步骤完工半成品成本合计} \times 100\%$$

第十一章 分步法

（2）将半成品的综合成本进行分解。分解的方法是用产品成本中半成品的综合成本乘以上一步骤生产的该种半成品的各种成本项目的比重。其计算公式如下：

半成品成本还原 = 产成品成本中半成品综合成本 × 各成本项目还原分配率

（3）计算还原后成本。还原后成本是根据还原前成本加上半成品成本还原计算的，其计算公式如下：

还原后产品成本 = 还原前产品成本 + 半成品成本还原

（4）如果成本计算有两个以上步骤，第一次成本还原后，还有未还原的半成品成本。这时，还应将未还原的半成品成本进行还原，即用未还原的半成品成本，乘以前一步骤该种半成品的各个成本项目的比重。后面的还原步骤和方法同上。直至还原到第一步骤为止，才能半成品成本还原为原来的成本项目。

【例11-2】现以例11-1成本计算结果的资料为基础，进行成本还原的计算，并将计算结果填入表11-6。

表11-6　　　　　　　　　　　产品成本还原计算表　　　　　　　产量：120件　金额单位：元

项目	成本项目	还原前产品成本 （1）	本月生产半成品成本 （2）	还原分配率 （3）	半成品成本还原 （4）	还原后总成本 （5）	还原后单位成本 （6）
按第二步骤半成品成本结构进行还原	直接材料						
	半成品	1 512 000	680 400	0.37	559 440	559 440	4 662
	动力费用	133 200	176 400	0.09	136 080	269 580	2 244
	直接工资	331 200	606 200	0.33	498 960	830 160	6 918
	制造费用	625 200	400 400	0.21	317 520	942 720	7 856
	合计	2 601 600	1 863 400	1	151 200	2 601 600	21 680
按第一步骤半成品成本结构进行还原	直接材料		180 400	0.22	123 076.8	123 076.8	1 025.64
	半成品	559 440					
	动力费用	269 280	136 000	0.17	95 104.8	36 384.8	3 036.54
	直接工资	830 160	204 800	0.25	139 860	970 040	8 083.50
	制造费用	942 720	291 200	0.36	201 398.4	1 144 118.4	9 534.32
	合计	2 601 600	812 400	1	559 440	2 601 600	21 680

编表说明：

（3）=（2）栏各项÷（2）栏合计

（4）=（3）×（1）栏半成品成本项目

（5）=（1）+（4）

（6）=（5）÷完工产品产量1 200

2. 按各步骤耗用半成品的总成本占上一步骤完工半成品总成本的比重还原

按各步骤耗用半成品的总成本占上一步骤完工半成品总成本的比重还原是将本月产成品"半成品"项耗用上一步骤半成品的综合成本，按本月所生产这种半成品成本结构进行还原。采用这种方法进行成本还原的计算程序如下：

（1）计算成本还原分配率，它是指产成品成本中半成品成本占上一步骤所产该种半成品总成本的比重，其计算公式如下：

成本还原分配率 = 产成品的半成品成本/上一步骤半成品成本

（2）计算半成品成本还原，它是用成本还原分配率乘以本与生产该种半成品成本项目的金额，其计算公式如下：

半成品成本还原 = 成本还原分配率 × 本月生产该种半成品各成本项目金额

（3）计算还原后产品成本，它是用还原前产品成本加上半成品成本还原计算的，其计算工时如下：

还原后产品成本 = 还原前产品成本 + 半成品成本还原

（4）如果成本计算需经过两个以上步骤，则需重复（1）至（3）步骤进行再次的还原，直至还原到第一步骤为止。

【例 11-3】仍以例 11-1 的计算结果资料为基础，进行成本还原的计算，并将计算结果列入表 11-7 中。

表 11-7　　　　　　　　　产品成本还原计算表　　　　产量：120 件　金额单位：元

项目	成本项目	还原前产品成本	本月生产半成品成本	还原分配率	半成品成本还原	还原后总成本	还原后单位成本
		（1）	（2）	（3）	（4）	（5）	（6）
按第二步骤半成品成本结构进行还原	直接材料			1 512 000 ÷ 1 863 400 = 0.8114			
	半成品	1 512 000	680 400		552 076.60	552 076.60	4 600.64
	动力费用	133 200	176 400		14 313.10	276 331	2 302.76
	直接工资	331 200	606 200		491 870.70	823 070.70	6 858.92
	制造费用	625 200	400 400		324 921.70	950 121.70	7 917.68
	合计	2 601 600	1 863 400			2 601 600	21 680
按第一步骤半成品成本结构进行还原	直接材料		180 400	552 076.60 ÷ 812 400 = 0.67956	122 592.60	122 592.6	1 021.61
	半成品	552 076.60					
	动力费用	276 331	136 000		92 420.20	368 751.2	3 072.93
	直接工资	823 070.70	204 800		139 173.9	962 244.6	8 018.71
	制造费用	950 121.70	291 200		197 889.9	1 148 011.6	9 566.75
	合计	2 601 600	812 400			2 601 600	21 680

编表说明：

（4）=（3）×（2）

（5）=（1）+（4）

（6）=（5）÷完工产品产量 120

三、分项结转分步法

分项结转分步法是指上一步骤转入下一步骤的半成品成本，不是以"半成品"或"直接材料"成本项目进行反映，而是分别成本项目记入下一步骤成本计算单的有关成本项目中。如果半成品通过半成品库收发,那么,在自制半成品明细账中登记半成品成本时,也要按照成本项目分别登记。

分项结转,可以按照半成品的实际成本结转,也可以按照半成品的计划成本结转,然后按成本项目分项调整成本差异。由于后一种做法的计算工作量较大,因此,一般采用按实际成本分项结转的方法。

【例11-4】华兴公司有三个基本生产车间,大量生产乙产品,其生产过程是:原材料在第一车间一次性投入,并将原材料加工成A半成品;第二车间将A半成品加工成B半成品;第三车间将B半成品加工成乙产品。

2020年6月各车间的产量记录和成本资料见下表11-8、表11-9。

表11-8　　　　　　　　　　　　产量记录

项目	计量单位	第一车间	第二车间	第三车间
月初在产品	件	60	160	140
本月投产	件	1 040	980	1 020
本月完工	件	980	1 020	1 060
月末在产品	件	120	120	100
完工程度		60%	50%	40%

表11-9　　　　　　　　　　　　成本资料

	成本项目	直接材料	直接人工	制造费用	合计
第一车间	月初在产品成本	11 160	1 440	1 700	14 300
	本月发生费用	148 340	23 808	24 600	196 748
第二车间	月初在产品成本	15 080	7 400	9 760	32 240
	本月发生费用		46 600	85 280	131 880
第三车间	月初在产品成本	12 040	5 600	7 000	24 640
	本月发生费用		24 100	24 900	49 000

企业本月份发生的生产费用已经归集在各车间基本生产成本明细账上,各车间基本生产成本明细账见表11-10:

表11-10　　　　　　　　　　第一车间基本生产成本明细账

车间名称:第一车间　　　　　　　　　　　　　　　　　　　　　　完工产量:980件
产品名称:A半成品　　　　　　　　　2020年6月　　　　　　　　　金额单位:元

项目	直接材料	直接人工	制造费用	合计
月初在产品成本	11 160	1 440	1 700	14 300
本月生产费用	148 340	23 808	24 600	196 748

续表

项目	直接材料	直接人工	制造费用	合计
合计	159 500	25 248	26 300	211 048
单位产品成本	145	24	25	194
完工半成品成本	142 100	23 520	24 500	190 120
月末在产品成本	17 400	1 728	1 800	20 928

（1）第一车间基本生产成本计算为：

直接材料 = 159 500 ÷ (980 + 120) = 145（元）

直接人工 = 25 248 ÷ (980 + 120 × 60%) = 24（元）

制造费用 = 11 210 ÷ (980 + 120 × 60%) = 25（元）

表 11-11　　　　　　　　　第二车间基本生产成本明细账

车间名称：第二车间　　　　　　　　　　　　　　　　　　　　　　　完工产量：1 020 件

产品名称：B 半成品　　　　　　2020 年 6 月　　　　　　　　　　　金额单位：元

项目	直接材料	直接人工	制造费用	合计
月初在产品成本	15 080	7 400	9 760	32 240
上步骤转入费用	142 100	23 520	24 500	190 120
本月生产费用		46 600	85 280	131 880
合计	157 180	77 520	119 540	354 240
单位产品成本	137.88	71.78	110.69	320.35
完工半成品成本	140 637.6	73 215.6	112 903.8	326 757
月末在产品成本	16 542.4	4 304.4	6 636.2	27 483

（2）第二车间基本生产成本计算为：

直接材料 = 157 180 ÷ (1 020 + 120) = 137.88（元）

直接人工 = 77 520 ÷ (1 020 + 120 × 50%) = 71.78（元）

制造费用 = 119 540 ÷ (1 020 + 120 × 50%) = 110.69（元）

表 11-12　　　　　　　　　第三车间基本生产成本明细账

车间名称：第三车间　　　　　　　　　　　　　　　　　　　　　　　完工产量：1 060 件

产品名称：乙半成品　　　　　　2020 年 6 月　　　　　　　　　　　金额单位：元

项目	直接材料	直接人工	制造费用	合计
月初在产品成本	12 040	5 600	7 000	24 640
上步骤转入费用	140 637.6	73 215.6	112 903.8	326 757
本月生产费用		24 100	24 900	49 000
合计	152 677.6	102 915.6	144 803.8	400 397
单位产品成本	131.62	93.56	131.64	356.82

续表

项目	直接材料	直接人工	制造费用	合计
完工半成品成本	139 517.2	99 173.6	139 538.4	378 229.2
月末在产品成本	13 160.4	3 742	5 265.4	22 167.8

（3）第三车间基本生产成本的计算为：

直接材料 = 152 677.6 ÷ (1 060 + 100) = 131.62（元）

直接人工 = 102 915.6 ÷ (1 060 + 100 × 40%) = 93.56（元）

制造费用 = 144 803.8 ÷ (1 060 + 100 × 40%) = 131.64（元）

采用分项逐步结转法，逐步结转半成品成本，可以直接、正确地提供按原始成本项目反映的产成品成本资料，便于从整个企业角度考核和分析产品成本计划的执行情况，不需要进行成本还原。但是，这种方法的成本结转工作比较复杂，而且在各步骤完工产品成本中看不出所耗上一步骤半成品的费用和本步骤加工费用的水平，不便于进行完工产品成本分析。因此，这种结转方法一般适用于管理上不要求分别提供各步骤完工产品所耗上步骤费用和本步骤加工费用资料，但要求按原始成本项目反映产品成本的企业。

四、逐步结转分步法的优缺点

采用逐步结转分步法计算产品成本，由于其实物结转与半成品的成本结转一致。因而各成本计算单上月末在产品成本，就是各步骤该产品实际占用的生产资金，将各步骤占用的生产资金进行汇总，就可以计算出企业实际占用的生产资金数额，便于考核生产资金的占用情况，有利于加强对生产资金的管理；同时，采用逐步结转分步法，还可以为各步骤消耗半成品、同行业进行半成品成本对比、企业内部成本分析和考核等提供了半成品成本资料。但采用综合结转分步法时，若需提供按原始成本项目反映的各产品成本项目的金额，还需进行成本还原，计算工作较为复杂。虽为避免进行成本还原可采用分项结转法，但转账手续比较麻烦。按实际成本计价结转时虽比较准确，但影响了成本计算的及时性，不利于考核和分析各步骤成本的升降原因。

第三节 平行结转分步法

平行结转分步法是不需要计算各个生产步骤半成品成本的计算方法。在这种方法下，半成品成本并不随着半成品实物的转移而结转。这是平行结转分步法与逐步结转分步法的主要区别。

一、平行结转分步法的特点

平行结转分步法亦称不计算半成品成本分步法。在有些连续加工式生产的企业里，各步骤生产出来的半成品只供本企业下一步骤继续加工使用，并不对外销售，管理上也不要求提供半成品成本资料，因此无须计算半成品成本。采用平行结转分步法，在计算各步骤成本时,不计算各步骤所产半成品成本,也不计算各步骤所耗上一步骤的半成品成本,而只计算本步骤发生的其他各项费用以及这些费用中应计入产成品成本的"份额"。将相同产品的各步骤成本计算单中的这些份额平行结转、汇总,即可计算出该种产品的产成品成本。其成本计算程序如图 11-2 所示。

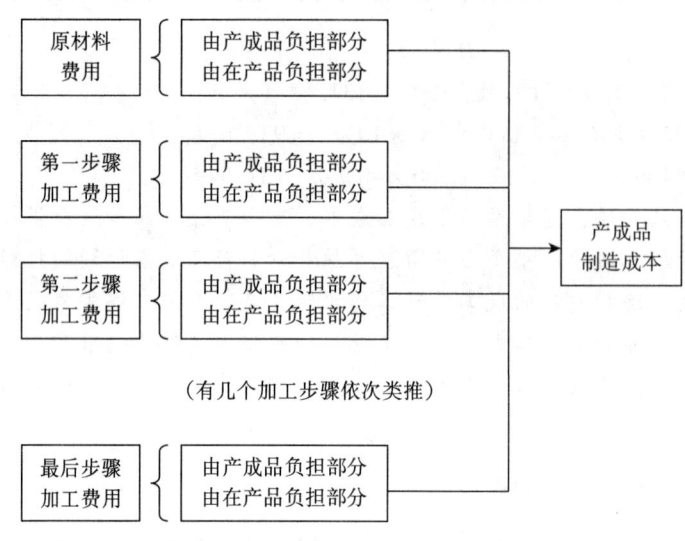

图 11-2 平行结转分步法成本计算程序图

平行结转分步法有以下特点:

（1）以最终生产步骤的产品品种作为成本计算对象,并按生产步骤和产品品种设立产品成本计算单。在平行结转方式下,各步骤只计算本步骤的计入完工产品份额费用,不计算各步骤完工半成品成本,也就是半成品成本不随着加工步骤转移,各步骤的加工费用只要计算出其应计入产成品成本的份额,平行地计入产成品成本中。各步骤发生的直接计入费用,可根据直接材料和直接人工的发生额直接计入各成本计算单;间接计入费用应先按发生地点归集,然后再按一定标准分配,计入有关的产品成本计算单。

（2）不通过"自制半成品"账户进行总分类核算。在平行结转分步法下,各生产步骤不计算,也不逐步结转半成品成本,只是在企业的产成品入库时,才将各步骤费用中应计入产成品成本的份额从各步骤产品成本计算单中转出,从"生产成本"账户的贷方转入"库存商品"账户的借方。因此,采用这一方法,不论半成品在各生产步骤之间直接转移,还是通过半成品库收发,都不通过"自制半成品"账户进行总分类核算。

（3）各步骤生产费用总额需要在产成品和广义在产品之间进行分配。采用平行结转分步法,每一生产步骤的生产费用也要在产成品与月末在产品之间进行分配。但必须指出,这里的在产品与逐步结转分步法的在产品不同,它不仅包括各步骤正在加工的在产品。还包括本步骤已经加工完成,并转入下一步骤或半成品库,还需继续加工的那些自制半成品,这是就整个企业而言的广义在产品。

二、平行结转分步法的计算程序

（1）按产品生产步骤和产品品种开设生产成本明细账,各步骤成本明细账按成本项目

第十一章 分步法

归集本步骤发生的生产费用（不包括耗用上一步骤半成品的成本）。

（2）月终，将各步骤归集的生产费用在产成品与广义在产品之间进行分配，采用一定的方法计算每一生产步骤应计入产成品成本中的份额。在计算各步骤应计入产成品成本的份额时，须将各步骤成本计算单上的生产费用，采用一定的方法，在完工产品和在产品之间进行分配。这里所指完工产品是指最后步骤完工的产成品，在产品是指广义在产品，包括：①尚在本步骤加工中的在产品；②本步骤已完工转入半成品库的半成品；③已从半成品库转到以后各步骤进一步加工、尚未最后制成的半成品。所要分配的费用只是本步骤发生的费用，不包括上一步骤转入的半成品的成本。

（3）将各步骤应计入产成品成本的费用份额平行相加汇总后，就得到产成品总成本，除以完工产品数量，即为单位成本。

（4）将各步骤产品成本计算单上归集的生产费用，扣除应计入产成品成本中的份额，其余份额就是在产品成本。

三、产成品和在产品之间生产费用的分配

在采用平行结转分步法计算产品成本时，若在产品成本按约当产量法计算，则各步骤一个计入产成品成本中的份额按下式计算：

某步骤应计入产成品成本中的份额 = 产成品数量 × 该步骤半成品单位成本

某步骤半成品单位成本 =（该步骤月初在产品成本 + 该步骤本月发生的生产费用）/该步骤完工产品数量（约当产量）

上式中各步骤完工产品数量（约当产量）是由三部分组成的，即本月完工产成品数量、各步骤月末尚未完工的在产品数量以及本步骤已经加工完成转到半成品库和以后各步骤尚未制成为产成品的半成品数量，其计算公式如下：

某步骤完工产品数量（约当产量）= 本月完工产成品数量 + 该步骤月末在产品约当产量 + 该步骤已完工留存在半成品库和以后各步骤月末半成品数量

可见，平行结转分步法下的在产品，使用的是广义在产品，在计算时，若原材料在开始时一次投入的，则计算直接材料费用时各步骤在产品均不折算为约当产量，而加工费用一般是随着加工进度陆续发生的，则应对各步骤月末在产品按约当产量进行计算。

四、平行结转分步法举例

【例 11-5】 华兴公司生产甲产品，经过三个步骤，材料在开始生产时一次投入，月末在产品按约当产量法计算，各步骤在产品完工程度为50%。有关产量记录和生产费用记录资料见表 11-13、表 11-14。

表 11-13　　　　　　　　　　　　　产量记录　　　　　　　　　　　　　　单位：件

项目	月初在产品数量	本月投产数量	本月完工数量	月末在产品数量
第一步骤	80	1 600	1 200	480
第二步骤	160	1 200	1 360	
第三步骤	64	1 360	1 280	144

表 11-14　　　　　　　　　　　　　　生产费用资料　　　　　　　　　　金额单位：元

成本项目		直接材料	动力费用	直接工资	制造费用	合计
月初在产品成本	第一步骤	1 600	640	480	240	2 960
	第二步骤		320	400	160	880
	第三步骤		240	560	192	992
	合计	1 600	1 200	1 440	592	4 832
本月发生费用	第一步骤	34 576	25 984	19 448	9 744	89 752
	第二步骤		5 376	6 720	2 688	14 784
	第三步骤		10 576	23 776	9 272	43 624
	合计	34 576	41 936	49 984	21 704	148 200

（1）第一步骤产品成本计算的结果如下：

在产品数量（计算直接材料费用使用）＝1 280＋144＋480＝1 904（件）

在产品数量（计算加工费用等使用）＝1 280＋144＋480×50％＝1 664（件）

直接材料单位成本＝36 176÷1 904＝19（元/件）

直接材料应计入产成品成本中的份额＝1 280×19＝24 320（元）

直接材料应计入月末在产品中的份额＝624×19＝11 856（元）

动力费用单位成本＝26 624÷1 664＝16（元/件）

动力费用应计入产成品成本中的份额＝1 280×16＝20 480（元）

动力费用应计入月末在产品中的份额＝384×16＝6 144（元）

其余指标方法同上，据此可以编制如下"第一步骤产品成本计算表"，见表 11-15：

表 11-15　　　　　　　　　　　第一步骤产品成本计算表　　　　　　　　　金额单位：元

行次	项目		直接材料	动力费用	直接工资	制造费用	合计
（1）	月初在产品成本		1 600	640	480	240	2 960
（2）	本月发生费用		34 576	25 984	19 448	9 744	89 752
（3）	合计		36 176	26 624	19 928	9 984	92 712
（4）	产量	完工产品数量	1 280	1 280	1 280	1 280	
（5）		广义在产品数量	624	384	384	384	
（6）		合计	1 904	1 664	1 664	1 664	
（7）	单位成本		19	16	12	6	
（8）	应计入产成品成本中的份额		24 320	20 480	15 360	7 680	67 840
（9）	月末在产品成本		11 856	6 144	4 568	2 304	24 872

（2）第二步骤产品成本计算的结果如下：

动力费用的单位成本＝5 696÷1 424＝4（元/件）

动力费用应计入产成品成本中的份额＝1 280×4＝5 120（元）

动力费用应计入月末在产品中的份额＝144×4＝576（元）

其余指标方法同上，据此可以编制如下"第二步骤产品成本计算表"，见表 11-16：

表11-16　　　　　　　　　　　　　第二步骤产品成本计算表　　　　　　　　　　　　　金额单位：元

行次	项目		直接材料	动力费用	直接工资	制造费用	合计
(1)	月初在产品成本			320	400	160	880
(2)	本月发生费用			5 376	6 720	2 688	14 784
(3)	合计			5 696	7 120	2 848	15 664
(4)	产量	完工产品数量		1 280	1 280	1 280	
(5)		广义在产品数量		144	144	144	
(6)		合计		1 424	1 424	1 424	
(7)	单位成本			4	5	2	11
(8)	应计入产成品成本中的份额			5 120	6 400	2 560	14 080
(9)	月末在产品成本			576	720	288	1 584

（3）第三步骤产品成本计算的结果如下：

动力费用的单位成本 = 10 816 ÷ 1 352 = 8（元/件）

动力费用应计入产成品成本中的份额 = 1 280 × 8 = 10 240（元）

动力费用应计入月末在产品中的份额 = 72 × 8 = 576（元）

其余指标方法同上，据此可以编制如下"第三步骤产品成本计算表"，见表11-17：

表11-17　　　　　　　　　　　　　第三步骤产品成本计算表　　　　　　　　　　　　　金额单位：元

行次	项目		直接材料	动力费用	直接工资	制造费用	合计
(1)	月初在产品成本			240	560	192	992
(2)	本月发生费用			10 576	23 776	9 272	43 624
(3)	合计			10 816	24 336	9 464	44 616
(4)	产量	完工产品数量		1 280	1 280	1 280	
(5)		广义在产品数量		72	72	72	
(6)		合计		1 352	1 352	1 352	
(7)	单位成本			8	18	7	33
(8)	应计入产成品成本中的份额			10 240	23 040	8 960	42 240
(9)	月末在产品成本			576	1 296	504	2 376

根据上述计算，将各步骤成本计算单中"应计入产成品成本中的份额"平行进行汇总，即可编制如下"完工产品成本汇总表"，见表11-18：

表11-18　　　　　　　　　　　　　完工产品成本汇总表　　　　　　　　　　　　　金额单位：元

项目	直接材料	动力费用	直接工资	制造费用	合计
第一步骤	24 320	204 80	15 360	7 680	67 840
第二步骤		5 120	6 400	2 560	14 080
第三步骤		10 240	23 040	8 960	42 240
成本合计	24 320	35 840	44 800	19 200	124 160
单位成本	19	28	35	15	97

在平行结转分步法下,各车间半成品的收发,也可以通过半成品库进行。在平行结转分步法下,上一步骤完工的半成品转入下一生产步骤加工时,其半成品并不随实物的转移而转如下一步骤的成本计算单中。因此,在用平行结转分步法计算产品成本时,不论半成品是直接转入下一生产步骤还是通过半成品库收发,均不需要通过"自制半成品"科目进行核算。

采用平行结转分步法时,在产品成本的计算还可以采用定额比例法,现举例说明:

【例11-6】华兴生产乙产品,生产费用在完工产品与在产品之间的分配采用定额比例法,其中原材料费用按定额原材料费用比例分配;其他各项费用均按定额工时比例分配。乙产品定额资料见表11-19:

表11-19　　　　　　　　　　乙产品定额资料

车间份额	月初在产品		本月投入		本月产成品				
	定额原材料费用(元)	定额工时	定额原材料费用(元)	定额工时	单件定额		产量(件)	定额原材料费用(元)	定额工时
					原材料费用(元)	工时			
第一车间份额	10 750	5 080	6 600	3 000	60	40	200	12 000	8 000
第二车间份额		2 800		8 000		50	200		10 000
合计	10 750	7 880	6 600	11 000	60	90	200	12 000	18 000

根据乙产品的定额资料、各种生产费用分配表和产成品交库单,登记第一车间、第二车间的生产成本明细账,见表11-20、表11-21。

(1) 第一车间计算结果如下:

原材料费用分配率 = (11 410 + 9 410) ÷ (12 000 + 5 350) = 1.2

第一车间应计入产品成本的原材料费用份额 = 12 000 × 1.2 = 14 400(元)

月末在产品中原材料费用 = 5 350 × 1.2 = 6 420(元) 或 = 11 410 + 9 410 - 14 400 = 6 420(元)

直接人工费用分配率 = (6 108 + 4 396) ÷ (8 000 + 80) = 1.3

第一车间应计入产品成本的直接人工费份额 = 8 000 × 1.3 = 10 400(元)

月末在产品中直接人工费用 = 80 × 1.3 = 104(元) 或 = 6 108 + 4 396 - 10 400 = 104(元)

制造费用分配率 = (7 801 + 3 511) ÷ (8 000 + 80) = 1.4

第一车间应计入产品成本的制造费用份额 = 8 000 × 1.4 = 11 200

月末在产品制造费用 = 80 × 1.4 = 112(元) 或 = 7 801 + 3 511 - 11 200 = 112(元)

据此可以编制如下第一车间生产成本明细账,见表11-20:

第十一章 分步法

表 11-20　　　　　　　　　　　生产成本明细账

第一车间：乙产品　　　　　　　　　　　　　　　　　　　　　　　　　　单位：元

摘要	产成品产量（件）	直接材料 定额	直接材料 实际	定额工时	直接人工	制造费用	合计
月初在产品成本		10 750	11 410	5 080	6 108	7 801	25 319
本月生产费用		6 600	9 410	3 000	4 396	3 511	17 317
合计		17 350	20 820	8 080	10 504	11 312	42 636
费用分配率		60	1.2	40	1.3	1.4	
转入产成品份额	200	12 000	14 400	8 000	10 400	11 200	36 000
月末在产品		5 350	6 420	80	104	112	6 636

（2）第二车间计算结果如下：

直接人工费用分配率 =（4 332 + 9 708）÷（10 000 + 800）= 1.3

第一车间应计入产品成本的直接人工费份额 = 10 000 × 1.3 = 13 000（元）

月末在产品中直接人工费用 = 800 × 1.3 = 1 040（元）

　　　　　　　　　　或 = 4 332 + 9 708 - 13 000 = 1 040（元）

制造费用分配率 =（4 100 + 12 100）÷（10 000 + 800）= 1.5

第一车间应计入产品成本的制造费用份额 = 10 000 × 1.5 = 15 000（元）

月末在产品制造费用 = 800 × 1.5 = 1 200（元）　或 = 4 100 + 12 100 - 15 000 = 1 200（元）

据此可以编制如下第一车间生产成本明细账，见表 11-21：

表 11-21　　　　　　　　　　　生产成本明细账

第二车间：乙产品　　　　　　　　　　　　　　　　　　　　　　　　　　单位：元

摘要	产成品产量（件）	直接材料 定额	直接材料 实际	定额工时	直接人工	制造费用	合计
月初在产品成本				2 800	4 332	4 100	8 432
本月生产费用				8 000	9 708	12 100	21 808
合计				10 800	14 040	16 200	30 240
费用分配率				50	1.3	1.5	
转入产成品份额	200			10 000	13 000	15 000	28 000
月末在产品				800	1 040	1 200	2 240

将第一、二车间产品成本明细账中应计入产品成本的份额，平行结转、汇总计入产品成本汇总表，即可编制如下"完工产品成本汇总表"，见表 11-22：

表 11-22　　　　　　　　　　　完工产品成本汇总表　　　　　　　　　　　金额单位：元

车间份额	产量（件）	直接材料	直接人工	制造费用	合计
第一车间	200	14 400	10 400	11 200	36 000
第二车间	200		13 000	15 000	28 000

续表

车间份额	产量（件）	直接材料	直接人工	制造费用	合计
合计	200	14 400	23 400	26 200	64 000
单位成本	200	72	117	131	320

知识拓展 11－2

分步法在制造业中的应用

山东省莱州市洪达机械有限公司是生产塑料机械、模具、成套设备的专业厂家。

公司生产的"洪达"牌塑机有：EPE 发泡片、网、管、棒系列生产线；塑料土工网、养殖网生产线；塑料平网、软网生产线，无结网、牵伸网系列机组；聚乙烯气泡布机组；XPS、EPS 挤出发泡板生产线，各种管材机、板材机和红泥浪瓦生产线；塑料打包带、撕裂膜机系列；吹膜机系列；废旧塑料回收造粒机系列等几十种产品。

莱州市洪达塑料机械有限公司生产的 EPE 发泡片（膜）又称珍珠棉，它的生产经过三个车间连续加工制成，第一车间生产聚乙烯，生产出来的聚乙烯直接转入二车间加工制成丁烷物理发泡，丁烷物理发泡直接转入三车间加工成 EPE 发泡片（膜）。其中，1 件 EPE 发泡片（膜）耗用 1 件丁烷物理发泡，1 件丁烷物理发泡耗用 1 件聚乙烯。原材料于第一车间生产开始时一次投入，第二车间和第三车间不再投入材料。各车间月末在产品完工率均为 50%。各车间生产费用在完工产品和在产品之间的分配采用约当产量法。

1. 本月各车间产量资料见表 11－23。

表 11－23　　　　　　　　各车间产量资料表　　　　　　　　单位：件

摘要	第一车间	第二车间	第三车间
月初在产品数量	20	50	40
本月投产数量或上步骤转入	180	160	180
本月完工产品数量	160	180	200
月末在产品数量	40	30	20

2. 各车间月初及本月费用资料见表 11－24。

表 11－24　　　　　　　　各车间月初及本月费用　　　　　　　　单位：元

摘要		直接材料	直接人工	制造费用	合计
第一车间	月初在产品成本	1 000	60	100	1 160
	本月的生产费用	18 400	2 200	2 400	23 000
第二车间	月初在产品成本		200	120	320
	本月的生产费用		3 200	4 800	8 000
第三车间	月初在产品成本		180	160	340
	本月的生产费用		3 450	2 550	6 000

第十一章 分步法

由于聚乙烯和丁烷物理发泡不对外销售,所以不需要计算成本。因为不需要计算半成品成本,采用平行结转分步法更为合适,其计算过程如下:

第一步,编制各生产步骤的约当产量的计算表,见表 11-25。

表 11-25　　　　　　　　各生产步骤约当产量计算表

摘要	直接材料	直接人工	制造费用
第一车间步骤的约当产量	290（200+40+30+20）	270（200+40×50%+30+20）	270
第二车间步骤的约当产量		235（200+30×50%+20）	235
第三车间步骤的约当产量		210（200+20×50%）	210

第二步,编制各生产步骤应计入 EPE 发泡片（膜）成本的份额,见表 11-26、表 11-27、表 11-28。

表 11-26　　　　　　　　产品成本计算表

车间:第一车间　　　　品名:EPE 发泡片（聚乙烯）　　　　单位:元

摘要	直接材料	直接人工	制造费用	合计
月初在产品成本	1 000	60	100	1 160
本月发生费用	18 400	2 200	2 400	23 000
合计	19 400	2 260	2 500	24 160
第一步骤的约当产量	290	270	270	
分配率	66.90	8.37	9.26	84.53
应计入产成品成本份额	13 380	1 674	1 852	16 906
月末在产品成本	6 020	586	648	7 254

表 11-27　　　　　　　　产品成本计算表

车间:第二车间　　　　品名:EPE 发泡片（丁烷物理发泡）　　　　单位:元

摘要	直接人工	制造费用	合计
月初在产品成本	200	120	320
本月发生费用	3 200	4 800	8 000
合计	3 400	4 920	8 320
第二步骤的约当产量	235	235	
分配率	14.47	20.94	35.41
应计入产成品成本份额	2 894	4 188	7 082
月末在产品成本	506	732	1 238

表 11-28　　　　　　　　产品成本计算表

车间:第三车间　　　　品名:EPE 发泡片（膜）　　　　单位:元

摘要	直接人工	制造费用	合计
月初在产品成本	180	160	340
本月发生费用	3 450	2 550	6 000

续表

摘要	直接人工	制造费用	合计
合计	3 630	2 710	6 340
第三步骤的约当产量	210	210	
分配率	17.29	12.90	30.19
应计入产成品成本份额	3 458	2 580	6 038
月末在产品成本	172	130	302

表 11-29　　　　　　　　　　　　产品成本计算表

产品品名：EPE 发泡片（膜）　　　　　　　　　　　　　　　　　　　　金额单位：元

项目	数量	直接材料	直接人工	制造费用	总成本	单位成本
第一车间		13 380	1 674	1 852	16 906	84.53
第二车间			2 894	4 188	7 082	35.41
第三车间			3 458	2 580	6 038	30.19
合计	200	13 380	8 026	8 620	30 026	150.13

根据产品成本汇总计算表（表 11-29）和产成品入库单，编制结转完工入库产品生产成本的会计分录如下：

借：库存商品——EPE 发泡片（膜）　　　　　　　　　30 026
　　贷：生产成本——基本生产成本（第一车间）　　　　16 906
　　　　　　　　——基本生产成本（第二车间）　　　　 7 082
　　　　　　　　——基本生产成本（第三车间）　　　　 6 038

上面的这个案例计算产成品即 EPE 发泡片（膜）的成本时采用的是分步法中的平行结转分步法。通过这个案例不难看出平行结转分步法在计算 EPE 发泡片（膜）的成本时不用同时计算聚乙烯和丁烷物理发泡这两种半成品的成本，简化了成本核算的程序；在进行成本汇总的时候时分项目汇总的，不必进行成本还原，简化了成本核算工作，而且还正确反映了 EPE 发泡片（膜）的成本构成。但采用平行结转分步法计算 EPE 发泡片（膜）的成本时，不能提供聚乙烯和丁烷物理发泡这两种半成品的成本资料，不利于聚乙烯和丁烷物理发泡数量和价值的管理，因为不结转半成品的成本，所以不利于分步骤进行成本分析和考核。

四、平行结转分步法的优缺点

总结以上所述，平行结转分步法与逐步结转分步法相比较，具有以下优点：

（1）采用这一方法，各步骤可以同时计算产品成本，然后将应计入完工产品成本的份额平行结转、汇总计入产成品成本，不必逐步结转半成品成本，从而可以简化和加速成本计算工作。

（2）采用这一方法，一般是按成本项目平行结转、汇总各步骤成本中应计入产成品成本的份额，因而能够直接提供按原始成本项目反映的产成品成本资料，不必进行成本还原，省去了大量繁琐的计算工作。

但是，由于采用这一方法各步骤不计算、也不结转半成品成本，因而存在以下缺点：

（1）不能提供各步骤半成品成本资料及各步骤所耗上一步骤半成品费用资料，因而不能全面地反映各步骤生产耗费的水平，不利于各步骤的成本管理。

（2）由于各步骤间不结转半成品成本，使半成品实物转移与费用结转脱节，因而不能为各步骤在产品的实物管理和资金管理提供资料。

第四节 逐步结转与平行结转相结合的分步法

一、逐步结转与平行结转相结合的分步法的特点

以上各节介绍了逐步结转分步法与平行结转分步法。我国一些企业鉴于这两种分步法各有所长，也各有不足，创造了一种新的分步法，即逐步结转与平行结转相结合的分步法（简称新分步法）。该方法既吸收了传统的两种分步法的优点，又弥补了这两种分步法的不足，其特点是对于各步骤完工的半成品按定额成本逐步结转给下一步骤；至于各步骤完工半成品的实际成本与定额成本的差异，则平行结转给该产成品成本负担。

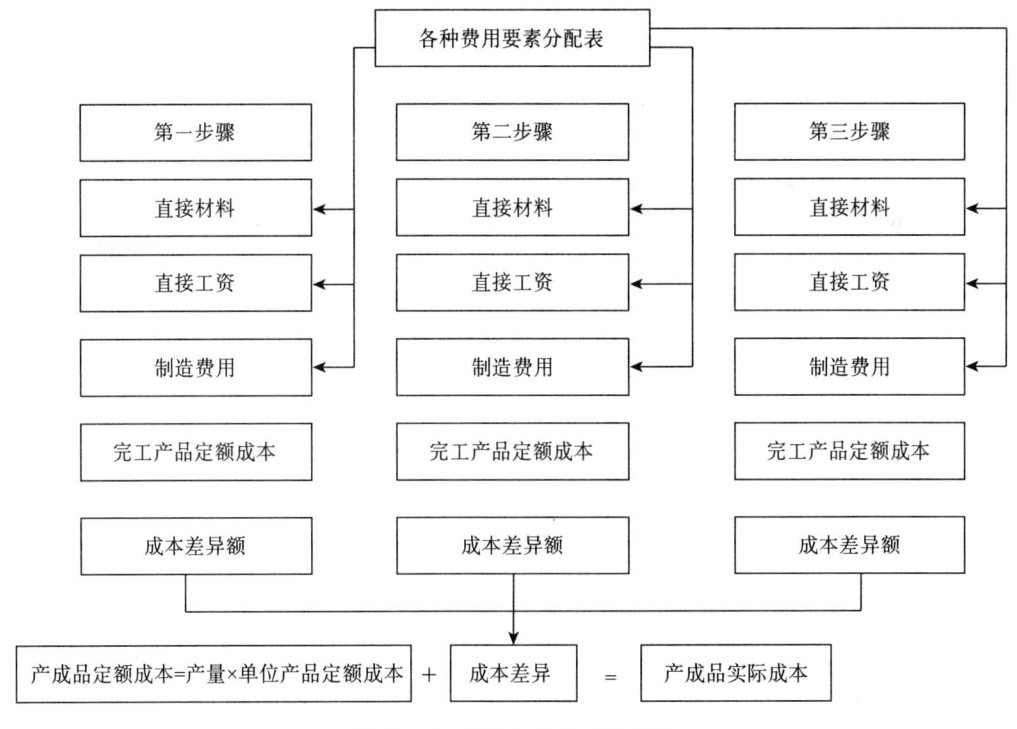

图 11-3 新分步法程序示意图

该图是新分步法的程序图，如果半成品采用综合结转法，则第二步骤和第三步骤成本计算单应增设"自制半成品"成本项目，前一步骤结转来的半成品成本应计入自制半成品成本项目中。

二、新分步法成本计算程序

新分步法成本计算程序可归纳为以下五步：

第一步，计算各步骤期末在产品定额成本。在新分步法下，各步骤的在产品定、定额成本的计算一般选用以下两种方法：

（1）将各步骤效益在产品数量乘以其累计单位定额成本，求得各步骤的在产品成本。

（2）将各步骤的在产品数量乘上原材料消耗定额和累计工时定额，从而求得在产品的原材料定额耗用量和工时定额消耗量。然后，以原材料定额消耗乘上计划单价，就可以求得各步骤在产品原材料定额成本；以工时定额消耗量分别乘上每小时各项目的计划累计费用，就可以求得各步骤在产品的各项目定额成本。

前面第一种方法，一般只适用于在产品种类很少的单位。如果在产品种类较多，则应采用第二种方法计算各步骤的在产品累计成本。

第二步，计算各步骤完工产品的实际成本。计算公式为：

完工产品实际成本＝期初在产品定额成本＋本期实际发生费用－在产品定额成本

第三步，各步骤半成品按定额成本结转给下一步骤，可采取分项结转法，也可采取综合结转法。为了避免成本还原，在连续式生产企业，尽可能按成本项目分项转入下步骤成本计算单的各项成本项目中。

第四步，计算个步骤完工产品的成本差异（完工产品实际成本－完工产品产量×单位产品定额成本），平行结转给财会部门。

第五步，财会部门在计算定额成本（产成品产量×单位产品定额成本）的基础上，将各步骤转来的成本差异按产品品种归集，直接由该种产品成本负担。

从以上计算程序可以看出，采用新分步法的关键在于要做好在产品实物数量核算工作以及定额成本的制定。各步骤在产品、半成品累计单位定额成本的计算方法举例见表11－30：

表11－30　　　　　各步骤在产品、半成品累计单位定额成本计算表

项目	第一步骤 100%				第二步骤 100%				第三步骤 100%			
	本步骤单位成本		累计单位成本		本步骤单位成本		累计单位成本		本步骤单位成本		累计单位成本	
	半成品	在产品	半成品	在产品	半成品	在产品	半成品	在产品	半成品	在产品	半成品	在产品
甲	(1)	(2)	(3)	(4)	(5)	(6)	(7)	(8)	(9)	(10)	(11)	(12)
直接材料	8	8	8	8			8	8			8	8
直接工资	0.60	0.30	0.60	0.30	0.70	0.35	1.30	0.95	0.50	0.25	1.80	1.55
制造费用	2.70	1.35	2.70	1.35	1.30	0.65	4	3.35	1.30	0.65	5.30	4.65
合计	11.30	9.65	11.30	9.65	2	1	13.30	12.30	1.80	0.90	15.10	14.20

编表说明：

（1）各步骤半成品单位成本以该步骤的计划费用总额除以计划产量求得。

（2）假定原材料在开始生产时一次投入，直接工资、制造费用在生产过程中均衡地逐渐增加，因此，单位在产品耗用的原材料同半成品想通，它的工费为半成品的一半。

（3）半成品累计单位成本 = 前一步骤半成品累计单位成本 + 本步骤半成品单位成本

在产品累计单位成本 = 前一步骤半成品累计单位成本 + 本步骤在产品单位成本

如果个步骤的制成率小于100%，则计算公式如下：

半成品累计单位成本 =（前一步骤半成品累计单位成本/制成率）+ 本步骤半成品单位成本

在产品累计单位成本 = ｛前一步骤半成品累计单位成本/[（制成率 + 100%）÷2]｝+ 本步骤半成品单位成本

三、新分步法举例

【例11-6】华兴公司丙产品生产分三个步骤，各步骤完工半成品直接移交下车间加工，有关资料见表11-31、表11-32。

表11-31　　　　　　　　　　　　　产量资料　　　　　　　　　　　　　单位：件

项目	第一步骤	第二步骤	第三步骤
月初在产品	10	10	20
本月投入或上步骤转入	100	90	100
本月完工	90	100	80
月末在产品	20	0	40
在产品完工程度	50%		50%

表11-32　　　　　　　　　　　　　成本资料　　　　　　　　　　　　金额单位：元

成本项目	月初在产品成本			本月发生费用		
	第一步骤	第二步骤	第三步骤	第一步骤	第二步骤	第三步骤
直接材料	63	75	230	850		
直接人工	5	6	16	60	80	40
制造费用	22	29	74	290	100	60
合计	90	110	320	1 200	180	100

该企业各步骤在产品、半成品累计单位定额成本资料见表11-32（期初和期末在产品定额成本应按在产品数量及其单位定额成本进行计算），说明新分步法的计算方法。

1. 编制丙产品各步骤成本计算单，有关资料、工资、费用分配，辅助生产成本归集和分配，以及制造费用的归集和分配从略。具体过程见表11-33、表11-34、表11-35。

表11-33　　　　　　　　　　　第一步骤成本计算单　　　　　　　　　金额单位：元

项目	直接材料	直接人工	制造费用	合计
月初在产品定额成本	80	3	13.5	96.3
本月实际发生费用	850	60	390	1 200
期末在产品定额成本	160	6	2	193
本月完工半成品实际成本	770	57	276.5	1 103.5

续表

项目	直接材料	直接人工	制造费用	合计
本月完工半成品定额成本	720	54	243	1 017
本步骤成本差异	+50	+3	+33.5	+86.5

表 11-34　　　　　　　　　第二步骤成本计算单　　　　　　　　　金额单位：元

项目	直接材料	直接人工	制造费用	合计
月初在产品定额成本	80	9.5	33.5	123
上步骤转入	720	54	243	1 017
本月实际发生费用		80	100	180
期末在产品定额成本				
本月完工半成品实际成本	800	143.5	376.5	1 320
本月完工半成品定额成本	800	130	400	1 330
本步骤成本差异	0	+13.5	-3.5	-10

表 11-35　　　　　　　　　第三步骤成本计算单　　　　　　　　　金额单位：元

项目	直接材料	直接人工	制造费用	合计
月初在产品定额成本	160	31	93	284
上步骤转入	800	130	400	1 330
本月实际发生费用		40	60	100
期末在产品定额成本	320	62	486	568
本月完工半成品实际成本	640	139	367	1 146
本月完工半成品定额成本	640	144	424	1 208
本步骤成本差异	0	-5	-57	-62

2. 结转各步骤差异及计算完工产品实际成本，见表 11-36：

表 11-36　　　　　　　　　产成品成本计算单　　　　　　　　　完工数量：80 件

产品名称：丙产品　　　　　　　　　　　　　　　　　　　　　　　　　　金额单位：元

项目	直接材料	直接人工	制造费用	合计
产成品定额成本	640	144	424	1 208
成本差异：				
第一步骤	+50	+3	+33.5	+86.5
第二步骤		+13.5	-13.5	-10
第三步骤		-5	-57	-62
合计	+50	+11.5	-47	+14.5
产成品实际成本	690	155.5	377	122.5

第十一章 分步法

知识拓展 11-3

对新分步法的评价

这种将平行结转和逐步结转结合起来的分步法适用于冶金、纺织、造纸、化工、水泥以及大量大批生产的机械制造等类型的企业。与其他成本计算方法相比，它主要有以下几个方面的优点：

（1）有效克服了逐步结转和平行结转两种分步法的缺陷。由于半成品按定额成本结转给下一步骤，保证了成本计算的及时性，同时，将各步骤定额成本与该步骤成本差异相加，也可计算出各步骤半成品的实际成本。

（2）简化了成本核算工作。由于各步骤月末在产品采用定额成本，因而不需要将产品耗费的生产费用在完工产品和在产品之间进行分配，极大地简化了成本核算工作。

（3）便于进行成本分析和成本考核。按定额成本结转半成品成本，排除了上步骤成本对本步骤成本的影响，有利于明确责任，加强成本考核。

（4）有利于提高成本指标的灵敏度。各步骤成本差异由完工产品来负担，使产品成本与当期生产经营业绩直接挂钩，提高了成本指标的灵敏度。

两种分步法有机结合，可有效地克服平行结转分步法和逐步结转分步法的缺陷，使成本核算具有及时性、简便性、完整性，便于成本考核。

当然这种方法也不是十全十美，在特殊条件下，实际成本脱离定额的差异可能会很大，致使各半成品成本的准确性较差，同时成本差异全部交由产成品负担的处理方式，有时也不能尽如人意。不管怎样，这种结合提供了一种新的思路，企业可结合自身实际情况，将各种先进合理的核算方法不断地进行融会贯通，相互取长补短，促使成本核算程序、方法的不断完善。

练 习 题

一、单项选择题

1. 综合结转法的成本还原对象是（   ）。

A. 各步骤所产半成品的综合成本

B. 各步骤所耗上一步骤半成品的综合成本

C. 各步骤所产半成品（最后一步为产成品）的综合成本

D. 最后一步骤产成品的综合成本

2. 平行结转分步法的特点（   ）。

A. 各生产步骤所产半成品的种类很少

B. 各步骤只计算本步骤发生的各种费用

C. 各步骤只计算本步骤发生的各种费用及这些费用中应计入产成品成本的"份额"

D. 各步骤所产半成品的种类很少，因而不需要计算半成品成本

3. 逐步综合结转分步法下，成本还原的对象是（   ）。
   A. 各步骤生产的半成品成本
   B. 产成品成本
   C. 各步骤所耗上一步骤半成品的综合成本
   D. 最后一步骤产成品所耗半成品的综合成本

4. 某产品采用逐步综合结转分步法计算成本，第一步骤本月发生的费用为 40 000 元，完工半成品成本为 50 000 元；第二步骤本月发生的半成品费用为 16 000 元，完工产成品成本中半成品项目费用为 46 000 元。该种产品成本还原分配率为（   ）。
   A. 0.92   B. 1.15
   C. 0.82   D. 1.12

5. 采用平行结转分步法，（   ）。
   A. 不能全面反映各生产步骤产品的生产耗费水平
   B. 能全面反映各生产步骤产品的生产耗费水平
   C. 能全面反映第一个生产步骤产品的生产耗费水平
   D. 能全面反映最后一个生产步骤产品的生产耗费水平

6. 在分步法下，需要进行成本还原的结转方法是：（   ）。
   A. 分项结转法   B. 综合结转法
   C. 平行结转法   D. 逐步结转法

7. 采用逐步结转分步法，完工产品与在产品之间的分配是指（   ）。
   A. 产成品与广义在产品之间的分配
   B. 产成品与月末在产品之间的分配
   C. 完工半成品与正在加工中的在产品之间的分配
   D. 前面生产步骤完工半成品与月末加工中的在产品，最后生产步骤的产成品与加工中的在产品之间的分配

8. 在平行结转分步法下，各步骤（   ）。
   A. 计算半成品成本
   B. 结转半成品成本
   C. 只计算本步骤发生的各项费用以及这些费用中应计入产成品成本的"份额"
   D. 计算半成品成本，但不结转半成品成本

二、多项选择题

1. 采用逐步结转分步法，按照结转的半成品成本在下一步骤产品成本明细账中的反映方法分为（   ）。
   A. 按定额成本结转法   B. 按实际成本结转法
   C. 分项结转法   D. 综合结转法

2. 逐步结转综合结转法的优点是可以在各步骤的产品成本明细账中反映（   ）。
   A. 各步骤完工产品所耗半成品费用水平   B. 本月所耗半成品费用水平
   C. 本步骤加工费用水平   D. 本月完工产品加工费用水平

3. 平行结转分步法的特点有（   ）。

第十一章 分步法

A. 各步骤不计算所产半成品成本
B. 各步骤只计算本步骤发生的各项费用以及这些费用中应计入产成品成本的份额
C. 各步骤计算所产半成品成本以及其应计入产成品成本的份额
D. 各步骤间不结转半成品成本

4. 平行结转分步法适宜在下列情况采用（　　）。
A. 产品种类多，计算和结转半成品成本工作量大
B. 管理上不要求提供各步骤半成品成本资料
C. 管理上不要求提供按原始成本项目反映的产成品成本资料
D. 管理上不要求全面反映各步骤生产耗费水平

5. 产品成本计算的分步法适用于（　　）。
A. 多步骤生产 B. 大量大批生产
C. 单步骤生产 D. 管理上要求分步计算成本的多步骤生产

三、判断题

1. 综合结转法下的成本还原一般是按上月所产半成品的成本结构进行还原。（　　）
2. 综合结转法成本还原的对象是各步骤所产半成品的综合成本。（　　）
3. 采用逐步结转分项结转法，就是将各生产步骤所耗半成品的实际成本，按照成本项目，分项转入各步骤产品成本明细账的各个成本项目中。（　　）
4. 采用分项结转法结转半成品成本时，在各生产步骤的成本中看不出所耗上一步骤半成品费用是多少。（　　）
5. 采用平行结转分步法时，各生产步骤都不能全面地反映其生产耗费的水平。（　　）
6. 成本还原后产成品的总成本与成本还原前产成品的总成本是相同的。（　　）
7. 未最后产成的产品都是广义在产品。（　　）
8. 在平行结转分步法下，只能采用定额比例法进行产成品和在产品之间的费用分配。（　　）

四、案例分析题

[案例1] 某企业生产甲产品须经过第一、第二车间连续加工完成，第一车间半成品通过"自制半成品"账户核算，第二车间耗费半成品费用按全月一次加权平均单位成本计算，两个车间月末在产品均按定额成本计算。有关资料见表11-37：

表11-37　　　　　　　　　　　生产费用资料

项目	原材料	工资及福利费	制造费用	合计
一车间：				
期初在产品（定额成本）	12 000	4 000	5 000	21 000
本月费用	28 000	6 000	10 000	44 000
期末在产品（定额成本）	6 000	2 000	3 000	11 000
二车间：				

续表

项目	原材料	工资及福利费	制造费用	合计
期初在产品（定额成本）	20 000	5 000	10 000	35 000
本月费用		14 000	15 000	
期末在产品（定额成本）	7 500	2 000	5 000	14 500

第一车间完工半成品 900 件，半成品库期初结存 100 件：实际成本 5 500 元，第二车间本月领用半成品 800 件，完工产成品 1 000 件。

要求：采用逐步综合结转分步法在下表中计算第一车间完工半成品成本、第二车间产成品成本（将计算结果填在表 11-38 和表 11-39 内），并编制相应的会计分录。

表 11-38   第一车间成本计算单

项目	原材料	工资及福利费	制造费用	合计
期初在产品（定额成本）				
本月费用				
合计				
完工产品成本				
期末在产品（定额成本）				

表 11-39   第二车间成本计算单

项目	原材料	工资及福利费	制造费用	合计
期初在产品（定额成本）				
本月费用				
合计				
完工产品成本				
期末在产品（定额成本）				

［案例2］某工厂生产甲产品分三个生产步骤进行生产，分设 A、B、C 三个基本生产车间，甲产品有三个车间顺序加工而成，成本结转采用逐步综合法结转。2020 年 9 月该工厂 A、B、C 三个车间成本计算单见表 11-40、表 11-41、表 11-42：

表 11-40   A 车间半成品成本计算单

项目	直接材料	直接人工	制造费用	合计
月初在产品成本	2 605	270	200	3 075
本月发生费用	64 930	12 210	9 400	86 540
合计	67 535	12 480	9 600	89 615
完工半成品成本	57 145	11 440	8 800	77 385
月末在产品成本	10 390	1 040	800	12 230

第十一章 分步法

表 11-41　B 车间半成品成本计算单

项目	半成品	直接人工	制造费用	合计
月初在产品成本	9 560	1 280	1 565	12 945
本月发生费用	77 385	15 100	13 132	105 617
合计	86 945	16 380	14 697	118 562
完工半成品成本	69 556	15 040	13 064	97 660
月末在产品成本	17 389	1 340	1 633	20 902

表 11-42　C 车间产品成本计算单

项目	直接材料	半成品	直接人工	制造费用	合计
月初在产品成本	—	24 565	1 800	1 280	27 645
本月发生费用	1 980	97 660	15 350	10 480	125 470
合计	1 980	122 225	17 150	11 760	153 115
完工半成品成本	1 900	117 336	16 800	11 520	147 556
月末在产品成本	80	4 889	350	240	5 559

要求：对该工厂本月完工产品成本进行成本还原

［案例3］某企业 A　某企业 A 产品生产分两个步骤，分别由第一，第二两个生产车间进行，第一车间生产半成品交半成品库验收，第二车间按所需半成品数量向半成品库领用；第二车间所耗半成品费用按全月一次加权平均单位成本计算。两个车间月末在产品均按定额成本计价。该企业采用按实际成本综合结转的逐步结转分步法计算，A 产品成本第一，第二两个车间月初，月末在产品定额成本资料及本月生产费用资料见"产品成本明细账"；自制半成品月初余额，本月第一车间完工半成品交库数量见"自制半成品明细账"。

要求：

（1）计算填列"产品成本明细账（表 11-43 和表 11-45）"和"自制半成品明细账（表 11-44）"。

（2）计算填列"产品成本还原计算表"（列出还原分配率的计算过程），见表 11-46。

表 11-43　产品成本明细账

车间名称：第一车间　　　　　　　　　　　　　　　　　　　　　　　产品名称：半成品 A

项目	直接材料	直接人工	制造费用	合计
月初在产品定额成本	6 000	3 800	2 900	12 700
本月生产费用	30 200	21 500	16 500	68 200
生产费用合计				
完工半成品成本				
月末在产品定额成本	6 300	2 800	1 800	10 900

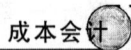

表 11-44　　　　　　　　　　　　自制半成品明细账

半成品名称：半成品 A　　　　　　　　　　　　　　　　　　　　　　　　　单位：件

月份	月初余额		本月增加		合计			本月减少	
	数量	实际成本	数量	实际成本	数量	实际成本	单位成本	数量	实际成本
4	500	11 000	2 500					2 600	
5									

表 11-45　　　　　　　　　　　　产品成本明细账

车间名称：第二车间　　　　　　　　　　　　　　　　　　　　　　　　产品名称：产成品 A

项目	半成品	直接人工	制造费用	合计
月初在产品定额成本	27 600	2 450	2 600	32 650
本月生产费用		19 600	15 400	
生产费用合计				
完工半成品成本				
月末在产品定额成本	13 800	5 250	4 000	23 050

表 11-46　　　　　　　　　　　产成品成本还原计算表

项目	还原分配率	半成品	直接材料	直接人工	制造费用	成本合计
还原前产成品成本	—		—			
本月所产半成品成本	—	—				
成本还原						
还原后产成品成本	—	—				

第十二章 分类法

本章简介

本章介绍了分类法的相关内容。明确了分类法的含义、适用范围、特点和成本核算程序，重点介绍了分类法的计算方法，包括系数法和定额比例法。本章以联产品、副产品和等级品的成本计算为例，阐明分类法在实际中的应用。

跳槽之后

李明一个月前为了个人职业更好地发展从一家小公司成功跳槽到现在所在的化学品公司做成本会计。与原来只生产一种产品的小公司相比，现在就职的化学品公司实力强劲，其在生产规模、产品种类和产品标准化程度上都远超前者。李明在工作中发现之前使用的成本核算方法不能满足现在的工作需要，他需要考虑采用新的成本核算方法来满足现有的工作需求。请问他应该采用何种核算方法？本章的学习会给你答案。

第一节 分类法概述

一、分类法的含义及适用范围

成本计算的分类法，是将生产的产品分为若干类别，以各产品类别作为成本计算对象，归集生产费用，先计算出各类别产品的成本，然后再按一定的分配标准在类内各种产品之间进行分配，以计算出各种产品成本的一种成本计算的辅助方法。

分类法主要适用于产品品种、规格繁多而且又可以按一定标准分类的大量生产企业，如无线电元件、针织、视频、化学试剂生产等企业；另外，分类法还适用于联产品、副产品和等级品生产的企业以及企业除主要产品以外生产的零星产品的成本计算。

二、分类法的特点

分类法的特点主要涉及各种产品如何进行分类，如何计算各类产品总成本，以及如何计算不同类别产品的类内产品成本等。

（一）产品的分类

采用分类法计算产品成本时，首先应将产品划分为不同的类型。通常，根据产品的性质、结构、所用原材料以及工艺过程的特点等进行产品类别的划分。将不同品种、规格的产品按上述特征划分为不同的类别后，再以产品类别作为成本计算对象，按类别设置产品成本计算单，并结合生产类型的不同，选择一定的方法，按产品类别分成本项目归集生产费用，进行成本计算。

（二）分类成本的计算

分类法的成本计算对象为产品的类别，按类别归集生产费用。采用分类法计算产品成本，实际上是先将各类产品作为不同品种的产品，按品种计算出各类产品的总成本，然后再采用分类法，选择适当的分配标准，将某类完工产品的总成本在类内各种产品之间进行分配，从而计算出各种产品的成本。因此，分类法是品种法的一种具体运用，它不是一种独立的成本计算方法，必须与成本计算的某种基本方法结合使用，即分类法下某类产品的总成本是采用成本计算的各种基本方法计算出来的。

（三）完工产品与在产品成本的分配

月末应选择合理的分配标准，在每类产品的各种产品之间分配费用，计算每类产品内各种产品的成本，并将各种产品生产费用在完工产品和在产品之间分配。为了简化成本计算，采用分类法计算产品成本时，完工产品和月末在产品成本的分配只在各大类产品中进行，然后将该类产品的完工产品成本按上述方法在类内各种产品之间进行分配。月末在产品成本反映在各大类产品上，不再分配到类内各种产品上。

三、分类法下产品成本的计算程序

（1）划分产品类别。采用分类法计算产品成本时，要将不同品种、规格的产品划分为不同的类别，计算出某类完工产品总成本之后，再按一定标准分配计算类别内各种产品成本。这样一来，产品的分类是否恰当，类距是否合适，分配标准的选择是否符合实际，将直接影响到成本计算结果的准确性。类别的划分应依据产品的性质、用途、特点、耗用的原材料及生产工艺过程特点。同时，类距划分要合理，兼顾成本计算工作的简化与正确性。

（2）按产品类别设置产品成本计算单。采用分类法，将产品划分为若干类后，应按照产品的类别设立产品成本明细账，按规定的成本项目归集产品的生产费用，计算各类产品的成本。

（3）按规定的成本项目归集生产费用，并按产品的生产类型和成本管理的要求选用所要结合使用的成本计算的基本方法：品种法、分批法或分步法，计算出各类产品成本。

（4）选择合理的分配标准计算出类内完工产品总成本和在产品成本。选择类内产品的分配标准时，应当尽量选择与成本水平高低有密切联系且简便易行的分配标准。常用的类内完工产品成本的分配方法有定额比例法和系数法。

成本计算的分类法程序如图12-1所示。

四、分类法下类内产品成本的计算

类内产品成本的计算，一般采用系数法、定额成本计价法或定额比例法计算，下面简要介绍系数法和定额比例法。

第十二章
分 类 法

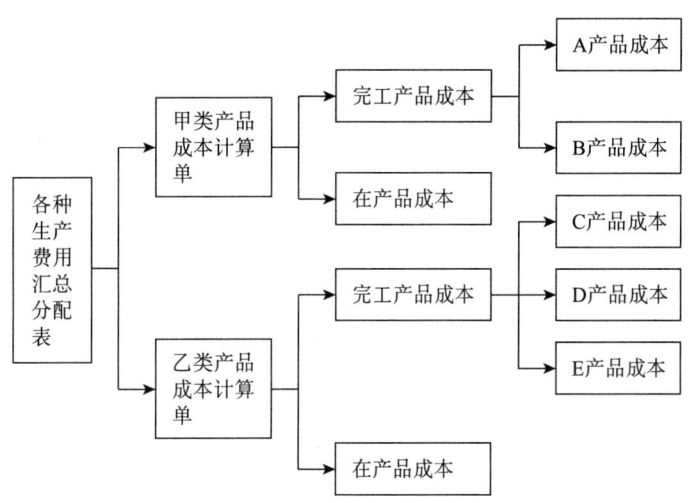

图 12-1 分类法计算程序图

(一) 系数法

在实际工作中采用分类法计算产品成本时,为了简化类内不同品种、规格产品成本分配的计算工作,一般是将类内产品的分配标准折合为系数,按系数分配计算类内每种产品的成本。因此,分类法又称为系数法。

确定系数的具体做法是,在同类产品中选择一种产量较大、生产比较稳定或规格适中的产品作为标准产品。把这种产品的分配标准系数确定为1,将其他产品的单位产品的分配标准数据与标准单位产品的数据相比,求出的比例即为其他产品的系数(综合系数)。系数确定后,把各种产品的实际产量乘上系数,换算成标准产品产量,或称为总系数,再按各种产品总系数的比例分配计算类内各种产品成本。采用系数法分配计算类内各种产品成本时,既可按综合系数分配,也可分成本项目采用单项系数分配。

1. 按综合系数进行成本分配的计算公式

某种产品综合系数 = 该种产品的定额成本 ÷ 类内标准产品的定额成本

在此基础上,计算产品总系数:

某种产品总系数 = 该种产品产量 × 该种产品综合系数

在计算出总系数后,按成本项目分别进行费用分配:

某成本项目费用分配率 = 某类产品某成本项目费用总额 ÷ 类内各种产品总系数之和

某种产品应分配的某成本项目费用 = 该种产品总系数 × 某成本项目费用分配率

2. 按单项系数进行费用分配的计算公式

直接材料成本系数 = 某种产品的分配标准(如直接材料定额成本)÷ 标准产品的分配标准(如直接材料定额成本)

直接人工(或其他)项目成本系数 = 某种产品分配标准(如定额工时或定额费用)÷ 标准产品的分配标准(如定额工时或定额费用)

计算出单项系数后,据以计算产品各项成本的总系数:

某种产品直接材料总系数 = 该种产品产量 × 该种产品直接材料成本系数

某种产品直接人工(或其他)项目总系数 = 该种产品产量 × 该种产品直接人工(或其

他）项目成本系数

在计算出总系数后，进行直接材料费用和其他各项费用分配：

直接材料费用分配率＝某类产品直接材料费用总额÷类内各种产品直接材料总系数之和

某种产品应分配的直接材料费用＝该种产品直接材料总系数×直接材料费用分配率

直接人工（或其他）项目费用分配率＝某类产品直接人工（或其他）项目费用总额÷类内各种产品直接人工（或其他）项目总系数

某种产品分配的直接人工（或其他）项目费用＝该种产品直接人工（或其他）项目总系数×直接人工（或其他）项目费用分配率

（二）定额比例法

按定额比例法进行类内产品成本分配，是指在计算出类内产品的总成本后，按类内各种产品的定额比例进行成本分配，从而计算出类内每一种产品成本的一种方法。在进行具体计算时，材料费用可以按照各种产品材料定额耗用量比例进行分配，加工费用可采用定额工时比例进行分配，具体计算公式可参见相关章节的内容。

第二节　分类法成本计算举例

一、按系数法计算类内产品成本

【例12-1】某企业生产的产品品种、规格繁多，其中A、B、C三种产品的生产工艺过程及使用的原材料都相同，只是规格不同，所以可以划分为一类进行产品成本计算，这类产品称为甲类产品。该类产品的直接材料费用按照各种产品的原材料系数进行分配，原材料系数按直接材料定额成本确定，直接工资等其他费用项目均按各种产品定额工时系数分配。该类产品中A产品为标准产品。有关产品产量、分配标准和成本资料等见表12-1、表12-2和表12-3。

表12-1　　　　　　单位产品直接材料消耗定额和计划单价

产品类别	产品品种	直接材料名称或编号	消耗定额（千克）	计划单价（元）
甲类	A产品	101	90	1.00
		205	50	1.40
		310	20	1.50
	B产品	101	75	1.00
		205	45	1.40
		310	22	1.50
	C产品	101	69	1.00
		205	60	1.40
		310	50	1.50

表12-2　　　　　　　　　　　　　产量和定额工时资料

产品类别	产品品种	计量单位	产量	单位产品工时定额
甲类	A	件	500	110
甲类	B	件	400	165
甲类	C	件	120	154

表12-3　　　　　　　　　　　　　甲类产品成本计算单　　　　　　　　　　　　　单位：元

月	日	项目	直接材料	直接工资	制造费用	合计
3	1	在产品成本（定额成本）	3 140	2 850	5 380	11 370
3	31	本月发生费用	403 080	119 330	107 007	629 417
3	31	合计	406 220	122 180	112 387	640 787
3	31	完工产品成本	391 560	119 192	107 780	618 532
3	31	在产品成本（定额成本）	14 660	2 988	4 607	22 255

根据上述资料，成本计算具体程序说明如下：

首先，根据单位产品材料消耗定额和计划单价，计算确定直接材料费用系数，计算结果见表12-4。

表12-4　　　　　　　　　　　　　直接材料费用系数计算表

产品类别	产品品种	单位产品直接材料费用				直接材料费用系数	定额工时系数
		原材料名称或编号	消耗定额（千克）	计划单价（元）	定额成本（元）		
甲类	A	101	90	1.00	90	1	1
		205	50	1.40	70		
		310	20	1.50	30		
		小计			190		
甲类	B	101	75	1.00	75	171/190 = 0.9	165/110 = 1.5
		205	45	1.40	63		
		310	22	1.50	33		
		小计			171		
甲类	C	101	69	1.00	69	228/190 = 1.2	154/110 = 1.4
		205	60	1.40	84		
		310	50	1.50	75		
		小计			228		

其次，根据材料费用系数、定额工时系数及甲类产品成本计算单的相关资料，分配计算甲类产品中各种完工产品成本，见表12-5。

表 12-5　　　　　　　　　甲类完工产品成本计算单

项目	产量	材料系数	直接材料总系数	定额工时系数	定额工时总系数	应分配的费用			合计	单位成本
						直接材料	直接工资	制造费用		
(1)	(2)	(3)	(4)	(5)	(6)	(7)	(8)	(9)	(10)	(11)
分配率						390	94	85		
A 产品	500	1	500	1	500	195 000	47 000	42 500	284 500	569
B 产品	400	0.9	360	1.5	600	140 400	56 400	51 000	247 800	619.50
C 产品	120	1.2	144	1.4	168	56 160	15 792	14 280	86 232	718.60
合计		—	1 004	—	1 268	391 560	119 192	107 780	618 532	—

说明：

(2)、(3)、(5) 栏的数据取自表 12-2 和表 12-4

(4) = (2) × (3)

(6) = (2) × (5)

直接材料分配率 = 391 560 ÷ 1 004 = 390

直接工资分配率 = 119 192 ÷ 1 268 = 94

制造费用分配率 = 107 780 ÷ 1 268 = 85

(7) = (4) × 直接材料分配率

(8) = (6) × 直接工资分配率

(9) = (6) × 制造费用分配率

(10) = (7) + (8) + (9)

(11) = (10) ÷ (2)

知识拓展 12-1

系数法应用

民乐化工厂生产的产品品种规格很多，采用分类法进行成本计算。按照工艺过程的特点不同，将全部产品划分为甲、乙两大类。虽然每类产品的不同产品都有月末在产品，但是因其所占比重很小，企业为了进一步简化成本计算，对月末在产品成本不进行计算。每类产品的总成本在类内各种产品之间直接按各种产品实际产量为标准进行分配，因而使同类产品中各种产品的单位成本相同，也使成本计算工作量大大简化。由于每种产品的加工时间差异较大，该企业为每种产品制定了工时消耗定额。根据生产特点，每种产品消耗的材料品种相同，单位产品材料消耗量也相同，但其他各项费用与加工时间长短有关。甲类产品中 A 产品产量较大，生产比较稳定，乙类产品中 E 产品产量较大，生产比较稳定。有关资料及成本计算结果见表 12-6 至表 12-10。

第十二章 分 类 法

表 12-6　　　　　　　　　　　　　产量和工时消耗

产品名称		产量（件）	工时消耗（小时）
甲类产品	A 产品	350	10
	B 产品	200	12
	C 产品	100	9
乙类产品	D 产品	240	16.5
	E 产品	400	15
	F 产品	360	12

表 12-7　　　　　　　　　　　甲类产品成本计算单　　　　　　　　　　　　单位：元

项目	直接材料	直接工资	制造费用	合计
月初在产品成本	—	—	—	—
本月发生费用	266 500	45 500	41 600	353 600
完工产品成本	266 500	45 500	41 600	353 600
月末在产品成本	—	—	—	—

表 12-8　　　　　　　　　　甲类产品成本分配计算表　　　　　　　　　　金额单位：元

项目	计量单位	产量	直接材料	直接工资	制造费用	总成本	单位成本
A 产品	件	350	143 500	24 500	22 400	190 400	544
B 产品	件	200	82 000	14 000	12 800	108 800	544
C 产品	件	100	41 000	7 000	6 400	54 400	544
合计	—	—	266 500	45 500	41 600	353 600	—

表 12-9　　　　　　　　　　　乙类产品成本计算单　　　　　　　　　　　　单位：元

项目	直接材料	直接工资	制造费用	合计
月初在产品成本	—	—	—	—
本月发生费用	90 500	30 500	28 000	149 000
完工产品成本	90 500	30 500	28 000	149 000
月末在产品成本	—	—	—	—

表 12-10　　　　　　　　　　乙类产品成本分配计算表　　　　　　　　　　金额单位：元

项目	计量单位	产量	直接材料	直接工资	制造费用	总成本	单位成本
D 产品	件	240	21 720	7 320	6 720	35 760	149
E 产品	件	400	36 200	12 200	11 200	59 600	149
F 产品	件	360	32 580	10 980	10 080	53 640	149
合计	—	—	90 500	30 500	28 000	149 000	—

由上述表格可以看出，该厂采用分类法进行成本计算，虽然大大简化了核算工作量，但是成本计算结果很不准确，主要表现是：由于各类别内的各种产品工时消耗差异较大，而除

了材料费用之外的其他费用的多少与加工时间长短有关，因此，该厂在进行类内产品成本分配时，可将材料费用按各种产品产量为标准进行分配，而对其他各项费用则应按照各种产品工时消耗为标准进行分配。而且，由于每类产品中都有一种产量大、生产比较稳定的产品，因此在进行类内产品成本分配时，可分别将甲、乙两类产品中的 A、E 产品作为标准产品，将其工时消耗标准定为 1，并求出其余产品的工时系数，按各种产品的工时系数进行其他费用的分配，以便正确计算各种产品成本。具体计算过程列示见表 12-11 至表 12-13。

表 12-11　　　　　　　　　　产品工时系数计算表

产品名称		工时消耗（小时）	系数
甲类产品	A 产品	10	1
	B 产品	12	1.2
	C 产品	9	0.9
乙类产品	D 产品	16.5	1.1
	E 产品	15	1
	F 产品	12	0.8

表 12-12　　　　　　　　　甲类产品成本分配计算表　　　　　　　　　　　单位：元/件

项目	产量	其他各项费用		直接材料（以产量为标准）	其他各项费用		总成本	单位成本
		系数	总系数		直接工资	制造费用		
分配率	—				66.91	61.18	—	
A 产品	350	1	350	143 500	23 418.5	21 413	188 331.5	588.09
B 产品	200	1.2	240	82 000	16 058.4	14 683.2	112 741.6	563.71
C 产品	100	0.9	90	41 000	6 023.1	5 503.8	52 526.9	525.27
合计	—	—	680	266 500	45 500	41 600	353 600	—

表 12-13　　　　　　　　　乙类产品成本分配计算表　　　　　　　　　　　单位：元/件

项目	产量	系数	总系数	直接材料	直接工资	制造费用	总成本	单位成本
分配率	—				32.04	29.41	—	
D 产品	240	1.1	264	21 720	8 458.56	7 764.2	37 942.76	158.09
E 产品	400	1	400	36 200	12 816	11 764	60 780	151.95
F 产品	360	0.8	288	32 580	9 225.44	8 471.8	50 277.24	139.66
合计	—	—	952	90 500	30 500	28 000	149 000	—

二、按定额比例法计算类内产品成本

【例 12-2】某企业生产甲、乙、丙、丁 4 种产品。根据产品的生产特点，可将这 4 种产品作为一类产品计算成本，这类产品称为 A 类产品。在 A 类产品完工产品和在产品之间进行费用分配以及分配计算类内 4 种产品成本时，均采用定额比例法，直接材料费用按材料定额成本分配，其他费用项目按定额工时分配。A 类产品成本计算单见表 12-14，有关 A

类产品产量及定额资料见表12-15。

表12-14　　　　　　　　　　A类产品成本计算单　　　　　　　　　　　单位：元

项目	直接材料	直接工资	制造费用	合计
月初在产品成本	5 814	678	825	7 317
本月发生生产费用	66 302	36 442	32 455	135 199
合计	72 116	37 120	33 280	142 516

表12-15　　　　　　　　　　A类产品产量及定额资料　　　　　　　　　　　单位：元

产品名称		产量（件）	材料定额成本		定额工时（小时）	
			单位定额	总成本	工时定额	合计
产成品	甲	200	50	10 000	15	3 000
	乙	150	80	12 000	18	2 700
	丙	300	70	21 000	19	5 700
	丁	550	40	22 000	21	11 550
小计		—	—	65 000	—	22 950
在产品	甲	60	50	3 000	7	420
	乙	70	80	5 600	9	630
	丙	65	70	4 550	10	650
	丁	95	40	3 800	10	950
小计		—	—	16 950	—	2 650
合计		—	—	81 950	—	25 600

A类产品成本计算具体程序如下：

首先，将A类产品成本计算单中归集的总生产费用在A类完工产品和在产品之间进行分配，计算出A类完工产品总成本；然后，再将计算出的A类完工产品的总成本在类内的甲、乙、丙、丁4种产品之间进行分配，计算出甲、乙、丙、丁各种产品的成本。具体计算结果见表12-16。

表 12-16　　　　　　　　　　产品成本计算单　　　　　　　　　金额单位：元

项目		产量	直接材料		定额工时	直接工资	制造费用	合计
			定额成本	实际成本				
月初在产品成本			6 300	5 814	3 120	678	825	7 317
本月发生生产费用			75 650	66 302	22 480	36 442	32 455	135 199
合计			81 950	72 116	25 600	37 120	33 280	142 516
费用分配率				0.88		1.45	1.30	
月末在产品成本			16 950	14 916	2 650	3 842.50	3 445	22 203.50
完工产品成本	总成本		65 000	57 200	22 950	33 277.50	29 835	120 312.50
	甲产品	200	10 000	8 800	3 000	4 350	3 900	17 050
	乙产品	150	12 000	10 560	2 700	3 915	3 510	17 985
	丙产品	300	21 000	18 480	5 700	8 265	7 410	34 155
	丁产品	550	22 000	19 360	11 550	16 747.50	15 015	51 122.50

在表 12-16 中，生产费用在 A 类完工产品和在产品之间的分配，以及将 A 类完工产品总成本在甲乙丙丁产品之间的分配，都是按照统一的费用分配率一次完成的。

第三节　分类法的应用

一、联产品成本计算

联产品是使用同样的原材料，在同一生产过程中同时生产出来的各种产品，并且这些产品都是企业的主要产品。例如，炼油厂从原油中可同时提炼出汽油、煤油、柴油等产品，这些产品都是炼油厂的主要产品，可称之为联产品。

联产品分离前的联合成本计算，可采用前述分类法进行。计算出联合成本之后，需要将其在各种联产品之间进行分配，分配时可根据企业具体情况确定应采用的分配方法，常用的分配方法包括以下几个。

1. 实物计量分配法

实物计量分配法是指将联合成本按各联产品实物量（如重量、长度和容积）进行分配的一种方法。其计算公式如下：

联产品分配率 = 联合成本 ÷ 各种联产品实物量之和

某种产品应分配的联合成本 = 该种联产品实物数量 × 联合成本分配率

【例 12-3】某企业生产 A、B、C 三种联产品，本期发生的联合成本为 348 000 元。根据各种产品重量可进行联合成本分配，计算结果见表 12-17。

第十二章 分类法

表 12-17　　　　　　　　　联合产品成本计算单　　　　　　　　　单位：元

产品名称	产量（千克）	分配率	应分配成本
A产品	450		156 600
B产品	260		90 480
C产品	290		100 920
合计	1 000	348	348 000

2. 标准产量比例法

标准产量比例法也称系数分配法。它是根据各种联产品实际产量，按系数将其折算为标准产量来分配联合成本的一种方法。其计算公式如下：

联产品分配率＝联合成本÷各种联产品标准产量之和

某种产品应分配的联合成本＝该种联产品标准产量×联合成本分配率

【例 12-4】某企业利用同一种原材料，在同一工艺过程中生产出甲、乙、丙、丁四种主要产品。进行联合成本分配时，以产品售价为标准确定系数，以甲产品为标准产品，其系数确定为 1；甲产品分离后还要继续加工。联产品的有关资料见表 12-18 和表 12-19。

表 12-18　　　　　　　　联产品产量、售价和系数计算表

产品名称	产量（千克）	单位售价（元）	系数
甲产品	1 800	10	1
乙产品	600	12	1.20
丙产品	900	8	0.80
丁产品	300	14	1.40

表 12-19　　　　　　　　　　联产品成本资料　　　　　　　　　　　单位：元

项目	直接材料	直接工资	制造费用	合计
分离前的联合成本	23 400	5 620	1 724	30 744
各成本项目占总成本比重	76.10%	18.30%	5.60%	100%
分离后甲产品加工成本	810	195	105	1 110

联产品成本计算程序如下：

（1）编制联产品成本计算单，见表 12-20。

表 12-20　　　　　　　　　联产品成本计算单　　　　　　　　　单位：元

产品名称	产量（千克）①	系数②	标准产量③＝①×②	联合成本④	分配率⑤＝④/③	应分配的联合成本⑥＝③×⑤
甲产品	1 800	1	1 800			15 120
乙产品	600	1.20	720			6 048
丙产品	900	0.80	720	30 744	8.40	6 048
丁产品	300	1.40	420			3 528
合计	—	—	3 660			30 744

(2) 编制甲产品成本汇总计算表，见表12-21。

为了编制产品成本汇总计算表，需要将表12-20"联产品成本计算单"中计算的各种产品分配的联合成本，依据表12-19中各成本项目比重进行分离。具体计算结果见表12-21。

表12-21　　　　　　　　　　甲产品成本汇总计算表　　　　　　　　　　单位：元

项目	分配的联合成本		分离后的加工成本 ③	总成本 ④=②+③	单位成本 ⑤=④÷产量
	比重% ①	金额 ②=①×总金额			
直接材料	76.10	11 506.32	810	12 316.32	6.84
直接工资	18.30	2 766.96	195	2 961.96	1.65
制造费用	5.60	846.72	105	951.72	0.53
合计	100	15 120	1 110	16 230	9.02

3. 销售价值法

此外，类内产品成本的分配还可以采用销售价值法，即按照各种联产品的销售价值作为分配标准来分配联合成本的一种联产品成本分配法。销售价值分配法的计算公式如下：

联合成本分配率 = 联合成本 ÷ 各种联产品销售价值之和

某种联产品应分配的联合成本 = 该种联产品销售价值 × 联合成本分配率

销售价值分配法中的销售价值即指产品销售收入，但是，这里的销售收入不是按照产品销售量计算的，而是按照产品产量计算的，即产品销售价值不只包括已经售出产品的价值，还包括未售出产品的价值。

二、副产品成本计算

副产品是指企业在生产主要产品的过程中附带生产出来的一些非主要产品。副产品不是企业的主要产品，但它们却有一定价值和用途。例如，在高炉炼铁过程中，在生产生铁这种主要产品时，可以回收煤气；炼油厂在提炼原油过程中，会生产一些渣油、石油焦等。

(一) 副产品的计价方法

副产品的计价，可以根据不同情况分别采用不同方法，常见的方法包括以下几种：

1. 副产品不计价法

副产品不计价法是指副产品不负担分离前的成本，而将副产品的销售收入直接作为收益处理。这种方法一般适用于副产品分离后不再加工，而且其价值较低的情况。

2. 副产品按分离后的成本计价法

采用这种计价方法时，副产品成本只包括分离后进一步加工的成本，不负担分离前的成本费用。

3. 副产品按固定成本计价法

这种计价方法是指按确定的固定成本作为副产品的成本，从主要产品成本中扣除。其中，固定成本可按固定价格计价，也可以按计划单位成本计价。这种方法计算手续简便，但是当副产品成本变动较大、市价不稳定时，会影响主要产品成本的正确性。

第十二章 分类法

4. 副产品按销售价格扣除销售税金、销售费用后的余额计价法

副产品按销售价格扣除销售税金、销售费用后的余额计价法,也可以说是按副产品的售价减去按正常利润率计算的销售利润后的余额计价,以此作为分离前的共同成本中副产品应负担的部分。这种方法适用于副产品价值较高的情况。如果副产品在分离后还需要进一步加工才能出售,那么按这一方法对副产品计价时,还应从售价中扣除分离后的加工费。

(二) 副产品成本计算举例

【例12-5】某企业在生产主要产品甲产品的同时,附带生产出乙、丙、丁三种副产品。乙种产品按售价扣除销售税金等有关项目后的余额计价,并按比例从联合成本各成本项目中扣除;丙副产品按计划成本计价,从联合成本的直接材料项目中扣除;丁副产品由于数量较少、价值较低采用简化的方法不予计价。本年3月有关产量、成本资料见表12-22、表12-23。

表12-22　　　　　　　　　　产量、单价、计划成本资料　　　　　　　　　　单位:元

产品名称	产量(吨)	单位售价	单位税金	单位销售费用	计划单位成本
甲	1 500				
乙	270	40	5	6	
丙	80				20
丁	1				

表12-23　　　　　　　　　　有关成本费用资料　　　　　　　　　　单位:元

项目	直接材料	直接人工	制造费用	合计
本月主副产品共同成本	36 000	4 000	10 000	50 000
乙产品分离后加工费用		500	580	1 080

根据上述资料,编制完工产品成本计算表,见表12-24。

表12-24　　　　　　　　　　完工产品成本计算表　　　　　　　　　　单位:元

项目	共同成本		丙产品(80吨)		乙产品(270吨)			甲产品(1 500吨)		
	金额	比重(%)	总成本	单位成本	单位成本			单位成本	总成本	单位成本
					分离前	分离后	合计			
	(1)	(2)	(3)	(4)	(5)	(6)	(7)	(8)	(9)	(10)
直接材料	36 000	72	1 600	20	4 860		4 860	18	29 540	19.69
直接人工	4 000	8	—	—	540	500	1 040	3.85	3 460	2.31
制造费用	10 000	20	—	—	1 350	580	1 930	7.15	8 650	5.77
合计	50 000	100	1 600	20	6 750	1 080	7 830	29	41 650	27.77

说明:

(2) = (1) ÷ (1)合计

(5) 合计 = [40 - 5 - 6 - (500 + 580) ÷ 270] × 270

(5) = (5)合计 × (2)

(7) = (5) + (6)

(8) = (7) ÷ 产量(270)

(9) = (1) - (3) - (5)

(10) = (9) ÷ 产量(1 500)

三、等级品成本计算

等级品是指品种相同，但在质量上有差别的产品。按造成产品质量差别的原因不同，等级品可以分为两种：一种是由于材料质量、工艺过程不同或由于自然原因造成的等级品，如洗煤时可以把原煤自然分成大、中、小块；另一种是由于经营管理或技术操作原因形成的等级品，如织布时出现的跳线布等。等级低的产品质量差，售价低。

等级品的成本计算方法，应根据企业的具体情况加以确定。如果产生等级品是由于材料质量、工艺过程本身等特点或自然原因造成的，则应采用适当的方法计算各种等级品的产品成本。计算时，可将相同等级的产品作为一类产品，计算分类产品的联合成本，再根据按各种等级品的售价等标准确定的系数，将各等级品产量折合为标准产量，采用标准产量比例法分配联合成本，以分配的联合成本作为各等级产品的成本。具体计算过程参见本节联产品成本计算，不再举例说明。如果是由于生产管理不当、操作失误造成的等级品，在这种情况下，因为等级品用料相同，工艺过程也相同，则其成本也应相同，所以，应采用实际产量比例法，将等级品的联合成本直接按各等级产品实际产量平均计算，从而使各等级产品单位成本水平一致。这样，等级品由于降价销售所带来的损失，正是企业需要努力改善之处。

 知识拓展 12 – 2

等级产品成本计算

小李响应国家号召，毕业后进行自主创业，创办了一家服装厂，2月份生产服装 1 000 件，其中一级品 500 件，二级品 300 件，三级品 200 件；其售价分别为 300 元，240 元，180 元；2 月份的联合成本为 150 000 元。小李月末按数量比例的方法计算当月成本，见表 12 – 25。

表 12 – 25　　　　　　　　等级产品成本计算表　　　　　　　　单位：元

产品等级	产量	比例	各产品应负担成本
一	500	50%	75 000
二	300	30%	45 000
三	200	20%	30 000
合计	1 000	100%	150 000

练　习　题

一、单项选择题

1. 联产品在分离前计算出的总成本称为（　　）。
   A. 直接成本　　　　　　　　　　　B. 间接成本
   C. 联合成本　　　　　　　　　　　D. 分项成本
2. 分类法的成本计算对象是（　　）。
   A. 产品品种　　　　　　　　　　　B. 产品类别

第十二章 分 类 法

C. 产品规格　　　　　　　　　　D. 产品加工步骤

3. 适合采用分类法计算产品成本的下列企业是（　　）。
A. 制鞋厂　　　　　　　　　　　B. 小型水泥厂
C. 造纸厂　　　　　　　　　　　D. 精密仪器生产企业

4. 在计算类内各种产品成本时，分配标准应选择与产品成本高低有着直接联系的项目，通常采用的分配标准是（　　）。
A. 定额成本　　　　　　　　　　B. 约当产量
C. 标准产量　　　　　　　　　　D. 固定成本

5. 下列各项中，不属于联产品特点的是（　　）。
A. 经过同一个生产过程进行生产　B. 生产成本相同
C. 使用同一种原材料加工　　　　D. 都是企业主要产品

二、多项选择题

1. 分类法下对于类内产品成本的计算，一般可以采用以下方法（　　）。
A. 系数法　　　　　　　　　　　B. 按定额成本计价法
C. 按定额比例法计算　　　　　　D. 分批法
E. 约当产量法

2. 在分类法下，将每类产品总成本在类内各种产品之间进行分配时所选择的分配标准通常可以有（　　）。
A. 定额消耗量　　　　　　　　　B. 计划成本
C. 产品售价　　　　　　　　　　D. 定额成本
E. 产品的重量或体积

3. 按定额比例法进行类内产品成本分配时的具体做法有（　　）。
A. 材料费用可采用定额工时比例分配
B. 加工费用可采用材料定额工时比例分配
C. 材料费用可采用材料定额耗用量比例分配
D. 加工费用可采用定额工时比例分配
E. 各项费用均按材料定额消耗量比例分配

4. 联产品的生产特点有（　　）。
A. 经过同一个生产过程进行生产　B. 利用同一种原材料加工生产
C. 都是企业的主要产品　　　　　D. 有的是主要产品，有的是非主要产品
E. 生产成本相同

5. 副产品是指企业在生产主要产品的过程中附带生产出来的一些非主要产品，副产品的计价方法有（　　）。
A. 副产品不计价
B. 按销售价格扣除销售税金、销售费用后的余额计算
C. 副产品按固定价格计价
D. 按计划单位成本计价
E. 按实际成本计价

三、判断题

1. 采用分类法计算产品成本，不论选择什么作为分配标准，其产品成本的计算结果都有不同程度的假定性。（ ）

2. 由于分类法是为了简化成本核算工作而采用的方法，因此只要能简化成本核算，产品可以随意进行分类。（ ）

3. 采用分类法计算产品成本，对类内产品成本的分配，各成本项目可采用相同的分配标准，也可采用不同的分配标准。（ ）

4. 分类法适用于产品品种、规格较多，并可按一定标准进行分类的企业的成本计算，也是成本计算的一种基本方法。（ ）

5. 联产品是企业在生产过程中，利用同一种原材料，经过同一个生产过程，同时生产出几种产品，这些产品有的是主要产品，有的则是非主要产品。（ ）

四、案例分析题

[案例1] ABC企业采用分类法进行产品成本计算，甲类产品包括X、Y、Z三个品种，其中X产品为标准产品。类内产品成本分配的方法为：直接材料按材料费用定额系数为标准，其他费用项目按定额工时系数为标准。甲类完工产品成本以及产量和定额等资料见表12-26和表12-27。

表12-26　　　　　　　　　　甲类产品成本计算单　　　　　　　　　　　　单位：元

项目	直接材料	直接工资	制造费用	合计
月初在产品成本（定额成本）	8 900	3 200	5 200	17 300
本月发生费用	90 850	45 300	49 700	185 850
完工产品成本	85 200	35 550	47 400	168 150
月末在产品成本（定额成本）	14 550	12 950	7 500	35 000

表12-27　　　　　　　　　　　产量及定额资料

名称	产量（件）	单位产品材料费用定额（元）	单位产品工时定额（小时）
X	200	150	12
Y	200	120	15
Z	150	172.5	11.4

要求：在表12-28和表12-29中填制甲类产品系数计算表和甲类产品成本计算单。

（1）甲类产品系数计算表。

表12-28　　　　　　　　　　甲类产品系数计算表

名称	直接材料		工时	
	单位产品定额	系数	单位产品定额	系数
X				
Y				
Z				

（2）甲类产品成本计算单。

表 12 – 29　　　　　　　　　　　　甲类产品成本计算单

项目	产量	直接材料系数	直接材料总系数	工时系数	工时总系数	直接材料	直接工资	制造费用	成本合计
分配率									
X									
Y									
Z									
合计									

[案例 2]　某企业采用分类法计算产品成本，其生产的 M 系列产品为一大类，包括 M—10 和 M—20 两种产品，类内产品成本分配采用定额比例法。该类产品的月末在产品按照定额成本计价法进行计算。月末在产品产量为 190 件，在产品直接材料消耗定额为 65 千克，材料单价为 5 元；在产品的加工工时消耗定额为 30 小时，每小时工资费用计划分配率为 6；每小时制造费用计划分配率为 4.5 元。当月其他各有关资料见表 12 – 30。

表 12 – 30　　　　　　　　　　　　产量定额资料

产品名称	完工产品产量（件）	直接材料费用定额（元）	工时定额（小时）
M—10	500	35	4
M—20	800	25	5

要求：在产品成本明细账（见表 12 – 31）中完成 M 系列产品的成本计算，并编制结转完工产品成本的会计分录。

表 12 – 31　　　　　　　　　　　　M 系列产品成本明细账　　　　　　　　　　单位：元

项目	直接材料	直接工资	制造费用	合计
月初在产品成本	73 500	20 400	26 200	120 100
本月生产费用	250 750	46 800	23 450	321 000
生产费用合计				
月末在产品成本				
完工产品成本				
类内产品成本分配标准				
类内产品成本分配率				
M—10 产品总成本				
M—10 产品单位成本				
M—20 产品总成本				
M—20 产品单位成本				

第十三章 定额法

本章简介

产品成本核算的定额法，是反映和监督生产费用和产品成本脱离定额的差异，把产品成本的计划、控制、核算和分析结合在一起，加强成本管理而采用的一种成本计算方法。在前面所讲的成本计算方法中，生产费用的日常核算，都是按照生产费用的实际发生额进行的，产品的成本也都是按照实际生产费用计算的实际成本。这样，生产费用和产品成本脱离定额的差异及其发生的原因，只有在月末通过实际资料与定额资料的对比、分析，才能得到反映，而不能在费用发生的当时反映出来，因而不能很好地加强成本控制，定额法正是针对以上方法的不足所采用的一种成本计算辅助方法。事前制定产品的消耗定额、费用定额和定额成本作为降低成本的目标；在生产费用发生的当时将符合定额的费用和发生的差异分别核算，加强对成本差异的日常核算、分析和控制；月末在定额成本的基础上加减各种成本差异，计算产品的实际成本，为成本的定期分析和考核提供数据。定额法不仅是一种产品成本计算的方法，更重要的，还是一种对产品成本进行直接控制、管理的方法。

案例导引

药膳滋补甜品店的定额成本

某大学大四学生李某在学校创业老师的指导下，她为自己的药膳滋补甜品店作了规划，也筹集到了启动的资金。甜品店开张了，为了突出自己的特色，推出了具有健体防病之功效的药膳滋补甜品，品种具备药补的功效，有补脑的黑芝麻核桃糊、润肠养颜的红豆椰汁糕、润肺止咳的杏仁豆腐、治疗因肠胃虚冷而引起腹痛的花生汤圆。另外，为了招揽顾客，春夏秋冬换季时节，还适时推出应季新品种作为吸引顾客的"招牌"，春末夏初时推了银耳水果羹，品种有二十余种。为了及时控制相关成本费用，更好地加强对甜品店成本的管理，李某决定采用定额法核算甜品成本。月初先计划好每种甜品的原材料消耗定额、人工费用定额和水电费等相关费用定额，计算出每种产品的定额成本；月中比较每种产品实际发生的成本费用与月初制定的计划是否存在差异；月末在定额成本的基础上加减各种差异，计算出甜品的实际成本。

请问，什么是产品成本核算的定额法？采用定额法计算产品成本需要提前做哪些工作？定额成本计算需要哪些步骤？如何用定额法进行成本管理和控制？这也是本章要向大家重点阐述的内容。

第十三章 定额法

第一节 定额法的基本内容

一、定额法的基本内容

定额法是以产品的品种（或批别）作为成本计算对象，根据产品的实际产量，计算产品的定额生产费用以及实际费用脱离定额的差异，用完工产品的定额成本，加上或减去定额差异、定额变动差异，从而计算出完工产品成本和在产品成本的一种核算方法。

定额法与生产的类型没有直接联系，不论哪一种类型的生产，都可以采用定额法核算生产费用、计算产品成本。但是，为了充分发挥定额成本法的作用，简化计算工作，采用定额成本法必须具备以下两项条件：①企业的定额管理制度比较健全，定额管理工作的基础比较好；②产品的生产已经定型，各项消耗定额都比较准确、稳定。由于大批大量生产比较容易具备这些条件，因而定额法最早就应用在大批大量生产的机械制造企业中，以后才逐渐扩散应用到具备上述条件下其他工业企业中。

在定额法下，产品实际成本的计算与其他成本计算方法不一样，其他成本计算方法是在生产费用实际发生额的基础上减去在产品成本，计算出完工产品成本，而定额法却是在定额成本的基础上，加上或减去脱离定额的差异、定额变动差异来计算完工产品的实际成本的，其实际成本的计算公式如下：

产品实际成本＝按现行定额计算的产品定额成本±脱离现行定额差异±定额变动差异±原材料成本差异

二、定额法的特点

定额法和一般核算方法不同的是，它不纯粹是一种成本核算方法，它是将成本核算与成本控制相结合的一种成本方法。它不仅能达到成本的事前和事后控制，关键是能做到成本的日常控制。

定额法的主要特点包括：①事先制定产品的各项消耗定额、费用定额和定额成本，作为成本控制的目标、成本计算的基础；②在发生生产耗费的同时，就将符合定额的费用和发生的差异分别核算，以加强对生产费用的日常控制；③定额法下，成本计算建立在日常揭示差异的基础之上；月末计算产成品成本时，根据产品的定额成本，加减各种成本差异，调整计算出完工产品的实际成本，可为成本的定期分析和考核提供依据；④定额法不是一种独立的成本计算方法，必须与品种法、分步法、分批法等相结合使用。

采用定额法，有利于加强日常的成本控制，便于进行产品成本的定期分析，通过各项差异的核算，有利于提高成本的定额管理和计划管理工作的水平，解决各项差异在完工产品和月末在产品之间分配的问题。但是，由于要制定定额成本，单独计算脱离定额的差异，在定额变动时还要修订定额成本，计算定额变动差异，因而计算的工作量比较大，且各项差异是按产品计算确定的，难以分配各部门的经济责任。

知识拓展 13－1

定额法的适用范围

理解了定额法的含义、内容和主要特点，思考哪些企业适合采用定额法核算产品成本？企业内部的生产车间是否适用定额法？

采用定额法计算产品成本应具备以下两个条件：

（1）定额管理制度比较健全，定额管理工作的基础比较好。

（2）产品的生产已经定型，消耗定额比较准确、稳定。定额法一般与企业的生产类型无关，它只是为了加强成本控制，及时揭露产品定额成本和定额执行过程中存在的问题，及时采取有效措施加以改进而采用的方法。

因此，不论哪种生产类型的企业，只要具备上述条件，都可以采用定额法计算产品成本。

由于定额法的成本计算对象既可以是最终完工产品，也可以是半成品，所以定额法既可以在整个企业运用，又可以只运用于企业中的某些车间。

第二节 产品定额成本的核算

一、定额成本的概念

定额成本是根据现行消耗定额和计划单价计算、制定的一种目标成本。应分别按成本项目制定，并与实际成本、计划成本的口径保持一致，以利于成本的考核与分析。定额成本与计划成本既有密切的联系，又有区别。二者都是企业的目标成本，都应根据消耗定额和计划价格分别成本项目制定，但是二者又有较大的区别，主要表现在计算的依据和用途不同。定额成本是以现行消耗定额为依据，主要用于企业内部进行成本控制和成本考核，在现有技术条件下，反映企业当前应达到的成本水平，同时，又能衡量企业成本费用是节约了还是超支了。随着生产条件的变化，劳动生产率的提高，应随时对定额成本进行修改，使之与当前的水平相适应。为了及时反映定额的执行情况，应及时、经常地对定额的变动情况进行核算；而计划成本是以计划期内平均消耗定额为依据，该项指标反映企业在计划期内应达到的成本水平，其主要用途是为了进行成本考核，为企业进行经济预测和决策提供资料。在整个计划期内，计划成本一般不进行修改，因而不必经常核算，只有在变动时，才进行核算。

定额成本是根据现行消耗定额和计划单位成本计算的，其计算公式如下：

某产品直接材料定额成本＝产品原材料消耗定额×材料计划单价

某产品直接人工定额成本＝产品生产工时定额×计划小时工资率

某产品制造费用定额成本＝产品生产工时定额×计划小时制造费用率

某产品的定额成本＝直接材料定额成本＋直接人工定额成本＋制造费用定额成本

二、定额成本的计算程序和方法

采用定额法，必须先制定单位产品的消耗定额、费用定额，并据以制定单位产品的定额成本。单位定额成本包括单位零件定额成本、单位部件定额成本和单位产品定额成本，通常由计划、技术、财会部门等共同制定。定额成本一般是通过编制"定额成本计算表"的方式进行的。企业的具体情况不同，其"定额成本计算表"的编制方法也不一样。它主要受产品的结构、产品零部件的多少等因素的影响。

（1）在零部件不多的情况下，可以先编制单位零件定额成本计算表，然后汇总编制单位部件定额成本计算表，最后汇总编制单位产成品定额成本计算表。

（2）在零部件较多的情况下，为简化成本计算工作，可不编制单位零件定额成本计算表，直接计算部件定额成本，然后汇总计算产品定额成本，或者根据零部件的定额卡直接计算产品定额成本。

（3）在零部件极多的情况下，为使成本计算工作更加简化，可以不编制单位零件定额成本计算表和单位部件定额成本计算表，直接根据零、部件定额卡直接计算产成品定额成本。

【例13-1】某企业生产甲产品，该产品由A、B两个部件组成，A部件由A1、A2、A3、A4四个零件组成。A1零件定额成本计算表如下（见表13-1）。

表 13-1　　　　　　　　　　零件定额成本计算表

零件名称：A1　　　　　　　　　　　　　　　　　　　　　　　　　　　　金额单位：元

材料名称	计量单位	材料定额	材料计划单位成本		材料定额成本	
甲	千克	20	30			
工序	工时定额	累计工时定额	小时工资率	小时费用率	工资定额	制造费用定额
1	3	3	5	6	15	18
2	5	8	5	6	25	30
3	6	14	5	6	30	36
4	4	18	5	6	20	24
合计	-	-	-	-	90	108

其余中零件的定额成本计算表略。根据各零件定额成本计算表编制"部件定额成本计算表"（见表13-2）。

表 13-2　　　　　　　　　　部件定额成本计算表

部件名称：A部件　　　　　　　　　　　　　　　　　　　　　　　　　　　金额单位：元

零件名称	需用数量	材料定额成本	工资定额成本	制造费用定额成本	定额成本合计
A1	1	600	90	108	798
A2	1	150	10	11	171
A3	3	100	15	20	135
A4	2	200	20	30	250
合计	-	1 050	135	169	1 354

B部件定额成本计算表略。根据A、B两个部件定额成本计算表，即可汇总编制"产品定额成本计算表"（见表13-3）。

表 13-3　　　　　　　　　　　　产品定额成本计算表
产品名称：甲产品　　　　　　　　　　　　　　　　　　　　　　　　　　　金额单位：元

部件名称	材料定额成本	工资定额成本	制造费用定额成本	定额成本合计
A	1 050	135	169	1 354
B	1 250	46	28	1 324
合计	2 300	181	197	2 678

知识拓展 13-2

单位产品定额成本的制定

采用定额法计算产品成本，必须首先制定产品的原材料、动力、工时等消耗定额，并根据各项消耗定额和原材料的计划单价、计划的工资率（计划每小时生产工资）或计件工资单价、制造费用率（计划每小时制造费用）等资料，计算产品的各项费用定额和产品的单位定额成本。产品的单位定额成本的制定，应包括零件、部件的定额成本和产成品的定额成本，通常由计划、会计等部门共同制定。

时风公司是一家制造业企业，它有一种零件两种部件和两种产品，则定额成本的计算过程如下：首先编制零件定额卡（表 13-4）、然后编制部件定额成本计算表（表 13-5）、最后填列产品定额成本计算表（表 13-6）。

计算分析过程如下：

表 13-4　　　　　　　　　　　　零件定额卡
零件编号：8101　　　　　零件名称：××　　　　　　××年××月

材料编号	材料名称	计量单位	材料消耗定额
46225	××	千克	6.7
工序	工时定额		累计工时定额
1	1.5		1.5
2	1		2.5
3	2.5		5
4	2		7
5	3		10

表 13-5　　　　　　　　　　　部件定额成本计算表
部件编号：8100　　　　　部件名称：××　　　　　　××年××月

所用部件编号名称	所用部件数量	部件材料费用定额						金额合计	部件工时定额
		46225			46306				
		消耗定额	计划单价	金额	消耗定额	计划单价	金额		
8101	2	13.4	4.80	64.32				64.32	20
8102	5				9.2	7.30	67.16	67.16	15
装配									3
合计				64.32			67.16	131.48	38

续表

原材料	定额成本项目				定额成本合计
	工资及福利费		制造费用		
	每小时定额	金额	每小时定额	金额	
131.48	2.10	79.80	4.70	178.60	389.88

表 13-6　　　　　　　　　　　产品定额成本计算表

产品编号：8000　　　　　产品名称：××　　　　　××年××月

所用产品编号名称	所用产品数量	部件材料费用定额			
		材料费用定额		工时定额	
		部件	产品	部件	产品
8100	3	131.48	394.44	38	114
8200	2	286.22	572.44	27	54
装配					11
合计			966.88		179

原材料	定额成本项目				产品定额成本合计
	工资及福利费		制造费用		
	每小时定额	金额	每小时定额	金额	
966.88	2.10	375.90	4.70	841.30	2 184.08

第三节　定额差异的核算

定额差异是指产品生产过程中各项实际发生的生产费用脱离现行定额或预算的差异，通过对定额差异进行及时、正确地核算和分析，及时控制生产费用支出是定额法的核心所在。

一、直接材料定额差异的计算

（一）直接材料定额差异核算的定义和计算公式

直接材料定额差异，是指产品实际产量的直接材料实际消耗量与原材料定额消耗量之间的差异。可见，上述直接材料定额差异，反映的仅仅是原材料消耗数量的差异，而没有反映直接材料价格的差异。其计算公式如下：

直接材料定额差异 = 直接材料计划成本费用 - 直接材料定额费用
　　　　　　　　= 实际消耗量 × 材料计划单位成本 - 定额消耗量 × 材料计划单位成本
　　　　　　　　= （实际消耗量 - 定额消耗量）× 材料计划单位成本

（二）直接材料定额差异的核算方法

1. 限额领料法

采用限额领料法，必须实行限额领料制度，符合限额的原材料应根据限额领料单等定额凭证领发；超过限额的消耗，或领用代用材料，均需另行填制专用的领料单（差异凭证）。超额领用的材料，全部是脱离定额的超支差异，但代用材料并不都是超支差异。对于代用材料，先要计算出代用材料相当于原规定材料的数量，并从定额中扣除，以确定差异。退料单也应视为差异凭证，限额领料单中的原材料余额与退料单中所列原材料数量都是原材料脱离定额的节约差异。如果企业超限额领料是增加产量引起的，则应办理追加限额手续，仍采用限额领料单领料。月末时，将限额领料单内的材料余额和各种差异凭证进行汇总，即可计算得出定额差异。

采用限额领料时，应注意的是领料差异与耗用差异有时并不完全一致。有时领到车间的材料并未耗用，有时还有期初余额。因此，应按以下公式计算本期直接材料的实际消耗量：

本期直接材料实际消耗量＝本期领用材料数量＋期初结余材料数量－期末结余材料数量

2. 整批切割法

有些贵重材料或经常大量使用且需要切割后才能进一步使用的材料，可以采用整批切割法，通过材料切割单，核算材料定额消耗量和脱离定额的差异以控制用料。材料切割单应按切割材料的批别设立，材料切割单内填明发出切割材料的名称、数量、成材率、消耗定额、应切割成毛坯数量等资料，切割完毕，再填写实际切割成毛坯的数量和材料实际消耗量。根据实际切割的毛坯数量和材料消耗定额，即可求得材料定额消耗量，将其与实际消耗量相比较，即可确定脱离定额的差异。材料定额消耗量、脱离定额的差异以及产生差异的原因均应填入单内，采取整批切割法的优点是能及时反映和控制材料的耗用情况。

3. 盘存法

对于不能采用切割核算法的原材料，为了更好地控制用料，除了采用限额领料法外，还应采用盘存法核算用料差异。盘存法是指按期通过盘点车间的在产品数量和结余材料数量，计算出本期产品所耗用的材料实际耗用量和定额差异，以控制用料的方法。即：首先，根据完工产品数量和在产品盘存数量确定本期投产产品数量；其次，根据本期投产产品数量及其投料方式和原材料消耗定额，计算得出原材料定额消耗量；同时，根据限额领料单和超额领料单等领料、退料凭证和车间余料的盘存数量，计算原材料的实际消耗量；最后，将原材料的实际消耗量与定额消耗量相比较，计算原材料定额差异。应该注意的是，如果原材料随着生产进度陆续投入，在产品还要耗用原材料，那么期初和期末在产品数量均应折算成约当产量。

在实际工作中，无论采用哪一种方法核算，都应根据各种领料凭证和差异凭证，按照产品成本计算对象汇总编制"材料定额费用和定额差异汇总表"，表中应详细列明该批或该种产品所耗各种材料的计划成本、定额费用、定额差异及产生差异的原因，并据以登记生产成本明细账和各种产品成本计算单。

二、工资定额差异的计算

工资定额差异的计算，由于企业所采用的工资形式不同，其核算方法也不一样。

（一）计件工资下工资定额差异的核算

在直接计件工资形式下，按计件单价计算支付的工资都是定额工资，登记在产量记录中，单位产品成本中工资额的变动，可能是由于变更工作条件或支付了补加工资或发给工人的奖励工资的变动，以及加班加点津贴而造成的。在这些情况下，为了便于及时查明工资差异的原因，符合定额的生产工人工资，可以反映在产量记录中；对于脱离定额的差异，经审批后，应登记在工资补付单等差异凭证中，并填明差异原因，以便根据工资差异凭证进行分析。生产工人工资属于直接计入费用的，其定额差异的计算与原材料定额差异的计算相似。

（二）计时工资下工资定额差异的核算

如果生产工人工资是直接计入产品成本中，其定额差异可按下式计算：

某产品工资定额的差异＝该产品实际生产工人工资－（该产品实际产量×单位产品定额工资）

如果生产工人工资属于间接分配计入产品成本的，其定额差异不能在平时按照产品直接计算，只有在月末实际生产工人工资确定以后，才可按以下公式计算：

某产品工资脱离定额的差异＝（该产品实际产量的实际生产工时×实际单位小时工资）－该产品实际产量的定额生产工时×计划单位小时工资

其中，实际单位小时工资＝某车间实际生产工人工资总额÷某车间实际生产工时总额

计划单位小时工资＝某车间计划产量的定额生产工人工资总额÷某车间计划产量的定额生产工时总数

从上述公式可以看出，产品直接人工定额差异主要受工时差异和工资率差异两个因素的影响。工时差异主要反映因劳动效率提高或下降而影响工资的节约或浪费，它是以实际产量的定额工时与实际工时相比之差乘上计划小时工资率而求得，其计算公式如下：

工时差异＝（实际工时－定额工时）×计划单位小时工资率

为了及时核算工时差异，产量记录应正确反映产品的定额工时与实际工时及其差异原因。班组应根据劳动记录，每天或定期按成本核算对象汇集实际产量的定额工时与实际工时以及工时差异，并按差异性的原因分类反映，用以计算班组劳动效率和产品的工资费用，据以考核和分析产品生产工人工资定额成本的执行情况。

工资率差异，主要反映因实际小时工资率脱离计划小时工资率而形成的工资差异，它是在月终实际工资总额计算出来之后，按以下计算方法求得的：

工资率差异＝（实际小时工资率－计划小时工资率）×实际工时

计算工资费用定额差异时，应按产品的成本计算对象，汇总编制"定额工时和定额差异汇总表"，在该表内，应汇总登记定额工资、实际工资、工资差异原因等资料，并据以登记生产成本明细账和有关的产品成本计算单，考核和分析各种产品生产工人工资定额的执行情况。

三、制造费用定额差异的计算

制造费用通常与计时工资费用一样，属于间接计入费用，在日常核算中不能按产品直接确定脱离定额的差异，而只能根据月份的费用预算，按照费用发生的车间、部门和费用的项目，核算脱离预算的差异，据以控制和监督费用的发生。对于各种产品应负担的定额制造费用和脱离定额的差异，只有在月末将本月实际发生的制造费用分配到各种产品后才能确定。其差异额的计算公式如下：

某车间制造费用定额的差异＝该产品实际的制造费用－（该产品实际产量的定额工时×计划小时制造费用）

影响制造费用的因素主要有工时差异和制造费用分配率差异两个，其计算公式与计时工

资下直接人工定额差异的计算公式基本相同，如下所示：

工时差异 =（实际工时 – 计划工时）× 计划单位小时制费用率

制造费用率差异 =（实际单位小时制造费用率 – 计划单位小时制造费用率）× 实际工时

与计时工资下直接人工定额差异的计算程序类似，根据计算的制造费用脱离定额的差异，汇总编制"定额制造费用和定额差异汇总表"，考核制造费用的实际耗用情况，分析其产生的原因。

四、定额差异的分配

根据以上方法计算得出定额差异后，应采用不同的方法进行处理。如果期末在产品数量较少，占用的成本也较少，为了简化成本核算工作，可将定额差异全部计入完工产品的成本当中，即在产品按定额成本计算。这样，不仅简化了计算手续，而且产成品成本水平能够正确地反映当期工作的成果。如果期末在产品数量变动较大，占用的成本也较大时，则定额差异应按完工产品和在产品的定额成本的比例，在完工产品和在产品之间进行分配，其计算公式如下：

定额差异分配率 = 定额差异合计 ÷（完工产品定额成本 + 在产品定额成本）

完工产品应分摊的定额差异 = 完工产品定额成本 × 定额差异分配率

在产品应分摊的定额差异 = 定额差异合计 – 完工产品应分摊的定额差异

【例13 – 2】某企业甲产品采用定额法计算成本，本月份有关甲产品原材料费用的资料如下：

（1）月初在产品定额费用为5 000元，月初在产品脱离定额的差异为节约145元，月初在产品定额费用调整为降低100元。定额变动差异全部由完工产品负担。

（2）本月定额费用为100 000元，本月脱离定额差异为节约5 100元。

（3）本月原材料成本差异率为超支1%，材料成本差异全部由完工产品成本负担。

（4）本月完工产品的产量500件。甲产品单位产品原材料费用定额为220元，定额变动系数为0.9。

要求：（1）计算本月完工产品的原材料定额费用。

（2）计算月末在产品的原材料定额费用。

（3）计算完工产品和月末在产品的原材料实际费用（脱离定额差异，按定额费用比例在完工产品和月末在产品之间分配）。

计算分析过程如下：

（1）本月完工产品的原材料定额费用：

单位产品原材料费用定额 = 220 × 0.9 = 198（元）

完工产品原材料定额费用 = 500 × 198 = 99 000（元）

（2）月末在产品的原材料定额费用：

5 000 – 100 + 100 000 – 99 000 = 5 900（元）

（3）原材料脱离定额差异率 =（– 145 – 5 100）/（99 000 + 5 900）= – 5%

本月应负担的原材料成本差异 =（100 000 – 5 100）× 1% = 949（元）

本月完工产品原材料实际费用 = 99 000 + 99 000 ×（– 5%）+ 949 + 100 = 95 099（元）

月末在产品原材料实际费用 = 5 900 + 5 900 ×（– 5%）= 5 605（元）

第四节　定额变动差异的核算

定额变动差异是指由于修订旧定额而产生的新旧定额之间的差额。随着经济的发展、生产技术条件的变化、劳动生产率的提高，企业的各项消耗定额、计划价格，应随之修订，在消耗定额或计划价格修订之后，定额成本也应随之及时修订。

定额变动差异与定额差异不同，定额变动差异是定额本身的变动，与生产费用的节约或超支无关，且不是经常发生的，因而不需要经常核算，只有在发生变动的情况下才需要核算，计算出来的定额变动差异往往与某一产品直接相关，因而可以直接计入该种产品的成本中。而定额差异则是生产费用脱离定额的变动，反映了生产费用节约或超支的程度，定额差异是经常发生的且一般不是由某一种产品所引起的，它是企业各方面工作的综合结果，因而不一定直接计入某种产品的成本中，往往采用分配的方法在各有关产品当中进行分配。

定额成本的修订一般在年初定期进行，但若定额和实际差距很大时，在月初、季初也可以修订。这样，在定额变动的月份，月初在产品的定额成本并未修订，它仍然是按照旧的定额计算的。为了按旧定额计算的月初在产品定额成本和按新定额计算的本期投入产品的定额成本在同一基础上相加，需要按新定额计算月初在产品的定额变动差异，以调整月初在产品的定额成本。计算得出的定额变动差异，在调整月初在产品的定额成本的同时，还应调整本月产品成本，这两方面的金额相等，方向相反。但实际上完工产品和月末在产品的总成本不变，只是其内部表现形式的改变。如果消耗定额降低，月初在产品的定额成本减少，定额变动差异增加，但实际上这项费用已经发生，所以，在将其从月初在产品的定额成本中扣除的同时，还应将其计入本月生产费用中。如果消耗定额提高，月初在产品定额成本增加，定额变动差异减少，但实际上并未发生这项费用，因而，在将其加入月初在产品的定额成本的同时，还应将其从本月生产费用中扣除。所以，定额变动差异的产生，并不影响企业生产费用总额的增加或减少。

【例13-3】某企业月初在产品300件，直接材料定额成本按上月旧定额计算为每件50元，从本月起，每件直接材料定额成本降低为48元，本月投产600件，实际发生直接材料费用31 000元，900件产品本月全部完工。其实际成本的计算结果如下：

月初在产品材料定额成本	$300 \times 50 = 15\,000$（元）
减：月初在产品材料定额成本降低	$(50 - 48) \times 300 = 600$（元）
加：本月投产产品材料定额成本	$48 \times 600 = 28\,800$（元）
定额成本合计	43 200元
加：材料定额超支差	$31\,000 - 28\,800 = 2\,200$（元）
加：材料定额变动差异	600元
完工产品材料实际成本	46 000元

当有在产品的情况下，定额变动差异不应全部计入当月产品的成本中，而应该按照完工产品和在产品的定额成本的比例在完工产品和在产品之间进行分配。其计算公式如下：

定额变动差异分配率＝定额变动差异合计÷（完工产品定额成本＋在产品定额成本）

完工产品应负担的定额变动差异＝完工产品的定额成本×定额变动差异分配率

在产品应负担的定额变动差异＝定额变动差异合计－完工产品应负担的定额变动差异

如果定额变动差异不大，在产品可不负担定额变动差异，定额变动差异全部由完工产品负担。

在定额法下，原材料的日常核算一般按计划成本进行，原材料定额差异只是以计划单价反映的消耗量上的差异，未包括价格因素的影响。因此，月末计算产品的实际原材料费用时，需计算所耗原材料应分摊的成本差异，即所耗原材料的价格差异。公式如下：

某产品应分配的材料成本差异＝（该产品直接材料的定额成本＋直接材料脱离定额的差异）×材料成本差异分配率

在定额法下，产品实际成本就是由上述各项目所组成的，将其相加，就是完工产品的实际成本，其计算公式如下：

产品实际成本＝定额成本±定额差异±定额变动±材料成本差异

第五节　产品实际成本的核算

一、定额法下产品实际成本计算的程序

在定额法下，计算产品实际成本的程序如下。

（一）制定定额成本

根据产品品种制定各产品的各项消耗定额、费用定额和定额成本，作为降低成本的目标和成本控制的依据。

（二）设置产品成本计算单

根据成本计算对象设置产品成本计算单，在定额法下，产品实际成本的计算，也应在产品成本计算单中按成本项目分别进行。所采用的产品成本计算单各栏，都要分为"定额成本""定额差异""材料成本差异""定额变动差异"等栏目。

（三）计算定额变动差异

根据上月产品成本计算单，填列月初在产品成本。若当月定额有变动，则应计算月初在产品的定额变动差异数额，调整月初在产品的定额成本，并填入相应的栏目中。

（四）分配费用

本月发生的费用都应按定额成本和定额差异分别汇总和分配，对于定额成本，应列入本月费用的"定额成本"项目下；对于定额差异，则应列入"定额差异"栏内。

（五）计算费用合计

将产品成本计算单内的"月初在产品成本""月初在产品定额变动差异"和"本月费用"各栏中的数字分别定额成本、定额差异、材料成本差异、定额变动差异加总，填入

"费用合计"栏内。

（六）计算完工产品和在产品的定额成本

完工产品的定额成本是用完工产品的数量乘以产品的定额成本计算的。在产品的定额成本是用定额成本合计减去完工产品的定额成本计算得出的。

（七）分配定额差异和定额变动差异

若定额差异和定额变动差异不大，为了简化成本核算工作，可将定额差异和定额变动差异全部计入完工产品，由完工产品负担，在产品不负担定额差异和定额变动差异。若定额差异和定额变动差异较大，则应将定额差异和定额变动差异按定额成本的比例，在完工产品和在产品之间进行分配。

（八）计算完工产品的成本

将本月完工产品的定额成本加减完工产品应负担的定额差异、材料成本差异和定额变动差异，计算得出本月完工产品的实际成本。

 知识拓展13－3

定额法的优缺点

通过本章的学习，思考总结采用定额法进行成本核算的优缺点。

优点：①由于采用定额成本计算法可以计算出定额与实际费用之间的差异额，并采取措施加以改进，所以，采用这种方法有利于加强成本的日常控制；②由于采用定额成本计算法可计算出定额成本、定额差异、定额变动差异等指标，有利于进行产品成本的定期分析；③通过对定额差异的分析，可以对定额进行修改，从而提高定额的管理和计划管理水平；④由于有了现成的定额成本资料，可采用定额资料对定额差异和定额变动差异在完工产品和在产品之间进行分配。

缺点：①因它要分别核算定额成本、定额差异和定额变动差异，工作量较大，推行起来比较困难；②不便于对各个责任部门的工作情况进行考核和分析；③定额资料若不准确，则会影响成本计算的准确性。

二、定额法下产品实际成本计算举例

以上我们介绍了定额法计算产品成本的基本内容，现举例说明定额法成本计算的程序。

【例13－4】宏远公司主要生产A产品，采用定额法计算产品成本。

（1）2020年5月的生产情况见表13－7。

表13－7　　　　　　　　　　生产情况表

项目	数量
月初在产品数量	20
本月投产数量	40
本月完工数量	50
月末在产品数量	10
在产品完工率	50%

原材料在生产开始时一次投料。

（2）本企业原材料消耗定额从4.3千克降到4千克，材料的计划单价为5元，单位产品工时定额5元，计划小时人工费2元，计划小时制造费用3.2元。

（3）月初在产品定额差异为节约2元，其中原材料脱离定额差异节约20元，人工脱离定额差异为8元，制造费用脱离定额差异为10元。本月生产费用的定额差异为98元，其中材料脱离定额差异为50元，人工脱离定额差异为14元，制造费用脱离定额差异为34元。

要求：

根据以上材料，编制产品成本计算单（见表13-8）：计算甲产品的实际成本及月末在产品的定额成本和定额差异。

表13-8　　　　　　　　　　　　　产品成本计算单

产品名称：甲产品　　　　　　　2020年5月　　　　　　　　　　　　金额单位：元

成本项目	月初在产品		月初在产品定额变动		本月费用		完工产品成本				月末在产品	
	定额成本	定额差异	调整数	变动差异数	定额成本	定额差异	定额成本	定额差异	变动差异	实际成本	定额成本	定额差异
直接材料	430	-20	-30	30	800	50	1 000	25	30	1 055	200	5
直接工资	100	8	0	0	450	14	500	20	0	520	50	2
制造费用	160	10	0	0	720	34	800	40	0	840	80	4
合计	690	-2	-30	30	1 970	98	2 300	85	30	2 415	330	11

月初在产品定额费用：

直接材料按原定额计算 = 20×4.3×5 = 430（元）

直接材料按新定额计算 = 20×4×5 = 400（元）

材料费用定额变动差异 = 430-400 = 30（元）

材料定额变动调整数 = 400-430 = -30（元）

直接人工定额费用 = 20×50%×5×2 = 100（元）

制造费用定额费用 = 20×50%×5×3.2 = 160（元）

本月定额费用：

直接材料定额费用 =（50+10-20）×4×5 = 800（元）

直接人工定额费用 =（50+10×50%-20×50%）×5×2 = 450（元）

制造费用定额费用 =（50+10×50%-20×50%）×5×3.2 = 720（元）

完工产品定额费用：

直接材料定额费用 = 50×4×5 = 1 000（元）

直接人工定额费用 = 50×5×2 = 500（元）

制造费用定额费用 = 50×5×3.2 = 800（元）

月末在产品定额费用：

直接材料定额费用 = 10×4×5 = 200（元）

直接人工定额费用 = 10×50%×5×2 = 50（元）

制造费用定额费用 = 10 × 50% × 5 × 3.2 = 80（元）
直接材料定额差异分配率 =（-20 + 50）/（1 000 + 200）× 100% = 2.5%
直接人工定额差异分配率 =（5 + 14）/（500 + 50）× 100% = 4%
制造费用定额差异分配率 =（10 + 34）/（800 + 80）× 100% = 5%

【例 13-5】黄河有限责任公司专业生产甲产品。该公司的定额管理制度比较健全、稳定，为此，采用定额法计算产品成本。20×1 年 10 月，甲产品成本计算的有关资料见表 13-9 至表 13-12。

表 13-9　　　　　　　　　产品定额成本

产品名称：甲产品　　　　　　　　20×1 年 10 月　　　　　　　　　　　　单位：元

材料编号及名称	计量单位	材料消耗定额	计划单价	材料费用定额
A 材料	千克	50	10	500

工时定额	直接人工		制造费用		产品定额成本合计
	小时薪酬率	金额	小时费用率	金额	
50	3	150	2.5	125	775

表 13-10　　　　　月初在产品定额成本和脱离定额差异

产品名称：甲产品　　　　　　　　20×1 年 10 月　　　　　　　　　　　　单位：元

成本项目	定额成本	脱离定额差异
直接材料	5 000	-100
直接人工	750	+50
制造费用	625	+25
合计	6 375	-25

表 13-11　　　　　　　　　产品投产情况

产品名称：甲产品　　　　　　　　20×1 年 10 月　　　　　　　　　　　　单位：元

月初在产品	本月投产	本月完工	月末在产品
10	100	80	30

表 13-12　　　　　　　　　生产费用发生情况

产品名称：甲产品　　　　　　　　20×1 年 10 月　　　　　　　　　　　　单位：元

投入定额工时（小时）	实际领用材料			实际工人薪酬	实际制造费用
	数量（千克）	计划成本	材料成本差异率		
4 500	4 800	48 000	+2%	13 950	10 800

材料在生产开始时一次投入。由于工艺技术的改进，于 20×1 年 10 月 1 日起对材料消耗定额进行修订，原材料消耗定额为 50 千克，修订后材料费用定额为 47.5 千克。

要求：

(1) 计算本月定额成本和定额差异；

(2) 计算材料成本差异；

(3) 计算月初在产品定额变动差异;
(4) 编制生产费用分配的记账凭证;
(5) 编制产品成本计算单,采用定额法计算完工产品和在月末在产品的实际成本;
(6) 编制结转完工产品成本的会计分录。

计算分析过程如下:

(1) 计算本月定额成本和脱离定额差异,见表13–13。

表13–13　　　　　　　　定额成本和脱离定额差异汇总表

产品:甲　　　　　　　　　　20×1年10月　　　　　　　　　　单位:元

成本项目	定额成本	实际费用	脱离定额差异
直接材料	47 500	48 000	+500
直接人工	13 500	13 950	+450
制造费用	11 250	10 800	-450
合计	72 250	72 750	+500

直接材料定额成本 = 100 × 475 = 47 500元
直接人工定额成本 = 3 × 4 500 = 13 500元
制造费用定额成本 = 2.5 × 4 500 = 11 250元

(2) 计算材料成本差异。

甲产品材料成本差异 = (47 500 + 500) × (+2%) = +960(元)

(3) 计算月初在产品定额变动差异。

甲产品定额变动系数 = 475 ÷ 500 = 0.95(元)
月初定额变动差异 = 5 000 × (1 - 0.95) = 250(元)

(4) 编制生产费用分配的会计分录。

①领料和结转材料成本差异。

借:生产成本——甲产品(材料定额成本)　　　　　　　　　　47 500
　　　　　　——甲产品(脱离定额差异)　　　　　　　　　　　　500
　　贷:原材料　　　　　　　　　　　　　　　　　　　　　　48 000
借:生产成本——甲产品(材料成本差异)　　　　　　　　　　　 960
　　贷:材料成本差异　　　　　　　　　　　　　　　　　　　　 960

②结转直接人工费用。

借:生产成本——甲产品(人工定额成本)　　　　　　　　　　13 500
　　　　　　——甲产品(脱离定额差异)　　　　　　　　　　　　450
　　贷:应付职工薪酬　　　　　　　　　　　　　　　　　　　13 950

③分配制造费用。

借:生产成本——甲产品(制造费用定额成本)　　　　　　　　11 250
　　　　　　——甲产品(脱离定额差异)　　　　　　　　　　　　450
　　贷:制造费用　　　　　　　　　　　　　　　　　　　　　11 700

④月初在产品定额成本变动差异不进行账务处理。

第十三章 定额法

(5) 编制产品成本计算单,见表 13-14。

表 13-14　　　　　　　　　　　　　　产品成本计算单
产品:甲　　　　　　　　　　　　　　20×1 年 10 月　　　　　　　　　　　　　　单位:元

成本项目		直接材料	直接人工	制造费用	合计
月初在产品成本	定额成本	5 000	750	625	6 375
	脱离定额差异	-100	+50	+25	-25
月初在产品定额变动	定额成本调整	-250			-250
	定额变动差异	+250			+250
本月生产费用	定额成本	47 500	13 500	11 250	72 250
	脱离定额差异	+500	+450	-450	+500
	材料成本差异	+960			+960
生产费用合计	定额成本	52 500	14 250	11 875	78 625
	脱离定额差异	+400	+500	-425	+475
	材料成本差异	+960			+960
	定额变动差异	+250			+250
脱离定额差异分配率		0.007 6	0.035 09	-0.035 8	
完工产品成本	定额成本	38 000	12 000	10 000	60 000
	脱离定额差异	+288.8	+421.1	-358	+351.9
	材料成本差异	+960			+960
	定额变动差异	+250			+250
	实际成本	39 210	12 421.1	9 642	61 561.9
月末在产品成本	定额成本	14 250	2 250	1 875	18 375
	脱离定额差异	111.2	78.9	-67	+123.1

$$\text{脱离定额差异分配率} = \frac{\text{脱离定额差异}}{\text{完工产品定额成本} + \text{月末在产品定额成本}}$$

$$\text{直接材料脱离定额差异分配率} = \frac{400}{38\,000 + 14\,250} = 0.0076$$

$$\text{直接人工脱离定额差异分配率} = \frac{500}{12\,000 + 2\,250} = 0.03509$$

$$\text{制造费用脱离定额差异分配率} = \frac{-425}{10\,000 + 1\,875} = -0.0358$$

(6) 编制结转完工产品成本的会计分录:

借:库存商品——甲产品　　　　　　　　　　　　　　　　　　61 561.90
　　贷:生产成本——甲产品　　　　　　　　　　　　　　　　　　61 561.90

练 习 题

一、单项选择题

1. 定额法的目的是（　　）。
   A. 加强成本的定额管理与控制　　　　B. 简化计算工作
   C. 计算产品的定额成本　　　　　　　D. 计算产品的实际成本
2. 在完工产品成本中，如果月初在产品定额变动差异是负数，说明（　　）。
   A. 本月定额管理和成本管理不利　　　B. 定额降低了
   C. 本月定额管理和成本管理取得了成绩　D. 定额提高了
3. 原材料定额差异是（　　）。
   A. 数量差异　　　　　　　　　　　　B. 一种定额变动差异
   C. 价格差异　　　　　　　　　　　　D. 原材料成本差异
4. 产品成本计算的定额法在适用范围上（　　）。
   A. 与生产类型直接相关　　　　　　　B. 与生产类型无关
   C. 适用于大量生产　　　　　　　　　D. 适用于小批生产
5. 在定额差异的核算中，与制造费用定额差异核算方式相同的是（　　）。
   A. 原材料　　　　　　　　　　　　　B. 计件工资形式的生产工人工资
   C. 自制半成品　　　　　　　　　　　D. 计时工资形式的生产工人工资
6. 定额法的主要缺点是（　　）。
   A. 只适用于大批生产的机械化企业
   B. 不便于成本分析
   C. 较其他成本计算方法核算工作量大
   D. 不能合理解决完工产品与月末在产品之间的费用分配问题

二、多项选择题

1. 原材料定额差异的计算方法有（　　）。
   A. 限额法　　　　B. 切割法　　　　C. 盘存法　　　　D. 年限法
   E. 工作量法
2. 在定额法下，产品的实际成本是（　　）的代数和。
   A. 按现行定额计算的产品定额成本　　B. 脱离现行定额的差异
   C. 材料成本差异　　　　　　　　　　D. 月初在产品定额变动差异
3. 产品定额成本应该划分下列（　　）成本项目计算。
   A. 直接材料　　　B. 直接人工　　　C. 制造费用　　　D. 定额差异
   E. 直接材料计划成本
4. 对于定额变动差异的处理，下列正确的方法有（　　）。
   A. 消耗定额降低，应从月初在产品定额成本中扣除

第十三章
定 额 法

B. 消耗定额降低，从月初在产品定额成本中加上
C. 消耗定额提高，应从月初在产品定额成本中加上
D. 消耗定额提高，应从月初在产品定额成本中扣除
E. 无论消耗定额提高或降低，月初在产品定额成本均不变动

5. 与企业产品生产类型没有直接联系的成本计算法有（   ）。

A. 分类法　　　　B. 分步法　　　　C. 定额法　　　　D. 品种法

三、判断题

1. 定额法能够单独应用，不必与产品成本计算的基本方法结合起来应用。（   ）
2. 定额成本法是一种事后成本控制的方法。（   ）
3. 定额成本是一种目标成本，是企业进行成本控制和成本管理的重要依据。（   ）
4. 原材料定额差异的限额法可以有效地控制材料耗用量，使之不超过定额。（   ）
5. 限额法中，限额领料单是一种定额凭证，退料单是一种差异凭证。（   ）
6. 定额法中的材料切割核算法不是定期进行切割核算的，而盘存法应该定期进行。
（   ）

四、案例分析题

[案例1] 甲产品采用定额法计算成本。本月份有关甲产品原材料定额费用的资料如下：

（1）月初在产品定额费用为1 500元，月初在产品脱离定额的差异为节约100元，月初在产品定额费用调整后降低为30元。定额变动差异全部由完工产品负担。
（2）本月定额费用为25 000元，本月脱离定额的差异为节约429.4元。
（3）本月原材料成本差异为节约2%，材料成本差异全部由完工产品成本负担。
（4）本月完工产品定额费用为22 000元。

要求：
（1）计算月末在产品的原材料定额费用；
（2）计算完工产品和月末在产品的原材料实际费用（定额差异，按定额费用比例在完工产品和月末在产品之间进行分配）。

[案例2] 某企业甲产品成本采用定额法计算，该产品本月原材料费用为：月初在产品定额费用10 000元，在产品脱离定额超支差异360元，在产品定额成本调整降低420元；本月定额费用51 000元，完工产品定额费用46 000元，本月脱离定额差异节约1 430元，本月原材料成本差异率为-3%，材料成本差异和定额变动差异均由完工产品成本负担，脱离定额差异按定额费用比例在完工产品和月末在产品之间进行分配。

要求：
（1）计算月末在产品原材料定额费用；
（2）计算原材料脱离定额差异分配率；
（3）计算本月原材料费用应分配的材料成本差异；
（4）计算本月完工产品原材料实际费用；
（5）计算月末在产品原材料实际费用。

第十四章　标准成本制度

本章简介

本章主要介绍了一种新的成本计算方法——标准成本制度，这种成本制度是围绕标准成本的相关指标（如技术指标、作业指标、计划值等）而设计的，将成本的事前控制、反馈控制及核算功能有机结合而形成的一种成本控制系统。这种方法不仅间接费用是预计的，直接材料和直接人工等也是按预计的数字来计算。通过本章的学习，同学们可以了解标准成本的类别及其制定；掌握标准成本差异及其计算和分析的方法；掌握标准成本法的会计核算方法。

ACC公司关于成本控制的探讨

ACC公司是一家高科技公司，由该公司发明的一项专利产品，多年来，使ACC公司一直居于市场主导地位。然而，专利期满后，其他公司也研发出相似产品，加剧了市场竞争，使ACC产品价格下降，利润减少。ACC公司高层领导张经理决心一定要保住产品的市场份额，那么价格竞争就不可避免，而价格上的竞争意味着成本控制将变得至关重要。过去，由于ACC产品居于市场主导地位，企业并不注意控制产品的生产成本。现在，张经理相信通过实施成本控制措施，当竞争重演时，公司也将在价格上更具有竞争力。下面是张经理与生产经理进行商讨时的谈话。

张经理：预算体制是我们所采取的控制生产成本的唯一尝试手段吗？

生产经理：是的。但实际上它所起的作用并不大。预算是将过去的生产成本加上考虑通货膨胀因素而增加的一些预算而得到的。我们从未认真核算过过去的生产成本应该是多少，也没有要求经理对成本负责。我们的盈利一直很好，资源也很充足，我想就因为我们一直很成功，所以忽视了成本控制。

张经理：我担心，如果现在不采取行动控制生产成本，那么未来我们的资源就会短缺。如果可以通过改进成本控制获得更高的利润，我们就应该去做。我希望我的工厂和生产经理们能够意识到他们对成本控制的责任。你有什么建议吗？

生产经理：我们应该使预算制度更加规范。第一，预算要反映成本应当是多少，而不是一直是多少。第二，我们要让经理们确定合理可行的成本水平，在此基础上编制预算，并把奖金和晋级与预算体制相结合，使经理人员树立成本意识。然而，我认为我们可以更进一步，通过建立标准成本制度来达到控制成本的目的。

第十四章 标准成本制度

张经理：这是要明确材料和人工的单位价格和用量标准吗？

生产经理：从本质上说，正是这样。使用单位价格和用量标准，就可以确定每生产一个单位的产品所使用的人工、材料和制造费用的成本。这些标准是用来制定预算的，一旦发生实际成本，就可以使用单位价格和用量标准把实际与预算的成本差异分解为价格差异和效率差异。标准成本制度比使用正常成本计算的预算制度提供了更为详细的信息。我们可以让经理们对达到确定的标准负责。

张经理：我认为我们企业需要这种成本制度。是让经理们树立成本意识的时候了。

同学们思考一下：（1）是什么促使张经理实施更加正规的成本控制体系？

（2）为什么标准成本控制提供了更为详细的控制信息？

（3）怎样使用标准成本进行成本控制？

第一节 标准成本制度概述

本章之前所阐述的各种产品成本计算方法，大多仅限于实际成本计算，属于实际成本制度的范畴，它们虽然也能较正确地反映产品的实际成本，为编制财务报表提供资料，对管理成本起到了一定的作用，但是，随着生产经营的发展和企业规模的扩大，这种实际成本制度已经很难适应现代化大生产经营管理的需要，其缺陷主要表现为：反应迟钝、控制性差、责任不清、核算与分析脱节；产品成本不能正确反映当期生产经营效果，不便于成本预测和决策；计算繁琐，效益性差等。为了克服这些缺陷，西方曾在实际成本制度范围内作了一些改革，如预定材料价格来加快成本计算；预定制造费用分配率以消除生产能力利用率的变动对产品单位成本的影响，等等。但是这些方法如果从经营管理的要求来看，还是很不完善的。标准成本制度就是在这种情况下，作为一种管理成本方法，适应科学管理的需要而产生和形成的，它有利于克服实际成本制度的缺陷。

一、标准成本制度的形成

标准成本制度的产生与 1903 年泰勒发表的《工场管理》一书有着密切的联系。该书提出产品的标准操作程序及时间定额，给标准成本制度的产生提供了启示。1904 年泰勒理论的继承者美国效率工程师哈尔顿·爱默森首先在美国铁道公司应用标准成本法。1909 年，他在《作为经营和工资基础的效率》一文中对标准成本进行了更详细的研究。因为他不是会计师，因此没有提出标准成本的会计账务处理方法。1911 年美国会计师卡特·哈里逊第一次设计出一套完整的标准成本制度。他在 1918—1920 年发表了一系列文章，对标准成本有关科目、分类账及成本分析进行了十分详细的叙述。1920 年在美国全国成本会计师协会召开的首届年会上，会计人员与工程技术人员设计了一套将实际成本与标准成本结合起来的方法。同时设置"效率差异"与"价格差异"科目，核算实际人工、实际材料与其各自标准之间的差异。1923 年，随着间接费用差异的确定，标准成本差异的分析雏形基本上形成了，至此，标准成本脱离试验阶段而进入实施阶段。1930 年，哈里逊总结了对标准成本计算所作的研究，写成了《标准成本》一书，这本书是世界上第一部论述标准成本制度的专著。在这之后，标准成本制度开始兴起和发展起来，进而从美国传入英国、德国、日本和瑞典等国家。从此，成本会计进入了一个崭新的发展时期。

二、标准成本制度的特点和作用

标准成本制度是以预先运用技术测定等科学方法制定的标准成本为基础，将实际发生的成本与标准成本进行比较，核算和分析成本差异的一种成本计算方法，也是加强成本控制、评价经济业绩的一种成本控制制度。

标准成本制度的关键是标准成本的制定。标准成本是成本控制的目标和衡量实际成本的依据，所以标准成本的制定要遵循科学性、客观性、正常性和稳定性等原则。所谓科学性和客观性，就是要对实际情况进行调查，根据客观实际，用科学的方法进行制定。所谓正常性，就是标准成本要按正常条件制定，不考虑不能预测的异常变动。所谓稳定性，就是标准成本一经制定，不应随意变动，应保持其相对的稳定性。

（一）标准成本制度的特点

标准成本制度的核心是按标准成本记录和反映产品成本的形成过程和结果，并借以实现对成本的控制。标准成本制度具有以下特点。

（1）标准成本制度只计算各种产品的标准成本，不计算各种产品的实际成本。"生产成本""产成品""自制半成品"等账户的借贷双方，均按标准成本入账。

（2）实际成本与标准成本发生的各种差异，分别设置各种差异账户进行归集，以便对成本进行日常控制和考核。常用的差异账户有："材料数量差异""材料价格差异""人工效能差异""工资率差异""变动制造费用效能差异""变动制造费用耗用差异""固定制造费用产量差异"和"固定制造费用预算差异"等。这些账户借方反映的都是超支差异，贷方反映的都是节约差异。期末，应将各成本差异的余额予以结清。

（3）标准成本制度可以与变动成本法相结合，达到成本管理和控制的目的。标准成本制度将制造费用分成固定部分和变动部分，分别揭示其差异，便于根据成本的可控性和不可控性，明确差异的责任，寻找降低成本的途径。

（二）标准成本制度的作用

标准成本制度在西方工业企业中得到广泛应用。国外多年来实践表明，企业实行标准差成本制度有很多优点，它的作用有以下几项。

（1）有利于增强员工的成本意识。用科学的方法制定成本标准，作为员工工作努力的目标和业绩评估的尺度，可以使广大员工增强成本意识，努力完成预定目标。

（2）有利于成本控制。通过制定成本标准，可以在事前限制各种消耗和费用的发生；在成本形成过程中，按成本标准控制支出，随时揭示节约还是浪费，及时纠正偏差，以达到降低成本的目的；产品成本形成之后，通过实际成本与标准成本相比较、分析和考核，及时总结经验，为未来降低成本提供途径。

（3）有利于价格决策。标准成本提供了及时性、一致性的成本信息，消除了经营管理过程中由于低效率和偶然性因素对成本的影响。所以，标准成本作为定价基础比实际成本更为符合客观真实情况，并能满足市场竞争对定价及时性的要求。

（4）有利于简化会计工作。由于存货和销售成本均以标准成本计价时，可以减少成本计算工作量，因此其有助于简化日常的会计工作，加速会计报表的编制。

（5）有利于正确评价业绩。由于标准成本通常是指正常生产条件下制造产品应有的成本额，用本期实际成本与标准成本相比较，就能正确评价企业的工作质量。另外，各成本中心之间的半成品内部转移价的确定，也以标准成本为依据。这样可以避免成本中心的责任成本受外界因素的影响，从而有利于正确评价它们的业绩。

三、标准成本的种类

标准成本的种类很多，主要包括理想标准成本、正常标准成本和现实标准成本。

1. 理想标准成本

它是在现有技术、设备和经营管理达到最优状态下的目标成本水平。所谓"最优状态"，是指在资源无浪费、设备无故障、产品无废品、工时全有效、生产能力达到充分利用的前提下，以最少的耗用量、最低的费用水平生产出最大的产出量。在该生产水平下制定的标准成本是最理想的，也是最难实现的。虽然这种目标成本可以激励员工努力工作，但由于条件苛刻，在实际工作中，通过努力难以做到，以此为目标，可能会适得其反。

2. 正常标准成本

它是以正常的技术、设备和经营管理水平为基础制定的目标成本。所谓"正常"，是指在考虑了设备可能发生的故障、意外或计划停工等一切不利的因素后的技术、设备和经营管理水平，是企业过去较长时间内所达到的平均水平，是经过努力可以达到的。但该标准成本只是根据过去经验估计的，不能反映目前的实际水平，用它来评价各个时期的业绩，往往不符合实际，达不到有效成本控制的目的。

3. 现实标准成本

它是在正常标准成本基础上考虑到目前的实际情况而制定的目标成本。它是根据合理的耗用量、合理的费用耗费水平和合理的生产能力利用程度制定的切合实际情况的一种标准成本。这种标准成本是通过努力能够达到、切实可行的标准成本。标准成本制度下的标准成本通常是指这种标准成本。

第二节 标准成本的制定

标准成本一般是由会计部门会同采购部门、技术部门和其他有关的经营管理部门，在对企业生产经营的具体条件进行分析、研究和技术测定的基础上采用科学的方法共同制定的。产品标准成本的制定通常按成本项目进行，通常有直接材料标准成本、直接人工标准成本和制造费用标准成本。

一、直接材料标准成本的制定

直接材料标准成本的制定包括直接材料用量标准的制定和直接材料价格标准的制定。直接材料用量标准是指在现有的生产技术条件下，生产单位产品所需要的材料数量，即材料的消耗定额。直接材料用料标准通常应根据企业产品的设计、生产工艺状况，并结合企业的经营管理水平，考虑降低材料消耗的可能等条件制定的。企业应为产品耗费不同的直接材料分别制定标准耗用量。

直接材料价格标准是指采购部门根据供应单位的市价,结合最佳采购批量和最佳运输方式等其他影响价格的因素预先确定各种材料的单价,包括买价和运杂费等。

根据材料用量标准和价格标准就可以确定直接材料的标准成本。其公式如下:

直接材料标准成本 = 直接材料数量标准 × 直接材料价格标准

【例 14 - 1】假定某企业甲产品耗用 A、B、C 三种直接材料,其直接材料标准成本计算见表 14 - 1。

表 14 - 1　　　　　　　甲产品直接材料标准成本计算　　　数量单位:千克　金额单位:元

项目	标准	A 材料	B 材料	C 材料
(1)	数量标准	6	3	8
(2)	价格标准	50	30	10
(3)	标准成本	300	90	80
(4)	直接材料标准成本	470		

编表说明:

(3) = (1) × (2)

(4) = (3) 各列金额之和 = 300 + 90 + 80

二、直接人工标准成本的制定

直接人工标准成本的制定包括直接人工工时标准制定和工资率标准制定。

工时标准是指在现有的生产技术条件下,生产单位产品所需要的时间。这里的工时既可以是生产工时,也可以是机器工时;但在制定工时标准时,应考虑生产间歇和正常停工所用的时间。如果有的企业生产工艺比较复杂,可先制定零件的工时标准,再制定部件及产品的工时标准。

在不同的工资制度下,工资率标准表现形式不同。在计件工资下,工资率标准就是在现有的生产技术水平下,生产单位产品所应支付的计件单价;在计时工资下,工资率标准就是单位工时、工资率标准。其计算公式如下:

工资率标准(计时工资)= 标准工资总额 ÷ 标准总工时

根据标准工时和小时标准工资率就可以确定产品的直接人工标准成本,计算公式如下:

直接人工标准成本 = 工时标准 × 工资率标准

上例企业甲产品的直接人工标准成本计算见表 14 - 2。

表 14 - 2　　　　　　　　　直接人工标准成本计算

项目	标准	
(1)	月标准总工时	22 800 小时
(2)	月标准工资总额	182 400 元
(3)	工资率标准	8 元/小时
(4)	单位产品工时标准	5 小时
(5)	直接人工标准成本	40 元

编表说明:

(3) = (2) ÷ (1)

(5) = (4) × (3)

三、制造费用标准成本的制定

制造费用标准成本可分为变动制造费用标准成本和固定制造费用标准成本。

1. 变动制造费用标准成本

变动制造费用标准成本的制定与直接人工标准成本的制定相类似，除了按工时标准的制定外，还包括标准变动制造费用分配率的制定。其计算公式为：

变动制造费用标准分配率 = 变动制造费用预算总额 ÷ 标准总工时

变动制造费用预算总额可采用弹性预算的方式按不同的生产活动水平分别确定。据此，可确定变动制造费用标准成本计算公式如下：

变动制造费用标准成本 = 工时标准 × 变动制造费用标准分配率

2. 固定制造费用标准成本

固定制造费用标准成本的制定与变动制造费用标准成本的制定基本相同，只不过固定制造费用的预算总额只能是预计某一生产水平下的费用总额，一旦确定不能随生产量的变动而任意变动。其计算公式如下：

固定制造费用标准分配率 = 固定制造费用预算总额 ÷ 标准总工时

固定制造费用标准成本 = 工时标准 × 固定制造费用标准分配率

【例 14-2】企业甲产品制造费用标准成本计算见表 14-3。

表 14-3　　　　　　　　　制造费用标准成本计算

项 目	标准	
（1）	月标准总工时	22 800 小时
（2）	变动制造费用预算总额	3 4200 元
（3）	变动制造费用标准分配率	1.5 元/小时
（4）	工时标准	5 小时
（5）	变动制造费用标准成本	7.5 小时
（6）	固定制造费用预算总额	119 700 元
（7）	固定制造费用标准分配率	5.25 元/小时
（8）	固定制造费用标准成本	26.25 元
（9）	制造费用标准成本	33.75 元

编表说明：

（3）=（2）÷（1）
（5）=（4）×（3）
（7）=（6）÷（1）
（8）=（4）×（7）
（9）=（5）+（8）

四、单位产品标准成本的计算

在按成本项目制定出标准成本后，就可计算单位产品的标准成本。单位产品标准成本的计算通常以填制"标准成本卡"的形式进行。标准成本卡的格式见表 14-4。

表 14-4　　　　　　　　　　　甲产品标准成本
2020 年 10 月

成本项目	用量标准	价格标准	单位标准成本
直接材料			
A	6 千克	50 元	300 元
B	3 千克	30 元	90 元
C	8 千克	10 元	80 元
小计	—	—	470 元
直接人工	5 小时	8 元	40 元
变动制造费用	5 小时	1.5 元	7.5 元
固定制造费用	5 小时	5.25 元	26.25 元
单位标准成本	—	—	543.75 元

知识拓展 14-1

标准成本法与定额成本法的比较

（1）定额法要计算产品的实际成本，而在标准成本法下，一般只计算产品的标准成本，不计算产品的实际成本。

（2）在定额成本法下，对成本差异的核算较为简单，只核算各成本项目的成本差异，且不为各种成本差异单独设置会计科目，而是与定额成本在同一个成本明细账中进行核算。标准成本法下，各种成本差异单独设置会计科目。

（3）在定额成本法下，要将成本差异在各种产品之间、完工产品与在产品之间进行分配；在标准成本法下，对成本差异的处理，企业一般采用将各种成本差异全部计入当期损益。

（4）在定额成本法下，计算和分析成本差异所依据的定额成本都是现行的；而在标准成本法下，计算和分析成本差异所依据的标准成本有多种多样，如现实标准成本、正常标准成本和理想标准成本等。

第三节　标准成本差异的计算及账务处理

一、标准成本差异的内容

标准成本差异是指产品的实际成本与标准成本之间的差额。如果该差额为正，是逆差，为不利差异，说明企业实际成本大于标准成本；如果该差额为负，是顺差，为有利差异，说明企业实际成本小于标准成本。企业对标准成本差异分析的目的就是发现问题，找出差异形成的原因和责任，进而采取相应的措施，消除不利差异，发展有利差异，实现对成本的有效控制，促进成本的降低，提高企业经济效益。

标准成本差异发生的原因很多，归纳起来，不外乎是数量差异和价格差异，按成本项目进一步划分可分为八大差异或九大差异。它们是：直接材料数量差异、直接材料价格差异、直接人工效率差异、直接人工工资率差异、变动制造费用效率差异、变动制造费用耗费差异、固定制造费用产量差异和固定制造费用预算差异。固定制造费用产量差异又可分为固定制造费用能力差异和固定制造费用效率差异。关于标准成本差异的分类如图14-1所示。

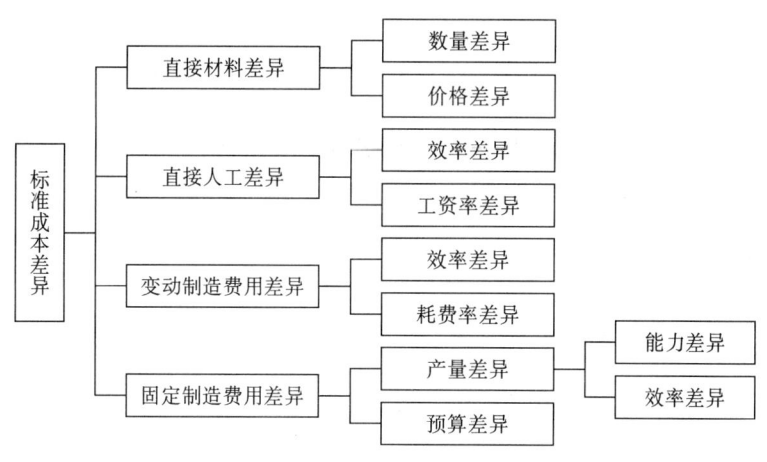

图14-1 标准成本差异的分类图

二、标准成本差异的计算与分析

（一）直接材料标准成本差异的计算和分析

直接材料标准成本差异是指直接材料实际成本与其标准成本的差异，它包括材料数量差异和材料价格差异两部分。材料数量差异是指生产过程中材料实际耗用量和标准耗用量之间的差额与材料标准价格之间的乘积。材料数量差异反映了企业生产单位生产产品时材料消耗的浪费或节约，以及由于产品结构改变、材料加工方法改变、材料质量改变、材料代用等所造成的超支或节约数，该差异的责任应该由生产单位承担。材料价格差异是指材料采购的实际价格和标准价格之间的差异与材料实际用量之间的乘积，该差异的责任应该由采购部门承担。材料数量差异和价格差异的计算公式如下：

材料数量差异 =（实际用量 − 标准用量）× 标准价格

材料价格差异 =（实际价格 − 标准价格）× 实际用量

计算结果如果是正数，表示超支，即逆差，为不利差异；如果为负数，则表示节约，即顺差，为有利差异，如图14-2所示。

上述公式属于因素分析中的连环替代分析，数量差异为第一因素，价格差异为第二因素。这也符合事物从量变到质变的发展规律。当然，也有人提出倒过来分析，先分析价差，再分析量差，这样分析出的结果就完全不同了。

还应说明的是：这里的材料差异分析是在产量不变的情况下进行的。也就是说，材料的实际用量和标准用量都是在同一产量下的耗用量，只不过单位消耗量不同而已。

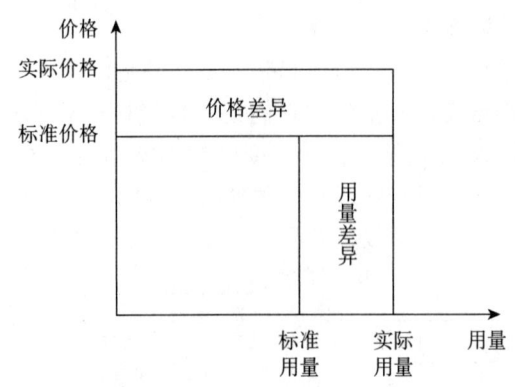

图 14-2 标准成本差异计算图示

【例 14-3】某企业甲产品本月实际产量为 160 件,材料消耗定额为 9 千克,每千克标准价格为 30 元,实际耗用材料 1 600 千克,实际单价为 30.5 元。其直接材料标准成本差异计算如下:

直接材料的实际成本 = 1 600 × 30.5 = 48 800(元)
直接材料的标准成本 = 160 × 9 × 30 = 43 200(元)
直接材料成本差异 = 48 800 - 43 200 = 5 600(元)

其中:

材料数量差异 = (1 600 - 160 × 9) × 30 = 4 800(元)
材料价格差异 = (30.5 - 30) × 1 600 = 800(元)

上述计算结果说明,该企业材料数量差异超支 4 800 元,材料价格差异超支 800 元,两者都为逆差,是不利差异,应分别由生产单位和采购部门进一步寻找原因,落实责任,并提出改进意见。

影响材料数量差异的因素很多,如工人排料不当造成浪费、技术不熟练造成废品、采用替代材料等都可能造成数量差异,通常应由生产部门负责。材料价格差异除价格本身的波动外,可能还会由于采购批量、采购地点、交货方式、数量折扣等因素引起,一般应由采购部门负责。

除以上两种差异外,如果企业生产一种产品同时按照一定比例混合使用几种主要材料,并且实际混合比例与预定比例不同,也会产生差异,这种差异称为材料结构差异,也就是耗用几种材料品种结构变动所引起的差异。如果实际混合材料投入后的产出量与预定混合材料投入后的产出量不同,也会产生差异,这种差异称为材料产出差异。

(二)直接人工标准成本差异的计算和分析

直接人工成本包括直接人工效率差异和工资率差异。直接人工效率差异是因实际耗用工时脱离标准而导致的成本差异,是实际工时和标准工时之间的差额与标准工资率的乘积,它等同于直接材料的数量差异。工资率差异是每小时实际工资率和标准工资率之间的差额与实际工时之间的乘积,它等同于直接材料的价格差异。一般来说,直接人工的效率差异应由生产单位负责,因为其差异通常可能是由于机器运转不正常,材料或零件传递方法不当,工人技术不熟练等与生产活动相关的原因造成。直接人工工资率差异一般应由主管人事的部门负责,它通常与人事变动、工资制度和工资级别的调整有关;但如果是非生产工时造成的差

异,如停工待料时间的工资、开会时间的工资等,仍由生产单位负责。直接人工的效率差和工资率差异的计算公式如下:

直接人工的效率差异 =(实际工时 - 标准工时)× 标准工资率

直接人工的工资率差异 =(实际工资率 - 标准工资率)× 实际工时

同理,计算结果为正,表示超支,是逆差,为不利差异;计算结果为负,表示节约,是顺差,为有利差异。

【例 14-4】例 14-2 中产品的直接人工标准工时为每件 5 小时,每小时标准工资率为 0.7 元,实际耗用的工时总量为 700 小时,实际工资率为 0.8 元,则标准成本差异计算如下:

直接人工的实际成本 = 700 × 0.8 = 560(元)

直接人工的标准成本 = 160 × 5 × 0.7 = 560(元)

直接人工的标准成本差异 560 - 560 = 0(元)

其中:

直接人工效率差异 =(700 - 160 × 5)× 0.7 = -70(元)

直接人工工资率差异 =(0.8 - 0.7)× 700 = 70(元)

该例中,虽然总的标准成本差异为零,但是其中直接人工效率差异为节约 70 元,而直接人工工资率差异为超支 70 元。

(三)变动制造费用标准成本差异的计算和分析

变动制造费用标准成本差异包括变动制造费用效率差异和变动制造费用耗费差异。变动制造费用效率差异是因实际耗用工时脱离标准工时而导致的成本差异,它相当于直接材料的数量差异,它是实际工时和标准工时之间的差额与标准费用分配率之间的乘积。变动制造费用耗费差异是因变动制造费用实际耗费脱离标准而导致的成本差异,它相当于直接材料的价格差异,它是实际费用分配率和标准费用分配率之间的差额与实际工时之间的乘积。两者用公式表示如下:

变动制造费用效率差异 =(实际工时 - 标准工时)× 标准费用分配率

变动制造费用耗费差异 =(实际费用分配率 - 标准费用分配率)× 实际工时

计算结果为正,表示超支,是逆差,为不利差异;计算结果为负,表示节约,是顺差,为有利差异。

【例 14-5】假定例 14-3 中企业本月甲产品实际发生的变动制造费用为 4 200 元,标准工时为每件 5 小时,标准制造费用分配率为每小时 4.5 元,实际制造费用率为每小时 6 元,则变动制造费用成本差异计算如下:

变动制造费用标准成本差异 = 4 200 - 160 × 5 × 4.5 = 600(元)

其中:变动制造费用效率差异 =(700 - 160 × 5)× 4.5 = -450(元)

变动制造费用耗费差异 =(6 - 4.5)× 700 = 1 050(元)

(四)固定制造费用成本差异的计算和分析

由于固定制造费用相对固定,一般不随产量的变动而变动,产量的变动只会影响单位固定制造费用,这就是说,实际产量与设计生产能力规定的产量或计划产量的差异会对产品应负担的固定制造费用发生影响。所以,固定制造费用标准成本差异的分析方法与其他费用成本差异的分析方法有所不同。

固定制造费用成本差异一般包括固定制造费用产量差异和固定制造费用预算差异两部分。固定制造费用产量差异也称除数差异，是指在固定费用预算不变的情况下，由于实际产量和计划产量不同而造成的差异，其差异的原因与现有生产能力的利用程度有关。固定制造费用预算差异是指实际固定制造费用与预算固定制造费用的差异。固定制造费用产量差异和固定制造费用预算差异的计算公式如下：

固定制造费用产量差异 = 固定费用预算 – 实际产量 × 单位产品标准费用分配率

固定制造费用预算差异 = 固定制造费用实际数 – 固定制造费用预算总额

计算结果正数为超支，负数为节约。

也可以将上述产量差异进一步分解为能力差异和效率差异，采用三因素分析法，其计算公式如下：

固定制造费用能力差异 = （计划产量标准工时 – 实际产量标准工时） × 标准费用分配率

固定制造费用效率差异 = （实际产量实际工时 – 实际产量标准工时） × 标准费用分配率

这样对固定制造费用标准成本差异的分析就有两差异分析法和三差异分析法两种方法。

【例14-6】假定例14-3中企业某月甲产品计划产量为170件，实际固定制造费用为5 600元，标准费用分配率为6元。其固定制造费用标准成本差异计算如下：

固定制造费用成本差异 = 5 600 – 160 × 5 × 6 = 800（元）

固定制造费用产量差异 = 170 × 5 × 6 – 160 × 5 × 6 = 300（元）

固定制造费用预算差异 = 5 600 – 170 × 5 × 6 = 500（元）

对产量差异进行进一步分析如下：

固定制造费用能力差异 = （170 × 5 – 160 × 5 600 ÷ 700） × 6 = –2 580（元）

固定制造费用效率差异 = （160 × 5 600 ÷ 700 – 160 × 5） × 6 = 2 880（元）

固定制造费用的构成比较复杂，因此，还应结合具体项目的超支和节约进行分析。

三、标准成本制度下的会计核算及账务处理

（一）标准成本制度下的成本核算程序

标准成本制度下的成本核算可结合一定的成本核算方法按如下基本程序进行。

(1) 为各成本计算对象按成本项目制定标准成本。

(2) 按成本对象设产品成本明细账。根据上月成本明细账，填入月初在产品成本。

(3) 编制各成本费用分配表，分别反映其标准成本和实际成本，并列出其差异。

(4) 将标准成本计入成本明细账，结转完工产品的标准成本。

(5) 设置有关差异账户，将所计算的成本差异记入各对应账户，通过差异的分配与结转从而计算出产品的实际成本。

(6) 每月末根据各成本差异科目的余额编制成本差异汇总表，将各种成本差异余额转入"主营业务成本"或"本年利润"明细账，计入当月损益。

（二）标准成本制度下的账户设置

在标准成本制度下，需要加设如下标准成本差异科目："直接材料数量差异""直接材料价格差异""直接人工效率差异""直接人工工资率差异""变动制造费用效率差异""变

动制造费用耗费差异""固定制造费用产量差异""固定制造费用预算差异"科目。如果固定制造费用标准成本差异采用三差异分析法,其中"固定制造费用产量差异"科目可改设"固定制造费用能力差异"和"固定制造费用效率差异"两个科目。

这些成本差异科目的借方登记超支差异,贷方登记节约差异和差异转销额(超支用蓝字,节约用红字)。

(三)标准成本制度下的账务处理

【例14-7】现以例14-2至例14-6企业为例,对本月甲产品的各种成本差异进行归集并编制会计分录如下:

(1)直接材料。

借:生产成本——基本生产成本(甲产品)	43 200
直接材料数量差异	4 800
直接材料价格差异	800
贷:原材料	48 800

计入"生产成本——基本生产成本"科目借方的是直接材料的标准成本,计入"原材料"科目贷方的是原材料的实际成本。由于数量差异和价格差异都是超支差异,所以计入两差异账户的借方。如果企业的材料成本差异单独核算,该笔分录只记录直接材料数量差异,那么,原材料应记录计划成本。

(2)直接人工。

借:生产成本——基本生产成本(甲产品)	560
直接人工工资率差异	70
贷:直接人工效率差异	70
应付职工薪酬	560

计入"生产成本——基本生产成本"科目借方的是直接人工的标准成本,计入"应付职工薪酬"科目贷方的是直接人工的实际成本。直接人工工资率差异因为是超支差异,所以计入该科目的借方;直接人工效率差异因为是节约差异,所以计入该科目的贷方。

(3)变动制造费用。

借:制造费用	3 600
变动制造费用耗费差异	1 050
贷:变动制造费用效率差异	450
原材料、应付工职工薪酬等	4 200

(4)固定制造费用。

借:制造费用	4 800
固定制造费用产量差异	300
固定制造费用预算差异	500
贷:原材料、应付职工薪酬等	5 600

或

借:制造费用	4 800
固定制造费用效率差异	2 880
固定制造费用预算差异	500

　　　　贷：固定制造费用能力差异　　　　　　　　　　　　　　　　2 580
　　　　　　原材料、应付职工薪酬等　　　　　　　　　　　　　　　5 600
（5）期末结转制造费用。
　借：生产成本——基本生产成本（甲产品）　　　　　　　　　　　8 400
　　　　贷：制造费用　　　　　　　　　　　　　　　　　　　　　8 400
（6）假设本月生产的甲产品全部完工。
　借：库存商品　　　　　　　　　　　　　　　　　　　　　　　52 160
　　　　贷：生产成本——基本生产成本（甲产品）　　　　　　　　52 160
（7）将全部标准成本差异转入本月"主营业务成本"科目。
　借：主营业务成本　　　　　　　　　　　　　　　　　　　　　 7 000
　　　直接人工效率差异　　　　　　　　　　　　　　　　　　　　　70
　　　变动制造费用效率差异　　　　　　　　　　　　　　　　　　 450
　　　　贷：直接材料数量差异　　　　　　　　　　　　　　　　　4 800
　　　　　　直接材料价格差异　　　　　　　　　　　　　　　　　　800
　　　　　　直接人工工资率差异　　　　　　　　　　　　　　　　　 70
　　　　　　变动制造费用耗费差异　　　　　　　　　　　　　　　1 050
　　　　　　固定制造费用产量差异　　　　　　　　　　　　　　　　300
　　　　　　固定制造费用预算差异　　　　　　　　　　　　　　　　500

　　通过这项结转分录，月末各成本差异科目均无余额。将成本差异科目的余额全部转入"主营业务成本"科目，虽然核算上比较简单，但如果差异较大，就会对当月的利润影响较大，并且会影响在产品和产成品计价的准确性，可以将其按标准成本的比例在当月在产品、库存商品和销售商品之间进行分配。

知识拓展 14-2

丰田汽车公司标准成本的应用

　　丰田汽车公司，是日本最大的汽车公司，创立于 1933 年，自 2008 年逐渐取代通用汽车公司而成为全世界排行第一位的汽车生产厂商。

　　丰田公司对标准成本法的定义：标准成本法是指从产品的基本构想、设计至生产开始阶段，为降低成本及实现利润而实行的各种管理活动。标准成本法的核心工作是制定目标成本，并且通过各种方法不断地改进产品与工序设计，以最终使得产品的设计成本小于或等于其目标成本。这一名工作需要由包括营销、开发与设计、采购、工程、财务与会计、甚至供应商与顾客在内的设计小组或工作团队来进行。

　　丰田汽车公司标准成本法的实施程序：

　　1．以市场为导向设定标准成本

　（1）新产品计划与目标售价制定。汽车的全新改款通常每四年实施一次，在新型车上市前三年，一般就正式开始标准成本规划。每一车种设一负责新车开发的产品经理，以产品经理为中心，对产品计划构想加以推敲，编制新型车开发提案。其中目标售价及预计销量是与业务部门充分讨论（考虑市场变动趋向、竞争车种情况、新车型所增加新机能的价格等）

后而加以确定的。

（2）制定标准成本与标准成本的分解。公司参考长期的利润率目标来决定目标利润，再将目标销售价格减去目标利润即得目标成本。然后将目标成本进一步细分给负责设计的各个设计部，但并不是各设计部一律规定降低多少百分比，而是由产品经理根据以往的实绩、经验及合理根据等，与各设计部进行数次协调讨论后才予以决定。

2. 在设计阶段实现标准成本

（1）计算成本差距。标准成本与公司目前的相关估计产品成本相比较，可以确定成本差距。一辆汽车的零部件总共合计约有2万件，但在开发新车时并非2万件全部都会变更，通常会变更而需重新估计的约5 000件左右，因此公司目前的相关产品成本可以以现有车型的成本加减其变更部分的成本差额算出。

（2）采用超部门团队方式，利用价值工程寻求最佳产品设计组合。接着，进入开发设计阶段，为实现成本规划目标，以产品经理为中心主导，结合各部门的一些人员加入产品开发计划，组成一跨职能的成本规划委员会。委员会的成员包括来自设计、生产技术、采购、业务、管理、会计等部门的人员，是一种超越职能领域的横向组织，展开两年多具体的成本规划活动，共同努力合作以达成目标。

3. 在生产阶段运用持续改善成本法以达到设定的标准成本

约进入生产阶段3个月后（因为若有异常，较可能于最初3个月发生），检查标准成本的实际达成状况，进行成本规划实绩的评估，确认责任归属，以评价标准成本规划活动的成果。进入生产阶段，成本管理即转向成本维持和持续改善，保证正常生产条件，维持既定水平目标。成本体系的持续改善是指不断改进现行成本管理体系，使之能够对成本对象耗费企业资源的状况更适当地加以计量和核算，以提高成本数据的决策相关性，适应变化着的新环境。

第四节 变动标准成本制度

变动成本计算模式是企业内部生产经营管理所需的重要方法之一。但是，因为采用这种成本计算模式的初期将造成所得税的减少，因此未获得税务部门的认可。直到1947年，西屋公司的罗伯特·费伊在匹兹堡玻璃板公司玻璃部成功地采用了变动标准成本制度，才使这种计算模式得到了更多人的支持。美国证券交易委员会和国内税收署规定，企业只要将公开发表的数据调整为包括固定性间接费用在内的形式，都可以使用这种成本计算模式。

一、实施变动标准成本制度的前提条件

所谓变动标准成本制度，即标准成本制度与变动成本计算模式相结合，这样，相得益彰，不仅保留了标准成本制度的优点，而且能够更好地发挥出变动成本计算模式的优越性。

实施变动标准成本制度，除了应具备实施标准成本制度的前提条件之外，还要求企业做好以下两方面的工作。

(一) 按成本性态对现行成本项目进行分类

按照成本性态,生产成本划分为变动成本和固定成本,还有一些成本,如制造费用,虽然随着产量的增减而变化,但不成比例变动,成为混合成本,变动标准成本制度是,首先要对制造费用按其明细项目的性态,分解为变动制造费用和固定制造费用两类。一般情况下,产品变动成本项目包括直接材料、直接工资(计件工资)、与产销量成正比例关系的燃料与动力和变动制造费用;固定制造费用包括固定制造费用、成本总额不损产销量发生变化的人工成本等。固定成本不计入产品成本,而作为期间费用列入当期损益。

(二) 按变动标准成本制度的要求增设会计科目

变动标准成本制度同标准成本制度设置的会计科目基本相同。例如,"生产成本"及相关成本差异科目。但科目核算的内容与标准成本制度有所区别,只限于生产变动成本及其成本差异。另外,为了适应变动标准成本制度的要求,制造费用科目分解为"变动制造费用"和"固定制造费用"两个科目。如果企业直接工资属于计时工资,应将"固定制造费用"科目扩大为"固定生产费用"科目。为了将变动成本计算模式与完全成本计算模式有机结合起来,增设"存货估价调整"科目。该科目作用之一是,核算因推行变动成本计算模式而从"生产成本"(在制品)、"库存商品"(产成品)科目中调整出来的固定制造费用;作用之二是,根据存货增减额所分摊的固定制造费用,通过本科目对"本年利润"科目中的本期发生固定制造费用进行调整,使调整后金额等于本期产品销售应负担的固定制造费用,从而将变动成本计算模式求得的产品销售利润调整为完全成本计算模式的产品销售利润。

二、变动标准成本制度的核算

变动标准成本制度的计算步骤,账务处理与标准成本制度基本一致。在这种制度下,生产成本差异的核算与分析仍然是最重要的内容;固定制造费用作为期间费用计入当期损益。

【例 14-8】举例说明变动标准成本制度的核算,资料如下:

(1) 某企业生产甲产品原来采用完全标准成本制度,生产成本的标准成本期末余额为 2 000 元,产成品标准成本的期末余额为 3 000 元。该企业从本期开始改用变动成本制度要求将存货按变动标准成本估价。企业年度固定制造费用预算为 16 000 元,制造成本预算为 200 000 元。

(2) 本期发生各种要素费用及用途见表 14-5。

表 14-5　　　　　　　　　本期发生各种要素费用及用途　　　　　　　　金额单位:元

用途要素费用	生产成本			实际变动制造费用	实际固定制造费用
	标准成本	数量或效率差异	分配率差异		
原材料	15 000	600		2 000	
工资	3 000	250	150		700
折旧费					1 000
	18 000	850	150	2 000	1 700

(3) 变动制造费用的效率差异为 170 元,耗费差异为 -200 元。

(4) 本期完工产品变动标准成本为 19 000 元,销售产品变动标准成本为 18 500 元,产品销售收入为21 000元。

说明：由于变动成本制度的标准成本和成本差异的计算同标准成本制度相同，故将这些计算省略。

变动标准成本制度的账务处理过程如下。

① 本期发生各种费用支出：

借：生产成本	15 000
生产成本差异——材料数量差异	600
变动制造费用	2 000
贷：原材料	17 600
借：生产成本	3 000
生产成本差异——工资效率差异	250
生产成本差异——工资率差异	150
固定制造费用	700
贷：应付职工薪酬	4 100
借：固定制造费用	1 000
贷：累计折旧	1 000

② 结转本期变动标准制造费用：

借：生产成本	2 030
生产成本差异——变动制造费用效率差异	170
贷：变动制造费用	2 000
生产成本差异——变动制造费用耗费差异	200

③ 结转本期完工产品变动标准成本：

| 借：库存商品 | 19 000 |
| 　贷：生产成本 | 19 000 |

④ 本期销售产成品销售收入：

| 借：银行存款 | 21 000 |
| 　贷：主营业务收入 | 21 000 |

⑤ 结转本期销售产成品变动标准成本：

| 借：主营业务成本 | 18 500 |
| 　贷：库存商品 | 18 500 |

⑥ 将本期发生的固定制造费用结转至本年利润：

| 借：本年利润 | 1 700 |
| 　贷：固定制造费用 | 1 700 |

⑦ 将收入、成本结转至本年利润：

借：主营业务收入	21 000
贷：本年利润	21 000
借：本年利润	18 500
贷：主营业务成本	18 500

⑧ 生产成本差异结转：

借：本年利润	1 370	
贷：生产成本差异——材料数量差异		600
生产成本差异——工资效率差异		250
生产成本差异——工资率差异		150
生产成本差异——变动制造费用效率差异		170
生产成本差异——变动制造费用耗费差异		200

三、变动标准成本制度的利润调整

变动成本计算模式有一个缺陷，即不符合财务会计中产品成本概念，不适应对外报告的要求；变动标准成本制度也同样存在这一局限。因此，虽然变动标准成本制度在成本核算和分析方面具有高度灵敏性和合理性，但是根据会计制度的规定，在期末对外报告时，还是要将按变动标准成本制度确定的利润调整为完全标准成本制度的利润。为了达到这个目的，同时又能发挥变动标准成本制度的优点，企业一般是在日常核算时采用变动标准成本制度，期末时再采用一定的方法将变动标准成本制度的利润进行调整。其方法是：第一，在实行变动标准成本制度时，将"存货"吸收的固定制造费用结转到"存货估计调整"科目；第二，每期发生的固定制造费用全部结转到"本年利润"科目；第三，根据存货增减额应吸收或转出的固定制造费用，通过"本年利润"和"存货估价调整"科目进行调整。

练 习 题

一、单项选择题

1. 由于生产安排不当、计划错误、调度失误等造成的损失，应由（　　）负责。
　　A. 财务部门　　　　　　　　　　　　B. 劳动部门
　　C. 生产部门　　　　　　　　　　　　D. 采购部门
2. 直接人工工时所耗用量是指单位（　　）耗用量脱离单位标准人工工时耗用量所产生的差异。
　　A. 实际人工工时　　　　　　　　　　B. 定额人工工时
　　C. 预算人工工时　　　　　　　　　　D. 正常人工工时
3. 直接人工的小时工资率标准，在采用计时工资制下就是（　　）。
　　A. 实际工资率　　　　　　　　　　　B. 标准工资率
　　C. 定额工资率　　　　　　　　　　　D. 正常工资率
4. 构成直接材料成本差异的基本因素有用量差异和（　　）。
　　A. 效率差异　　　　　　　　　　　　B. 耗用差异
　　C. 时间差异　　　　　　　　　　　　D. 价格差异
5. 下列关于正常标准成本的说法不正确的是（　　）。
　　A. 应大于理想的标准成本
　　B. 不能反映目前的实际水平

C. 标准成本制度下的标准成本通常是指这种标准成本

D. 制定时考虑了一般难以避免的损耗和低效率等情况

二、多项选择题

1. 关于现实标准成本的下列说法正确的有（　　）。

A. 可以成为评价实际成本的依据

B. 是通过努力可以达到的

C. 有利于正确评价业绩

D. 是根据经验估计的

2. 下列情况下，不需要对基本标准成本进行修订的有（　　）。

A. 产品的物理结构变化　　　　　　B. 辅助材料价格发生重要变化

C. 由市场供求关系变化引起的售价变化　　D. 生产工艺的根本变化

3. 直接材料的价格标准，包括（　　）。

A. 发票价格　　　　　　　　　　　B. 运费

C. 增值税　　　　　　　　　　　　D. 正常损耗成本

4. 下列属于数量差异的有（　　）。

A. 工资率差异　　　　　　　　　　B. 人工效率差异

C. 变动制造费用耗费差异　　　　　D. 变动制造费用效率差异

5. 下列说法正确的有（　　）。

A. 材料价格差异是在采购过程中形成的

B. 直接人工工资率差异的具体原因会涉及生产部门或其他部门

C. 数量差异的大小是由用量脱离标准的程度以及实际价格高低所决定的

D. 变动制造费用耗费差异是实际变动制造费用支出与按标准工时和变动制造费用标准分配率的乘积之间的差额

三、判断题

1. 各种成本差异类账户的借方核算发生有利差异，贷方核算发生不利差异。（　　）

2. 不论是控制成本指标，还是考核业绩，使用弹性预算要比标准成本更精确，更有效。（　　）

3. 分析标准成本差异的目的是提高企业经济效益。（　　）

4. 固定制造费用差异既可采用两差异分析法，也可采用三差异分析法。（　　）

5. 变动标准成本制度将成本项目按性态进行分类。（　　）

四、案例分析题

MZ 公司生产和销售 P1 产品。P1 产品生产需要耗用 A、B 两种材料，只经过一个生产加工过程，本月预算固定制造费用为 40 000 元，变动制造费用分配率和固定制造费用分配率均按直接人工工时计算。甲产品的标准成本资料见表 14-6。

表 14-6　　　　　　　　　　　　单位产品标准成本

项　目	标准消耗量	标准单价（制造费用分配率）（元）	金额（元）
直接材料			
A 材料	20 千克	10	200
B 材料	30 千克	9	270
直接人工	20 工时	5	100
变动制造费用	20 工时	3	60
固定制造费用	20 工时	2	40
单位产品标准成本			670

P1 产品月初没有在产品，本月计划投产 900 件，实际投产 900 件，并于当月全部完工；本月销售 P1 产品 900 件，每件售价 950 元。本月其他有关实际资料见表 14-7，本期所购材料货款已全部支付，所发生的各项制造费用均通过应付款科目核算。

表 14-7　　　　　　　　　　　　P1 产品生产费用表

项　目	实际耗用量	实际单价（制造费用分配率）（元）	实际成本（元）
直接材料			
A 材料	19 800 千克	9	178 200
B 材料	25 200 千克	9.5	239 400
直接人工	19 800 工时	5.2	102 960
变动制造费用		2.8	55 440
固定制造费用		2.1	41 580
实际产品成本总额			617 580

如果 MZ 公司请你根据上述资料为之进行标准成本的会计处理，那么你将怎样来做？并请根据处理结果进行评价。

第十五章 成本报表

> **本章简介**
>
> 本章主要介绍了成本报表的含义、作用及分类。同学们可以通过本章的学习,了解各种成本报表是如何用以反映企业生产费用与产品成本的构成及其升降变动情况、考核各项费用与生产成本计划执行结果。同时了解企业是如何通过成本报表的编制加强成本管理,实现提高经济效益这一目的。

成本报表作用大

张红是一名在校大学生,暑期利用课余时间在叔叔经营的家具厂实习。实习期满,张红非常自信地对叔叔说,她已经完全了解这个公司的成本控制是如何进行的,包括各种生产费用的归集与分配、生产成本核算以及企业使用的成本核算方法等。叔叔为了考查张红的实习成果,便问她都了解到了什么内容,于是张红拿出一堆"草稿纸",开始为叔叔逐一讲解。张红写写画画,讲的口干舌燥,可是叔叔却听得"晕头转向",因为"草稿纸"上的各种公式、数字、计算,看起来毫无章法,乱七八糟。这个时候,张红才想起来,她在生产经理那曾看到过的一张叫做成本报表的东西,把表格拿给叔叔看之后,一切便豁然开朗了。通过这张表格,叔叔看出了企业生产费用与产品成本的构成及其升降变动情况,各项费用与生产成本计划执行结果等全方位的信息。张红这才意识到,一张表格可以使她的讲解变得事半功倍。那么到底什么是成本报表呢?本章内容将向同学们进行详细的阐述。

第一节 成本报表的作用和种类

一、成本报表的含义

成本报表是企业根据日常成本核算资料及其他有关资料定期或不定期编制的,反映企业一定时期内产品成本水平和费用支出情况、据以分析企业成本计划和费用预算的执行情况和结果的报告性文件。正确、及时地编制成本报表是成本会计的一项重要内容。

成本报表和会计报告同属于广义的会计报告体系。会计报告所提供的会计信息要满足企业内外有关方面的各种要求。按其服务对象的不同,可将会计报告划分为两类:一类为向外报送的会计报表,如资产负债表、利润表、现金流量表等;另一类为企业内部管理需要的报表,如成本报表等。

二、成本报表的作用

正确编制成本报表对加强成本管理,正确进行生产经营决策具有重要的作用。

(1) 通过成本报表能反映企业在一定时期内的实际耗费水平。将其与成本计划相比,可以反映成本计划的执行情况,揭示出企业为完成成本计划而取得的成绩和存在的问题,找出差距,进一步挖掘企业降低成本的潜力;将其与上期相关数据相比,可以揭示出企业成本水平的变动趋势。

(2) 通过成本报表的分析,可以考核成本计划的完成情况,落实奖惩措施,为贯彻和完善经济责任制提供参考依据。

(3) 成本报表可以反映有关报告期成本降低任务的完成情况,企业可据此结合下一会计期间的有关资料编制下期的成本计划(或费用预算)。

(4) 对于有主管部门的企业,通过编制并报送成本报表给主管部门,有利于主管部门了解和监督企业对国家有关方针、政策以及法规的执行情况;还有利于组织企业间的交流,促进和提高各企业的成本管理工作。

三、成本报表的分类

企业的成本报表主要向企业内部经营管理部门提供成本方面的信息和资料,因此,报表的种类、格式和编制时间一般都由企业根据生产经营过程的特点和企业管理的具体要求而定。从广义的角度来看,既包括与产品成本直接相关的产品成本的报表,也包括与产品成本没有直接关系的期间费用报表;既包括反映产品实际成本的报表,又包括反映部门责任成本或质量成本的报表;既包括主要提供价值量信息的报表,还包括反映实物量信息的报表。

工业企业的成本报表,从成本报表反映的经济内容来划分,成本报表一般分为以下三类:一是反映产品成本情况的报表,主要有商品产品成本表、主要产品单位成本表,这些报表一般按月编报;二是反映费用情况的报表,主要有制造费用明细表、各种期间费用明细表,这些报表一般按年编报;三是其他成本报表,是指企业根据自身的生产特点和管理要求编制的除上述成本报表以外的成本报表,比如生产成本及销售成本表、成品率变动情况表、废料销售情况表、产量情况表、材料成本考核表、人工成本考核表、责任成本报告、质量成本表等。其他成本报表根据实际需要确定编报的时间和范围。

此外,成本报表按编制的时间可分为年报、季报和月报。成本报表根据管理上的要求一般可按月、按季、按年编报,同时也可根据企业内部管理的实际需要,按旬、按日甚至按工作班来编报,以满足日常临时或特殊任务管理的需要,使成本报表及时、准确、有效的服务于生产经营的全过程。

四、成本报表的编制要求

为了满足经营管理者对成本管理的需求,充分发挥成本报表的作用,成本报表在编制过程中,需要做到以下几点:

第十五章 成 本 报 表

1. 全面反映，突出重点

编制的成本报表的种类必须齐全。应填列的报告指标和文字说明必须全面；表内项目和表外补充资料，不论根据账簿资料直接填列，还是分析计算填列，都应当完整无缺，不得随意取舍。同时，根据管理者的需求，有侧重点的进行列报。

2. 数字真实，计算准确

成本报表的指标必须如实地反映企业成本工作的实际情况，不得以估计数字、计划数字、定额数字代替实际数字，更不允许弄虚作假，篡改数字。因此，企业在编制成本报表前，所有经济业务都要登记入账，要调整不应列入成本的项目，做到先结账，后编表；应认真清查财产物资，做到账实相符；应核对各账簿之间的记录，做到账账相符。报表编制完毕，应检查各个报表中相关指标的数字是否一致，做到表表相符。

3. 编报及时，清晰明了

按照规定期限报送成本报表，以便有关方面及时利用成本资料信息进行检查、分析等工作。为此，企业财会部门要提前做好编制报表的准备工作，并且要加强与各有关部门的协作和配合，以便尽可能提前或按期编送各种报表，满足有关各方的需要。

4. 指标一致，数据可比

为了加强成本管理和控制，各个期间的成本报表所列报的数据和指标需要具有可比性，这需要在编报成本报表时采用一致的指标和参数，提高成本管理、控制、考核的效率。

总之，企业只有精心设计成本报表的种类和格式、指标内容和填制方法，合理规划成本报表的编制时间和报送范围，及时提供内部管理真实的、准确的、完整的、具有实用性和针对性的成本信息，才能充分发挥成本报表的作用。

五、成本报表的编制方法

各种成本费用报表，一般需要反映本期产品实际成本、本期经营管理费用的实际发生额，以及实际成本或实际费用的累计数。为了考核和分析成本计划的执行情况，这些报表还需反映有关的计划数和某些补充资料。

企业在编制成本费用报表时，对于成本费用报表的实际成本、费用，应根据有关的产品成本或费用明细账的实际发生额填列。对于累计实际成本、费用，应根据本期报表的本期实际成本、费用加上上期报表的累计实际成本、费用计算填列；如果有关的明细账簿中有期末累计实际成本、费用，也可以直接填列。

各类成本报表的内容和编制方法，将在以下各节具体讲述。

第二节 商品产品成本表

一、商品产品成本表的概念和作用

商品产品成本表是反映企业在报告期内生产的全部商品产品（包括可比产品和不可比产品）的总成本以及各种主要商品产品的单位成本和总成本的报表。

根据商品产品成本表所提供的资料,可以考核全部商品产品和主要商品产品成本计划的执行结果,分析各种可比产品成本降低任务的完成情况。

二、商品产品成本表的结构和内容

商品产品成本表可按产品成本类别或成本项目进行列示。下面以产品成本类别为例,阐述商品产品成本表的结构及内容。商品产品成本表分为基本部分和补充资料两部分内容。基本部分中将全部商品产品分为可比产品和不可比产品,列示其各种产品的单位成本、本月总成本、本年累计总成本;并列示全部商品产品制造成本。补充资料部分主要列示可比产品成本降低额和可比产品成本降低率两项指标以及其他企业需要的内容。

所谓可比产品是指上年或者以前年度正式生产过,具有较完备成本资料的产品;不可比产品是指上年或以前年度未正式生产过的产品,因而没有成本资料。对于上年试制成功,今年正式投产的产品,也应作为不可比产品。

本表中列出了可比产品的单位成本、本月总成本和本年累计总成本,又分别列出了相应的上年实际平均数、本年计划数、本月实际数和本年累计实际平均数,这样做便于分析可比产品成本降低任务的完成情况。

本表中对不可比产品的单位成本、本月总成本和本年累计总成本的报告,只列示出本年计划数、本月实际数和本年累计实际平均数,以利于分析不可比产品计划执行情况。

商品产品成本表的格式和内容见表15-1。

三、商品产品成本表的编制方法

商品产品成本表的编制依据主要是有关产品的"产品成本明细账""产品成本计算单"、年度成本计划、上年本表有关项目等。

1. "产品名称"项目

"产品名称"项目应填列主要的"可比产品"和"不可比产品"的名称,主要商品产品的品种要按规定填写。

2. "实际产量"项目

"实际产量"项目反映本月和从年初起至本月末止各种主要商品产品的实际产量。应根据"产品成本计算单"或"产成品明细账"的记录计算填列。

3. "单位成本"项目

(1)"上年实际平均",反映各种主要可比产品的上年实际平均单位成本。应分别根据上年度本表所列各种可比产品的全年实际平均单位成本填列。

(2)"本年计划",反映各种主要商品产品的本年计划单位成本。应根据年度成本计划的有关数字填列。

(3)"本月实际",反映本月生产的各种商品产品的实际单位成本。应根据有关"产品成本计算单"中的资料,按下列公式计算填列:

某产品本月实际单位成本 = 某产品本月实际总成本/某产品本月实际产量

(4)"本年累计实际平均",反映从年初起至本月末止企业生产的各种商品产品的实际单位成本。应根据"产品成本计算单"的有关数字,按下列公式计算填列:

某产品本年累计实际平均单位成本 = 某产品本年累计实际总成本/某产品本年累计实际产量

第十五章 成本报表

表15-1

商品产品成本表

2020年5月

编制单位：ABC工厂　　　　　　　　　　　　　　　　　　　　　　　　　　　　　　　　单位：元

产品名称	规格	计量单位	实际产量 本月 (1)	实际产量 本年累计 (2)	单位成本 上年实际平均 (3)	单位成本 本年计划 (4)	单位成本 本月实际 (5)=(9)/(1)	单位成本 本年累计实际平均 (6)=(12)/(2)	本月总成本 按上年实际平均单位成本计算 (7)=(1)×(3)	本月总成本 按本年计划单位成本计算 (8)=(1)×(4)	本月总成本 本月实际 (9)	本年累计总成本 按上年实际平均单位成本计算 (10)=(2)×(3)	本年累计总成本 按本年计划单位成本计算 (11)=(2)×(4)	本年累计总成本 本年实际 (12)
可比产品合计									1 890 000	1 840 600	1 846 400	18 430 000	17 947 000	17 758 000
其中：A产品		台	2 000	22 000	130	126	123	125	260 000	252 000	246 000	2 860 000	2 772 000	2 750 000
B产品		台	8 000	76 000	195	190	192	188	1 560 000	1 520 000	1 536 000	14 820 000	14 440 000	14 288 000
C产品		台	1 400	15 000	50	49	46	48	70 000	68 600	64 400	750 000	735 000	720 000
不可比产品合计										216 100	239 000		3 344 400	2 457 200
其中：D产品		台	500	6 400		56	60	58		28 000	30 000		358 400	371 200
E产品		台	1 045	10 000		180	200	125.6		188 100	209 000		1 800 000	1 256 000
其他													968 000	763 200
全部商品产品制造成本										2 056 700	2 085 400		21 073 400	20 148 400

补充资料（按本年累计实际数）：

① 可比产品成本降低额为672 000元。

② 可比产品成本降低率为3.646%。

4. "本月总成本"项目

(1) "按上年实际平均单位成本计算",是用本月实际产量乘以上年实际平均单位成本计算填列。

(2) "按本年计划单位成本计算",是用本月实际产量乘以本年计划单位成本计算填列。

(3) "本月实际",是根据本月"产品成本计算单"的资料填列。

5. "本年累计总成本"项目

(1) "按上年实际平均单位成本计算",是用本年累计实际产量乘以上年实际平均单位成本计算填列。

(2) "按本年计划单位成本计算",是用本年累计实际产量乘以本年计划单位成本计算填列。

(3) "本年实际",是根据本年"产品成本计算单"的资料填列。

6. 补充资料

本表补充资料中的"可比产品成本降低额"和"可比产品成本降低率"的本年累计实际数,应按下列公式计算填列。

可比产品成本降低额 = 可比产品按上年实际平均单位成本计算的本年累计总成本合计 - 可比产品本年实际累计总成本合计

可比产品成本降低额 = 可比产品成本降低额 ÷ 可比产品本年实际累计总成本合计 × 100%

另外,还可通过计算来列示本年计划总成本的执行情况。

第三节　主要产品单位成本表

一、主要产品单位成本表的概念和作用

主要产品单位成本表是反映企业在报告期内生产的各种主要产品单位成本的构成情况和各项主要技术经济指标执行情况的报表。它是对商品产品成本表的有关单位成本作进一步补充说明的报表,通常按月编制和分析。

利用主要产品单位成本表所提供的资料,可以考核各种主要产品单位成本计划的执行结果,分析各成本项目和消耗定额的变化及其原因,并便于在生产同种产品的企业之间进行成本对比,以利于找出差距,挖掘降低产品成本的潜力。

二、主要产品单位成本表的结构和内容

主要产品单位成本表的结构可分为上半部和下半部。上半部是反映单位产品的成本项目,并分别列出历史先进水平、上年实际平均、本年计划、本月实际和本年累计实际平均的单位成本。下半部是反映单位产品的主要技术经济指标,这些指标也分别列出了历史先进水平、上年实际平均、本年计划、本月实际和本年累计实际平均的单位用量。

主要产品单位成本表的格式和内容见表15-2。

第十五章 成本报表

表 15－2　　　　　　　　　　　主要产品单位成本表

编制单位：ABC 工厂　　　　　　　　2020 年 5 月　　　　　　　　　　　　　单位：元

产品名称		A 产品		本月计划产量		1 850			
规格				本月实际产量		2 000			
计量单位		台		本年累计计划产量		21 500			
销售单价		160 元		本年累计实际产量		22 000			

成本项目	行次	历史先进水平 200×年 (1)	上年实际平均 (2)	本年计划 (3)	本月实际 (4)	本年累计实际平均 (5)
直接材料	1	50	60	58	55	56
直接工资	2	20	22	20	20	20
制造费用	3	10	14	14	15	13
合计	4	80	96	92	90	89

主要技术经济指标	计量单位	单位用量	金额	单位用量	金额	单位用量	金额	单位用量	金额	单位用量	金额
①普通钢材	千克	20	2.0	16	2.5	15	2.4	17	2.0	15	2.4
②优质材料	千克	10	1.0	10	2.0	11	2.0	10	2.1	10	2.0
③工时	小时	36	—	42	—	40	—	36	—	38	—

三、主要产品单位成本表的编制方法

主要产品单位成本表的编制依据主要是有关产品的"产品成本明细账"、成本计划、历年有关成本资料、上年度本表有关资料及产品产量、材料和工时的消耗量等资料。

（1）"本月计划产量"和"本年累计计划产量"项目，应根据本月和本年产品产量计划资料填列；"本月实际产量"和"本年累计实际产量"项目，应根据统计提供的产品产量资料或产品入库单填列。

（2）"成本项目"项目，应按规定进行填列。

（3）"主要技术经济指标"项目，是反映主要产品每一单位产量所消耗的主要原材料、燃料、工时等指标。

（4）"历史先进水平"，是指本企业历史上该种产品成本最低年度的实际平均单位成本和实际单位用量，应根据历史成本资料填列。

（5）"上年实际平均"，是指上年实际平均单位成本和单位用量，应根据上年度本表的本年累计实际平均单位成本和单位用量的资料填列。

（6）"本年计划"，是指本年计划单位成本和单位用量，应根据年度成本计划中的资料填列。

（7）"本月实际"，是指本月实际单位成本和单位用量，应根据本月完工的该种产品成本资料填列。

（8）"本年累计实际平均"，是指本年年初至本月末止该种产品的实际平均单位成本和单位用量。应根据年初至本月末止的已完工产品成本计算单等有关资料，采用加权平均法计

算后填列，其计算公式如下：

某产品（或成本项目）的实际平均单位成本 = 该产品（或成本项目）累计总成本 ÷ 该产品累计产量

某产品（或成本项目）的实际平均单位用量 = 该产品（或成本项目）累计总用量 ÷ 该产品累计产量

本表对不可比产品，则不填列"历史先进水平"和"上年实际平均"的单位成本和单位用量。由于本表是商品产品成本表的补充，所以，该表中按成本项目反映的"上年实际平均""本年计划""本月实际""本年累计实际平均"的单位成本合计，应与商品产品成本表中的各该单位成本金额分别相等。

第四节　制造费用明细表

一、制造费用明细表的概念和作用

制造费用明细表是反映企业及其生产单位在一定会计期间内发生的制造费用总额及其构成情况的报表。制造费用的构成，除了按照费用明细项目反映外，还应按照生产单位反映。企业编制的各生产单位汇总的制造费用明细表，只汇总基本生产单位的制造费用，不包括辅助生产单位的制造费用。

利用制造费用明细表所提供的资料，可以分析制造费用的构成和各项费用增减变动情况，考核制造费用预算的执行结果，以便进一步采取措施，节约开支，降低费用，进而降低产品的生产成本。

二、制造费用明细表的结构和内容

见表15-3，制造费用明细表按各生产单位具体规定的制造费用明细项目，分别列示分别反映"本年计划数""上年同期实际数""本月实际数"和"本年累计实际数"，以便用本年实际数分别与上年同期实际数和本年计划数进行比较，分析制造费用的构成和增减变动情况，考核制造费用预算的执行情况，加强对制造费用的管理。为了及时了解制造费用的发生情况，制造费用明细表一般应当按月编制，在某些季节性生产企业，制造费用明细表也可按季编制。

三、制造费用明细表的编制方法

（1）"本年计划数"各项数字，根据制造费用的年度计划数填列。

（2）"上年同期实际数"各项数字，根据上年同期本表的"本月实际数"填列；如果表内所列项目和上年度的费用项目在名称或内容上不相一致，应对上年度的各项数字按照表内规定的项目进行调整。

（3）"本月实际数"各项数字，应根据"制造费用明细账"中本月发生数填列。

（4）"本年累计实际数"各项数字，填列自年初起至编报月月末止的累计实际数，应根据"制造费用明细账"的记录计算填列。

表 15-3 制造费用明细表

编制单位：ABC 公司　　　　　　　　　2020 年 5 月　　　　　　　　　单位：元

项 目	行次	本年计划数	上年同期实际数	本月实际数	本年累计实际数
职工薪酬	1	100 000	9 000	9 500	105 000
折旧费	2	45 000	5 000	4 000	45 000
租赁费	3	61 000	5 760	7 600	55 400
机物料消耗	4	16 000	1 750	3 000	15 500
低值易耗品	5	60 000	7 000	7 000	60 500
取暖费	6	52 000	2 280	2 800	51 700
水电费	7	48 000	3 050	2 500	47 300
办公费	8	30 000	2 140	1 400	33 000
差旅费	9	25000	2 200	1 300	22 000
保险费	10	50 000	4 300	2 900	49 300
设计制图费	11	19 000	1 920	900	18 100
试验经验费	12	31 000	2 300	1 300	36 700
劳动保护费	13	42000	3 100	2 000	43 200
其他	14	35 000	2 680	1 600	40 000
合计	—	614 000	52 480	47 800	622 700

第五节　期间费用报表

一、期间费用报表的概念和作用

期间费用报表包括管理费用明细表、财务费用明细表和销售费用明细表，是反映企业在报告期内发生的各种期间费用情况的报表。通常按月编制。

期间费用报表所提供的信息和资料，可以据以了解企业报告期内各项期间费用的实际支出水平，考核各种期间费用计划（或预算）的执行情况，评价各种期间费用的变化趋势，分析各项费用的构成和增减变动情况，以便于加强对期间费用的控制与管理，不断降低费用水平。

二、期间费用报表的结构和内容

期间费用报表一般包括管理费用明细表、财务费用明细表和销售费用明细表。它们的结构基本相同，都是按照规定的费用项目，分别反映"本年计划数""上年同期实际数""本月实际数"和"本年实际数"，这样反映便于用本年实际数分别同本年计划数和上年实际数进行比较，以便加强对费用的控制和管理。以下给出期间费用中的管理费用明细表，见表 15-4。

表 15－4   管理费用明细表

编制单位：ABC 公司   2020 年 5 月   单位：元

费用项目	本年计划数	上年同期实际数	本月实际数	本年累计实际数
1. 公司经费	96 000	11 620	11 448	98 600
其中：职工薪酬	50 160	4 600	4 674	54 720
办公费	10 000	1 900	1 900	9 900
差旅费	10 000	2 400	2 200	10 100
折旧费	12 000	1 200	1 000	12 000
修理费	2 000	200	220	1 800
水电费	4 000	400	380	3 600
物料消耗	5 440	720	974	4 080
低值易耗品摊销	2 400	200	200	2 400
2. 工会经费	200 000	17 000	18 000	210 000
3. 职工教育经费	150 000	13 500	13 500	157 500
4. 劳动保险费	200 000	18 000	18 000	210 000
5. 待业保险费	100 000	9 000	9 000	105 000
6. 董事会费				
7. 咨询费				
8. 聘请中介机构费	60 000	5 000		60 500
9. 诉讼费				
10. 排污费	10 230	1 000		10 000
11. 税金	43 000	4 250	3 500	42 900
其中：房产税	24 000	2 400	2 000	24 000
土地使用税	12 000	1 200	1 000	12 000
车船税	6 000	600	500	6 000
印花税	1 000	50		900
12. 技术转让费				
13. 研究与开发费				
14. 无形资产摊销	10 000	1 040	650	9 100
15. 业务招待费	10 000	1 400	800	10 600
16. 矿产资源补偿费				
17. 其他管理费用				
合 计	879 230	81 810	77 898	913 700

三、期间费用报表的编制方法

管理费用明细表、财务费用明细表和销售费用明细表各项目的填列方法为：

（1）"本年计划数"栏各项目数字，根据本年度管理费用预算、销售费用预算和财务费用预算中确定的本年计划数填列。

第十五章 成 本 报 表

（2）"上年同期实际数"栏各项目数字，根据上年度本表的"本月实际数"栏相应数字填列。如果表内所列费用项目和上年度的费用项目在名称和内容上不相一致，应对上年度的各项数字按本年度表内项目的规定进行调整。

（3）"本月实际数"各项数字，应根据"管理费用明细账""财务费用明细账"和"销售费用明细账"中本月发生数填列。

（4）"本年累计实际数"栏各项目数字，根据本年度"管理费用明细账""财务费用明细账"和"销售费用明细账"中各项费用的累计数填列，也可以根据上月该表的本年累计实际数与本月该表的本月实际数之和填列。

知识拓展 15-1

ADK 公司成本报表编制

ADK 公司是一家制造企业，主要生产 A、B 两种产品。7 月份 A 的产量为 200 件，B 的产量为 250 件。

（1）其成本明细账所记 2020 年 7 月的生产费用合计数见表 15-5：

表 15-5　　　　　　　　　　　　　　　　　　　　　　　　　　　　　　　单位：元

项目	成本项目	A 产品	B 产品
本月生产费用	直接材料	162 960	138 860
	直接人工	13 566	10 374
	燃料及动力	64 172	50 968
	制造费用	55 894.61	39 695.39

（2）A、B 两种产品成本明细账所记 7 月月初、月末在产品成本见表 15-6：

表 15-6　　　　　　　　　　　　　　　　　　　　　　　　　　　　　　　单位：元

项目	期初或期末	A 产品	B 产品
在产品成本	期初	47 150	99 520
	期末	94 300	43 614.56

该企业没有自制半成品。

（3）截至 2020 年 7 月 31 日，ADK 公司上年实际成本、本年计划成本和本年累计实际成本资料见表 15-7：

表 15-7　　　　　　　　　　　　　　　　　　　　　　　　　　　　　　　单位：元

项目	上年实际	本年计划	本年累计实际
生产费用			
直接材料	3 602 970	3 581 820	2 612 330
直接人工	280 312	276 290	206 480
燃料及动力费用	1 516 710	1 464 200	1 035 370

续表

项目	上年实际	本年计划	本年累计实际
制造费用	1 123 400	1 167 110	934 100
生产费用合计	6 523 392	6 489 420	4 788 280
加：在产品、自制半成品期初余额	210 220	197 810	195 230
减：在产品、自制半成品期末余额	159 310	148 800	137 914.56
产品成本合计	6 574 302	6 508 430	4 845 595.44

（4）在 A 产品账务记录中，关于 A 产品总成本的相关资料见表 15－8：

表 15－8 单位：元

项目	本月生产费用合计	本年生产费用累计
直接材料	162 960	1 181 250
直接人工	13 566	103 250
燃料及动力	64 172	483 000
制造费用	55 894.61	420 350
主要材料用量（千克）	16 500	141 575

（5）A 产品的单位产品成本的相关资料见表 15－9：

表 15－9

	直接材料	直接人工	燃料及动力	制造费用	生产成本	主要材料用料（kg）
历史先进水平	670	61	272	237	1 240	81
上年实际平均	679	62	274	240	1 255	82
本年计划	676	60	275	239	1 250	81.5

另外，ADK 公司 7 月份各基本生产车间制造费用明细账所记的本年累计实际数位：工资及福利费 42 100 元，折旧费 52 810 元，物料消耗 314 100 元，办公费 15 300 元，水电费 17 600 元，运输费 151 200 元，保险费 21 500 元，修理费 310 800 元，其他 17 690 元，总计 934 100 元。

去年 7 月份各基本生产车间制造费用明细账所记的制造费用为：工资及福利费 3 650 元，折旧费 4 500 元，物料消耗 31 120 元，办公费 1 300 元，水电费 1 510 元，运输费 16 100 元，保险费 1 800 元，修理费 34 210 元，其他 600 元，总计 94 790 元。

制造费用预算表中的本年计划数为：工资及福利费 57 080 元，折旧费 68 910 元，物料消耗 405 100 元，办公费 21 480 元，水电费 24 200 元，运输费 191 410 元，保险费 27 710 元，修理费 342 750 元，其他 28 470 元，总计 1 167 110 元。

要求：假设你是 ADK 公司的成本会计人员，请根据所给资料完成 7 月份按成本项目反映的商品产品成本表（表 15－10）、A 产品的主要产品单位成本表（表 15－11）和制造费用明细表（表 15－12）。

【解析】

第十五章 成本报表

表 15-10　　　　　　　　　　商品产品成本表（按成本项目反映）
2020 年 7 月

项目	上年实际	本年计划	本月实际	本年累计实际
生产费用				
直接材料	3 602 970	3 581 820	301 820	2 612 330
直接人工	280 312	276 290	23 940	206 480
燃料及动力	1 516 710	1 464 200	115 140	1 035 370
制造费用	1 123 400	1 167 110	95 590	934 100
生产费用合计	6 523 392	6 459 420	536 490	4 788 280
加：在产品、自制半成品期初余额	210 220	197 810	146 670	195 230
减：在产品、自制半成品期末余额	159 310	148 800	137 914.56	137 914.56
产品生产成本合计	6 574 302	6 508 430	545 245.44	4 845 595.44

表 15-11　　　　　　　　　　主要产品单位成本表（A 产品）
2020 年 7 月

产品名称：A　　　　　　　　　　　　　　　　　　　　　　　　产品销售单价：
产品规格：　　　　　　　　　　　　　　　　　　　　　　　　　本月实际产量：200 件
计量单位件　　　　　　　　　　　　　　　　　　　　　　　　　本年累计实际产量：

成本项目	历史先进水平	上年实际平均	本年计划	本月实际	本年累计实际平均
直接材料	670.00	679.00	676.00	814.80	675.00
直接人工	61.00	62.00	60.00	67.83	59.00
燃料及动力	272.00	274.00	275.00	320.86	276.00
制造费用	237.00	240.00	239.00	279.47	240.20
生产成本	1 240.00	1 255.00	1 250.00	1 482.96	1 250.20
主要技术经济指标	用量	用量	用量	用量	用量
主要材料（千克）	81.0	82.0	81.5	82.5	80.9

表 15-12　　　　　　　　　　制造费用明细表
2020 年 7 月

费用项目	本年计划	上年同期实际数	本年累计实际数
工资及福利费	57 080	3 650	42 100
折旧费	68 910	4 500	52 810
物料消耗	405 100	31 120	314 100
办公费	21 480	1 300	15 300
水电费	24 200	1 510	17 600
运输费	191 410	16 100	151 200
保险费	27 710	1 800	21 500
修理费	342 750	34 210	310 800
其他	28 470	600	17 690
合计	1 167 110	94 790	934 100

第六节　其他成本报表

一、其他成本报表的特点

企业除了按期编制前述各种成本报表外,还需要根据成本管理的需要和责任成本会计的要求,编报一些其他成本报表,这些报表主要服务于企业内部的成本控制。与前述定期编制的主要成本报表相比较,其他成本报表具有以下几个特点:

(一) 形式上更具有灵活性

从报表的形式来看,其他成本报表提供的信息多种多样,既有报告期末实际数据,又有期中成本预测数据;既有列示实际与计划对比数据,又有进行差异分析资料;既有以货币单位为主报告的成本、费用信息,又有以工时、实物量报告的消耗资料;表中栏目、行次的设置更是因时、因地、因内容而异。此外,其他成本报表既注重与责任会计组织的配合,又强调对其他技术经济资料的使用。

(二) 内容上更注重针对性

从报表内容来看,其他成本报表对企业成本控制中各环节的具体情况和工作重心,提供具体的成本费用和用量信息。为此,这些报表注重比较,包括实际与预算或标准的比较、不同时期的比较等,尤其侧重对成本差异的比较与分析。

为了提供更具针对性的成本信息,其他成本报表的内容和格式应尽可能做到简明扼要、突出重点,反映的数字务必合理和符合事实,但这并不意味着数字上要求绝对准确。

(三) 时间上更强调及时性

从编报时间来看,为了给企业的成本管理提供更为直接、更具参考价值的信息,以方便企业各有关部门能随时了解发生的各种消耗情况、掌握成本控制的主动权,其他成本报表的编报更加强调时效性。除定期编制有关月报以外,还要根据不同时期、不同部门、不同成本费用及消耗情况,及时编报半月报、旬报、周报乃至日报、班报。

(四) 编报主体的多样性

从编报主体来看,其他成本报表比主要成本报表的编报主体更加多样。商品产品成本表等主要成本报表,由企业财会部门负责编报,其他成本报表的编制则不仅仅局限于企业的财会部门。其他成本报表的编制者,可以是厂部财务部门,如厂部责任成本报告、厂部质量报告,也可以是车间、科室等归口分级管理单位,如车间(或科室)责任成本报告、车间质量成本报告、按班组编报的工人工作效率月报等。

二、几种常见的其他成本报表

其他成本报表视企业的具体需要而编报,因而形式灵活、种类繁多,即使反映相同的内容,在不同企业可能也有不同的表格设计。因此,这里不能逐一罗列。现仅介绍几种常见的其他成本报表格式——责任成本报告、材料考核表、人工成本考核表和生产损失报告表,以供参考。

第十五章 成本报表

（一）责任成本报告

有关责任成本报告的格式，参见表15-13。

表 15-13　　　　　　　　　　　　　责任成本报告

编制单位：第××基本生产车间　　　　2020年5月　　　　　　　　　　　　　　单位：元

项　　目	预算	调整预算	实际	业务量差异	耗费、效率差异
	(1)	(2)	(3)	(4)=(2)-(1)	(5)=(3)-(2)
直接材料：A材料					
材料耗用量差异					
材料价格差异					
直接工资					
效率差异					
费用率差异					
变动制造费用					
效率差异					
费用率差异					
变动成本合计					
可控固定成本					
管理人员工资					
折旧					
合　　计					
车间成本合计					
实物数据					
甲产品（件）					
A材料（千克）					
直接工时（小时）					

（二）材料考核表

材料考核表包括对主要材料耗用量考核表和对成本差异分析考核表。主要材料的耗用量由仓库保管人员填制，主要从耗用量角度报告一定时期内（旬、半月、月）某种材料的耗用情况。成本差异分析考核表是由财会部门材料核算人员编制，主要从成本比较的角度报告一定时期内（旬、半月、月）某种材料的成本情况。月报格式参见表15-14、表15-15和表15-16。

表 15-14　　　　　　　　　　　　　材料耗用量月报

仓库名称：
材料名称：　　　　　　　　　　2020年5月　　　　　　　　　　　　　　单位：千克

日　期	本日数				本月累计数				本年累计数			
	实际用量	定额用量	差异	差异率（%）	实际用量	定额用量	差异	差异率（%）	实际用量	定额用量	差异	差异率（%）
合计												

表 15-15　　　　　　　　　　　材料耗用成本月报

材料名称：　　　　　　　　　　2020 年 5 月　　　　　　　　　　单位：元

生产部门	用量		单价		实际成本	计划成本	定额(标准)成本	差异额		差异率,%	
	实际	定额	实际	计划				比计划	比定额	比计划	比定额
	(1)	(2)	(3)	(4)	(5)=(1)×(3)	(6)=(1)×(4)	(7)=(2)×(4)	(8)=(5)-(6)	(9)=(5)-(7)	(10)=(8)/(6)	(11)=(9)/(7)
一车间											
二车间											
……											
合计											

表 15-16　　　　　　　　　　　材料成本差异分析月报

　　　　　　　　　　　　　　　2020 年 5 月　　　　　　　　　　单位：元

凭证编号	供货单位名称	材料名称	计量单位	采购数量	实际成本		计划成本		差异		
					单位成本	总成本	单位成本	总成本	单位成本	总成本	差异率(%)

（三）人工成本考核表

人工成本考核表主要用来反映人工成本的执行情况，可以按照工号或工人姓名列示实际人工费、定额人工费及其差异，揭示人工费用节约或超支的原因，具体格式参见表15-17。

表 15-17　　　　　　　　　　　人工成本考核表

　　　　　　　　　　　　　　　2020 年 5 月

工号或工人姓名	实际人工费用			定额人工费用			差异		
	实际工时	实际小时工资	实际人工费用	定额工时	定额小时工资	定额人工费用	工时差异	工资率差异	人工费用差异

（四）生产损失报告表

当企业因材料供应及电力供应不足、意外灾害等原因发生停工损失，因材料质量低劣、加工操作不当等原因发生废品损失等情形时，为了分析各项损失的金额及其原因，需要各个生产部门（分厂、车间）或厂一级财务部门，根据"停工损失""废品损失"等账户记录和其他原始凭证，及时编报"生产损失报告表"。其格式参见表15-18。

第十五章 成本报表

表 15-18 生产损失报告表

2020 年 5 月

项目		原因	数量	工时	修复费用				报废净损失					回收残料	净损失	备注
					材料	人工	制造费用	小计	生产成本							
									料费	工费	制造费用	小计				
废品损失	可修复															
	不可修复															
	合计															
		职工薪酬			办公费		折旧费		水电费			其他		合计		
停工损失																
其他损失																
所有损失总计																

知识拓展 15-2

新创企业如何利用好成本报表

阿尔法公司是张婷大学毕业之后在父亲的帮助下创办的 PC 产品制造企业，会计部门的小王主要负责成本核算业务。但是在编制成本报表的时候出现问题：由于公司刚刚起步，没有以前年度的资料可以参考，对同行业的成本核算水平也不了解，因此只能根据产品生产成本明细账进行报表的编制，可问题是，这样编制出来的报表似乎缺乏可比性，实用性也不强。主管生产的领导也时常抱怨，报表所提供的信息无法帮助他们进行成本管理和改进生产。同时，因为公司刚刚成立，正处于高速成长阶段，公司时常不定期发生一些新的业务，导致成本报表存在滞后性。请同学们针对以上案例存在的问题进行分析并提出解决方案。

练 习 题

一、单项选择题

1. 成本报表属于（　　）。
   A. 对外报表　　　　　　　　　　　B. 对内报表
   C. 既是对内报表，又是对外报表　　D. 对内还是对外由企业决定

2. 可比产品成本降低额与可比产品成本降低率之间的关系是（　　）。
   A. 成反比　　　　　　　　　　　　B. 成正比
   C. 同方向变动　　　　　　　　　　D. 无直接关系

3. 填制商品产品成本表必须做到（　　）。
   A. 可比、不可比产品须分别填列　　B. 可比、不可比产品可合并填列

C. 既可分别，也可合并填列　　　　　　D. 填制时无需划分可比、不可比产品

4. 制造费用明细表应当反映（　　）的制造费用总额。

A. 企业各生产单位　　　　　　　　　　B. 企业各基本生产单位

C. 企业各辅助生产单位　　　　　　　　D. 企业本部

5. 商品产品成本表的填列必须做到（　　）。

A. 主要产品逐一填列，非主要产品可以汇总填列

B. 主要产品与非主要产品汇总填列

C. 只填主要产品，并汇总填列

D. 非主要产品同主要产品一样，须逐一填列

二、多项选择题

1. 商品产品成本表可以反映可比产品与不可比产品的（　　）。

A. 实际产量　　　　　　　　　　　　　B. 单位成本

C. 本月总成本　　　　　　　　　　　　D. 本年累计总成本

E. 计划产量

2. 工业企业编制的成本报表有（　　）。

A. 商品产品成本表　　　　　　　　　　B. 主要产品单位成本表

C. 制造费用明细表　　　　　　　　　　D. 成本计算单

E. 成本明细账

3. 工业企业编报的成本报表必须做到（　　）。

A. 数字准确　　　　　　　　　　　　　B. 内容完整

C. 对外报送　　　　　　　　　　　　　D. 编报及时

E. 一贯性原则

4. 制造费用报表，一般包括（　　）等指标。

A. 上年同期实际数　　　　　　　　　　B. 本年计划数

C. 本月实际数　　　　　　　　　　　　D. 本年实际平均数

E. 本年累计实际数

5. 主要产品单位成本表应当反映该主要产品的（　　）。

A. 历史先进水平单位成本　　　　　　　B. 上年实际平均单位成本

C. 本年计划单位成本　　　　　　　　　D. 本年实际平均单位成本

E. 本年累计实际平均成本

三、判断题

1. 所有的成本报表，不论对内、对外都要求计算上绝对准确。　　　　　　（　　）

2. 内部成本报表必须和责任会计组织相配合，以明确责任者的成本责任。　（　　）

3. 可比产品成本降低率等于可比产品成本降低额与本年累计的实际总成本之比。

（　　）

4. 本年累计实际产量与本年计划单位成本之积称为按本年实际产量计算的本年累计总成本。　　　　　　　　　　　　　　　　　　　　　　　　　　（　　）

四、案例分析题

某企业有关商品成本资料见表15-19：

表15-19

产品种类	计量单位	实际产量/件		单位成本/元			
		本月	本年累计	上年实际平均	本年计划	本月实际	本年实际
可比产品： 甲产品 乙产品	件 件	200 50	2 200 550	100 200	90 190	98 197	89 188
不可比产品： 丙产品	件	10	130		420	431	440

要求：编制商品产品成本报表。

第十六章　成本分析

本章简介

本章介绍了成本分析内涵与意义和成本分析任务，明确成本分析的原则和评价标准，并对成本分析的方法做了阐述。成本分析的基本方法分为成本报表分析法，指标对比分析法，比率分析法和因素分析法。如何应用上述方法对全部商品、可比产品、产品单位成本进行准确的分析是本章关注的重点。

利润降低之后

赵毅大学毕业后和同学合开了一家公司，经过2年的经营，他们发现公司的利润水平有所降低。通过讨论，他们发现该公司的营业收入保持相对稳定的态势，可营业成本却逐年上升，对成本的分析在此时就显得尤为重要。通过成本分析，赵毅就能找到营业成本上升的原因，在以后的经营中就可以采取相应的措施降低成本，提高利润。

你能帮助赵毅对他们公司的营业成本进行分析吗？

第一节　成本分析概述

一、成本分析的概念、内涵和任务

（一）成本分析的概念及内涵

成本分析是企业运用成本核算及其他相关资料，分析、评价其生产经营活动中成本水平及构成的变动情况，研究影响成本变动的各种因素，寻求降低成本、节约开支方法的一项管理活动，从而使企业管理层了解企业成本情况并进行生产经营决策，它是企业成本管理的一项重要组成部分。

从狭义角度看，成本分析主要指的是事后成本分析。事后成本分析是以成本核算提供的数据资料为基础，结合相关的预算、计划、定额、统计、技术及其他资料，遵循一定的原则和方法，研究分析影响成本变动的各种因素，明确成本及成本效益变动的原因，制定出降低成本的有效措施。作为企业成本管理工作的最后环节，成本分析工作的开展有利于充分地挖

第十六章
成 本 分 析

掘企业内部降低成本和提高经济效益的潜力，以最小的消耗取得最大的经济效益。

从广义角度看，随着生产力的不断进步，人们在企业的生产经营管理上经验的积累，人们对成本分析认识不断深化，成本分析的内涵有所扩展，成本分析从单一的事中核算、事后分析，发展为事前预测、事中控制、事后分析的全过程。在成本形成之前，首先要做成本事前分析，确定目标成本，编制成本计划，对成本进行预测分析。在成本形成过程中，为了保证实现目标成本，检查各项成本定额和计划的执行情况，控制各项成本消耗和支出，进行成本事中分析。在成本形成之后，需要进行成本事后分析，以成本形成过程中取得的成本核算数据为基础，参考其他生产经营资料，评价成本定额和计划的执行结果，揭示出与定额和计划不相符合的部分，寻找改进成本管理、降低成本的方案，总结经验教训，指导下期成本工作。总之，成本分析贯穿于企业成本会计的全过程，对于充分发挥成本会计作用、提高企业经济效益、为生产经营管理决策提供可靠资料具有重要的作用。

（二）成本分析的任务

从狭义的事后成本分析角度看，企业成本分析的任务主要有以下几个方面：

1. 揭示产生成本差异的原因，掌握成本变动规律

成本计划在执行过程中通常受到多方面因素的影响，既有技术因素和经济因素，又有宏观因素和微观因素、人的因素和物的因素。成本分析需要运用科学的方法，从指标、数据入手，找出差距，揭露问题，查明各种积极因素和消极因素及其对经济指标的影响程度，并分清主观原因和客观原因，从而逐步认识和掌握成本变动的规律，运用规律，采取措施，完善企业成本管理工作，不断提高企业经营管理水平。

2. 合理评价成本计划完成情况，准确考核成本责任单位的工作业绩

成本分析应通过系统、全面地分析成本计划完成或没有完成的原因，对成本计划本身及其执行情况进行合理的评价，总结本期实施成本计划的经验教训，以便今后更好地完成计划任务，并为下期成本计划的编制提供重要依据。同时，通过成本分析，还能有效地评价成本责任单位的成绩或不足，查明哪里先进、何处落后，分析先进的理由、落后的原因。这样才可以正确考核成本责任单位的工作业绩，为落实奖惩制度提供可靠依据，从而调动各责任单位和职工的积极性和主动性。

3. 检查企业是否贯彻执行国家有关的方针、政策和财经纪律

社会主义制度下的企业的生产经营活动必须遵守国家有关的方针、政策和财经纪律，以保证国家利益和人民利益不受损害。因此，分析企业是否降低成本和提高经济效益，就必须以国家有关的方针、政策和财经纪律为依据，及时纠正违纪的不合理行为。例如，企业有无通过降低产品质量、牺牲消费者利益来降低产品成本；企业有无任意缩小或扩大成本开支范围从而进行报表粉饰等活动。通过成本分析，能够检查企业成本管理行为的合理、合法性，使社会宏观效益与企业微观效益相互协调、共同提高。

4. 挖掘降低成本的潜力，不断提高企业经济效益

成本分析的根本任务是为了挖掘降低成本的潜力，促使企业以较少的劳动消耗生产出更多更好的使用价值，实现更快的价值增值。因而，成本分析的核心就是围绕着提高经济效益不断挖掘降低成本的潜力，充分认识未被利用的劳动和物资资源，寻找利用不完善的部分及其原因，从生产技术、生产组织和经营管理等各个方面入手，发现进一步提高利用效率的可能性，以便从各方面揭露矛盾，找出差距，制定措施，使企业经济效益不断提高。

二、成本分析的评价标准

进行任何分析活动都必须首先确立分析的标准，以此为准绳开展进一步的活动。确立成本分析评价标准是成本分析的一个关键步骤，也是成本分析的一项重要内容。不同的成本分析评价标准，会对同一分析对象得出不同的分析结论。设立成本分析的评价标准，就是找到了分析的起点。正确选择和确定成本分析评价标准，对于准确评价成本分析对象、发现存在的问题、找出差距并制定进一步措施，都具有十分重要的意义和作用。成本分析的评价标准主要有历史标准、行业标准、预算标准等。

1. 历史标准

历史标准，是以企业过去某一时间的实际业绩作为评价标准。在进行成本分析的实践中，历史标准的选择是多样的，例如企业上年同期水平，企业过去一段期间内的平均水平，企业过去年度的最高水平等。采用历史标准具有较高的可比性，所取得的资料可靠性强，并且能够观察出企业一段时期内的发展趋势。但是采用历史标准的不足之处在于它只能说明企业自身的发展变化，不能全面评价企业在同行业中的地位和水平，而且标准较为保守，对于新情况、新形势下的企业职工的激励效果有限。

2. 行业标准

行业标准，是指企业将其所处行业的某些成本指标作为评价标准，反映行业成本状况和成本水平。行业标准一般体现了全行业在当前经济环境和经营条件下的平均水平，一般情况下，大多数企业经过努力可以达到这一标准。采用行业标准，企业可以了解自己在同行业中所处的水平。但是为了规避行业内部分类不同、所处具体环境不同等产生的差异，运用该标准时应当按企业规模和经营条件制定出不同类型企业的标准作为评价的依据，使得行业标准更具有可操作性和可比性。

3. 预算标准

所谓预算标准（或称计划标准、目标标准），是指企业预先规定的在计划期内产品生产耗费和各种产品的成本水平。预算标准具体包括主要产品单位成本预算、商品产品成本预算、制造费用预算、销售费用预算、管理费用预算和财务费用预算等。根据预算标准，企业可以分析其实际生产消耗水平与预算之间的差异，并通过分析差异原因，使之在以后的经营管理中，力争成本消耗不突破预算，使成本水平不断降低，从而增加企业经济效益。

在成本分析时可以综合利用各种标准从不同角度对企业成本业绩进行考核，以保证对企业成本业绩作出公正、合理、准确、可信的评价。

三、成本分析原则

（1）事后分析与事前、事中分析相结合的原则。
（2）全面分析与重点分析相结合的原则。
（3）专业分析与群众分析相结合的原则。
（4）纵向分析与横向分析相结合的原则。

第二节 成本分析的程序与方法

成本分析方法是以成本分析的标准为指导，是为达到成本分析目的、完成成本分析任务所采用的手段，而运用成本分析方法的过程就是成本分析程序。成本分析方法是成本分析实践的科学总结，随着成本分析实践的发展而完善，随着人们对成本分析工作规律性认识的深化而不断充实。本节主要从事后分析角度对成本分析的程序和技术方法进行阐述。

一、成本分析的基本程序

成本分析的基本程序一般可归纳为成本分析准备、实施和报告三个阶段。

（一）成本分析准备阶段

成本分析准备阶段首先要明确成本分析的目的，制定成本分析计划，保证分析工作有目的、有条理地进行，并且不致因遗漏任何重要问题而影响分析效果；其次确立成本分析标准；再次收集内容真实、数据正确的成本核算资料及其他资料。

（二）成本分析实施阶段

首先要对成本报表整体进行分析；其次进行成本指标分析，即在已经核实资料的基础上，对成本的各项指标的实际数与分析标准进行各种形式、各个方面的比较。经过比较，就可以确定差异，揭露矛盾；再次进行成本因素分析，即从相互联系、相互影响的角度研究各项成本指标发生差异的原因，并对重点因素进行专项分析。

（三）成本分析报告阶段

这一阶段要对企业成本情况作出全面的、客观的评价，在多种矛盾中找出主要矛盾，从复杂因素中找出决定性因素，同时，将企业置身于行业之中、宏观经济环境之中，联系地、发展地看待企业成本管理工作，提出可行的措施和建议并编写成本分析报告，为管理层决策提供依据。

二、成本分析的方法

成本分析的方法，在实践中是多种多样的，分析方法运用得当将对整个成本分析过程产生有利的影响。在实务中，具体采用哪种方法，这要按成本分析的目的、分析对象的特点、所掌握的计划资料和核算资料的性质和内容来决定。通常采用的分析方法有以下几种：

（一）成本报表整体分析方法

1. 水平分析法

水平分析法，是指将反映企业报告期成本的信息（特别指成本报表信息资料）与反映企业前期或历史某一种成本状况的信息进行对比，借以了解成本管理中的成绩和问题、研究企业经营业绩或成本状况发展变动情况的成本分析方法。

2. 垂直分析法

垂直分析法，是指通过计算成本报表中各项目占总体的比重或结构，反映报表中的项目与总体的关系及其变动情况。报表经过垂直分析法处理后，通常称为同度量报表，或称总体结构报表、共同比报表等。

3. 趋势分析法

趋势分析法是根据企业连续几年或几个时期的分析资料，运用指数或完成率的计算，确定分析期各有关项目的变动情况和变动趋势的一种成本分析方法。趋势分析法既可用于对成本报表的整体分析，即研究一定时期报表各项目的变动趋势，也可用于对某些主要指标的发展趋势进行分析。

在运用趋势分析法时，应把当期与以前连续年度的成本信息进行水平分析，但是分析时需要注意剔除不同年份经济运行、宏观政策、行业发展所处阶段不同等特殊的、非日常的因素带来的影响。

（二）指标对比分析法

指标对比分析法是对经济指标的实际数作各种各样的比较，从定量角度确定差异的一种分析方法。指标对比分析法的作用，在于揭示差异并为进一步的分析指出方向。目前，进行经济指标的对比，主要有以下几种形式：本期实际指标与本期计划指标对比；本期实际指标与以前（上期水平、上年同期水平或历史最好水平）实际指标的对比；本期实际指标与国内外同类型企业的先进指标相比较，或者在企业内部开展与先进车间、班组和个人的指标相比较。开展成本指标的对比，要考虑指标的内容、计价标准、时间长度和计算方法的可比性。在同类型企业进行成本指标对比时，还要考虑客观条件是否基本接近，在技术上、经济上是否可比。

（三）比率分析法

比率分析法，是将反映成本状况或与成本水平相关的两个因素联系起来，通过计算比率，反映它们之间的关系，借以评价企业成本状况和经营情况的一种成本分析方法。根据分析的不同目的和不同内容，比率分析主要包括相关比率分析、趋势比率分析和构成比率分析等。

1. 相关比率分析

相关比率分析是以某个项目和其他有关但又不同的项目加以对比，求出比率，再将比率的计划数与实际数进行对比，以便更深入地认识某方面的生产经营情况。

2. 趋势比率分析

趋势比率分析，也称动态比率分析，它是以某一特定时期或上期作为比较基准，将同类指标进行对比以求出比率，分析该项指标增减速度和发展趋势，以判断企业某方面成本的变化趋势，并从其变化中发现企业在经营方面所取得的成果或存在的不足，比较的期数越多，趋势越明显。

由于所采用基准的不同，趋势比率分析可分为基期指数和环比指数，计算公式如下：

基期指数 ＝ 比较期数额／固定基期数额

环比指数 ＝ 比较期数额／上期数额

3. 构成比率分析

构成比率分析是确定某一经济指标各个组成部分占总体的比重，观察它的构成内容及不同时期结构上的变化，以掌握该项经济活动的特点和变化趋势的一种方法，它有助于了解企业生产经营活动对产品成本产生的影响，为进一步降低成本指出方向。

利用比率分析法计算简便，而且对其结果也比较容易判断；可以使某些指标在不同规模的企业之间进行比较,甚至也能在一定程度上超越行业间的差别进行比较。

(四) 因素分析法

因素分析法是分析几个相互关联的因素对某一成本指标变动影响程度的一种分析方法,根据构成成本变化的关联因素之间的关系不同,可将因素分析法分为连环替代法和差额计算法两种。

1. 连环替代法

连环替代法是因素分析法的基本形式,这种分析方法的计算程序如下:

(1) 对指标进行分解,建立指标体系;
(2) 确定分析对象;
(3) 依次连环替代各因素,计算替代结果;
(4) 计算各因素对指标的影响程度;
(5) 检验分析结果。

2. 差额计算法

差额计算法是连环替代法的一种简化形式,它是利用各个因素的实际数与基数之间的差额,直接计算各个因素对经济指标差异的影响数值。这一方法的特点在于运用数学提取因数的原理,来简化连环替代法的计算程序。应用这种方法与应用连环替代法的要求相同,只是在计算上简化一些。所以,在实际工作中应用比较广泛。

【例 16-1】根据表 16-1,运用连环替代法分析差异额。

表 16-1　　　　　　　　　　　材料费用分析资料表

项　　目	计划数	实际数
产品产量(件)	100	110
单位产品材料消耗量(千克)	9	8
材料单价(元)	5	6
材料费用(元)	4 500	5 280

运用连环替代法的计算如下:

(1) 对指标进行分解,建立指标体系:

材料费用 = 产品产量 × 单位产品材料消耗量 × 材料单价

(2) 确定分析对象:

5 280 - 4 500 = 780 (元)

(3) 依次连环替代各因素,计算替代结果:

第一次替代 110 × 9 × 5 = 4 950 (元)
第二次替代 110 × 8 × 5 = 4 400 (元)
第三次替代 110 × 9 × 6 = 5 280 (元)

(4) 计算各因素对指标的影响程度:

检验分析结果产量增加对材料费用的影响:4 950 - 4 500 = 450 (元)
材料消耗节约对材料费用的影响:4 400 - 4 950 = -550 (元)
价格提高对材料费用的影响:5 280 - 4 400 = 880 (元)

(5) 检验分析结果：

综上，450 +（-550）+880 = 780（元）

材料费用计划数与实际数差额 = 5 280 - 4 500 = 780（元），二者相符。

三、成本分析报告

（一）成本分析报告的内容

成本分析报告，是在各部门、各级成本分析的基础上，由成本部门对成本资料、成本分析过程及结果进行综合，写成的文字报告。成本分析报告是成本分析结果的反映，是向企业经营管理者提供成本信息的内部管理报告，也是向其他利益相关者说明成本情况的书面汇报材料，是企业成本管理的一项重要工作。成本分析报告的主要内容包括以下几部分：

(1) 情况反映。用成本相关的主要经济技术指标的本期实际数与计划数相比较，说明成本计划的完成情况，并作出分析评价。

(2) 问题分析。客观地把成本计划执行中存在的问题揭示出来，并分析原因，划清责任。

(3) 成绩说明。实事求是地把员工在降低成本、提高成本效益活动中所取得的成果反映出来，使员工了解成功的经验，同时，制定有效的奖惩、激励措施，激励员工为进一步压缩成本而努力。

(4) 提出建议。针对取得的经验和存在的问题，提出改进成本工作、提高经济效益潜力的建议和措施，以及下一期企业成本工作的要求和目标。

（二）成本分析报告的要求

(1) 观点要客观明确。要客观反映出企业成本管理方面的成绩是什么，缺点是什么，中肯、确切地反映客观实际。

(2) 原因要分析清楚。分析原因要准确、具体，责任要明确，以便改进工作。

(3) 建议要切实可行。改进建议要具体，便于检查，促进责任部门认真贯彻执行；对于某些重要问题，还要经过可行性研究，以保证建议能够取得实效。

(4) 报告编制要及时。为了反映成本计划执行情况、成本管理效率与效果，成本分析报告需要及时编报，便于有关部门及时掌握情况、调整策略。

(5) 报告要简练。撰写成本分析报告，应做到全面反映，重点突出，文字简练流畅，图表形象鲜明，使人看了一目了然。

第三节　全部商品产品成本分析

全部商品产品成本分析，是将全部商品产品本年实际总成本与按本年实际产量调整的计划总成本进行比较，计算出全部商品产品总成本降低额和降低率。它可以借助于企业内部会计报表中的"商品产品成本表"和成本计划等相关资料进行分析，具体分析内容包括按产品类别和按产品成本项目两方面进行分析。

第十六章 成本分析

一、按产品类别分析全部商品产品成本计划的完成情况

由于全部商品产品包括可比产品和不可比产品,所以按照产品类别进行全部商品产品成本分析,只能将本年实际总成本与计划总成本相比较,从而确定全部商品产品成本的降低额和降低率。

【例 16-2】假定某企业生产甲、乙、丙三种产品,其中,甲、乙产品是可比产品,丙产品是不可比产品。相关资料见表 16-2。

表 16-2　　　　　　　　　　　　商品产品成本表　　　　　　　　　　　　金额单位:元

产品名称		计量单位	本年实际产量	单位成本			总成本		
				上年实际平均	本年计划	本年实际	按上年实际平均单位成本计算	按本年计划单位成本计算	本年实际
可比产品	甲	件	55	700	650	660	38 500	35 750	36 300
	乙	件	60	900	800	780	54 000	48 000	46 800
	小计						92 500	83 750	83 100
不可比产品	丙	件	15		600	620		9 000	9 300
全部商品产品成本								92 750	92 400

根据例 16-2 的资料,可对该企业全部商品产品成本计划完成情况分析如下:

(1) 全部商品产品实际成本比计划成本的升降额 = 实验总成本 − 计划总成本 = 92 400 − 92 750 = −350(元)

(2) 全部商品产品实际成本比计划成本的升降率 = −350 ÷ 92 750 × 100% = −0.377%

根据上面的分析结果可以看出,该企业全部商品产品实际成本比计划有所降低,但这并不能说明该企业已经全面完成了成本计划,因为要保证全部商品产品成本计划完成,必须保证每种产品成本计划都能完成。为此,需要对可比产品、不可比产品和每种产品具体进行分析,编制全部商品产品成本计划完成情况分析表,见表 16-3。

表 16-3　　　　　　商品产品成本分析表(按产品类别)　　　　　　金额单位:元

商品产品		实际产量		与计划的差异	
		计划成本	实际成本	升降额	升降率(%)
可比产品	甲	35 750	36 300	550	1.54%
	乙	48 000	46 800	−1 200	−2.50%
	小计	83 750	83 100	−650	−0.78%
不可比产品	丙	9 000	9 300	300	3.33%
全部商品产品		92 750	92 400	−350	−0.38%

从表 16-3 的分析结果来看,该企业全部商品产品实际成本较计划有所降低,但从全部商品的构成上看,虽然可比产品总体的成本计划完成了,但其中的甲产品成本产生了超支,不可比产品丙产品的成本也产生了超支。这说明该企业并未全面完成成本计划,需要进一步分析甲、丙产品成本超支的原因。

二、按成本项目分析全部商品产品成本计划的完成情况

按产品类别进行商品产品成本分析，虽然可以了解每种产品成本的升降情况，但是不能了解是哪些成本项目发生了升降。为此，需要按成本项目进行商品产品成本分析，找出影响企业成本升降的关键因素。按成本项目进行产品成本分析，就是将全部产品的总成本按成本项目分别比较其实际总成本与计划总成本，以确定各个成本项目的升降额和升降率，并比较分析各成本项目的变动对总成本的影响程度。

按成本项目分析全部商品产品成本计划的完成情况，可以根据全部产品生产成本表所提供的资料以及其他相关的核算资料来进行，具体可以采用水平分析、比率分析等方法进行。

【例16-3】根据例16-2的成本计划与成本核算等资料，按照成本项目进行全部商品产品成本分析，见表16-4。

表16-4　　　　　　　商品产品成本分析表（按成本项目）　　　　　　金额单位：元

成本项目	全部商品产品		节约或超支		各项目的差异对总成本
	计划成本①	实际成本②	升降额③	升降率④	影响的百分比⑤
直接材料	62 000	61 000	-1000	-1.61%	-1.08%
直接工资	14 050	14 900	850	6.05%	0.92%
制造费用	16 700	16 500	-200	-1.20%	-0.22%
合计	92 750	92 400	-350	-0.38%	-0.38%

注：表中各栏填列方法：
①栏 = Σ（各种商品产品各成本项目的计划单位成本×该种商品产品的实际产量）
②栏 = Σ（各种商品产品各成本项目的实际单位成本×该种商品产品的实际产量）
③栏 = ②栏 - ①栏
④栏 = ③栏 ÷ ①栏 × 100%
⑤栏 = ③栏 ÷ 计划成本合计数 × 100%

从表16-4的分析结果来看，该企业全部商品产品实际成本比计划降低350元，降低率为0.38%，其主要原因是由于直接材料项目和制造费用项目的成本有了降低，而直接工资成本项目却存在着较大幅度的上升。通过该对比，体现出了是哪些成本项目导致商品产品成本计划数与实际数的差异，但是由于成本项目指标变动的影响因素是多元的，因此，还需要深入生产实际进一步进行调查分析，找出影响各成本项目费用水平变动的具体原因，以便及时采取有效措施，增加有利差异，消除不利差异，提高企业成本管理工作水平。

第四节　可比产品成本分析

可比产品是指本企业以前已经正式生产过的，并且有完整历史成本资料的产品。在企业生产经营过程中，可比产品一般在全部产品中占有重要地位，所占比重比较大。企业在编制成本计划时，应该制定可比产品成本应达到的降低任务，即可比产品的计划降低额和计划降

低率。因此，对可比产品成本进行分析时，不仅要将其实际总成本与本年计划总成本进行对比，还要同实际产量按上年平均单位成本计算的总成本进行比较，从而确定可比产品实际总成本的降低额和降低率，并与企业成本计划中所制定的计划降低额和计划降低率进行比较，以考核分析可比产品成本降低任务的完成情况。

一、可比产品成本降低任务及其完成情况的计算

可比产品成本降低任务是在编制成本计划时制定的成本降低水平，包括可比产品降低额与降低率。在计算可比产品成本降低任务完成情况时，首先需要取得可比产品成本降低计划指标和计划完成情况的资料，然后将可比产品的实际成本与按照实际产量和上年实际单位成本计算的上年实际成本进行比较，确定可比产品实际成本的降低额和降低率，并同计划规定的成本降低任务进行对比，以评价企业可比产品成本降低任务的完成情况，找出存在的差异和问题。

【例16-4】假设某公司2020年度可比产品成本降低任务和实际完成情况的有关资料见表16-5和表16-6。

表16-5　　　　　　　　　　　可比产品产量和成本资料　　　　　　　　　金额单位：元

可比产品名称	产量/件		单位成本/元			总成本				
						计划产量总成本		实际产量总成本		
	计划	实际	上年实际	本年计划	本年实际	上年实际	本年计划	按上年实际单位成本	按本年计划单位成本	按本年实际单位成本
	(1)	(2)	(3)	(4)	(5)	(1)×(3)=(6)	(1)×(4)=(7)	(2)×(3)=(8)	(2)×(4)=(9)	(2)×(5)=(10)
甲	60	50	800	700	740	48 000	42 000	40 000	35 000	37 000
乙	32	60	1 000	820	780	32 000	26 240	60 000	49 200	46 800
合计						80 000	68 240	100 000	84 200	83 800

表16-6　　　　　　　　　　可比产品成本实际降低情况　　　　　　　　　金额单位：元

可比产品名称	成本降低任务		成本计划实际完成情况		差额分析		评价
	降低额	降低率	降低额	降低率	降低额	降低率	
	(6)-(7)=(11)	(11)/(6)×100%=(12)	(8)-(10)=(13)	(13)/(8)×100%=(14)	(13)-(11)=(15)	(14)-(12)=(16)	
甲	6 000	12.5%	3 000	7.50%	-3 000	-5.00%	未完成
乙	5 760	18%	13 200	22.00%	7 440	4.00%	超额完成
合计	11 760	14.7%	16 200	16.20%	4 440	1.50%	总体超额

由表16-6可知该企业可比产品成本降低额实际比计划多降低了4 440元，成本降低率实际比计划多降低了1.50%，总体上超额完成了可比产品成本降低任务，但甲产品的成本降低任务并未能完成，乙产品超额完成较多，之后应当深入分析影响甲、乙产品成本降低任务完成情况的各种因素。

二、影响可比产品成本降低任务完成情况的因素

通过可比产品任务完成情况的分析计算,能够得出可比产品成本降低任务完成情况,基于此,需要进一步分析产生任务完成情况差异的原因,区分出不同因素,以进一步采取措施降低成本。一般来说,影响可比产品成本降低任务完成情况的因素主要有三个,即产品产量因素、产品品种构成因素和单位成本因素。

(一) 产品产量

可比产品成本计划降低任务是根据各种产品计划产量制定的,而实际成本降低额和降低率是根据各种产品的实际产量计算的。因此,在产品品种结构和单位成本不变时,产品产量的增减,只会引起成本降低额发生同比例的增减,而不会影响成本降低率的变化。

(二) 产品品种构成

产品品种构成,也称为品种结构,是指各种产品数量在全部产品数量总和中所占的比重。由于各种产品的实物量不能简单相加,而可比产品降低任务是以上年单位成本为基础计算的,所以在分析时,一般是以上年单位成本为基础来计算可比产品的品种结构,某种产品的品种构成可表示为:

$$某产品品种构成 = \frac{某产品产量 \times 该产品上年单位成本}{\sum (某产品产量 \times 该产品上年单位成本)} \times 100\%$$

可比产品成本降低率的变动除了受各种产品成本降低率的影响外,还受产品品种构成的影响。如果成本降低率较大的产品占全部可比产品产量的比重提高,全部可比产品成本降低率、降低额就会相应地多降低,反之就会差一些,这实质是权数的作用。即使某种产品的成本降低率没有发生变化,只要产品品种构成发生变动,全部可比产品降低率也会发生变化。产品品种构成的变动有两种原因:一是企业根据市场的变化情况,对产品品种计划进行了调整,改变了品种计划;二是各种产品都完成了计划,企业生产管理适应了市场需要,对市场特别需要的产品多完成了计划。所以在进行品种构成分析时,应注意各种特殊情况的变化。

(三) 产品单位成本

成本降低计划表中规定的可比产品成本降低额和降低率,是以本年计划单位成本和上年实际单位成本相比较而制定的,而可比产品成本的实际降低额和降低率是根据本年实际单位成本和上年实际单位成本相比较计算出来的,因此本期可比产品的实际单位成本与计划单位成本有差异时,就必然会影响可比产品的成本降低额和成本降低率。当其他条件不变时,单位成本与成本降低额和降低率成反方向变化。

三、可比产品成本降低任务完成情况的分析方法

(一) 连环替代法

对于可比产品成本计划完成情况的分析(重点是可比产品计划成本降低额和降低率任务完成情况的分析),可采用因素替换法,从数量上说明影响程度,其步骤如下。

1. 确定影响成本降低任务完成情况的主要因素,并确定因素排序建立指标体系

影响可比产品成本降低任务完成情况的因素,从单一产品生产来看,影响成本降低率的主要是产品单位成本一个因素,影响成本降低额的主要是产品的单位成本和产品产量两个因素。从多种产品综合来看,影响产品成本降低率、降低额完成情况的因素,还有产品品种结

构这个因素，原因正如前述：因为各种产品的计划降低率不同，当各种产品产量在总产品中的比重发生变化时，会影响成本降低任务的完成程度。通过对主要因素的分析，将综合性的指标分解成为不同因素，并进行下一步分析。

2. 确定分析对象

企业可比产品成本降低任务完成情况的分析，其分析对象是可比产品实际成本降低额（率）与计划成本降低额（率）的差异。

3. 按既定顺序依次进行连环替代

在可比产品降低计划的基础上，分别以实际产量、实际品种结构和实际单位成本依次逐步替代其计划数。

4. 计算各个因素变动对成本降低任务完成情况的影响程度

确定各种因素变化对可比产品成本降低额和降低率差异的影响。

5. 检验分析结果

将对各因素对可比产品成本降低额和降低率差异的影响程度进行汇总，看其是否与分析对象相符。

在应用连环替代法时，应注意该方法是在假设影响可比产品成本的各个因素按照一定的顺序发生变动而进行替换的关系，计算得出的结果受到因素顺序的影响，一旦顺序发生变化，各个因素的数值也会有所不同，所以在分析时，需要根据指标的内涵与实质，以及内在的相互联系来确定替代的顺序，一般选取的顺序为先实物量，后价值量；先绝对值，后相对值。

（二）余额分析法

可比产品成本降低任务完成情况的分析，也可采用"余额分析法"。该种方法首先确定产品单位成本变动的影响；其次分析产品品种构成变动的影响；最后分析产品产量变动的影响。

四、按成本性态分析可比产品成本降低任务完成情况

这种方法是在成本按性态分类的前提下，将商品产品全部成本按性态划分为变动成本和固定成本，确定变动成本和固定成本的降低额和降低率。

前面计算产量因素变动对产品成本降低任务完成情况的影响，是在假定产量变动对产品单位成本不产生影响的情况下进行的。这样，产量变动不影响降低率，只影响降低额，其影响数是同按上年单位成本计算的产量变动成比例增减的。实际上，在生产过程中，随着产量的变化，往往会影响产品单位成本中的固定成本。产量增加时，在相关范围内，由于总的固定费用不变，这样单位产品成本就要下降，而产量减少时，单位产品成本就会上升。单位成本的上升或下降必然会影响成本降低额和降低率发生变化。显然，这种由成本升降而影响成本降低额和降低率的变化，是由于产量变化带来的。但是，在前面的分析方法（以下称为"传统因素分析法"）中，这种影响反映在其他因素变动的影响中。为了分清原因，正确分析成本降低任务完成情况，可以将成本划分为变动成本和固定成本进行分析，这种分析方法可称为成本性态因素分析法，具体分析见表16-7：

表 16-7　　商品产品成本分析表（按成本性态）　　金额单位：万元

成本构成	商品产品成本		降低指标	
	计划	实际	降低额	降低率（%）
变动成本：				
直接材料	4 500	5 000	-500	-11.11%
直接人工	2 000	1 879	+121	6.05%
变动制造费用	900	1 056	-156	-17.33%
固定成本：				
固定制造费用	1 349	998	+351	26.02%
生产成本	8 749	8 933	-184	-2.1%

第五节　产品单位成本分析

一、产品单位成本分析的意义

产品单位成本分析，通常是指选择最主要的或者成本水平升降幅度较大的产品，进一步研究其单位成本以及各个成本项目的计划完成情况，寻求进一步降低成本的途径和方法。制造业企业的产品成本分析，不仅要对全部商品产品成本计划完成情况和可比产品成本降低任务完成情况进行总体分析，还要对企业主要产品的单位成本进行深入具体的分析。

对全部商品产品成本分析，以及可比产品成本分析，都属于综合性、概括性的分析，可以从总体上说明企业成本计划任务的完成情况。由于产品单位成本可以揭示各种产品单位成本及其各个成本项目以及各项消耗定额的超支或节约情况，尤其是能够密切结合产品设计、生产工艺以及各项消耗定额等的变化对产品成本的影响，查明各种产品单位成本升降的具体原因，所以企业还需要进行产品单位成本分析。并且，对产品单位成本进行分析，有助于对全部商品产品成本和可比产品成本脱离计划的原因进行分析，正确评价企业成本计划的完成情况，并针对存在的问题，采取改进措施，降低产品成本，提高企业成本管理水平。

具体的分析包括两个方面的内容：一是产品单位成本计划完成情况分析，包括分析产品单位成本及其各成本项目的升降情况；二是产品单位成本各主要项目分析，即按照直接材料、直接工资和制造费用等主要成本项目对产品单位成本划分，并进行分析，查明造成产品单位成本升降的具体原因。

二、产品单位成本的一般分析

产品单位成本分析，先确定比较分析法所使用的标准，然后检查产品单位成本及其各成本项目的本期实际数比计划数、比上期数、比历史先进水平的升降情况。按照直接材料、直接人工、制造费用等主要项目进行分析，查明造成单位成本升降的原因。下文以本期计划数为标准，对产品单位成本进行分析

第十六章 成本分析

(一) 直接材料项目的分析

对直接材料成本变动情况的分析,首先将各种主要材料的本期实际成本与计划成本进行比较,查明哪些材料成本升降较大;其次,分析直接材料成本升降的原因。一般来说,直接材料成本高低取决于单位产品材料消耗数量和材料的单价,这两个因素变动对直接材料成本影响的计算公式如下:

单位产品直接材料费用 = 单位产品材料消耗量 × 材料单价

材料耗用量差异的影响 = (实际单位耗用量 − 计划单位耗用量)× 材料计划单价

材料价格差异的影响 = 实际单位耗用量 ×(材料实际单价 − 材料计划单价)

分析单位产品直接材料成本变动,还要进一步分析影响材料消耗数量和材料价格变动的具体原因,以寻求降低直接材料成本的有效途径。影响材料消耗用量差异的主要原因有:产品设计的变化、材料质量的变化、下料和生产工艺方法的改变、材料利用程度的改变、边角余料和废料回收利用情况的变化、废品数量的变化。此外,生产工人技术水平和操作能力的高低、机器设备性能的良好程度、材料整理加工费及检验费的变化、运输途中合理损耗的变化等也是影响材料消耗量差异的原因。在分析时,应注意抓住企业原因,以便采取措施改进工作。此外,对客观原因,也应充分发挥主观能动性,积极创造条件,降低成本。

必须指出的是,上述材料价格差异对直接材料成本影响的计算方法,主要适用于材料按实际价格计价的企业。而材料按计划价格计价时,对每项发出材料都按材料目录上预先规定的计划单位价格进行计价,月末根据材料价格差异率将发出材料的计划价格调整为实际价格。为了便于分析材料成本变动的原因,材料价格差异应单独反映。这样,就不必按上述公式计算材料价格差异,而是根据成本核算资料直接查明。但是,根据我国现行企业会计制度规定,企业实际工作中的材料价格差异率一般是按材料类别进行计算的,因此,如果要进一步了解材料价格差异究竟是哪些材料价格变动的结果,还需根据材料采购核算资料进行分析。

(二) 直接工资项目的分析

直接工资的分析,必须结合工资制度和生产工人的工资分配方法来进行,是计时工资制还是计件工资制。在计时工资制度下,工资直接计入产品成本,单位产品的工资成本的多少,决定于生产这种产品的产量增减及其工资水平的高低。它们之间的关系可用计算公式表达:

单位产品直接工资 = 直接工资总额 / 产品产量

由此可见,如果产品产量增长的速度超过工资增长的速度,单位产品成本中的工资额就会相应的下降;反之,如果产量增长的速度低于工资增长的速度,单位产品的工资额就会增加。产品产量和生产工人工资额对单位产品工资成本影响的计算方法如下:

产品产量差异的影响 = 直接工资总额计划数 / 产量实际数 − 单位产量直接工资计划数

直接工资额差异的影响 = 单位产品直接工资实际数 − 直接工资总额计划数 / 产量实际数

产品产量的增加,主要是靠开展技术革新,改进产品设计和生产工艺,提高工人技术熟练程度和提高工时利用率等。直接工资水平差异的原因,主要是由于人员的增减、工人工资的调整、发给工人的奖金和加班工资以及出勤率变化等。

在大多数企业里,各个车间和班组生产产品的品种都是两种以上,产品的工资费用一般是按照生产工时消耗分配计入各个产品成本的。因此,单位产品成本中工资费用的多少,就决定于生产单位产品的生产工时和小时工资率两个因素。它们之间关系可以用公式表达如下：

单位产品的直接工资＝单位产品的生产工时×小时工资率

（三）制造费用项目的分析

制造费用是企业各生产单位为组织和管理生产所发生的各项费用。制造费用在多产品生产中通常是计入间接费用，期末按照一定标准进行分配，分配采用的标准一般是受益产品所耗用的工时。该项目的分析与单位产品人工费用的分析类似。在制造费用按照生产工时消耗分配计入产品成本的企业里，单位产品制造费用成本，取决于单位产品的生产工时和小时费用率两个因素，用计算公式表示如下：

单位产品的制造费用＝单位产品生产工时×小时费用率

小时费用率＝制造费用总额／生产工时消耗总额

生产工时差异的影响＝（实际单位产品生产工时－计划单位产品生产工时）×计划小时费用率

小时费用率差异的影响＝实际单位产品生产工时×（实际小时费用率－计划小时费用率）

分析单位产品制造费用的变动，在对单位产品生产工时和小时费用率两因素进行分析的基础上，还要进一步分别各明细项目分析其变动原因。如果企业在成本分析时将制造费用划分为变动费用和固定费用，那么，对于变动费用，应将其预算数按照本期实际产量加以调整后，再与本期实际数进行比较，以确定其相对升降数；对于固定费用，可将本期实际支出数与预算数进行比较，以确定其相对升降数。在此基础上，结合各个生产环节的具体情况，查明制造费用明细项目的升降原因，寻求降低制造费用的有效途径。需要注意的是，对于修理费、劳动保护费等制造费用项目的支出，不能笼统地认为降低就是成绩，要深入了解支出与所得的关系，才能得出正确结论。

 知识拓展 16－1

美玲公司成本分析

张明毕业后应聘到美玲公司做成本会计，该公司是一家以钢材为主要原料的生产商，其公司 2020 年甲产品单位成本资料见表 16－8。上级主管要求他根据所给资料，运用指标对比分析法，对该公司的产品成本进行分析评价。

表 16－8　　　　　　　　甲产品单位成本表　　　　　　　　金额单位：元

产品名称	甲产品	计量单位	件	计划产量	60
				实际产量	50
成本项目	上年实际平均单位成本		本年计划单位成本		本年实际平均单位成本
直接材料	560		490		516
直接工资	100		90		95
制造费用	106		93		104
废品损失	34		27		25
合计	800		700		740

续表

明细项目	计量单位	上年度		计划数		实际数	
		单位用量	单价	单位用量	单价	单位用量	单价
原材料 A	千克	26	10	20	10	22	10
B	千克	11	9	10	9	12	8
工资	小时	165	0.70	150	0.60	160	0.59375
制造费用	小时	165	0.64	150	0.62	160	0.65

首先，根据所给材料，张明运用指标对比分析法计算确定单位产品各成本项目变动情况，将计算结果编制成表16-9。

表16-9　　　　　　　　甲产品单位成本计划完成情况分析表　　　　　　　　单位：元

成本项目	计划成本	实际成本	降低或超支		各项目变动对单位成本影响（%）
			金额	百分比（%）	
直接材料	490	516	26	5.31	3.71
直接工资	90	95	4.4	5.56	0.71
制造费用	93	104	11	11.83	1.57
废品损失	27	25	-2	-7.41	-0.28
合计	700	740	40	5.71	5.71

张明根据甲产品单位成本计划完成情况分析表，得出以下结论：甲产品实际单位成本比计划超支40元，超支率为5.71%，其主要原因是由于原材料成本提高以及制造费用和工资支出提高的影响。从各成本项目超降幅度看，除了废品损失下降7.41%以外，其余各项目超支幅度均在5%~12%之间。

在对主管汇报成本总体上升这一结论后，主管要求张明运用因素分析法，进一步分析各成本项目变动情况和具体原因。张明做了如下分析：

（1）直接材料项目成本差异计算及分析，见表16-10。

表16-10　　　　　　　　材料成本差异计算表　　　　　　　　单位：元

材料名称	计划单位	耗用量		材料单价		材料成本		差异
		计划	实际	计划	实际	计划	实际	
A材料	千克	20	22	10	10	200	220	20
B材料	千克	10	12	9	8	90	96	6
合计	—	—	—	—	—	290	316	26

从表中可以看出单位产品材料成本上升26元，各因素影响结果是：

材料消耗量因素影响：

A材料：（22-20）×10=20（元）

B材料：（12-10）×9=18（元）

材料消耗量因素影响 = 20 + 18 = 38（元）

单价变动的影响：

A 材料：（10 - 10）×22 = 0（元）

B 材料：（8 - 9）×12 = -12（元）

单价变动的影响 = 0 +（-12）= -12（元）

由此可见，材料成本上升的主要原因是材料消耗量增加所致，而材料单价下降使材料费用下降了 12 元。为此应进一步查找材料消耗上升的原因，是属于产品设计变更、制造方法改变、机器设备性能变化、材料质量下降、材料代用、材料规格不符合要求，还是工人操作和技术水平等原因。

（2）直接工资项目成本差异计算，见表 16 - 11。

表 16 - 11　　　　　　　　　直接工资成本差异计算表　　　　　　　　　单位：元

项目	计划	实际	差异
单位产品生产工时	150	160	10
小时工资率	0.6	0.59375	-0.00625
单位产品直接工资	90	95	5

单位产品直接工资成本上升 5 元，各因素影响结果是：

工时消耗增加的影响：（160 - 150）×0.6 = 6（元）

小时工资率降低的影响：（0.59375 - 0.6）×160 = -1（元）

单位产品工资成本上升，主要是由于工时消耗增加所造成，为此需进一步分析工时消耗增加的具体原因，是由于机器设备、材料质量和制造方法改变以及设计不当等客观原因，还是工人熟练程度、劳动纪律、劳动态度等主观因素造成的。

（3）制造费用项目成本差异计算，见表 16 - 12。

表 16 - 12　　　　　　　　　制造费用成本差异计算表　　　　　　　　　单位：元

项目	计划	实际	差异
单位产品生产工时	150	160	10
小时制造费用率	0.62	0.65	0.03
单位产品制造费用	93	104	11

单位产品制造费用上升 11 元，各因素影响结果是：

工时消耗增加的影响：（160 - 150）×0.62 = 6.2（元）

小时制造费用率降低的影响：（0.65 - 0.62）×160 = 4.8（元）

对制造费用的变动，应分别对具体项目进行对比，分析升降幅度及原因。

（4）废品损失项目差异分析。本案例中废品损失实际比计划下降了 2 元，下降幅度为 0.28%，应分析废品损失产生的具体原因。

第十六章
成 本 分 析

练 习 题

一、单项选择题

1. 从狭义的角度说，成本分析主要是指（　　）。
   A. 成本事前分析　　　　　　　　B. 成本事后分析
   C. 成本事中分析　　　　　　　　D. 成本全过程分析
2. 以企业过去某一时间的实际业绩是成本分析标准中的（　　）。
   A. 历史标准　　　　　　　　　　B. 期间标准
   C. 行业标准　　　　　　　　　　D. 预算标准
3. 成本分析方法中，（　　）可以用来分析各种因素对成本形成的影响程度。
   A. 水平分析法　　　　　　　　　B. 垂直分析法
   C. 差额分析法　　　　　　　　　D. 因素分析法
4. 连环替代法是用来分析引起某个经济指标变动的各个影响因素（　　）的一种分析方法。
   A. 影响原因　　　　　　　　　　B. 影响数量
   C. 影响程度　　　　　　　　　　D. 影响金额
5. 产量变动之所以影响产品单位成本，是因为（　　）。
   A. 在产品全部成本中包括了一部分变动费用
   B. 在产品全部成本中包括了一部分相对固定的费用
   C. 处在产品总成本不变的情况下
   D. 处在产品产量增长超过产品总成本增长的情况下
6. 某产品单位材料计划耗用量 10 千克，实际耗用量 9.5 千克，每千克计划价格 50 元，实际价格 55 元，则该产品单位成本的量差影响额是（　　）。
   A. 25 元　　　　　　　　　　　 B. −25 元
   C. 27.5 元　　　　　　　　　　 D. −27.5 元

二、多项选择题

1. 成本分析的任务有（　　）。
   A. 揭示成本差异原因，掌握成本变动规律
   B. 挖掘降低成本的潜力，不断提高企业经济效益
   C. 合理评价成本计划完成情况，正确考核成本责任单位工作业绩
   D. 全面分析与重点分析相结合
   E. 事后分析与事前、事中分析相结合
2. 成本分析常用的分析方法有（　　）。
   A. 水平分析法　　　　　　　　　B. 垂直分析法
   C. 比率分析法　　　　　　　　　D. 差额计算法
   E. 连环替代法

3. 成本报表整体分析方法包括（　　）。
   A. 垂直分析法　　　　　　　　B. 指标对比分析法
   C. 水平分析法　　　　　　　　D. 比率分析法
   E. 趋势分析法

4. 影响可比产品成本降低额变动的因素主要有（　　）。
   A. 产品产量　　　　　　　　　B. 产品售价
   C. 产品品种结构　　　　　　　D. 产品单位成本
   E. 产品的种类和规格

5. 在可比产品成本降低任务完成情况分析中，既影响降低额又影响降低率的因素有（　　）。
   A. 产品产量　　　　　　　　　B. 产品单位成本
   C. 产品材料单耗　　　　　　　D. 产品单位工时消耗
   E. 产品的品种结构

三、判断题

1. 产品产量的增加，会使产品成本中的固定成本相对节约，从而使产品单位成本下降。（　　）
2. 对本期产品成本报表的分析是一种事后分析。（　　）
3. 成本分析只需关注企业自身产品成本降低任务、采取措施进一步降低成本即可。（　　）
4. 因素分析法又可具体划分为连环替代法和差额分析法。（　　）
5. 比较分析法只适用于同质指标的数量对比。（　　）
6. 可比产品成本降低率等于可比产品成本降低额除以全部可比产品的全年总成本。（　　）

四、案例分析题

[案例1] 某企业生产甲产品，其耗用的直接材料有关资料见表16-13。

表16-13　　　　　　　　　直接材料成本资料

项目	产品产量	材料单耗/千克	材料单价/元
计划	200	50	30
实际	210	48	32

要求：（1）分别计算直接材料计划成本和实际成本，并比较二者的差异；
（2）采用因素分析法（或差额计算法）分析各因素变动对总差异的影响程度。

[案例2] 某公司某年度生产甲、乙两种可比产品，其有关成本资料见表16-14。
要求：计划确定可比产品成本降低任务完成情况

表16-14　　　　　　　　　可比产品成本表　　　　　　　　　　　单位：元

可比产品名称	产量		单位成本		
	本年计划	本年实际	上年实际	本年计划	本年实际
甲	32	30	700	690	685
乙	30	35	900	850	835

第十七章　其他行业成本核算方法

本章简介

本章主要介绍了商品流通企业、施工企业、房地产开发企业、交通运输企业、农业生产企业的成本核算的特点，并通过举例进一步说明其成本核算方法。商品流通企业、施工企业、房地产开发企业、交通运输企业、农业生产企业经营活动的不同，致使其成本核算也具有各自不同的特点。商品流通企业以购进商品作为成本计算对象；施工企业的成本计算对象为单位施工工程；交通运输企业以运输工具从事货物、旅客运输的，可以按照航线、航次、单船来确定成本核算对象；从事货物等装卸业务的，可以按照货物、作业场所等确定成本核算对象；从事仓储、堆存、港务管理业务的，可以按照码头、仓库、堆场、油罐或主要货物种类等确定成本核算对象；农业企业可以按照生物资产的品种、成长期、批别、种（养）殖面积等确定成本核算对象。由于成本核算对象不同，各类企业的成本核算方法也各有不同。

不同行业的成本核算方法

大学生李华毕业以后，进入一个大型集团控股公司——利群集团的总部担任成本会计人员。利群集团旗下有汽车运输公司、房地产开发公司、建筑工程公司、航空公司、家具厂以及零售的大型商场等子公司。在利群集团公司的一次财务例会上，公司总会计师王刚要求李华根据以前所学内容为集团的各子公司设计成本核算科目，用来归集各个子公司的费用项目，并带领各子公司财务人员认真核算自己分公司的成本。

如果是你是李华，你将会按照各个分公司的不同特点设计什么样的成本核算科目呢？这将是本章我们将要讲述的主要内容，针对除了工业企业以外的其他行业的成本核算科目的设置，以及核算方法。

第一节　商品流通企业成本核算

一、商品流通企业商品经营概述

商品流通企业与其他行业相比无论是在商品经营方面还是在成本核算方面都有着自己的

特点。

(一) 商品流通企业经营活动的特点

商品流通企业即以从事商品流通为主营业务的企业,其经营资金的运动形态表现为从货币资金到商品资金再到货币资金的循环,按其在商品流转过程中所处地位或所起的作用,商品流通企业可以分为商品批发企业和商品零售企业。

商品批发企业以从事批发业务为主。其特点是:经营规模及业务量较大,销售对象一般是生产企业和零售企业,商品购销活动都是大宗商品,成批进行,交易额较大,商品交易次数不像零售企业那样频繁。

商品零售企业以从事零售业务为主。同批发企业相比,其商品经营特点是:所经营的商品品种较多,规格复杂,一般库存量较少,勤进快销,销售对象广泛,交易频繁,单笔交易量较少,它是商品流转的最终环节。

(二) 商品流通企业成本核算的特点

商品流通企业的成本核算一般是指商品的采购成本和商品的销售成本核算。根据新的会计准则规定,商品的采购成本是指采购商品时发生的有关支出,包括购买价款、相关税费、运输费、装卸费、保险费以及其他可归属于商品采购成本的费用,但是不包含增值税。除此之外,企业在商品验收入库以后储存、保管、销售等流转过程中发生的支出作为销售费用,销售费用连同管理费用、财务费用一起计入当期损益,一般不计入商品成本。商品的销售成本是指已销售商品的采购成本。它们的核算与生产企业相比,具有如下特点:

(1) 成本核算对象。商品流通企业一般是以购进或销售商品品种或类别(柜组)为成本计算对象。

(2) 成本计算期。一般月末进行成本计算,成本计算期与会计结算期一致。

(3) 成本项目。在成本项目构成上,包括购进或销售商品的购买价款和商品采购费用。

(4) 成本明细账的设置。购进商品的采购成本一般通过设置"商品采购"明细账进行核算;已销商品的销售成本一般通过设置"主营业务成本"明细账进行核算。

二、商品批发企业成本核算

(一) 商品采购成本计算

商品批发企业商品采购成本是指购进商品的采购成本,包括买价和相关的采购费用。为了反映企业购进商品的采购成本,应设置"商品采购"账户。"商品采购"账户下应按照供货单位、商品类别等设置明细账,进行明细核算。

(二) 商品销售成本计算

在商品批发企业中,库存商品采用实际采购成本进行记账,在计算结转商品的销售成本时,可选择采用先进先出法、月末一次加权平均法、移动加权平均法、个别计价法和毛利率法等方法。下面仅对毛利率法的具体应用进行说明。

所谓毛利率法,就是根据本月实际销售额,按照上季度实际毛利率或本季度计划毛利率分商品类别来计算本月销售毛利,从而倒轧出本月商品销售成本。其计算公式如下:

本月销售毛利 = 本月销售收入总额 × 上季实际或本季计划毛利率

本月商品销售成本 = 本月销售收入总额 − 本月销售毛利

或

本月商品销售成本 = 本月销售收入总额 × (1 - 上季实际或本季计划毛利率)

一般来说,毛利率法是按大类商品或全部商品计算商品销售成本,而不是按每种商品的品种分别计算其销售成本。再者各季度商品结构不完全相同,其毛利率也不完全相同,因而按上季度毛利率计算本期商品销售成本时,结果不够准确。为了确保库存商品计价准确性和商品销售成本的真实性,采用毛利率法时,一般只在一个季度的前两个月份中使用,季末的月份采用其他比较准确的方法进行调整,以保证季度商品销售成本和结存商品成本数据的准确性。

【例17-1】某批发企业甲类商品第一季度实际毛利率为8%,第二季度各月销售额分别为70 000元、80 000元和73 400元。6月末按加权平均法计算的甲类各种商品的结存额为23 706元。估计的各月商品销售成本见表17-1中的相关数据。

表 17-1　　　　　　　　　　　库存商品明细表

类别:甲　　　　　　　　　　　　　　　　　　　　　　　　　　　　　　　　　单位:元

2×20年		摘要	借方	贷方	结存
月	日				
4	1	上期结存			20 000
	13	购进	40 000		60 000
	25	购进	30 000		90 000
	30	结转成本		64 400	25 600
		本月合计	70 000	64 400	25 600
5	12	购进	50 000		75 600
	25	购进	20 000		95 600
	31	结转成本		73 600	2 200
		本月合计	70 000	73 600	2 200
6	13	购进	28 000		50 000
	25	购进	44 000		94 000
	30	拨付加工		5 000	89 000
	30	结转成本		65 294	23 706
		本月合计	72 000	70 294	23 706
	30	本季度合计	212 000	208 294	23 706

第二季度该类商品的各月销售成本数据计算如下:

4月商品销售成本 = 70 000 × (1 - 8%) = 64 400(元)

5月商品销售成本 = 80 000 × (1 - 8%) = 73 600(元)

6月商品销售成本 = 89 000 - 23 706 = 65 294(元)

(三)商品销售成本的结转

商品流通企业经营的商品品种较多,管理上要求按商品品种、规格设置明细账进行明细核算。在计算出已销商品的销售成本之后,企业应按一定方式将已销商品成本从库存商品账户转入主营业务成本账户,结转的方式有分散结转和集中结转两种。

分散结转是按每一库存商品明细账户分别计算出商品销售成本和期末结存商品成本后，在每一账户付出金额栏内逐一结转商品销售成本，并将结存金额记入结存栏内的结转方式。将每种商品的销售成本加总求出各类及全部商品销售成本，然后编制结转主营业务成本会计分录，并据以登记"库存商品"总账及二级账。

集中结转只在"库存商品"总分类账及二级账上登记商品销售成本，库存商品明细账不登记已销商品成本，但需要计算和登记每一种商品的期末结存金额。将每种商品的期末结存金额加总，求得全部及各类商品期末结存金额后，记入总分类账及二级账的期末结存金额栏内，然后利用倒算成本法，求出全部及各类商品的销售成本，然后编制结转商品销售成本的会计分录，并据以登记库存商品总账及二级账。

在实际工作中，商品销售成本的结转时间有逐日结转和定期结转两种方式。一般来说，委托代销商品、直运商品销售业务应采用逐日结转方式。除此之外的其他销售业务都采用定期（按月或按季）结转方式。

三、商品零售企业成本核算

（一）商品零售企业成本计算的特点

零售企业经营商品的种类繁多，数量零星，进出频繁，因此，根据零售企业商品特点和管理要求，一般采用售价金额核算方法。

在售价金额核算法下，库存商品明细账应按实物负责小组设置，故这种方法也叫"售价金额核算，实物负责制"。其基本内容如下：

（1）建立实物负责人制。实物负责人对其经营的商品数量和质量负责。

（2）"库存商品"账户按零售价（含增值税）记账。按实物负责人（或商品类别）分户设置，只登记商品的售价金额，按售价金额反映各实物负责人经营商品的进销存情况。

（3）设置"商品进销差价"账户。为了反映商品采购成本和售价之间的差额，应设置"商品进销差价"账户。该账户是库存商品账户的调整账户，按商品类别或实物负责人设置明细账，进行明细核算。

（4）加强商品盘点和物价管理。

（二）商品购进的成本计算

零售企业购进商品的采购成本与批发企业一样，只是在购进商品验收入库时，零售企业应根据入库单，按零售价（含税）借记"库存商品"账户，按商品采购成本（不含增值税）贷记"商品采购"账户，按商品采购成本和售价的差额，贷记"商品进销差价"账户。

（三）零售商品销售成本的计算

由于库存商品按售价计价，所以在发生商品销售业务时，按含税售价反映销售收入，借记"银行存款"等账户，贷记"主营业务收入"账户，并按含税售价结转商品销售成本，借记"主营业务成本"账户，贷记"库存商品"账户。月终，当计算销项税额时，将含税销售收入调整为不含税销售收入，借记"主营业务收入"，贷记"应交税费"账户。为了计算出销售商品的实际成本，必须按一定的方法将本月已实现的商品进销差价从以售价记录的商品销售成本中转出。

已销商品进销差价的计算方法有差价率法和实际差价法，其中差价率法是按商品的存销比例分摊进销差价的方法，根据进销差价占当月可供销售商品售价的比率，计算已销商品应分摊的进销差价。由于计算差价率的范围不同，进销差价率的计算方法又分为综合差价率计算法、分类（或柜组）差价率计算法和实际差价计算法。

（1）综合差价率计算法。综合差价率是指按企业全部商品计算的差价率。其计算公式如下：

综合差价率＝月末"商品进销差价"账户余额（分摊前）／（月末"库存商品"账户余额＋本月"主营业务成本"账户借方发生额）

已销商品应分摊的进销差价＝本月"主营业务成本"账户借方发生额×综合差价率

【例17－2】 某零售商品店8月末"库存商品"总账余额为381 500元、"商品进销差价"总账余额（分摊前）为80 720元，8月"主营业务成本"账户借方发生额为123 000元。则：

综合差价率＝80 720÷（381 500＋123 000）＝16%

8月已销商品应分摊的进销差价＝123 000×16%＝19 680（元）

应根据以上计算结果作如下分录：

借：商品进销差价　　　　　　　　　　　　　　　　　　　　19 680
　　贷：主营业务成本　　　　　　　　　　　　　　　　　　　　19 680

经过上述调整后，"主营业务成本"账户的期末余额便是本期已销商品的实际成本，"商品进销差价"账户的期末余额则是期末库存商品应分摊的进销差价。

采用综合差价率计算法来确定商品的销售成本，计算手续比较简便，但只适用于商品种类较少，各种商品的进销差价比价接近的企业。对于商品种类繁多且各商品的进销差价差异很大的企业，便不宜采用这种方法，以免造成成本计算结果的不实与歪曲。

（2）分类（柜组）差价率计算法。分类（柜组）差价率是指按企业各类商品或各营业柜组计算的差价率。在这种计算方式下，"库存商品""商品进销差价""主营业务收入"等账户均应按商品大类（柜组）设置明细账。其计算公式如下：

某类商品的进销差价率＝某类商品月末"商品进销差价"账户余额（分摊前）／（某类商品月末"库存商品"账户余额＋某类商品本月"主营业务成本"账户借方发生额）

某类已售商品应分摊的进销差价＝该类商品本月"主营业务成本"账户借方发生额×该类商品的进销差价率

采用分类差价率，计算结果较为准确，但和实际的进销差价仍有一定距离。

（3）实际差价计算法。这种方法也称盘存商品进销差价计算法，是在期末对库存商品进行盘点，以盘存数量分别乘以商品的进货单价、销售单价求出结存商品应保留的差价，再倒算出已销商品的进销差价的一种方法。计算公式如下：

库存商品售价金额＝（每种商品盘存数量×该种商品销售单价）

库存商品进价金额＝（每种商品盘存数量×该种商品单位采购成本）

该种商品进销差价＝库存商品售价金额－库存商品进价金额

已销商品进销差价＝期末商品进销差价账户余额－库存商品进销差价

这种方法比前两种计算方法都准确，但是逐一按品种查找原价，并且要盘点，工作量较大，一般月度不宜采用，而是在年终决算前，结合商品清查盘点，采用这种方法核实调整库存商品的进销差价。

(四) 已销商品进销差价的结转

通过上述方法计算出已销商品应分摊的进销差价后，应从按售价反映的商品销售成本中冲减已销商品应分摊的进销差价，以便反映真正的进货成本。结转时，应根据有关凭证借记"商品进销差价"账户，贷记"主营业务成本"账户。

 知识拓展 17-1

该不该办同学会？

李明、张飞和王华三人是好朋友，他们立志要干一番大事业。经过紧张的筹备他们三人合办了一家公司，专门从事电脑硬件的销售业务。第一年，他们购进电脑硬件 100 万元，购买办公设备 70 万元（当年折旧总额为 7 万元），日常办公费用 5 万元，房屋租金 15 万元，发放工资 30 万元。截至当年 12 月 31 日，该公司主营业务收入为 200 万元，已销商品成本为 80 万元。元旦那天，王华说今年公司开业大吉，建议办一个联欢会，邀请过去的同窗好友和合作伙伴参加。李明和张飞不同意，认为公司今年不过是盈亏平衡，今年的聚会就不要办了。王华一听就知道问题出在哪里。

同学们你们能算出该公司当年的利润吗？张飞和李明的算法错在哪里，他们为什么会发生这样的错误呢？你能指导他们吗？

【解析】

（1）该公司当年的利润为：

实际利润 = 主营业务收入 200 万元 - 已销商品成本 80 万元 - 当年折旧总额 7 万元 - 日常办公费用 5 万元 - 房屋租金 15 万元 - 发放工资 30 万元 = 63 万元

（2）张飞和李明计算的当年利润为：

主营业务收入 200 万元 - 已销商品成本 80 万元 - 购买办公设备 70 万元 - 日常办公费用 5 万元 - 房屋租金 15 万元 - 发放工资 30 万元 = 0

（3）计算错误的原因是：

张飞和李明将购买的办公设备一次性计入成本当中，办公设备属于该公司的固定资产，对于购买的固定资产，只需将当年计提的折旧费 7 万元计入成本当中。

第二节 施工企业成本核算

一、施工企业概述

施工企业或称建筑安装企业，是指专门从事各类建筑工程、设备安装工程及其他专业工程施工的生产经营性企业，包括各类建筑公司、工程公司、设备安装公司、装修公司、拆迁公司等。施工企业按其生产的产品或者提供劳务的性质可分为建筑工程和安装工程两大类别。建筑工程主要包括各种土木工程建筑（如仓库、住宅等），设备的基础砌筑和金属结构工程，以及建筑物的拆除、清理；各种管道的铺设（如石油、煤气、蒸汽、给排水等管道工程）；石油和天然气的钻井工程；矿井开凿工程，铁路、公路工程，桥梁修造工程，水利工程等。安装工程主要有生产动力等机械设备的装配装置工程及为测定安装工程质量而进行的设备试运行工作。

（一）施工企业的生产经营特点

从施工企业的活动内容看，其产品作业对象一般为不动产，与一般的工业企业相比，施工企业的生产经营有以下特点：

1. 施工生产具有很强的流动性

由于建筑安装产品的固定性，以及不同施工项目的地点比较分散，决定了施工单位的工作人员及其施工设备器具随机进行着流动作业，一件建筑安装产品完成，就需要移动到另一地方进行另一件产品施工，因此施工企业的工作地点及相关人员、机械、现场指挥部门都需要随着施工场地的变化而进行流动、搬迁。

2. 施工生产周期长且易受自然环境影响

相对而言，建筑安装产品规模较大，生产周期较长，往往需要跨年度施工，有时候施工作还要求具有一定的保养期等。另一方面，建筑安装产品大都在露天进行施工，而且很可能进行高空、地下、水下作业，无论是施工生产现场、建筑安装产品，还是施工机械设备以及员工工作条件都将受到较大影响。

3. 施工工程具有单件性

施工企业的各种建筑安装产品基本上都是按照建造合同要求加以组织和进行施工的，工程项目多种多样，而且各项工程一般都有其自身的特性和专门用途，同时还受到所处地理位置、地形、地质、水文、气象等自然条件的影响，生产变化较大，因此，建筑安装工程具有单件性与不重复性的特征，其产品成本也很难按实物计量单位与上期同类产品工程成本直接对比，其成本分析、控制与考核通常以预算成本为依据。

4. 施工产品对象的复杂性

施工企业的建筑安装产品通常结构复杂、形体庞大，不仅需要大量不同工种的生产工人，而且耗用大量的原材料，可以选用的原材料往往点种、规格繁多、价格不等，而且具体施工时还要面对不同的地理位置、交通、地质、水文、气象等自然条件。这些都导致施工产品对象具有复杂性，由此引起其成本水平与构成的复杂性，并需要辅之以比较特殊的成本核算方法。

（二）施工企业成本核算的特点

与制造企业相比，其单件生产的特性可以参考制造企业分批计算成本的方法，同时施工企业受上述经营活动特点的影响，成本核算一般具有如下几个方面的特点：

1. 成本核算对象为具体的单项工程

鉴于施工企业生产的单件性与产品的多样性，施工企业一般是以施工图概算为依据，结合具体工程的特点，按照建造合同会计准则的要求，并考虑合同分立与合并的相关原则，一般将相对独立的单项工程作为施工产品工程的成本核算对象，如以每个独立编制施工图概算的单位工程为成本核算对象，或以分包施工单位为成本核算对象，还可以将同一工程项目的不同专业工程（设备安装、排水、送气）作为成本核算对象，相应的传统成本计算方法是采用分批法进行成本核算。

2. 采用分级管理方式，进行分级成本核算

施工生产产品工程的长期性与生产作业的流动性等特点，导致施工人员、施工机具与工程物资等生产要素以及施工管理、后勤组织机构等等需要跟着工程流动，较大工程还往往会采取分包方式，为了更好地组织各单项工程的核算与管理工作，往往需要适应这种施工分散、随机流动的特点，推行分级管理与分级核算，使会计核算与施工生产有机结合起来，充分做好各级施工单位的管理与协调工作，并避免集中核算可能导致的会计核算与施工生产脱节的现象。

3. 按工程进度的不同阶段、期间作为成本核算期间

由于施工企业产品的建造合同周期较长，施工生产周期很难与会计核算期间保持一致，如果按照施工周期计算成本不能及时反映工程成本的发生情况，而按月计算工程成本则完工前均是在产品成本，核算意义也不是很大。因此，确定成本计算期时一般与建造合同收入的确认联系在一起，即根据现行财务会计准则规范要求，采用完工百分比法确认建造合同收入，并按照相应的工程进度确认与结转建造合同成本。

4. 成本计量应当充分考虑自然环境及其变化的影响

施工企业的产品生产往往露天作业，有些施工机械和建筑安装材料只能露天堆放，受自然力的影响较大，遇到气候重大变化还需要考虑停工、窝工的影响，因此成本预算与具体核算应当充分考虑自然环境及其变化的影响，合理估计停工损失与自然力侵蚀造成的施工机械与材料的自然损耗，并配合采用合理合规的成本计量方法。

二、施工企业产品成本构成与科目设置

施工企业在一定时期内为建筑安装工程施工所发生的各种耗费的货币表现即为施工成本，按照建造合同会计准则的要求，施工企业要以各单项工程为成本对象进行各项生产费用的归集、分配，以便准确核算各建造合同成本，并与相应的建造合同收入进行合理的匹配。鉴于施工企业的产品即为各具体的工程项目，以下简称施工项目，或者按照现行会计准则的规定，称之为建造合同。

（一）施工项目的成本构成

为了准确、合理地归集与分配各工程项目的成本，需要对施工过程中发生的各项成本费用进行科学分类。根据现行会计准则，施工企业执行建造合同而发生的直接费用及组织管理施工生产活动而发生的间接费用可计入工程成本，对计入建造合同或施工项目成本的生产费用按其用途可分为直接成本与间接费用，其中直接成本包括直接材料、直接工资、机械作业（使用）费等直接费用。

1. 直接材料

是指施工企业在施工生产过程中耗用的构成工程实体或有助于工程产品形成的各种原材料、辅助材料、修理用备品备件、结构件、管件半成品的成本以及脚手架、模板等周转材料的成本摊销等。

2. 直接工资

是指在施工过程中直接从事工程施工（包括在施工现场直接为工程制作构件）的员工（不包括机械施工人员）和施工现场运料、配料等辅助工人的工资、奖金、津贴、福利费、社会保险费、劳动保护费以及相应比例的工会经费、职工教育经费等职工薪酬。

第十七章 其他行业成本核算方法

3. 机械使用费

是指工程施工过程中使用自有施工机械所发生的机械使用费（包括机械操作人员的工资等职工薪酬、燃料动力费、运输费、安装费、拆卸费、机械折旧费等）及租用外单位施工机械的租赁费以及施工机械进出场费等。

4. 其他直接费用

是指施工过程中发生的除了直接材料、直接工资、机械使用费以外的其他各项直接费用，如施工过程中发生的材料二次搬运费、工具使用费，施工现场直接耗用的水、电、风、气等费用；夜间与冬季、雨季施工增加费；检验试验费；工程定位复测费和场地清理费、临时设施摊销费、符合资本化条件的借款利息等。

5. 间接费用

是指企业各施工单位，如工程处、施工队、工区等为组织和管理生产活动发生的各种费用，包括施工单位管理人员的工资福利等职工薪酬、劳动保护费、固定资产折旧费与修理费，以及物料消耗、周转材料摊销、水电暖费、办公费、差旅费、财产保险费、工程保修费、排污费等。

（二）与施工项目成本核算有关的会计科目

为了反映施工企业在工程施工过程中发生的各项费用支出，施工企业通常应设置以下几个与成本核算直接或间接相关的会计科目（科目）进行核算。

1. "工程施工"科目

该科目核算施工企业在建筑施工过程中发生的计入工程成本的各项支出。该科目借方登记施工过程中发生的材料费、人工费、机械使用费、其他直接费用以及分配的间接费用；贷方核算结转的已完工程、竣工工程成本，期末余额为期末未完工工程的实际成本。该科目可以下设"合同成本""间接费用""合同毛利"等明细科目，"合同成本"账下区分具体建造合同或工程项目进行明细核算。

2. "机械作业"科目

该科目核算施工企业以及内部独立核算的施工单位、机械站、运输队在使用自有施工机械进行作业时所发生的各项费用。"机械作业"科目应按施工机械或运输设备的种类设置明细账，按人工费、燃料及动力费、折旧及修理费、其他直接费、间接费用等项目分设专栏，费用发生时借记该科目；贷方登记分配结转的费用，在费用分配完成后，该科目应无期末余额。期末对归集的费用根据不同情况进行分配，为本单位承包的工程发生的机械作业费，记入"机械作业"科目，对外提供机械作业应负担的费用，则记入"其他业务成本"。

3. "辅助生产"科目

该科目核算企业非独立核算的辅助生产部门，如机修车间、木工车间、混凝土车间、供电站、供水站、运输队等，为工程施工、产品生产、机械作业等提供产品和劳务（如设备修理，构件的现场制作，施工机械的安装等）所发生的各项费用。该科目借方反映相关辅助生产部门发生的各项费用，在按照受益对象分配结转所发生的费用时则贷记该科目，并相应地记入"工程施工""机械作业""其他业务成本"等科自的借方，该科目期末借方余额反映辅助生产部门未完工的产品、作业或劳务的实际成本。该科目按辅助生产部门设置明细账，账内分别具体成本费用项目进行明细核算。

4. "工程结算"科目

该科目是"工程施工"的备抵科目,核算企业根据建造合同约定向客户办理结算的累计金额。企业在办理工程价款结算时,按应收金额借记"应收账款""预收账款"等科目,贷记本科目。建造合同完工时,将本科目余额与"工程施工"科目对冲,借记本科目。期末贷方余额反映企业未完工建造合同已办理结算的累计金额。该科目应分别不同建造合同项目进行明细核算。

三、施工企业产品成本核算的内容

施工项目成本核算内容一般包括材料费用、人工费用、机械使用费和间接费用的归集和分配,建造合同成本结转与工程成本结算等内容。

1. 材料费用的归集与分配

构成施工工程成本的材料费包括施工过程中耗用并构成工程实体或有助于工程形成的主要材料、结构件、其他材料、机械配件的实际成本及周转材料的摊销和租赁费用。材料费用是工程成本的重要组成部分,因其耗用量大,品种多,用途多样,月末应根据不同情况对材料费用进行归集和分配。

【例17-3】甲施工企业7月末材料费用分配见表17-2。

表17-2　　　　　　　　　　材料费用分配表　　　　　　　　　　单位:元

成本内容	计划成本	材料成本差异(+1%)	实际成本
工程施工——合同成本——A工程	240 000	2 400	242 400
——B工程	60 000	600	60 600
机械作业	1 200	12	1 212
工程施工——间接费用	800	8	808
合计	302 000	3 020	305 020

借:工程施工——合同成本——A工程　　　　　　　　　242 400
　　　　　　　　　　　　　　——B工程　　　　　　　　60 600
　　工程施工——间接费用　　　　　　　　　　　　　　　808
　　机械作业　　　　　　　　　　　　　　　　　　　　1 212
　贷:原材料　　　　　　　　　　　　　　　　　　　　302 000
　　　材料成本差异　　　　　　　　　　　　　　　　　3 020

2. 人工费用的归集和分配

构成工程施工成本的人工费包括在施工过程中直接从事工程施工的建筑安装工人及在施工现场从事运料、配料等工作的辅助施工人员的各项工资及按工资总额计提并交纳的社会保险费用、住房公积金等职工薪酬。将发生的职工薪酬按照职工工作的部门及服务对象进行分配,分别记入"工程施工""机械作业""管理费用"等科目借方。直接从事施工的工人,其人工费用直接计入工程成本,借记"工程施工——合同成本"科目;机械设备的操作人员以及机械设备的管理人员,其人工费用应先归集在机械作业成本中,借记"机械作业"科目,月末随同机械作业成本的分配,计入工程成本;施工单位管理人员,其人工费用应先记入"工程施工——间接费用"科目的借方,月末随同间接费用分配,计入各成本计算对象。

【例17-4】甲施工企业7月末人工费用分配见表17-3。

表17-3　　　　　　　　　　　人工费用分配表　　　　　　　　　　　单位:元

	工资总额	其他职工薪酬	合计
工程施工——合同成本——A工程	25 000	3 500	28 500
——B工程	5 000	700	5 700
机械作业	1 000	140	1 140
工程施工——间接费用	1 500	210	1 710
合计	32 500	4 550	37 050

借:工程施工——合同成本——A工程　　　　　　　28 500
　　　　　　　　　　　　——B工程　　　　　　　 5 700
　　工程施工——间接费用　　　　　　　　　　　 1 710
　　机械作业　　　　　　　　　　　　　　　　　 1 140
　　贷:应付职工薪酬　　　　　　　　　　　　　 37 050

3. 机械使用费的归集和分配

构成施工成本的机械使用费是指为了直接完成建筑安装工程所需的各种施工机械发生的各项费用,包括租入施工机械的租赁费和使用自有施工机械的使用费,以及施工机械安装、拆卸和进出场费等。企业可以设置"机械作业"科目核算,其费用项目包括人工费、材料费、燃料动力费、折旧及修理费、其他直接费用、间接费用等。"机械作业"科目应按大型单台机械、中型机械类别和小型机械设备设置明细分类科目,分别归集和分配机械使用费。对于机械设备的折旧费,可采用使用年限法或工作时数法(台班折旧法)计算,也可以将两种方法结合起来使用,即年度折旧额按使用年限法计算,各月折旧额按台班折旧法计算。对于技术进步较快或者使用寿命受到工作环境影响较大的施工机械和运输设备,也可以采用加速折旧法计提折旧。

台班折旧法计算折旧的公式如下:

台班折旧额 = (机械设备的原始价值 + 预计清理费用 - 预计残值) ÷ 预计使用年限内的工作台班数

某月应提折旧额 = 台班折旧额 × 该月该机械设备的工作台班数

台班折旧法和使用年限法结合使用的计算公式如下:

年度台班折旧额 = 按使用年限法计算的每年折旧额 ÷ 该年度计划工作台班数

某月应提折旧额 = 年度台班折旧额 × 该月该机械设备的工作台班数

月末,将"机械作业"科目归集的费用按适当标准分配给各合同项目。机械使用费的分配可按各项工程的实际工作台时(台班)数或完成工作量的比例进行分配。

【例17-5】甲施工企业7月份对A、B两项工程进行施工,动用起重机与运输机械进行作业,共发生机械作业费用为32 000元,其中分配人工费用为12 000元,耗用油料费用为3 000元,计提机械折旧费为15 000元,其他用银行存款支付。月末,机械使用费分配见

表 17-4。

表 17-4　　　　　　　　　　　机械使用费分配表　　　　　　　　　　金额单位：元

工程项目	起重机			运输机械			合计
	台班	单价	金额	运输里程	分配率	金额	
A 工程	20		3 000	3 000		3 000	6 000
B 工程	40		6 000	20 000		20 000	26 000
合计	60	150	9 000	23 000	1	23 000	32 000

发生相关机械作业使用费时
　借：机械作业　　　　　　　　　　　　　　　　　　32 000
　　　贷：应付职工薪酬　　　　　　　　　　　　　　12 000
　　　　　原材料　　　　　　　　　　　　　　　　　3 000
　　　　　累计折旧　　　　　　　　　　　　　　　　15 000
　　　　　银行存款　　　　　　　　　　　　　　　　2 000
月末对机械使用费进行分配时
　借：工程施工——合同成本——A 工程　　　　　　　6 000
　　　　　　　　　　　　　——B 工程　　　　　　　26 000
　　　贷：机械作业　　　　　　　　　　　　　　　　32 000

4. 间接费用的归集和分配

施工单位为了组织管理施工生产活动而发生的间接费用，不能直接计入各单项工程成本，因此在发生，先通过"工程施工——间接费用"科目进行归集，账内分别具体费用项目进行明细核算。在会计期末，按所选定的分配标准分配计入各有关建造合同项目成本。

间接费用分配方法，一般有直接费用比例法和人工费比例法等。计算公式如下：

间接费用分配率 = 本期实际发生的全部间接费用 ÷ 各合同项目本期发生的直接费用或人工费用之和

某合同项目应负担间接费用 = 该合同项目本期实际发生的直接费用或人工费用 × 间接费用分配率

【例 17-6】甲施工企业 7 月份发生各种间接费用为 77 000 元，按各合同项目的人工费用作为分配依据进行分配，本月 A 工程的人工费用为 45 000 元，本月 B 工程的人工费用为 65 000 元，据以编制的"间接费用分配表"见表 17-5。

表 17-5　　　　　　　　　　间接费用分配表　　　　　　　　　　　　单位：元

工程项目	人工费用	分配比例	分配金额
工程施工——A 工程	45 000		31 500
工程施工——B 工程	65 000		45 500
合计	110 000	0.7	77 000

间接费用分配率 = 77 000 ÷ (45 000 + 65 000) = 0.7
根据分配结果编制会计分录：

借：工程施工——合同成本——A 工程　　　　　　　　　　　　31 500
　　　　　　　　　　　——B 工程　　　　　　　　　　　　45 500
　　贷：工程施工——间接费用　　　　　　　　　　　　　　　　　　77 000

5. 建造合同成本结转与工程成本结算

施工企业的各项生产费用，在各成本对象之间进行归集和分配以后，应计入本月各成本计算对象的费用，归集在"工程施工"科目和有关成本计算单中。作为成本计算对象的单项合同工程全部完工之后，称为竣工工程；尚未竣工，但已完成预算定额规定的一定组成部分的工程（一般为分部或分项工程），称为已完工程；虽已投料施工，但尚未完成预算定额所规定工序的分部分项工程，称为未完工工程。由于建筑安装工程的施工周期较长，因此在实际工作中一般不能等到整个工程竣工以后再计算成本，通常应定期及时地计算已完工工程的实际成本，以便与预算成本相比较，及时反映工程成本的超、降情况。计算已完工程的成本，先要计算未完工工程的成本，然后计算本期已完工程的成本。

本期已完工程成本 = 期初在建工程成本 + 本期发生工程费用 - 期末未完工工程成本

未完工工程的成本一般有以下两种计算方法：

（1）未完工工程成本按预算成本计价。由于工程的预算成本一般都是以分部工程或分项工程为对象确定的，因此对于未完工工程就通过月末盘点，确定施工进度后计算：

未完工工程成本 = 预算单价 × 未完工工程实物量

（2）未完工工程成本按预算成本比例计价。按预算成本比例计价即按已完工程预算成本和未完工工程预算成本比例计算未完工工程成本。其计算公式如下：

月末未完工工程成本 = 月末未完工工程预算成本 ×（月初未完工工程实际成本 + 本月发生的施工耗费）÷（本月已完工程预算成本 + 月末未完工工程预算成本）

【例 17-7】甲施工企业的 A、B 工程期初未完施工成本为 2 000 000 元，2×20 年 7 月份实际发生的工程费用为 9 700 000 元，月末未完工程量 7 000 平方米，完工率 75%，工程造价预算为 750 元/平方米，本月已完工程的预算成本为 6 000 000 元，计算本月已完工程的实际成本。

月末未完工工程的预算成本 = 7 000 × 75% × 750 = 3 937 500（元）

实际成本分配率 =（2 000 000 + 9 700 000）÷（6 000 000 + 3 937 500）= 1.18

期末未完工工程实际成本 = 3 937 500 × 1.18 = 4 646 250（元）

本月已完工程的实际成本 = 2 000 000 + 9 700 000 - 4 646 250 = 7 053 750（元）

根据建造合同会计准则的要求，对于建造合同结果能够可靠估计的，企业应当采用完工百分比法确认建造合同收入和结转建造合同成本。完工百分比法是根据合同完工进度确认合同收入和费用的方法。确定合同完工进度有以下三种方法：

（1）根据累计实际发生的合同成本占合同预计总成本的比例确定。该方法是确定合同完工进度比较常用的方法，用计算公式表示如下：

合同完工进度 = 累计实际发生的合同成本 + 合同预计总成本 × 100%

（2）根据已经完成的合同工作量占合同预计总工作量的比例确定。该方法适用于合同工作量容易确定的建造合同，如道路工程、土石方挖掘、砌筑工程等，用计算公式表示如下：

合同完工进度 = 已经完成的合同工作量 + 合同预计总工作量 × 100%

（3）根据实际测定的完工进度确定。该方法是在无法根据上述两种方法确定合同完工进度时所采用的一种特殊的技术测量方法，适用于一些特殊的建造合同，如水下施工工程等。这种技术测量应由专业人员现场进行科学测定。

确定建造合同的完工进度后，就可以根据完工百分比法确认和计量当期的合同收入和费用。当期确认的合同收入和费用可用下列公式计算：

当期确认的合同收入 = 合同总收入 × 完工进度 − 以前会计期间累计已确认的收入

当期确认的合同费用 = 合同预计总成本 × 完工进度 − 以前会计期间累计已确认的费用

当期确认的合同毛利 = 当期确认的合同收入 − 当期确认的合同费用

按期确认的合同收入与合同费用的账务处理如下：

借：工程施工——合同毛利
　　主营业务成本
　　　贷：主营业务收入

如果建造合同的结果不能可靠估计，则不能采用完工百分比法确认和计量合同收入和费用，而应区别以下两种情况进行会计处理：①合同成本能够收回的，合同收入根据能够收回的实际合同成本予以确认，合同成本在其发生的当期确认为合同费用；②合同成本不可能收回的，应在发生时立即确认为合同费用，不确认合同收入。

工程完工之后，应结转完工工程的建造合同成本，会计上将"工程施工"科目与"工程结算"科目对冲结平。相应的会计分录如下：

借：工程结算
　　　贷：工程施工——合同成本
　　贷或借：工程施工——合同毛利

知识拓展 17-2

万兴建筑公司之惑

万兴建筑公司专门从事房屋建筑，是一家以质量著称的小型成功企业。最近，由于公司的创始人万老先生退休了，他将自己的生产交给了他的儿子万经理。万经理接手后便决定对公司进行变革，他认为公司应开拓顾客化住宅和非住宅建筑领域。当他开始考察该策略的可行性时，他在公司现行成本的计算方法上感到有些疑惑，他担心公司现行的成本计算方法不适应公司新的发展要求。因此，他与财务负责人张先生进行了讨论。万经理认为，公司过去所盖的住宅都基本相同。虽然在设计方面有一些小变化，但每套房子需要的工作和材料基本相同，简单归集在建筑过程中发生的实际成本，再除以建筑的单元数，就可以算出每套房子的成本，但是，如果进入顾客化住宅或工业建筑领域，原来的方法就不适用了。因为，例如顾客化住宅，要用不同的水泥工、木工，还可能要用较贵的材料，比如用高级水流按摩浴缸，而不用普通浴缸。这些房子在尺寸上也可能和原来的标准单元房差别很大。如果简单地用总建筑成本除以总建筑单元数，就没法得到各单元房的准确成本。另外，标准单元房的成本也会被歪曲。在工业建筑方面甚至会引起更严重的问题。所以，万经理认为，确实需要采用一个全新的方法来归集建筑成本。

万兴公司当前的成本计算方法是否适应变革后公司的生产类型？成本计算方法是否需要

改革？如果你是财务负责人张先生，你将会如何建议？

【解析】

（1）万兴公司当前的成本计算方法不适应变革后公司的生产类型，成本计算方法需要改革。

理由：制造性企业和服务性企业，可以按其提供的产品或服务是否单一，划分为两大类型。万兴建筑公司起初是在某一小领域内开展业务，这些房屋基本上类似，且单位基本成本相同。虽然，这些房子看上去有些差别，一栋可能用红色砖，另一栋用彩色砖，还有一栋用白色砖。不过，这些外表上的差别对成本影响并不太大。因此，公司在成本核算时可以把每栋房屋看成是相同的单元。正如万经理指出，这种会计制度不适用于顾客化住宅，顾客化住宅差别很大，站在万兴公司的角度，它们的成本相差甚远。比如一套 3 000 平方英尺、含 4 间浴室、3 个壁炉和木视窗的顾客化住宅的差别很大。由此可知，万兴公司当前的成本计算方法不适应变革后公司的生产类型，需要对成本计算方法进行调整。

（2）如果作为财务负责人张先生，提出的建议如下：

作为万兴公司的财务负责人，应建议采用分批法进行成本核算。实行分批生产的企业生产种类繁多、互相差别很大的产品。定制的产品或按批别生产的产品，和按不同客房提供的服务，都属于这种类型。实行分批法生产的行业包括印刷、建筑、家具制造、汽车维修和装潢服务等。在生产过程中，一个批别可能是一件产品，如住宅，也可能是一组产品，如八张桌子。分批生产的主要特点是每次批别的成本不同，因此必须单独地进行核算。

第三节　房地产开发企业成本核算

一、房地产开发企业概述

房地产开发企业是指从事房地产开发、经营活动的企业。房地产是房产与地产的总称，其中房产即各种房屋财产，包括住宅、厂房、商铺以及办公与公共服务用房等，地产即土地财产，包括土地与地下设施，如供水、供电、供气、供热、排水、排污等地下管线以及地面道路等。房地产开发企业既是房地产产品的生产者，也是房地产商品的经营者。房地产企业的业务主要包括土地开发、商品房建设、城市基础设施开发、公共配套设施开发、房屋销售和租赁等业务活动。

（一）房地产开发企业的生产经营特点

房地产业作为国民经济的支柱产业，其发展对启动消费与投资、拉动市场需求、推动关联产业发展以及国民经济增长具有重要意义，而且其鲜明的周期性特征也使其成为国民经济发展的晴雨表。房地产开发企业的生产经营有如下几个特点：

1. 房地产兼具消费性与投资性

房地产企业开发的房地产具有生活资料与生产资料双重属性，一方面满足了人类的居住（房屋）需求与行走（道路）等活动需求，为人类生存、发展与享受提供保障与条件；另一方面房地产资源的保值增值特性以及特定时期的相对稀缺性又使房地产往往被当作投资品，活跃了相关产权交易。

2. 开发建设周期较长，投资较大

房地产企业开发的房地产商品，从规划设计开始，经过可行性研究，到征地拆迁、安置补偿、"七通一平"、建筑安装、配套建设、绿化环卫等诸多环节，建设周期长，单件规模较大，造价较高，需要投入大量资金。

3. 开发经营活动内容复杂，涉及面广

这一方面表现在房地产企业经营的业务比较复杂，除了土地开发、房屋建设，还包括基础设施、公共配套实施建设，其业务囊括从征地、拆迁、勘测、设计、施工、销售到售后服务乃至物业管理等各个方面。另一方面，房地产业经营涉及面广泛，与材料、设备供应单位、勘测设计部门、工程投招标单位、发包承包商以及施工单位都有经济往来，有时候还会因受公共、私人部门委托代建开发产品，出租房地产等发生相应的往来业务。

4. 房地产业经营具有周期性与风险性

从世界范围的房地产业的发展历程来看，房地产业发展具有较为明显的周期性，并成为各国经济发展的一个晴雨表。这就使得房地产企业的生产经营受宏观经济形势与产业经济政策的影响较大，容易出现高峰与低经济绩效波动相对比较明显。因受经济周期波动与国家产业政策的影响，同时也由于房地产本身的物理属性和投资（或投机）属性使房地产经营具有较大风险性，是一项风险事业。

（二）房地产开发企业成本核算的特点

房地产的开发建设是房地产开发企业的最基本经济行为，这也决定了开发成本核算在整个企业会计核算中的重要地位，与房地产开发经营特点相适应，其成本核算也具有一定特殊性，主要包括以下特点：

1. 成本开支范围的广泛性

房地产企业开发成本支出范围包括房地产从征地到建成交工的全过程，在这个较长过程中所发生的与开发经营有关的各项支出，都应按照规定计入开发产品成本，包括土地征用及拆迁补偿费、前期工程费、建筑安装工程费、基础设施费、公共配套实施费、开发间接费等。

2. 成本核算对象具有多元性和平行性

房地产开发企业开发经营的业务范围比较广泛，往往同时进行土地、房屋及配套设施的建设等多项业务。这就要求房地产开发企业的成本核算要针对不同的业务同时进行，一般应以具体开发项目为对象分别设置成本核算单进行核算。在确定成本核算对象时，一般应结合开发项目的地点、用途、结构等特点进行，一般的开发项目，应以独立编制的设计预算所列的单项开发工程作为成本核算对象；个别规模较大、工期较长的开发项目，可以按开发项目的一定区域划分成本对象。成本核算对象应在开发项目开工前确定，一经确定就不能随意改变，更不能相互混淆。

3. 成本计算具有较长的周期性与复杂性

由于房地产品的开发周期较长，其成本计算不适合与会计核算期间保持一致，而通常与生产周期保持一致，另一方面，在整个开发周期内，涉及的施工单位较多，需要不同工种的施工单位协同作业，虽然具体到单件产品属于多步骤生产，但多个工种、多个部门可能在同一时间、同一地点进行平行交叉或立体交叉作业，各步骤之间并无明确的时间、空间界限，区分不同步骤开发成本的难度较大，而且不同开发产品的成本差异较大，相互间的可比性交叉。

二、房地产开发成本项目构成与会计科目设置

房地产企业的成本、费用内容较多，这里仅仅针对其基本经济行为即房地产开发成本的核算进行介绍。开发产品成本是指房地产开发企业在产品开发过程中所发生的各项费用支出，它反映了房地产开发企业在项目开发过程中所耗费的全部物化劳动与活劳动，是考核房地产开发工作质量的一项综合指标，也是制定开发产品价格的基础。

（一）开发产品成本项目构成

开发产品成本的成本项目可分为以下几个大的类别：

1. 土地征用及拆迁补偿费

指房地产开发时征用土地所发生的各项费用，包括土地征用费、劳动力安置费、青苗补偿费、耕地占用费、拆迁补偿费及其他因征用土地而发生的费用。

2. 前期工程费

指企业在前期准备阶段发生的各项费用，包括总体规划设计费、可行性研究费、勘察设计费、测绘费、"三通一平"费用等。

3. 基础设施费

指建造各项基础设施发生的费用。基础设施主要是指与开发产品相关的道路、供热设施、供水设施、供电设施、供气设施、通信设施、照明设施和绿化等，这些设施发生的设备及安装费都在基础设施费项目内归集。

4. 建筑安装工程费

指房地产开发项目在开发过程中发生的各种建筑安装费用，包括企业以出包方式支付承建单位的建筑安装工程费和以自营方式发生的建筑安装工程费。

5. 公共配套设施费

指为开发项目服务的，不能有偿转让的各项公共配套设施发生的费用，如锅炉房、水塔、公共厕所、自行车棚等发生的支出。凡能有偿转让的公共配套设施如商店、邮局、学校、医院、理发店等都不能计入该成本项目内。

6. 开发间接费

指企业所属的开发部门或工程指挥部门为组织和管理开发项目而发生的各项费用支出，包括工资、福利费、折旧费、水电费、办公费和差旅费等。但需要注意，企业的各行政部门为管理公司而发生的各项费用，应作为期间费用处理，不计入开发产品成本。

（二）开发产品成本核算会计科目的设置

为了归集和分配各项耗费，正确核算开发项目的实际成本，房地产开发企业通常应设置如下会计科目：

1. "开发成本"科目

本科目核算房地产开发企业在土地、房屋、配套设施和代建工程的开发过程中所发生的各项费用。本科目借方登记企业在土地、房屋、配套设施和代建工程的开发过程中所发生的各项费用，能确定所属对象的直接费用可以直接计入本科目，应由多种开发产品共同负担的间接费用，先归集在"开发间接费用"科目，再按照一定的分配标准转入本科目；贷方登

记开发完成已竣工验收的开发产品的实际成本。借方余额反映未完工开发项目的实际成本。本科目应按开发成本的种类，如"土地开发""房屋开发""配套设施开发"和"代建工程开发"等设置二级明细科目，并在二级明细科目下，按成本核算对象进行明细核算。

2．"开发间接费用"科目

本科目核算房地产开发企业内部独立核算单位为开发产品而发生的各项间接费用，包括工资、福利费、折旧费、修理费、办公费、水电费、劳动保护费和周转房摊销等。本科目借方登记企业内部独立核算单位为开发产品而发生的各项开发间接费，贷方登记按分配标准转入"开发成本"科目的金额，月末本科目无余额。本科目应按企业内部不同的单位、部门设置明细科目，进行明细核算。

三、开发产品成本核算具体内容

房地产企业的开发产品成本核算内容包括土地开发、房屋开发、配套设施开发、代建工程等开发成本核算，这里主要以房屋开发成本核算为例予以讲述。房屋开发成本是指企业在进行房屋开发过程中所发生的各项开发直接费用和间接费用的总和，主要包括土地征用及拆迁补偿费、前期工程费、基础设施费、建筑安装工程费、配套设施费、开发间接费等项目。

为了反映房屋开发费用的支出情况，企业应设置"开发成本——房屋开发"科目，并分别按照开发房屋的用途（商品房、出租房、周转房和代建房等）和企业选择的成本核算对象设置明细科目，进行房屋开发费用的明细核算。

（一）房屋开发费用的归集与分配

1．土地征用及拆迁补偿费的归集与分配

对于房屋开发成本中的土地征用及拆迁补偿费，应根据不同情况，采用不同的费用归集和核算方法。能够分清受益对象的，可直接计入有关房屋开发成本核算对象的"土地征用及拆迁补偿费"成本项目内，即借记"开发成本——房屋开发"科目，贷记"银行存款"等科目；分不清受益对象的，可先通过"开发成本——土地开发——土地征用及拆迁补偿费"科目进行归集，待土地开发完成投入使用时，再按一定标准将该项费用分配计入各有关房屋开发成本。

2．前期工程费的归集与分配

前期工程费的内容较多，企业为取得建设工程规划许可证必须交付的费用及房屋建筑物主体工程正式施工前发生的各项费用都称为前期工程费。企业支付前期工程费时，若能分清成本核算对象，可直接计入有关房屋开发成本核算对象的"前期工程费"成本项目内；若不能分清成本核算对象，可先通过"开发成本——房屋开发——前期工程费"科目归集，以后再按一定标准分配计入有关房屋开发成本。

3．基础设施费的归集与分配

企业在房屋开发过程中发生的基础设施费用，在费用发生时能分清受益对象的，应直接计入各有关房屋开发成本核算对象的"基础设施费用"成本项目内，即借记"开发成本——房屋开发"科目，贷记"银行存款"等科目；应由两个或两个以上成本核算对象负担的基础设施费用，需按房屋开发项目的预算成本或计划开发成本分配计入有关房屋开发成本。

4．建筑安装工程费的归集与分配

企业在房屋开发过程中发生的建筑安装工程费，应根据建筑安装工程的施工方式，采用不同的费用归集和核算方法。

（1）出包方式。开发企业将建筑安装工程出包给单位施工时，其建筑安装工程费用，应根据企业承付的已完工程价款确定，其费用直接计入有关核算对象，即借记"开发成本——房屋开发"科目，贷记"应付账款——应付工程款"或"银行存款"等科目。企业按照合同规定预付给承包单位的预付款和备料款，因支付时尚未形成工作量，在发生时应作为企业的预付账款进行核算，不能直接作为建筑安装工程费支出。

（2）自营方式。企业自己组织力量进行房屋建筑安装工程施工，发生的人工费、材料费和机械使用费等建筑安装工程费都应记入"开发成本——房屋开发"科目。企业用于房屋开发的各种设备，即附属于房屋主体工程的各项设备，其设备成本也应计入有关房屋开发成本。

5. 公共配套设施费的归集与分配

开发企业在进行土地和房屋开发的同时，往往需要按照城市建设规划要求，一并建设相应的配套设施。开发企业承建的配套设施，按其是否可以有偿转让也可分为两类，一类是不能有偿转让的公共配套设施，如水塔、自行车棚、消防、炉房、公共厕所等；另一类是能够有偿转让的公共配套设施，如商店、邮局、银行、学校和医院等。"开发成本——房屋开发"科目中核算的公共配套设施费仅指开发项目内不能有偿转让的公共配套设施，能够有偿转让的公共配套设施应在"开发成本——配套设施开发"科目内单独核算。

配套设施费用能够分清有关成本核算对象时，应直接计入有关房屋开发成本，即借记"开发成本——房屋开发"科目，贷记"银行存款"等科目。若发生的配套设施费用应由两个或两个以上成本核算对象负担的，则应先通过"开发成本——配套设施开发"明细科目来归集费用，待配套设施竣工时，再按开发项目的预算成本，将其分摊计入有关成本核算对象，即借记"开发成本——房屋开发"科目，贷记"开发成本——配套设施开发"科目。

6. 开发间接费的归集与分配

企业在房屋开发建设过程中发生的各项间接费，应先归集在"开发间接费用"科目，期末按照一定的标准分配计入有关房屋开发成本，即借记"开发成本——房屋开发"科目，贷记"开发间接费用"科目。

房地产开发企业采用上述方式进行费用的归集与分配，已将某项工程在整个开发过程中发生的各项成本费用都记录到相应成本核算对象的各个成本项目内，待工程完工时，企业便可根据开发成本明细科目中的数据资料，正确地计算并结转该项工程的开发成本。

（二）房屋开发成本的结转

"开发成本——房屋开发"科目中归集的自开始建设起的累计开发费用，在建设项目尚未完工时，即为在建房屋的实际成本，在完成竣工验收时，即为房屋开发项目的实际成本。企业开发建设的各种房屋竣工验收后，应及时进行竣工成本结转。进行开发成本结转的房屋，应达到既定的可使用状态，通常应具备以下几个条件：

（1）建筑安装工程已完工，并已同施工单位办理完竣工验收和结算手续。

（2）项目内供水、供电、供暖等基础设施工程已完工并已办理竣工验收和结算手续。

（3）尚未完工的公共配套设施工程费，已经有关部门批准，按规定进行了预提。

（4）已按规定分配计入该项目应负担的各项成本费用。

企业开发完成的房屋建筑物，按房屋建筑物的实际成本结转至"开发产品"，即借记

"开产品""投资性房地产"等科目,贷记"开发成本——房屋开发"科目。

【例17-8】某房地产开发公司开发甲商品房,发生下列相关经济业务和事项:

(1) 开发土地5 000平方米,用银行存款支付下列费用:土地征用及拆迁补偿费800万元,前期工程费100万元,基础设施费100万元,共计1 000万元。会计分录如下:

借:开发成本——土地开发——土地征用及拆迁补偿费　　8 000 000
　　　　　　　　　　——前期工程费　　　　　　　　　　1 000 000
　　　　　　　　　　——基础设施费　　　　　　　　　　1 000 000
　　贷:银行存款　　　　　　　　　　　　　　　　　　　10 000 000

(2) 土地开发完成,商品房A、商品房B与周转房C占用土地的比例分别为40%、30%、30%,按占用场地面积比例进行分配。根据计算结果作如下分录:

借:开发成本——房屋开发——商品房A　　　　　　　　4 000 000
　　　　　　——房屋开发——商品房B　　　　　　　　3 000 000
　　　　　　——房屋开发——周转房C　　　　　　　　3 000 000
　　贷:开发成本——土地开发——土地征用及拆迁补偿费　8 000 000
　　　　　　　　　　——前期工程费　　　　　　　　　　1 000 000
　　　　　　　　　　——基础设施费　　　　　　　　　　1 000 000

(3) 将商品房A的建设工程出包给乙公司,商品房A竣工,乙公司提交"工程价款结算单",共计工程价款1 000万元,原已预付工程价款500万元,支付余款500万元。会计分录如下:

借:开发成本——房屋开发——商品房A　　　　　　　　10 000 000
　　贷:预付账款　　　　　　　　　　　　　　　　　　　10 000 000
借:预付账款　　　　　　　　　　　　　　　　　　　　　5 000 000
　　贷:银行存款　　　　　　　　　　　　　　　　　　　　5 000 000

(4) 经分配,商品房A应负担间接工程费用30万元。会计分录如下:

借:开发成本——房屋开发——商品房A　　　　　　　　　300 000
　　贷:开发间接费用　　　　　　　　　　　　　　　　　　300 000

(5) 商品房A竣工并通过验收,结转上述所发生的全部实际成本,共计14 300 000元。会计分录如下:

借:开发产品——商品房A　　　　　　　　　　　　　　14 300 000
　　贷:开发成本——房屋开发——商品房A　　　　　　　14 300 000

第四节　交通运输企业成本核算

一、交通运输业概述

交通运输业指国民经济中专门从事运送货物和旅客的社会生产部门。交通运输企业按运输方式的不同可以分为五种:铁路运输企业、公路运输企业、水上运输企业、航空运输企业、管道运输企业。

(一) 交通运输行业的生产经营特点

虽然交通运输业与制造业同样都属于物质生产部门,但与其他行业的企业相比,其生产经营活动与成本计算都有很大的不同,有其自身的特点。相对于一般的工商企业而言,交通运输企业生产经营的显著特点主要表现为以下几个方面:

第一,运输企业的产品是旅客和货物的位移,是将旅客或货物从一个地点移送到指定地点的服务活动,不产生新的实物形态的产品。

第二,运输企业的生产过程和消费过程同时进行,当运输过程结束时,满足了运输对象的要求,也就完成了其消费过程。

(二) 交通运输企业成本核算的特点

交通运输行业的生产经营特点在很大程度上决定了其成本核算的特点,并与一般制造企业的产品成本核算有较大不同。

1. 成本计算对象的特殊性

交通运输企业营运的直接结果是转移旅客与货物的空间位置以及与此相关的业务,不存在对生产对象的直接加工以生产出具体产品。因而,运输企业的成本计算对象是旅客和货物的周转量。另外,运输企业的运输工具及设备由于厂牌、型号、吨位不同,以及运行线路、航次等不同,对成本水平会产生较大影响。为了加强成本管理,寻求降低成本的途径,除以前述各类业务作为成本计算对象外,还要以运输工具及其运行情况等作为成本计算对象,这是运输企业成本计算对象比较独特的地方。

由于各类企业所使用的运输工具不同,运输距离和运输时间等也不相同,若采用单一计量单位,难以全面反映运输工作量和消耗水平,因此需要综合考虑运送数量和运输距离等因素,采用复合计量单位如吨公里(海里)、人公里(海里)等来计算单位成本。

2. 营运成本与应计入本期营业成本的费用一致

交通运输企业由于营运过程和销售过程同时进行,不存在期初、期末在产品,也不存在独立的销售过程,成本不能区分生产成本与销售成本,应计入本期营运成本的费用即为本期的营运成本,汇集分配后直接转入本期损益。

3. 成本计算方法单一。交通运输企业由于不涉及半成品结转,也就不存在分步骤、分批别计算成本的问题。尽管各运输业务成本计算上存在不同的特点,但共同点都是直接汇集计算各业务的成本。

二、交通运输企业营运成本构成与相关会计科目设置

(一) 交通运输企业的营运成本构成

为了正确计算交通运输企业的成本费用,对于在营运过程中实际发生的与运输、装卸和其他业务支出等有关的费用均计入营运成本。这些成本包括:在营运生产过程中实际消耗的各种燃料、含料、油料、备品配件、航空高价周转件、隔热材料、轮胎、专用工具器具、低值易耗品等直接材料费用;直接从事生产活动人员的工资及按工资总额计提并交纳的五险一金等,如司机和助手的工资、工资性津贴、生产性奖金,以及职工福利费;在营运生产过程中实际发生固定资产折旧费、修理费、租赁费(不包括融资租赁费)、取暖费、水电费、办公费、保险费、劳动保护费、季节性修理期间的停工损失、事故净损失等支出;运输企业向

公路管理部门缴纳的养路费、公路运输管理费、车辆保险费、车船使用税等。

此外，不同类型的运输企业还有其所特有的费用项目，例如铁路运输企业的营运成本包括铁路线路灾害防治费，船舶运输企业的营运成本包括停泊费、航道养护费等，航空运输企业的营运成本包括飞行训练费、乘客紧急救护费等。

（二）成本核算科目设置

为了准确、合理地反映交通运输业务的成本水平，交通运输企业通常可以考虑设置以下会计科目。

1. "运输支出"科目

"运输支出"科目核算交通运输企业经营旅客运输、货物运输业务所发生的各项费用支出。本科目一般按运输工具类型或单车、单船设置明细账进行明细核算。借方登记经营运输业务所发生的各项费用，以及按规定的分配标准从"营运间接费用""辅助营运费用"等科目分配转入的相关费用，贷方登记期末转入"本年利润"科目的数额，结转后，本科目一般无余额。

2. "装卸支出"科目

"装卸支出"科目核算交通运输企业经营装卸业务所发生的各项费用支出。该科目一般按专业区域或按货种和规定的成本项目设置明细账，进行明细核算。借方登记装卸支出的全部发生额，贷方登记期末转入"本年利润"科目的数额，结转后，本科目一般无余额。

3. "堆存支出"科目

"堆存支出"科目核算企业经营仓库和堆场业务所发生的费用支出。该科目一般按装卸作业区、仓库、堆场设有种类明细账，进行明细分类核算。借方登记堆存及堆存支出全部发生额，贷方登记期末转入"本年利润"科目的数额，结转后，本科目一般无余额。

4. "营运间接费用"科目

"营运间接费用"科目也可以作为"劳务成本"科目的二级科目来用。"营运间接费用"科目核算企业在营运过程中所发生的不能直接计入成本核算对象的各种间接费用，包括企业实行内部独立核算单位的车站费用、车队费用、装卸队（站）费用、自营港埠费用，企业行政管理部门发生的管理费用和企业辅助生产部门发生的制造费用不包括在内。借方登记实际发生的营运间接费用，贷方登记月终按一定分配标准分配转入"运输支出""装卸支出""堆存支出""代理业务支出""其他业务支出""辅助营运费用"等科目的数额，分配后，本科目一般无余额。

5. "辅助营运费用"科目

"辅助营运费用"科目可以作为"劳务成本"的二级科目来用。"辅助营运费用"科目核算运输、港口企业发生的辅助船舶费用和企业辅助部门为企业主要营运单位生产产品和供应劳务所发生的辅助生产费用，包括修理部门的工资、福利费支出、燃料、折旧费用、劳动保护费、事故损失及其他等。应按单船和辅助生产部门及其他成本核算对象设置明细账，进行明细核算。借方登记辅助营运费用的发生数，贷方登记月终按一定的标准分配转入"运输支出""装卸支出""堆存支出""代理业务支出""其他业务支出"等科目的数额，分配后，本科目一般无余额。

6. "其他业务成本"科目

"其他业务成本"科目核算除营运业务以外的其他业务所发生的各项支出，一般应按其他业务的种类和规定的成本项目设置明细账进行明细核算。

三、交通运输业成本核算内容

这里仅选取公路运输业务,对其成本核算的一般内容进行介绍。

(一) 公路运输企业成本核算的组织

1. 确定成本计算对象

公路运输成本计算对象是客车运输业务和货车运输业务,也就是按照客车运输和货车运输分别归集成本。车队除按客、运货分别计算运输成本外,为了考核同类车型成本和大、中、小型车辆的经济效果,还可进一步计算主要车型成本。作为成本计算对象的车型,应当单独归集成本费用。

2. 确定成本计算单位

客车运输以载旅客为主,成本计算单位为"元/千人公里",若有行李或其他货物运输,应将这部分货物周转量换算列入客车完成的周转量,并计算成本;货车运输以载货为主,成本计算单位为"元/千吨公里",若有临时载客任务,应将这部分旅客周转量换算列入货车完成的周转量,并计算成本。货物周转量和旅客周转量的换算比例为:1 吨公里 = 10 人公里。

3. 确定成本计算期

公路运输成本按月、季、年日历时间作为成本计算期。

4. 确定成本项目

公路运输企业的成本项目分为 8 类:人工费用、燃料费用、轮胎费用、保养修理费、折旧费、养路费、事故费用和间接费用等。

对公路运输企业除运输、装卸业务以外的其他业务,企业可按各类业务的具体情况,分别确定成本计算对象,分别组织成本核算工作。

(二) 人工成本的归集与分配

对于每月发生的工资等人工费用,一般先在"应付职工薪酬"科目归集,然后按人员类别计入有关的成本中去。

【例 17 - 9】Y 公路运输企业 7 月份根据应付职工薪酬结算表,编制职工薪酬费用分配表,具体内容见表 17 - 6。

表 17 - 6　　　　　　　　　　　职工薪酬费用分配表　　　　　　　　　　　单位:元

应借科目	工资总额	其他职工薪酬	合计
运输支出			
客运	26 000	3 640	29 640
货运	20 000	2 800	22 800
营运间接费用	14 000	1 960	15 960
辅助营运费用	12 000	1 680	13 680
合计	72 000	10 080	82 080

借：运输支出——客运（职工薪酬）		29 640
——货运（职工薪酬）		22 800
营运间接费用——职工薪酬		15 960
辅助营运费用——职工薪酬		13 680
贷：应付职工薪酬——工资与其他职工薪酬		82 080

（三）燃料费用的归集与分配

燃料耗用数的计算通常可以采取如下两种方法：第一种方法是在燃料采用满油箱制的情况下，车辆当月加油数就是当月耗用数；第二种方法是在燃料采用盘存制的情况下，当月燃料耗用数应按公式确定：

当月耗用数 = 月初库存数 + 本月领用数 - 月末库存数

【例17-10】Y公路运输企业在7月末，根据燃料领用凭证编制燃料消耗分配表，具体内容见表17-7。

表17-7　　　　　　　　　　　燃料消耗分配表　　　　　　　　　　　单位：元

应借科目	汽油	柴油	合计
运输支出			
客运	95 000	18 000	113 000
货运	65 000	12 000	77 000
营运间接费用	7 500	3 600	11 100
辅助营运费用	1 500	4 300	5 800
合计	169 000	37 900	206 900

借：运输支出——客运（燃料）		113 000
——货运（燃料）		77 000
营运间接费用		11 100
辅助营运费用		5 800
贷：燃料		206 900

（四）轮胎费用的归集与分配

对于公路运输企业而言，轮胎是其采用的基本运输工具即汽车的重要部件，一般包括外胎、内胎与垫带等，轮胎更换频繁，需要量大，汽车运输企业可以在"原材料"科目下设"轮胎"明细账进行核算，也可以单独设置"轮胎"科目予以核算。对于轮胎的使用与耗费，一般与原材料消耗一样采用一次转销法进行成本结转，也可以采用分次摊销法进行成本结转。

【例17-11】Y运输企业7月份开展汽车运输业务领用轮胎的成本为6 000元，其中客运占2 500元，货运占3 500元，辅助部门领用2 400元。

借：运输支出——客运（轮胎）		2 500
——货运（轮胎）		3 500
辅助营运费用		2 400
贷：轮胎		8 400

第十七章 其他行业成本核算方法

（五）折旧费用的归集与分配

汽车运输企业车辆一般按工作量法计提折旧，即按营运车辆的行驶里程计提折旧。在采用工作量法计提折旧时，对于运输车辆，应分别不同车型计算单位运输里程的折旧额，据以计算各期的折旧费用。

【例17-12】Y运输企业7月末按照行驶里程计算运输设备的当月折旧额，其他固定资产采用直线法计提折旧，据以编制"固定资产折旧费用分配表"，具体内容见表17-8。

表17-8　　　　　　　　　　折旧费用分配表　　　　　　　　　　单位：元

应借科目	本月计提折旧				合计
	客车	货车	非营运车	机器设备	
运输支出					
客运	33 000				33 000
货运		19 000			19 000
营运间接费用			6 420		6 420
辅助营运费用				1 500	1 500
合计	33 000	19 000	6 420	1 500	59 920

借：运输支出——客运（折旧）　　　　　　　　　　　　　　33 000
　　　　　　——货运（折旧）　　　　　　　　　　　　　　19 000
　　营运间接费用　　　　　　　　　　　　　　　　　　　　6 420
　　辅助营运费用　　　　　　　　　　　　　　　　　　　　1 500
　贷：累计折旧　　　　　　　　　　　　　　　　　　　　　59 920

（六）辅助营运费用的归集与分配

汽车运输企业的辅助营运费用主要是指为本企业车辆、装卸机械进行保修作业而设置的保养场或车间在供应劳务和生产产品时所发生的辅助生产费用，运输企业可以单设"辅助营运费用"科目进行相应的费用归集与核算，也可以在"劳务成本"账下设置相关明细科目据以核算相关费用。交通运输企业发生的辅助营运费用，按领料凭证、工资及福利费计算表等有关凭证，借记"辅助营运费用"或"劳务成本——辅助营运费用"，月末按受益部门将辅助营运费用分配至有关成本计算对象。

【例17-13】Y公路运输企业7月份共发生辅助营运费用（修理费）23 380元，发生修理工时1 500小时，其中客车700小时，货车800小时，按修理工时予以分配。

企业计算辅助营运费用分配率如下：
辅助营运费用分配率＝23 380÷（700＋800）＝15.6（元/小时）
客车负担费用＝700×15.6＝10 920（元）
货车负担费用＝800×15.6＝12 460（元）
会计分录如下：
借：运输支出——客运　　　　　　　　　　　　　　　　　10 920
　　　　　　——货运　　　　　　　　　　　　　　　　　12 460
　贷：辅助营运费用　　　　　　　　　　　　　　　　　　23 380

（七）营运间接费用的归集与分配

对于运输企业所属基层营运单位（车队、车站、车场）为组织与管理营运过程所发生的不能直接计入成本计算对象的各种间接费用，一般通过"营运间接费用"科目（或作为"劳务成本"科目的明细科目）进行核算，月末要按实际发生额，在各成本计算对象之间进行分配。实务中经常采用的方法包括：一是选择营运日数作为分配标准，二是按照直接费用比例分配。

【例 17－14】Y 公路运输企业 7 月份共发生营运间接费用 33 480 元，本月客车营运数为 60 辆，货车 30 辆，假定每辆汽车均在全月作业 31 天。

相关计算过程与结果如下：

客车营运车日数 = 60×31 = 1 860（车日）
货车营运车日数 = 30×31 = 930（车日）
每车日间接费用分配额 = 33 480÷（1 860+930）= 12（元/车日）
客运分配间接费用 = 1 860×12 = 22 320（元）
货运分配间接费用 = 930×12 = 11 160（元）

会计分录如下：

借：运输支出——客运（间接费用）　　　　　　　　　　22 320
　　　　　　——货运（间接费用）　　　　　　　　　　11 160
　　贷：营运间接费用　　　　　　　　　　　　　　　　33 480

（八）汽车运输成本计算与结转

汽车运输成本核算过程中，对于直接费用、营运间接费用通过归集与分配计入各成本计算对象，待企业完成相关运输业务并确认运输业务收入时，所归集的"运输支出"成本也应当相应转入当期运输成本（"主营业务成本"）。

【例 17－15】承接例 17－7 至例 17－12，Y 公路运输企业在 7 月末完成全部运输业务，并确认相关收入，同时汇总编制"汽车运输成本计算表"，见表 17－9。

表 17－9　　　　　　　　　汽车运输成本计算表　　　　　　　　　单位：元

项目	本月实际数		
	客运	货运	合计
直接费用			
职工薪酬	29 640	22 800	52 440
燃料	113 000	77 000	190 000
轮胎	2 500	3 500	6 000
折旧	33 000	19 000	52 000
辅助营运费用	10 920	12 460	23 380
营运间接费用	22 320	11 160	33 480
运输总成本	211 380	145 920	357 300
周转量（千人公里、千吨公里）	11 790	1 098	
单位成本	17.93	132.90	

客运单位成本 = 211 380 ÷ 11 790 = 17.93（元/千人公里）
货运单位成本 = 145 920 ÷ 1 098 = 132.90（元/千吨公里）

确认当月运输收入时，结转相应运输成本，会计分录如下：

借：主营业务成本　　　　　　　　　　　　　　　　357 300
　　贷：运输支出——客运　　　　　　　　　　　　　　211 380
　　　　　　　　——货运　　　　　　　　　　　　　　145 920

第五节　农业企业生产成本核算

一、农业生产概述

（一）农业的含义与农业生产的特点

农业是整个国民经济的基础，是一个重要的综合性物质生产部门。从广义的角度看，农业包括种植业、林业、畜牧养殖业、渔业等行业。农业企业是指从事农、林、牧、渔业等生产经营活动的企业，该类企业主要通过生物的种养和生产繁殖取得相应的农产品。

对于农业企业而言，生产过程一般是农业生产经营活动的最基本环节，而这一生产过程又与一般的工业生产有很大的区别，并由此导致农业生产成本核算的特殊性。

农业生产的特点主要包括以下几点：

（1）土地，包括陆面、水面、山场等自然资源，是农业生产的基础生产资料，也是农业企业最重要的经济资源。

（2）农业生产的劳动对象是有生命的动植物，也即生物资产。生物资产与企业的存货、固定资产等一般资产不同，其具有特殊的自然增值性，具有生物转化的能力，这导致其会计确认、计量与相关成本核算都具有一定的特殊性。

（3）农业生产过程是一个自然过程，其生产周期与动植物的生命周期相融合，具有明显的季节性和地域性，生产成果受自然环境的影响明显。

（4）在农业生产过程中，人的劳动时间与农业自然生产时间不一致。农业生产的劳动对象是有生命的动植物，它们有自己的自然生长过程，同时又需要人的劳动帮助其成长，生物资产的生长时间与社会劳动时间并不一致。

（5）部分劳动资料与劳动对象可以相互转化。在农业持续生产经营过程中，生产性生物资产可以转化为消耗性生物资产，消耗性生物资产也可以转化为生产性生物资产。

（6）农业生产的组织形式复杂多样，一般都实行一业为主，多种经营，同一地域往往能同时或交错生产出多种产品，另外种植业和养殖业之间往往相互依存、相互促进进行生产经营等。

（二）农业生产成本核算的特点

农业生产的特点直接影响和决定了农业生产成本核算的特点：

（1）费用的归集与分配对象为有生命的动植物（生物资产）及其产出农产品。此外，由于农业生产一般采用多种经营的方式，生产的产品多样化，为简化成本核算工作，一般采用主要产品单独计算成本,次要产品合并计算成本的方法。

(2) 应将生物资产与农产品区别开来分别加以核算。根据现行会计准则,生物资产被定义为"有生命的动物和植物",为此,一旦动植物停止其生命活动就不再是"生物资产"。这就将生物资产和农产品进行了本质的区分。农产品与生物资产关系密切,当其附着在生物资产上时,作为生物资产的一部分,不需要单独进行会计处理,而当其从生物资产上收获时开始,离开生物资产这一母体,就应将相关费用从消耗性生物资产或生产性生物资产生产成本中转出,确认为收获时点的农产品的成本。

(3) 受生物资产的生命周期的影响,各种产品的成本计算周期也不一致。有些农产品生产周期较长,产品也比较单一可辨,收获期比较集中,不同季节投入的人力与物力资源也不均衡,此时可以考虑按年进行成本归集与分配。对于经常性的农业产出物,如家禽、家畜、橡胶等生产,则可以按月计算生产成本。

二、农业生产成本项目与有关科目设置

(一) 农业生产成本的一般项目

农业企业应根据其农业生产的类型与特点,结合成本管理的需要,设置相应的成本项目进行明细核算。一般而言,农业企业的生产成本可以设置如下成本项目:

(1) 种子和种苗:指农作物生产过程中直接耗用的自产品和外购的种子与种苗的费用。

(2) 肥料与农药:指农作物生产过程中直接耗用的各种化肥、农家肥和农药的费用。

(3) 直接工资费:指直接从事农业生产人员的工资、奖金、津贴和补贴及按工资总额计提并交纳的社会保险费用等。

(4) 其他直接费:指为农产品生产直接支付的不属于以上各项的费用,如灌溉费、机械作业费等。

(5) 燃料动力费用:指在农产品生产过程中消耗的各种固体燃料、液体燃料和气体燃料及消耗的电力费用等。

(6) 折旧与修理费用:指农业企业固定资产的折旧费与修理费用。

(7) 其他费用:指农业生产企业发生的除上述费用以外的各种费用。

(二) 与农业生产核算有关的会计科目设置

对于农业企业而言,其劳动对象为有生命的动植物,这些动植物经过种、养或繁殖可能直接出售或者转化为农产品再予以出售,在会计核算中,应当将生物资产与所收获的农产品区别开来予以核算,结合现行会计准则的规范要求,可以设置如下相关科目:

1. "消耗性生物资产"科目

"消耗性生物资产"科目用来反映农业企业的消耗性生物资产。消耗性生物资产是指为出售而持有的或在将来收获为农产品的生物资产。消耗性生物资产是劳动对象,包括生长中的大田作物、蔬菜、用材林以及存栏待售的牲畜等。消耗性生物资产通常是一次性消耗并终止其服务能力或未来经济利益,通常被视为存货加以核算。

2. "生产性生物资产"科目

生产性生物资产是指为产出农产品、提供劳务或出租等目的而持有的生物资产。生产性生物资产具备自我生长性,能够在持续的基础上予以消耗并在未来的一段时间内保持其服务能力或未来经济利益,属于劳动手段,包括经济林、薪炭林、产畜和役畜等。

农业企业设置"生产性生物资产"科目对相关经济业务进行核算,该科目一般应根据其是否具备生产能力(即是否达到预定生产经营目的)而下设"未成熟生产性生物资产"与"成熟生产性生物资产"两个明细科目分别予以核算,前者反映尚未达到预定生产经营目的、还不能够多年连续稳定产出农产品、提供劳务或出租的生产性生物资产,例如尚未开始挂果的果树、尚未开始产奶的奶牛等,后者则指已经达到预定生产经营目的的生产性生物资产。

3. "公益性生物资产"科目

根据企业会计准则的规定,农业企业根据需要应当开设"公益性生物资产"科目,用来反映与核算以防护、环境保护为主要目的的生物资产,如防风固沙林、水土保持林和水源涵养林等。

4. "农业生产成本"科目

工业企业进行农业生产,并产出相应的农产品,根据需要应设置"农业生产成本"科目来反映农业企业所生产的各种农副产品的生产成本,该科目一般按种植业、养殖业、畜牧业、林业和水产养殖业确定成本核算对象,并分别成本项目开设相应核算栏目进行明细核算。与一般工产品的生产成本核算口径类似,农产品的生产成本项目也主要包括直接材料、直接工资、其他直接费、制造费用等项目。农业企业对于农业生产过程中发生的直接材料、直接工资费用,应在发生时直接计入各成本科目;发生的其他直接费用,如农业生产的机械作业费、灌溉费等,应在发生时记入"机械作业费""辅助生产成本"等科目,期末再分配转入上述各成本科目的相应成本项目。"农业生产成本"贷方登记生产完成的各产品生产成本,期末借方余额反映尚未完成的在产品成本。如果企业生产规模较大,经营种类繁多,也可以区分具体农业生产类型,分别设置"农业(种植业)生产成本""林业生产成本""畜牧业生产成本""渔业(水产业)生产成本""副业生产成本"等科目进行具体核算。

除了上述比较特殊的会计科目之外,农业企业根据需要可以考虑单设"制造费用""机械作业费""辅助生产成本"等辅助性科目,以进行相关成本费用的归集与分配。

三、农业生产成本核算的内容

农业生产活动与生物资产密切相关,生物资产核算是农业生产成本核算的前奏或者组成部分,因此这里安排的农业生产成本的核算内容包括消耗性生物资产的核算、生产性生物资产的核算以及农业生产成本(农产品成本)的核算等。此外,对于生物资产的核算,根据现行企业会计准则,有成本计量模式与公允价值计量模式可供选择。这里考虑一般性,仅采用以成本模式对生物资产进行后续计量。

(一)生物资产的核算

根据企业会计准则的规定,生物资产通常分为消耗性生物资产、生产性生物资产和公益性生物资产三大类。这里主要针对消耗性生物资产与生产性生物资产进行介绍。

生物资产在取得时按照实际成本进行计量,对于外购的生物资产,无论是消耗性生物资产,还是生产性生物资产等,外购的生物资产实际成本包括价款、相关税费、运输费、保险费以及可直接归属于购买该资产的其他支出。其中,可直接归属于购买该资产的其他支出包括场地整理费、装卸费、栽植费、专业人员服务费等。企业自行繁殖、营造的生物资产,则应分别生物资产种类,按照自行营造、繁殖过程中发生的相关直接、间接费用,借记"消耗性生物资产""生产性生物资产"等科目,贷记"原材料""应付职工薪酬""累计折旧""银行存款"等科目。

1. 自行繁殖、营造的消耗性生物资产的成本

对自行繁殖、营造的消耗性生物资产而言,其成本确定的一般原则是按照自行繁殖、营造(培育)过程中发生的必要支出确定,既包括直接材料、直接工资、其他直接费,又包括应分摊的间接费用。对于不同种类的消耗性生物资产,其成本构成也有所不同。

(1) 自行栽培的大田作物和蔬菜的成本,包括在收获前耗用的种子、肥料、农药等材料费、人工费和应分摊的间接费用等必要支出。

(2) 自行营造的林木类消耗性生物资产的成本,包括郁闭前发生的造林费、抚育费、营林设施费、良种试验费、调查设计费和应分摊的间接费用等必要支出。

(3) 自行繁殖的育肥畜的成本,包括出售前发生的饲料费、人工费和应分摊的间接费用等必要支出。

(4) 水产养殖的动物和植物的成本,包括在出售或入库前耗用的苗种、饲料、肥料等材料费、人工费和应分摊的间接费用等必要支出。

【例17-16】2×20年6月,某农业企业播种80公顷大豆和60公顷玉米,共播种大豆种子8 000千克,每千克价格为6元;共播种玉米种子1 600千克,每千克价格为10元。使用一台拖拉机翻耕土地,拖拉机原值为92 000元,预计净残值2 000元,按工作量法计提折旧,预计可翻耕土地9 000公顷。租用大豆播种机的租金为600元,租用玉米播种机的租金为660元。2×20年10月收获大豆时,"消耗性资产——大豆"科目的借方金额为38 600元,获得副产品——豆秸的价值为4 600元。

2×20年6月有关成本计算与会计分录如下:

(1) 借:消耗性生物资产——大豆　　　　　　　　　　　　　48 000
　　　　贷:原材料　　　　　　　　　　　　　　　　　　　　48 000
　　　借:消耗性生物资产——玉米　　　　　　　　　　　　　16 000
　　　　贷:原材料　　　　　　　　　　　　　　　　　　　　16 000

(2) 翻耕1公顷土地的拖拉机折旧额 = (92 000 - 2 000) ÷ 9 000 = 10 (元)

大豆分摊的折旧额 = 80 × 10 = 800 (元)

玉米分摊的折旧额 = 60 × 10 = 600 (元)

　　　借:消耗性生物资产——大豆　　　　　　　　　　　　　800
　　　　　　　　　　　　——玉米　　　　　　　　　　　　　600
　　　　贷:累计折旧　　　　　　　　　　　　　　　　　　　1 400

(3) 借:消耗性生物资产——大豆　　　　　　　　　　　　　600
　　　　　　　　　　　　——玉米　　　　　　　　　　　　　660
　　　　贷:银行存款　　　　　　　　　　　　　　　　　　　1 260

(4) 2×20年10月编制会计分录:

　　　借:农产品——大豆　　　　　　　　　　　　　　　　　34 000
　　　　　　　　——豆秸　　　　　　　　　　　　　　　　　4 600
　　　　贷:消耗性生物资产——大豆　　　　　　　　　　　　38 600

2. 自行繁殖、营造的生产性生物资产的成本

对自行繁殖、营造的生产性生物资产而言，如企业自己繁育的奶牛、种畜，自行营造的橡胶树、果树、茶树等，其成本一般按照其达到预定生产经营目的前发生的必要支出确定，包括直接材料、直接工资、其他直接费和应分摊的间接费用。自行营造的林木类生产性生物资产的成本，包括达到预定生产经营目的前发生的造林费、抚育费、营林设施费、良种试验费、调查设计费和应分摊的间接费用等必要支出；自行繁殖的产畜和役畜的成本，包括达到预定生产经营目的（成龄）前发生的饲料费、人工费和应分摊的间接费用等必要支出。达到预定生产经营目的是区分生产性生物资产成熟和未成熟的分界点，是判断其相关费用停止资本化的时点，同时也是区分其是否具备生产能力，从而是否计提折旧的分界点，企业应当根据具体情况结合正常生产期，对生产性生物资产是否达到预定生产经营目的进行判断。该类生物资产在达到预定的生产经营目的、能够连续生产农产品之前所发生的成本应在"未成熟生产性生物资产"科目中核算，达到预定的生产经营目的、能够连续生产农产品时，其成本从"未成熟生产性生物资产"科目的贷方转到"成熟生产性生物资产"科目的借方。

【例17-17】某农场自2×20年开始自行营造200公顷橡胶树，当年发生种苗费278 000元，平整土地和定植所需的机械作业费（折旧）为110 000元，定植当年抚育发生肥料及农药费为501 000元、人员工资等为1 001 000元。该橡胶树达到正常生产期为6年，从定植后至2×20年共发生管护费用4 830 000元，假定以银行存款支付。

(1) 借：生产性生物资产——未成熟　　　　　　　　　　　　　1 890 000
　　　贷：原材料——种苗　　　　　　　　　　　　　　　　　　　　　278 000
　　　　　　　——肥料及农药　　　　　　　　　　　　　　　　　　　501 000
　　　　　应付职工薪酬　　　　　　　　　　　　　　　　　　　　　1 001 000
　　　　　累计折旧等　　　　　　　　　　　　　　　　　　　　　　　110 000
　　借：生产性生物资产——未成熟　　　　　　　　　　　　　4 830 000
　　　贷：银行存款　　　　　　　　　　　　　　　　　　　　　　4 830 000

(2) 达到成熟后，这200公顷橡胶树的成本为：

200公顷橡胶树成本 = 1 890 000 + 4 830 000 = 6 720 000（元）

借：生产性生物资产——成熟　　　　　　　　　　　　　　　6 720 000
　　贷：生产性生物资产——未成熟　　　　　　　　　　　　　6 720 000

(二) 农业生产成本的核算

这里讲述的主要是从生物资产收获农产品过程中所发生的成本、费用的核算，至于农产品收获之后，就和一般存货成本核算无异。此时，企业在确定收获农产品的成本时，应特别注意成本计算的截止时点。例如，粮豆的成本算至入库或能够销售；棉花算至皮棉；纤维作物、香料作物、人参、啤酒花等算至纤维等初级产品；草成本算至干草；不入库的鲜活产品算至销售；入库的鲜活产品算至入库；年底尚未脱粒的作物，其产品成本算至预提脱粒费用等。再如，育苗的成本计算截至出圃；采割阶段，林木采伐算至原木产品；橡胶算至加工成干胶或浓缩胶乳；茶的成本计算截至各种毛茶；水果等其他收获活动算至产品能够销售等。

1. 消耗性生物资产收获的农产品

从消耗性生物资产上收获农产品后，消耗性生物资产自身完全转为农产品而不复存在，如肉牛宰杀后的牛肉、收获后的蔬菜、用材林采伐后的木材等，企业应当将收获时点消耗性

生物资产的账面价值结转为农产品的成本。借记"农产品"科目，贷记"消耗性生物资产"科目，已计提跌价准备的，还应同时结转跌价准备，即借记"存货跌价准备——消耗性生物资产"科目；对于不通过入库直接销售的鲜活产品等，按实际成本，借记"主营业务成本"科目。

2. 生产性生物资产收获的农产品

从生产性生物资产上收获农产品后，生产性生物资产这一母体仍然存在，如奶牛产出牛奶、从果树上采摘下水果等。农业生产过程中发生的各项生产费用，按照经济用途可以分为直接材料、直接工资等直接费用以及间接费用，企业应当区别处理：

农产品收获过程中发生的直接材料、直接工资等直接费用，直接计入相关成本核算对象，借记"农业生产成本——农产品"科目，贷记"库存现金""银行存款""原材料""应付职工薪酬""生产性生物资产累计折旧"等科目。

农产品收获过程中发生的间接费用，如材料费、人工费、生产性生物资产的折旧费等应分摊的共同费用，应当在生产成本归集，借记"农业生产成本——共同费用"科目（或单设"制造费用"科目），贷记"库存现金""银行存款""原材料""应付职工薪酬""生产性生物资产累计折旧"等科目；在会计期末按一定的分配标准，分配计入有关的成本核算对象，借记"农业生产成本——农产品"科目，贷记"农业生产成本——共同费用"科目。

实务中，常用的间接费用分配方法通常以直接费用或直接工资为基础，直接费用比例法以生物资产或农产品相关的直接费用为分配标准，直接工资比例法以直接从事生产的工人工资为分配标准，其公式为：

间接费用分配率 = 间接费用总额 ÷ 分配标准（直接费用总额或直接工资总额）×100%

某项生物资产或农产品应分配的间接费用 = 该项资产相关的直接费用或直接工资 × 间接费用分配率

除此之外，还可以直接材料、生产工时等作为基础进行分配，企业可以根据实际情况加以选用。例如蔬菜，其温床费用分配可以选用的计算公式如下：

蔬菜应分配的温床（温室）费用 = [温床（温室）费用总数 ÷ 实际使用的格日（平方米日）总数] × 该种蔬菜占用的格日（平方米日）数

其中，温床格日数是指某种蔬菜占用温床格数和在温床生长日数的乘积，温室平方米日数是指某种蔬菜占用位的平方米数和在温室生长日数的乘积。

【例17-18】某农场利用温床培育丝瓜、西红柿两种秧苗，温床费用为16 000元，其中丝瓜占用温床200格，生长期为30天；西红柿占用温床50格，生长期为40天。秧苗育成移至温室栽培后，发生温室费用76 000元，其中丝瓜占用温室5 000平方米，生长期为70天；西红柿占用温室7 500平方米，生长期为80天。两种蔬菜发生的直接生产费用为15 000元，其中丝瓜6 800元，西红柿8 200元。两种蔬菜应负担的其他间接费用共计22 500元，采用直接费用比例分配。丝瓜和西红柿两种蔬菜的产量分别为190 000千克和150 000千克。

有关费用分配情况如下：

丝瓜应分配的温床费用 = 16 000 ÷ (200×30 + 50×40) × (200×30) = 12 000（元）

西红柿应分配的温床费用 = 16 000 ÷ (200×30 + 50×40) × (50×40) = 4 000（元）

丝瓜应分配的温室费用 = 76 000 ÷ (5 000×70 + 7 500×80) × (5 000×70) = 28 000（元）

西红柿应分配的温室费用 = 76 000 ÷ (5 000×70 + 7 500×80) × (7 500×80) = 48 000 (元)

丝瓜应分配的其他间接费用 = 22 500 ÷ (6 800 + 8 200) × 6 800 = 10 200 (元)

西红柿应分配的其他间接费用 = 22 500 ÷ (6 800 + 8 200) × 8 200 = 12 300 (元)

在收获时点,企业应当将该时点归属于某农产品生产成本的账面价值结转为农产品的成本,借记"农产品"科目,贷记"农业生产成本——农产品"科目。具体的成本结转方法包括加权平均法、个别计价法、蓄积量比例法、轮伐期年限法等,企业可以根据实际情况选用合适的成本结转方法。

【例17-19】某畜牧养殖企业2×20年5月末养殖的肉畜账面余额为480 000元,共计800头;6月16日花费140 000元新购入一批肉畜养殖,共计200头;6月30日屠宰并出售肉畜400头,支付临时工屠宰费用2 000元,出售取得价款320 000元;6月份共发生饲养费用10 000元(其中,饲养员工资费6 000元,饲料4 000元)。该企业采用移动加权平均法结转成本。

有关计算过程与结果如下:

(1) 2×20年6月16日购买肉畜时:

借:消耗性生物资产——肉畜　　　　　　　　　　　　　　140 000
　　贷:银行存款　　　　　　　　　　　　　　　　　　　　140 000

(2) 2×20年6月份发生饲养费:

借:消耗性生物资产——肉畜　　　　　　　　　　　　　　10 000
　　贷:应付职工薪酬　　　　　　　　　　　　　　　　　　6 000
　　　　原材料　　　　　　　　　　　　　　　　　　　　　4 000

(3) 2×20年6月30日屠宰待售(达到销售状态):

平均单位成本 = (480 000 + 140 000 + 10 000) ÷ (800 + 200) = 630 (元)

屠宰待售畜肉的成本 = 630 × 400 = 252 000 (元)

借:农产品——畜肉　　　　　　　　　　　　　　　　　　254 000
　　贷:消耗性生物资产　　　　　　　　　　　　　　　　　252 000
　　　　库存现金　　　　　　　　　　　　　　　　　　　　2 000

出售时:

借:银行存款　　　　　　　　　　　　　　　　　　　　　320 000
　　贷:主营业务收入　　　　　　　　　　　　　　　　　　320 000

结转销售成本:

借:主营业务成本　　　　　　　　　　　　　　　　　　　254 000
　　贷:农产品——畜肉　　　　　　　　　　　　　　　　　254 000

(三) 农业生产单位成本计算

由于农业生产类型多种多样,并具有不同的自然属性,其单位成本计算就显得比较特殊。这里主要选择几个典型加以介绍。

1. 大田作物单位成本核算

大田作物是指粮、棉、豆等农作物,按生长周期可分为当年生大田作物和多年生大田作物两类。对于当年生农作物而言,其单位成本计算包括单位面积成本和单位产量成本。单位面积成本是指种植某种农作物平均每单位播种面积所支出的费用总额。其计算公式为:

某作物单位面积（亩）成本＝某作物生产费用总额÷某作物播种面积

单位产量成本是指种植某种农作物平均每单位产品所支出的费用总额。其计算公式为：

某作物单位产量（千克）成本＝（某作物生产费用总额－副产品价值）÷某作物产量

上述公式中，副产品指农业生产过程中附带产生出来的次要产品，如小麦的麦秸、大豆豆秸、棉花的棉籽等，其成本一般按销售价格或计划价格确定。

多年生长作物有两种情况：一是连续培育几年，一次收获产品，如人参；一是连年培育，年年获得产品，如剑麻、胡椒等。由于收获次数不同，其成本计算方法也不同。

（1）一次性收获的多年生作物，应按各年累计的生产费用计算成本。其主产品单位成本的计算公式为：

一次性收获的多年生作物主产品单位成本＝（截止收获月份的累计费用－副产品价值）÷收获的主产品总产量

（2）多次收获的多年生作物，在未提供产品以前的费用，作为"生产性生物资产"处理，投产后按计划总产量的比例或提供产品年限的比例将往年费用分配计入投产后各年产出产品的成本。当年产出产品的成本包括往年费用本年摊销额和投产后本年发生的全部费用。多次收获的多年生作物的主产品单位成本的计算公式为：

多次收获的多年生作物主产品单位成本＝（往年费用本年摊销额＋本年全部费用－副产品价值）÷本年收获的主产品总产量

式中，"往年费用本年摊销额"即为生产性生物资产本年折旧金额。

2. 蔬菜单位生产成本核算

蔬菜的栽培按其生产技术过程不同，一般分为露地蔬菜栽培和保护地蔬菜栽培两大类。露地栽培蔬菜是指未加任何保护，在露天土地上所进行的蔬菜栽培。在大片面积栽培大宗、主要的蔬菜时，可分别计算各种蔬菜的成本，按照蔬菜的品种和规定的成本项目归集生产费用，计算各种蔬菜的总成本，分别用各种蔬菜的总成本除以该蔬菜的实际产量，得到各种蔬菜的单位成本。

保护地蔬菜栽培是指在温床或温室等有保护的特殊环境下栽培蔬菜，这种蔬菜生产方式主要在冬春两季及秋季栽培反季节蔬菜时采用。在温床或温室栽培蔬菜时，发生的费用，如能明确区分是某种蔬菜费用的，可直接计入该种蔬菜的成本。若干种蔬菜的共同性费用，如温室折旧费，保温性的材料、燃料等，应按温床格日数或温床平方米日数进行分配。

3. 林业生产单位成本核算

能被称为"林业产品"的生产一般是指经济林木的生产，不包括用材林生产。经济林木产品单位成本的计算公式为：

某种经济林产品单位成本＝（该种经济林木本年全部抚育费＋停割停采期间费用－副产品价值）÷该种经济林木产品年总产量

4. 畜牧业产品单位成本核算

畜牧业的成本核算一般应分饲养种群设置明细账，实行分群核算，按不同种类畜禽的不同畜龄，划分为若干群，按群归集生产费用，分群计算畜禽产品成本；也可以实行混群核算，只按畜禽种类划分，不按畜禽的畜龄分群，其生产费用的归集和成本计算都按畜群种类进行。

实行分群核算方式下，一般以各种畜禽的群别作为成本计算对象。以养畜业为例，可以

第十七章 其他行业成本核算方法

基本畜群、2~4个月幼畜、4个月以上的幼畜和育肥畜等作为成本计算对象。

基本畜群的主产品为母畜繁殖的仔畜，其副产品为厩肥等。对副产品一般按市价作为其成本，全部饲养费用减去副产品成本，即为主产品的总成本。确定基本畜群主产品的总成本后，再按照一定的计算方法分别计算出仔畜出生时的活重和出生后两个月内的增重，确定仔畜的活重单位（千克）成本和增重单位（千克）成本。

（1）仔畜单位成本。对于出生的仔畜成本一般按活重计算，仔畜出生至满两个月断奶时的成本，以及期末结存未断奶仔畜的成本也以当时的活重和活重单价计算，仔畜出生活重和出生后两个月内增重的单位（千克）成本计算公式为：

仔畜出生活重和两个月内增重的单位（千克）成本=（基本畜群全部饲养费用－副产品价值）÷（出生活重＋出生两个月内的增重）

仔畜活重单位（千克）成本=（期初结存两个月内仔畜成本＋基本畜群全部饲养费用－副产品价值）÷（期末存栏活重＋期内离群活重）

计算出仔畜活重单位成本以后，即可分别计算出断奶仔畜和期末结存未断奶仔畜的总成本，以及每头仔畜的总成本及每头仔畜的平均成本。计算公式为：

断奶仔畜（或未断奶仔畜）的总成本=断奶仔畜（或未断奶仔畜）的总活重×仔畜活重单位（千克）成本

每头断奶仔畜（或未断奶仔畜）的总成本=断奶仔畜（或未断奶仔畜）的总成本÷断奶仔畜（或未断奶仔畜）的头数

（2）幼畜、育肥畜的单位成本。一般畜龄在两个月以上、4个月以下的畜为幼畜；畜龄在4个月以上的畜为育肥畜。幼畜和育肥畜的主要产品是增加的重量，其副产品是指厩肥以及畜的残值。幼畜和育肥畜的增重成本计算公式如下：

幼畜（育肥畜）增重的单位（千克）成本=（该畜群全部饲养费用－副产品价值）÷该畜群的增加重量

幼畜（育肥畜）群增加的重量（千克）=该群期末存栏活重＋本期离群活重（含死畜重量）＋本期转出活重－期初结存、期内购进和转入活重

增重量与活重量是不可分割的两部分，因此在计算增重成本时同样要计算活重的成本，以便更好地掌握牲畜生长的动态结果。活重成本计算公式如下：

幼畜（育肥畜）活重的单位（千克）成本=（期初活重成本＋本期增重成本＋转入购入成本）÷（该群期末存栏活重＋本期离群活重）

计算出某畜群的活重单位成本后，即可分别计算出本期转出、售出和期末存栏畜的全部活重成本。

【例17-20】某养畜场某月累计饲养费用9 600元，当月厩肥估价1 000元。其生产成本明细账见表17-10。

表 17-10　　　　　　　　　　养畜成本明细账金额　　　　　　　　　　单位：元

摘要	头数（头）	活重（千克）	费用
期初结存	80	4 000	40 000
本期转入	31	1 600	6 000
期内增重	—	840	8 600
合计	—	6 440	54 600
本期转出	50	4 500	34 000
本期死亡	1	140	—
期末结存	60	1 800	20 600

根据上述资料，可以计算当月畜群增重净成本、增重量、活重量、增重单位成本、活重单位成本、本期转出活重成本与期末结存活重成本。

本月增重净成本 = 9 600 - 1 000 = 8 600（元）

增重量 = 1 800 + 140 + 4 500 - 4 000 - 1 600 = 840（千克）

活重量 = 1 800 + 4 500 = 6 300（千克）

增重单位成本 = 8 600 ÷ 840 = 10.24（元/千克）

活重单位成本 =（40 000 + 6 000 + 8 600）÷ 6 300 = 8.67（元/千克）

本期转出活重成本 = 4 500 × 8.67 = 39 015（元）

期末结存活重成本 = 1 800 × 8.67 = 15 606（元）

5. 水产品单位成本核算

水产品养殖、捕捞业生产主要是指对水生动植物的育苗、养殖及捕捞业务，对渔业产品成本计算与其他产品成本计算方法基本相同。以渔业为例，成本计算对象多按照鱼苗、成鱼品种或类别加以认定。鱼苗通常以万尾为成本计算单位。其成本计算公式为：

每万尾鱼苗成本 = 育苗期全部生产费用 ÷ 鱼苗万尾数

成鱼生产有两种方式：一种是多年放养、一次捕捞；另一种是逐年放养、逐年捕捞。如果是多年放养、一次捕捞，将各期费用逐期结转，在捕捞时将捕捞费用相加就是成鱼的总成本，将其与产量相除可得单位成本。其成本计算公式为：

成鱼单位（千克）成本 =（捕捞前各年的生产费用 + 当年捕捞的生产费用）÷ 成鱼总产量

如果是逐年放养、逐年捕捞，则归集的当年费用及捕捞费用可以全部由捕捞的成鱼负担，不计算池鱼成本（在产品成本）。对于专业渔场，有条件的也可以在捕捞时将费用（不包括捕捞费用）采用一定标准分配给池鱼和成鱼，如采用重量比例为分配标准。

 知识拓展 17-3

农场会计科目的设置

华山农业有限责任公司是一个拥有 80 个职工的小型农场，主要生产大米。王明清是刚分配到该农场担任成本核算的会计人员。王明清接手此工作后，觉得公司成本核算比较粗略，成本核算的基础工作也不健全，不能满足企业成本管理的要求。于是他想根据学校所学，仔细规划成本核算方案，重新设置成本核算会计科目。请你根据你所学的内容给他一定的建议，都需要设置什么样的成本核算科目。

【解析】

现行的农业企业会计科目是财政部根据《企业会计准则》制定的，在一般会计科目的基础上增加了农业企业的专用科目，企业可以根据实际需要设置相关的农场会计科目，以华山农业有限责任公司为例，建议其设置的农场会计科目如下：

（1）"消耗性生物资产"。理由：消耗性生物资产是指为出售而持有的或在将来收获为农产品的生物资产。它是劳动对象，包括生长中的大田作物、蔬菜、用材林以及存栏待售的牲畜等。该公司主要生产的大米属于大田作物，因此需设置该会计科目。

（2）"农业生产成本"。理由：核算该公司大米的生产成本。

（3）"原材料"。理由：核算农业生产过程中发生的直接材料。

（4）"应付职工薪酬"。理由：核算农业生产过程中发生的直接人工费用。

（5）"累计折旧"。理由：核算固定资产的折旧费用。

（6）"制造费用"。理由：核算农业生产过程中发生间接费用。

（7）"机械作业费"。理由：核算农业生产过程中发生的机械作业费、灌溉费等。

（8）"辅助生产成本"。理由：核算农业生产过程中发生的其他直接费用。

练 习 题

一、单项选择题

1. 下列会计科目中能够完整反映施工企业工程项目成本支出数额的是（   ）。
   A. 机械作业　　　　　　　　　　B. 辅助生产
   C. 工程施工　　　　　　　　　　D. 工程结算

2. 施工企业以及内部独立核算的施工单位、机械站、运输队在使用自有施工机械进行机械作业时所发生的各项费用，通常使用的会计核算科目是（   ）。
   A. 工程施工　　　　　　　　　　B. 机械作业
   C. 工程结算　　　　　　　　　　D. 辅助生产

3. 施工企业在与客户办理工程价款结算时，按应收金额借记"应收账款""预收账款"等科目，贷记（   ）科目。
   A. "工程施工"　　　　　　　　　B. "主营业务收入"
   C. "合同毛利"　　　　　　　　　D. "工程结算"

4. 施工企业内部的机械作业部门对外单位承包的工程提供机械作业所发生的机械使用费，一般记入（   ）科目。
   A. "机械作业"　　　　　　　　　B. "工程施工"
   C. "其他业务成本"　　　　　　　D. "制造费用"

5. 房地产企业为了核算所开发的商品房等项目的开发成本，通常设置的会计科目是（   ）。

A. "开发产品"科目 B. "生产成本"科目
C. "工程施工"科目 D. "在建工程"科目

6. 房地产开发企业发生的应计入开发成本的开发间接费用指的是（ ）。
A. 多项开发产品共同发生的规划设计费、辅助工程费用等
B. 企业的各行政部门为管理公司而发生的各项费用
C. 企业所属的开发部门或工程指挥部门为组织和管理开发项目而发生的各项费用支出
D. 以上都正确

7. 房地产企业开发产品过程中将部分建筑安装工程采用出包方式的，某期应计入开发产品成本的金额为（ ）。
A. 预付给承包单位的工程款 B. 预付给承包单位的备料款
C. 根据工程进度应支付的工程价款 D. 承包单位当期实际发生的工程支出

8. 交通运输企业对经营仓库和堆场业务所发生的费用支出进行核算，比较适当的账户是（ ）。
A. 运输支出 B. 装卸支出
C. 堆存支出 D. 营运间接费用

9. 某农场对种植的还在生长中的大田作物、蔬菜所发生的相关费用进行核算，一般应采用的会计科目是（ ）。
A. 生产性生物资产 B. 消耗性生物资产
C. 农业生产成本 D. 农产品

10. 关于农业生产成本的核算，下列说法错误的是（ ）。
A. 从消耗性生物资产收获农产品的，企业应当将收获时点消耗性生物资产的账面价值结转为农产品的成本
B. 从生产性生物资产收获农产品的，不应当将该生产性生物资产成本转入农产品成本
C. 从生产性生物资产收获农产品的，应将农产品收获过程中生产性生物资产计提的折旧计入农产品的生产成本
D. 从生产性生物资产收获农产品的，应将该生产性生物资产成本按期摊销计入农业生产成本

二、多项选择题

1. 下列企业类型通常属于施工企业成本核算的会计主体的有（ ）。
A. 建筑公司 B. 工程公司
C. 设备安装公司 D. 装修公司
E. 拆迁公司

2. 施工企业工程成本核算一般具有如下特点（ ）。
A. 可以仿照一般企业的品种法进行施工项目的成本核算
B. 成本核算对象一般为具体的单项工程
C. 一般按工程进度的不同阶段、期间划分成本核算期间
D. 采用分级管理方式，进行分级成本核算
E. 成本计量应当充分考虑自然环境及其变化的影响

3. 在施工企业，施工项目的成本构成内容包括（　　）。
A. 直接材料 　　　　　　　　　　B. 直接人工
C. 机械使用费 　　　　　　　　　D. 间接费用
E. 符合资本化条件的项目借款利息支出

4. 房地产开发企业成本核算的特点主要包括（　　）。
A. 开发成本支出的时间范围包括房地产从征地到建成交工的全过程，具有较大的广泛性
B. 成本核算对象具有多元性，多个项目往往需要同步进行成本计算
C. 房地产的开发成本应根据开发顺序逐步进行成本核算
D. 成本计算具有较长的周期性与复杂性，不同的开发产品的成本可比性也较差
E. 企业应严格按照各个不同的房地产开发项目设置成本，并定期进行成本计算

5. 房地产企业的房屋开发成本项目包括的内容有（　　）。
A. 土地征用与拆迁补偿费 　　　　B. 前期工程费
C. 基础设施费 　　　　　　　　　D. 建筑安装工程费
E. 不能有偿转让的公共配套设施费

6. 房地产企业从事房屋开发过程中发生的公共配套设施费，下列会计处理方法不合理的有（　　）。
A. 公共配套设施费在发生时直接计入房屋开发成本
B. 对于不能有偿转让的公共配套设施所发生的费用，直接计入房屋开发成本，能够有偿转让的，则分配计入房屋开发成本
C. 对于多个成本核算对象共同发生的公共配套设施费，先通过"配套设施费用"等类似科目归集，待配套设施完工时再选取合理标准分配计入有关成本核算对象
D. 对于能够有偿转让的公共配套设施所发生的相关费用，在"开发成本——配套设施开发"账户内单独核算，而不计入房屋开发成本
E. 无论是否能够有偿转让，公共配套设施都应当区别于房屋项目而作为独立的成本核算对象

7. 房地产企业开发的商品房，其开发成本结转通常应具备的前提条件包括（　　）。
A. 建筑安装工程已完工，并已同施工单位办理完竣工验收和结算手续
B. 项目内供水、供电、供暖等基础设施工程已完工并已办理竣工验收和结算手续
C. 尚未完工的公共配套设施工程费，已经有关部门批准，按规定进行了预提
D. 已按规定分配计入了该项目应负担的各项成本费用
E. 房屋及其配套设施都要全部完工，并已经符合销售收入的确认条件

8. 交通运输企业成本核算的特点有（　　）。
A. 成本核算对象一般为各具体交通运输工具
B. 成本核算对象一般为旅客或货物的周转量
C. 需要定期进行完工与在产品之间的费用分配
D. 不进行在产品成本的核算，成本计算方法比较单一
E. 运输成本构成一般不包括所谓的原材料支出

9. 农业企业所拥有的下列资产项目中，一般作为生产性生物资产核算的有（　　）。

A. 肉牛 B. 奶牛
C. 种牛 D. 薪炭林
E. 果树

10. 农业企业在确定收获农产品的成本时，应注意成本计算的截止时点。关于成本计算截止时点，下列说法正确有（　　）。

A. 粮豆的成本算至入库或能够销售
B. 棉花的成本算至皮棉
C. 不入库的鲜活产品算至销售，入库的算至入库
D. 育苗的成本算至出圃
E. 水果的成本算至产品能够销售

三、判断题

1. 施工企业执行建造合同发生的直接费用及组织管理施工生产活动发生的间接费用都应计入施工项目成本。（　　）
2. 在施工企业中，各施工单位，如工程处、施工队、工区等为组织和管理生产活动发生的各种费用，不应计入工程成本，而应计入管理费用。（　　）
3. 施工企业内部非独立核算的辅助生产部门为工程施工、产品生产、机械作业等提供产品和劳务（如设备修理，构件的现场制作，施工机械的安装等）所发生的各项费用，可以先通过设置"辅助生产"科目核算，然后分配转入各受益项目或部门。（　　）
4. 在房地产企业开发房地产从征地到建成交工的全过程中所发生的与开发经营有关的各项相关的、合理的支出，都应按照规定计入开发产品成本。（　　）
5. 由于房地产品的开发周期较长，其成本计算通常与生产周期保持一致。（　　）
6. 房地产企业针对个别规模较大、工期较长的开发项目，可以按开发项目的一定区域划分成本对象。（　　）
7. 房地产开发项目的成本仅仅包括直接成本，不包括间接费用。（　　）
8. 房地产企业的房屋开发成本并不包括前期工程费用。（　　）
9. 房地产企业为从事房地产开发而购买的土地使用权，即便在被开发时也不转入房屋开发成本，而应作为无形资产核算。（　　）
10. 房地产企业所属的开发部门或工程指挥部门为组织和管理开发项目而发生的各项费用支出，作为开发间接费用，也是房地产开发成本的组成部分。（　　）
11. 运输企业的相关运输成本通常定期进行结转，而不存在期末余额。（　　）
12. 汽车运输业务的成本计算一般以汽车运输业务量的计量单位为依据。（　　）
13. 对于农业企业而言，农产品收获后，应将原来计入"生物资产"的成本全部转入"农产品"成本。（　　）
14. 农产品的成本计算期间一般与其生产周期保持一致。（　　）
15. 农业企业应当对所有的生产性生物资产计提折旧。（　　）

四、案例分析题

[案例1]　资料：甲公司主要从事建筑安装活动，2×20年年初承揽一项总金额为6 000

万元的固定造价合同,并预计该设备建造的合同总成本为 5 500 万元,按规定采用完工百分比法确认合同收入和合同费用,合同完工进度按照实际发生成本占合同预计总成本的比例确定。工程已经于 2×20 年 3 月开工,预计 2×22 年 8 月完工,2×21 年年底,由于材料涨价,工程总成本做出相应调整,预计合同总成本为 6 400 万元。2×22 年 6 月甲公司提前 4 个月保质保量完成了合同,客户给予奖励款 200 万元。

甲公司在合同期间的其他相关资料见表 17-11。

表 17-11　　　　　甲公司合同期间其他相关资料　　　　　　　　单位：万元

项目	2×20 年	2×21 年	2×22 年
累计实际发生成本	1 540	4 800	5 950
预计完工尚需发生成本	3 960	1 600	—
结算合同价款	1 740	2 960	1 500
实际收到价款	略	略	略

要求：做出如下计算和会计处理：

(1) 做出 2×20 年结算合同价款分录；

(2) 计算 2×20 年度的合同收入、合同费用，并做出相应的会计分录；

(3) 2×21 年年末，根据相关事项做出与确认和计量合同损益有关的账务处理；

(4) 做出 2×22 年度确认合同收入和合同费用的账务处理；

(5) 做出 2×22 年合同完工时的相关账务处理（不考虑合同价款结算）。

[案例 2] 资料：甲公司系一房地产开发公司，2×20 年年初征得一块土地（地块 A）并用于小区开发建设，小区开发产品包括一栋写字楼、两住宅楼和一个社区中心（属于不能有偿转让的公共配套设施），并作为三个单独的成本计算对象，占地面积比重分别为 30%、60% 与 10%。有关土地与房屋开发成本资料如下：

(1) 支付土地征用与拆迁补偿费 1 400 万元，按占地比重进行分配。

(2) 支付前期工程费 200 万元，按占地比重进行分配。

(3) 发生基础设施费 300 万元，按建筑安装工程概算比例分配，写字楼、住宅楼与社区活动中心的建筑安装工程概算价值分别为 2 000 万元、2 500 万元、500 万元。

(4) 甲公司将整个小区的建筑安装工程出包给 Y 建筑安装公司施工，将自行采购的电梯交付给 Y 建筑安装公司安装，其中写字楼两部，住宅楼 4 部，每部电梯的成本为 180 万元。

(5) 出包给 Y 建筑安装公司的建筑安装工程完工，根据有关建造合同，共需支付工程款 3 170 万元，其中写字楼 1 200 万元，住宅楼 1 800 万元，社区中心 170 万元，已经预付工程款 1 000 万元，并在交工时补付余款。

(6) 将社区中心开发建设成本（公共配套设施费）按建筑安装工程概算价值比例分配给写字楼与住宅楼。

(7) 发生开发间接费用 123 万元，按照写字楼与住宅楼的开发直接费用比重分配。

(8) 小区建成，结转完工写字楼与住宅楼的工程成本。

要求：根据上述资料，做出相关会计处理。

[案例3] 某果园林场2×20年年初自行营造100亩苹果树。生长期3年，长成后，6月上旬开始挂果，9月末收获完毕。假定该苹果树采用成本模式计量，采用年限平均法计提折旧，假定该苹果树期满无残值。其他资料如下：

（1）2×20年发生种苗费180 000元，平整土地的机械作业费为20 000元，肥料费用90 000元，农药费用10 000元，人工费80 000元，用存款支付管护费50 000元。

（2）2×21至2×22年（生长期），发生化肥费用140 000元，农药费用20 000元，人工费70 000元，用存款支付管护费40 000元。

（3）2×23年，苹果树开始挂果，折旧期10年。上半年肥料费为58 000元，农药费用25 000元，人工费42 000元，管护费15 000元。下半年投入农药费用6 000元，人工费12 000元，管护费4 000元。（假定以上费用在每月均匀发生）

（4）2×23年9月，采摘苹果入库，采摘过程中共发生采摘费等相关费用24 000元。

要求：根据上述资料，做出相关会计处理。